Jean de Léry

Des Herrn Johann von Lery Reise in Brasilien

Jean de Léry

Des Herrn Johann von Lery Reise in Brasilien

ISBN/EAN: 9783744676489

Hergestellt in Europa, USA, Kanada, Australien, Japan

Cover: Foto ©ninafisch / pixelio.de

Weitere Bücher finden Sie auf **www.hansebooks.com**

Des
Herrn Johann von Lery
Reise
in
Brasilien.

Nach der von dem Herrn Verfasser selbst veranstalteten verbesserten und vermehrten lateinischen Ausgabe übersetzt.

Mit Anmerkungen und Erläuterungen.

Münster,
im Verlag der Platvoetischen Buchhandlung.
1794.

Vorrede
des Uebersetzers.

Ich liefre meinem deutschen Vaterlande einen Schriftsteller, der seines Alters wegen viel weniger gekannt ist und viel weniger benutzt wird, als er es seinem innern Werthe nach verdiente. Wenn es überhaupt verdienstlich ist, nützliche Werke fremder Nazionen auf unser Vaterland zu verpflanzen, und so jedem dienlicher zu machen; so ist es gewiß um so verdienstlicher, einen so interessanten Schriftsteller, wie Lery ist, aus seinem Staube hervor zu ziehen, der ihn der Aufmerksamkeit des Publikums so ziemlich entzog.

Vorrede

Wie sehr er im Anfange geachtet wurde, zeigen die vielen Ausgaben der Reise, von denen mir fünfe bekannt sind, welche nur in Zeit von achtzehn Jahren herausgekommen: 1577. 1580. 1585. 1586. 1595.: bis 1605. auch noch eine deutsche erschien. Allein in der Folge kam er, wie es zu geschehen pflegt, als alt in Vergessenheit, stand in den Bibliotheken, wo man ihn allenfalls noch aufbewahrte, in der Ecke, und so ging als eine Scharteke gewiß manches Exemplar zu Grunde. Vielleicht zernichtete auch der fromme Eifer mancher Katholiken einen beträchtlichen Theil, indem er als ein frommer eifriger Calvinist oft sehr heftig gegen die katholische Lehre und die Katholiken, nach der damaligen Zeit Mode, ausfährt. — Diese beyden Ursachen machten diese kostbare Reise bey allen diesen Ausgaben seltener, als man glauben sollte, in unsern Gegenden wenigstens.

Die ersten Editionen waren in französischer Sprache. Lery selbst veranstaltete 1586 auch ei-

des Uebersetzers.

eine lateinische, (man sehe die Zueignung Lerys,) worinn er die französischen verbesserte und vermehrte. Nach dieser erschienen noch einige französische: endlich 1605. auch eine deutsche, mit einer Uebersetzung der Historia nuova del nuovo orbe des Benzo, in folio. Diese ist noch in den Händen verschiedener Privatleute, allein selten vollständig, weil sie der Bilder wegen, die sie begleiten, von Kindern und Unwissenden viele Fatalitäten zu erleiden hatte.

Dies alles zusammengenommen veranlaßte mich, eine ganz neue Ausgabe davon in einer deutschen Uebersetzung zu besorgen, welche theils diese brauchbare Reise wieder in bessern Umlauf brächte, theils selbst angenehmer für uns Deutsche zu lesen, und durch die beygefügten Anmerkungen und Erläuterungen nützlicher, als die alte deutsche, und selbst die originelle französische und lateinische. Ob meine Anmerkungen und Erläuterungen, welche gewiß das Merkwürdigste von

dem

Vorrede

dem enthalten, was über die Urbewohner Brasiliens gesagt worden ist, und wodurch Lery theils berichtigt, theils näher erläutert, theils in dieser Uebersetzung vollständiger wird, einen Werth haben, darüber lasse ich den Leser ganz urtheilen.

Uebrigens habe ich ihn wörtlich, grade übersetzt, wie ich ihn gefunden habe; eine Stelle ausgenommen, welche ich überging, wie ich denn auch an dem Orte selbst angezeigt habe. In der Regel kann ich das Verstümmlen, so wie das Abkürzen oder Ausziehen nicht leiden: man kann sich keine vollständige Idee von dem Manne und seinen Gedanken machen; oft selbst werden falsche Vorstellungen von ihm veranlaßt. Mag es daher auch hier und da Stellen geben, deren Heftigkeit unserm itzigen feinern Zeitalter nicht anpaßt, so muß man denken, es spreche ein Mann aus dem sechzehnten Jahrhunderte, zu einer Zeit, wo seine Religion noch ganz neu, und daher wie jede neue Meynung mit der größten Hitze vertheis theidigt wurde. Ich bin nicht von seiner Religionspartey; man glaube daher um so viel weniger, daß ich allem, was er sagt, meinen Beyfall gebe; ich lasse ihn sprechen, wie er sprach, wie alle in der damaligen Zeit sprachen: ob er Recht oder Unrecht habe, geht mich itzt nicht an, da das Buch keine Kontroverse ist. Wäre es dergleichen, so würde ich es der Uebersetzung gewiß nicht werth gehalten haben; allein da das nur so kleine Nebenhiebe im Kontexte sind, warum sollte ich die zur Karakterisirung der Zeit und der Person nicht stehen lassen? — Der Katholik weiß ohnedem was er davon denken soll: zumal da seine kurzen Disputen gewißlich nicht anzüglich für unser achtzehntes Jahrhundert vorgetragen sind.

Weil in Ansehung des persönlichen Streits mit Villegagnon die Vertheidigungsschriftchen des letztern nicht in jedermanns Händen sind, der vielleicht itzt Lery liest, so habe ich, damit man auch
hier-

Vorrede des Uebersetzers.

hierinn meine Unparteylichkeit sehe, und dem Leser das Urtheil über die Sache überlassen bleibe, dasjenige im Anhange mit beygesetzt, was mir von schriftlicher Vertheidigung Villegagnons zu Gesichte gekommen.

Daß der ganze Verlauf der Geschichte in dieser Reise zugleich ein merkwürdiger nicht unbeträchtlicher Beytrag zur Reformazionsgeschichte sey, habe ich nicht nöthig zu erinnern.

Zueignung des Verfassers.

Dem durchlauchtigsten und mächtigsten Fürsten und Herrn, Herrn Wilhelm, Landgrafen zu Hessen, Grafen zu Katzenellenbogen, Diez, Ziegenhain und Nidda ꝛc. ꝛc. seinem gnädigsten Herrn.

Es ist, glaube ich, itzt ohngefähr im sechsten Jahre, durchlauchtigster Fürst, daß mir der gelehrte Mann Cassiodor Rein aus Frankfurt schrieb, er habe vor einiger Zeit, als er bey Ew. Durchl. zu Cassel gewesen, von Höchstdenenselben gehört, daß Höchstdieselben ein grosses Wohlgefallen daran tragen würden, wenn Ihnen mein Buch, welches ich über meine amerikanische Reise in französischer Sprache geschrieben, vermehrt und in Latein übersetzt, zum Lesen gebracht werden könnte; denn Ew. Durchl hätten das Französische einmal durchgelesen, und wegen der Neuheit des Inhaltes und der Wunderbarkeit der Geschichte sehr vielen Gefallen daran gefunden.

Schon längst hatte ich von Ew. Durchl. unglaublicher Güte und Herablassung, verbunden mit einer hohen Gelehrsamkeit, besonders in der natürlichen Philosophie und Geschichte, gehört. Denn als ich vor sechszehn Jahren die Inhaltsanzeige und einige merkwürdige Sachen dem berühmten Rechtsgelehrten Hotoman, der

Ew. Durchl. sehr ergeben ist, in Charité, wohin wir wegen den wüthenden Unruhen in Frankreich geflüchtet waren, gezeigt hatte, erinnere ich mich, daß er mir oft von einem bewundernswürdigen Studieren Ew. Durchl. in diesem litterairischen Fache sagte, er kenne keinen Fürsten, der an der Kenntniß solcher Sachen mehr Vergnügen fände: was er mir neulich, als ich ihn über Reins Brief zu Rathe zog, weitläufig bestätigte. Würklich hätte ich auch gleich nach Erhaltung des gesagten Briefes in kurzer Zeit alles zu Stande gebracht, wenn es meine Zeit und der Ort meines Aufenthaltes (ich war aber damal in Burgund, wo ich mit der größten Barmherzigkeit Gottes zum Diener des Evangeliums erhoben, predigte,) mir erlaubt hätten, Hand ans Werk zu legen: denn ich hatte ein grosses Verlangen, etwas zu leisten, was Ew. Durchl. angenehm sey. Itzt aber, in meiner neuen Verbannung, habe ich, um meinen Seelenschmerzen über die erneuerte Zerreissung meines Vaterlandes zu lindern, es über mich genommen, dies mein Buch ins Lateinische zu übersetzen, an vielen Orten zu erweitern und zu vermehren, und unter Ihren durchlauchtigsten Namen herauszugeben. ꝛc. ꝛc. *) Den ersten Februar 1586.

Ew. Durchl.

Ergebenster
Johann v. Lery.

*) Anmerkung des Uebersetzers. Das Folgende der Zueignung gehört nicht zur Verständlichkeit des Buches, giebt auch keinen Aufschluß über Lerys Schicksale: ich lasse das daher aus.

Vorrede*)
des Verfassers,
in welcher er vorzüglich die Fehler und Betrügereyen Thevets **) in ihrer Blöße darstellt.

Es werden sich vielleicht einige wundern, daß ich erst nach achtzehn Jahren, wo ich aus Amerika (welches auch Brasilien heißt,) zurückgekommen, diese Reisebeschreibung herausgebe: ich halte es daher für der Mühe werth, gleich anfangs die Ursachen zu erklären, welche ihrer Bekanntmachung im Wege standen.

Sobald ich wieder in Frankreich zurückgekommen war, und meine kurze Bemerkungen, welche ich in Amerika mit Brasilien-Roth geschrieben, und darinn, was mir merkwürdig schien, aufgezeichnet, einigen mitgetheilt hatte, wollte ich es dabey bewenden lassen. Allein

---

*) Anmerk. d. Uebers. Zur ersten Ausgabe 1577.

**) Anmerk. d. Uebers. Dieser Thevet (Andreas) war von Angouleme gebürtig, und machte mehrere Jahre durch viele Reisen in vielen Ländern umher. Er schrieb mehrere Werke, wovon wir die vorzüglichsten in der Vorrede kennen lernen werden. Ueberhaupt aber kann man von ihm sagen, daß er als Schriftsteller ein Prahler, Lügner und unwissender Mann war; der jedoch nachher noch durch seine Großsprechereyen und Gabe sich zu insinuiren, königlicher Kosmograph wurde. Er starb im Jahre 1590. S. Moreri Dict. hist. und die allda angeführten Schriftsteller.

lein diese drangen immerfort in mich, was ich in der Eil und nur mit wenigen Worten geschrieben, weitläufiger und in einer bessern Ordnung aufzuzeichnen: damit, wie sie sagten, so viele und so merkwürdige Sachen nicht in Vergessenheit begraben würden.

Im Jahre 1563 waren sie daher schon zu einer etwas beträchtlicheren Beschreibung erwachsen. Das einzige Exemplar hievon ward, als es mir ein guter Mann, dem ich es anvertrauet hatte, zurückschickte, zu Lion von der Pfortenwache aufgefangen, und es blieb mir, nach allen auch den fleißigsten Nachforschungen, gar keine Hoffnung mehr übrig, es je wieder zu erhalten. Nach einiger Zeit erhielt ich jedoch das Original von einem, der es abgeschrieben, wieder; allein es war ganz voller Flecken und durchstrichen; ich schrieb es daher (bis auf das amerikanische Gespräch, und zwanzigsten Kapitel dieses Buches, wovon ich nichts mehr wieder erhielt;) ganz von neuem ab. Kaum hatte ich das zu Ende gebracht, als in der Stadt la Charité, wo ich mich damals aufhielt, neue Kriegsunruhen zu befürchten waren, und ich daher, mit Hinterlassung meiner Bücher und Papiere, mein Heil in der Flucht zu suchen, mich genöthigt sah. Als diese bald darauf geplündert wurden, ging auch diese zweyte Beschreibung von Amerika verloren: und so war meine Arbeit und Hoffnung zum zweyten male vergeblich gewesen. Als ich endlich über den vorigen Verlust mich bey einem vornehmen und ansehnlichen

Manne

des Verfaſſers.

Manne beklagt, und ihm den Namen deſſen angegeben hatte, in deſſen Hände das Manuſkript nach den mir gegebenen Nachrichten gekommen war, gab ſich derſelbe deſſenthalben ſo viele Mühe, daß er es wieder erhielt, und mir es im Jahre 1576 wieder zuſtellte, wobey er mich zugleich ſehr gefällig bey ſich aufgenommen hatte.

Das ſind die Urſachen, warum ich dieſe Reiſebeſchreibung, die mir ſo zu ſagen aus meinen Händen floh, bis hiehin noch nicht herausgeben konnte. Um jedoch ein aufrichtiges Geſtändniß zu thun, ſo waren auch noch andre Beweggründe, die mich von der Herausgabe abſchreckten. Ich war mir nämlich meiner Unfähigkeit zu wohl bewußt, ſah es wohl ein, daß ich die Erforderniſſe eines bedachtſamen Schriftſtellers nicht habe: und dann half noch mit dazu, daß ich noch in demſelben Jahre, als ich aus Amerika zurückkam, im Jahre 1558 nämlich, des Portäus *Lib. ſingul. Americ.* aus den kurzen Kommentaren Thevets, oder vielmehr den Lügen *) deſſelben geſchrieben, in die Hände bekam. Wiewohl mir nun zwar nicht unbekannt war, (was Fumäus in der Vorrede zur allgemeinen Geſchichte von Indien öffentlich ſagte,) daß dies Buch vorzüglich voll Lügen ſey: ſo würde vielleicht doch dieſes mein Werkchen unterblieben ſeyn, wenn der Verfaſſer es dabey gelaſſen hätte, und nicht weiter gegangen wäre.

Allein

*) Anmerk. d. Ueberſ. Im Lateiniſchen ein Wortſpiel mit commentariis und commentis.

Allein als ich dieses Jahr 1577 auf Thevets Kosmographie fiel, (der Mann hatte vielleicht geglaubt, wir, die wir dahin gereist waren, seyen alle gestorben; oder wenn auch noch einige am Leben wären, würden sie die Kühnheit nicht haben, sich mit ihm in einen Streit einzulassen,) fand ich, daß dieser Mann nicht nur die alten Fehler wieder aufwärme, sondern auch uns falsche Laster aufbürde, und nicht zu ertragende Schimpfwörter auf uns zuwerfe. Dies zu thun hat er keinen andern Beweggrund, als seine Begierde, auf die Diener der Religion, und sogar uns alle, die wir mit ihnen in Amerika gegangen, zu schimpfen. Das hat mich nun schier wider meinen Willen gezwungen, die ganze vollständige Geschichte unsrer Reise bekannt zu machen. Um aber niemanden in Zweifel zu lassen, ob ich mich mit Recht oder mit Unrecht über diesen neuen Kosmographen beklage, will ich hier die Verläumdungen, welche er im zweyten Theile, Buch XXI. H. 2. S. 908. von uns aussprengt, hier einrücken.

"Uebrigens (sagt er,) hätte ich bald vergessen, "daß kurz zuvor aus den Uneinigkeiten der vier "Religionsdiener, welche Calvin dahin geschickt "hatte, sein blutiges Evangelium auszubreiten, "eine Empörung entstanden. Der erste unter den="selben war p. Richer,*) vor nicht so vielen "Jah=

*) Anmerk. d. Uebers. Peter Richer ging als Doktor der Sorbonne und Karmelit zu Calvin über. Er ward von Calvin sehr geschätzt,

„Jahren noch Karmelit und Doktor der Sorbonne
„zu Paris. Diese vortrefflichen Prediger, da sie
„nur darauf bedacht waren, sich aus jeder Sache
„zu bereichern, und alles, was ihnen unter die
„Hände kam, wegzunehmen, brachten es durch
„heimliche Anschläge und Faktionen dahin, daß
„einige der Unsrigen umgebracht wurden. Je,
„doch etliche der Schuldigen wurden gefangen,
„und bestraft, und ihre Leichname wurden den
„Fischen zur Speise gegeben: die andern aber
„retteten sich durch die Flucht. Unter diesen letz,
„tern war auch Richer selbst, der bald darauf zu
„Rochelle (wo er sich, glaube ich, noch würk,
„lich aufhält,) anlangte, um das Amt eines
„Religionsdieners zu erfüllen. Die Barbaren,
„durch dieses Trauerspiel aufgebracht, hätten uns
„beynahe überfallen, und die Uebrigen umgebracht."

Das sind die Worte Thevets, die ich so getreu als
möglich übersetzt habe, auf welche ich den Leser wohl Acht
zu geben bitte. Denn da weder er von uns, noch wir
von ihm in Amerika je gesehen wurden, geschweige daß
er

schätzt, weil er eine herrliche Ueberredungsgabe besaß. Schon
über funfzig Jahre alt ward er Diener zu Genf, von wo aus er
die Reise in Brasilien mitmachte. Nachher ward er Prediger
zu Rochelle, wo er noch im Jahre 1577 seinem Amte vorstand.
Er schrieb auch ein Werk gegen Villegagnon unter dem Titel:
Refutation des folles rêveries et mensonges de Nicolas Durand
dit le Chevalier de Villegagnon 1562. S. *Bayle Dict. Moreri
Dict. Spondan. ad an.* 1555. n. 16. 17. 18.

VIII **Vorrede**

er wegen uns in Lebensgefahr gekommen seyn sollte, so werde ich zeigen, daß er in diesem Stücke nicht weniger ein Lügner, als ein unverschämter Verläumder sey. Um ihm jedoch vor allem den Weg zu der Entschuldigung zu versperren, als rede die Erzählung nicht von der Zeit, wo er in Amerika gelebt, sondern sey von der folgenden zu verstehen; so frage ich zuerst, ob seine so ausdrücklichen Worte anders ausgelegt werden können, als daß, wie er durch das Wörtchen wir (nos, nous) deutlich anzeigt, auch er in der Zahl gewesen, auch mit in derselben Gefahr geschwebt? Bleibt er doch noch auf seiner Entschuldigung, und sagt, es sey ihm nie in den Sinn gekommen zu behaupten, daß er die Religionsdiener, wovon die Rede ist, in Amerika gesehen habe, so wollen wir sehen, was er selbst an einem andern Orte schreibt: nämlich Band II. B. XXI. H. 8. S. 925.

"Uebrigens (heißt es da), wenn ich länger da "geblieben wäre, würde ich mich bemüht haben, "mehr die Seelen dieses armen Volks zu gewin-"nen, als in Durchwühlung der Erde die von der "Natur verborgenen Schätze herauszugraben: "jedoch ich ließ mein Vorhaben unerfüllt; theils "weil die von Calvin geschickten Religionsdiener "diese Last auf sich genommen hatten, theils weil "ich ihrer Sprache nicht genug kundig war."

Pfui des abscheulichen Lügners! — Wenn aber dieser gute römischkatholische Christ keine andre Probe der

Ver=

des Verfassers.

Verachtung der Welt gemäß der Regel des Franz, zu welcher er sich bekennt, gegeben hat, als daß er die in dem Innersten der Erde verborgenen Schätze wenig achtete: und wenn er kein anderes Wunder gewürkt, als daß er die Bekehrung der Barbarn versucht haben würde, wenn ihn die Religionsdiener nicht daran gehindert hätten, so ist in der That sehr für ihn zu befürchten, daß er, wenn ich klärer, als der Tag selbst ist, gezeigt haben werde, daß selbst das falsch sey, nach seinem Tode nicht in den Kalender des Pabsts gesetzt, und mit dem Namen eines Heiligen geziert werde.

Um im Uebrigen zu zeigen, daß alles, was er schwätzt, nichts als nichtswürdiges Zeug sey, wollte ich nicht einmal, daß die Untersuchung angestellt würde, ob es wahrscheinlich sey oder nicht, daß er, der nichts unterläßt, um seinen Ungereimtheiten einen Anstrich zu geben, die Religionsdiener in seinem Buche von den amerikanischen Sonderlichkeiten*) mit Stillschweigen übergangen haben würde, wenn er sie nur in Amerika gesehen hätte, geschweige wenn sie solche Laster begangen hätten, als er ihnen in seiner Kosmographie, die zum wenigsten sechszehn Jahre später herauskam, Schuld giebt: denn er mag aus seinem eignen Zeugnisse in dem Buche von den amerikanischen Sonderlichkeiten überwiesen wer-

---

*) Anmerk. d. Ueberſ. Der vollſtändige Titel dieſes Werkes iſt: Les Singularitez de la France antarctique: par le D. André Thevet etc.

werden *), daß er den zehnten November 1555 ans
kalte Vorgebürge, (frieufe promontorium)**) und
vier Tage drauf in dem Meerbusen Ganabara angekommen sey: welchen er den ein und dreißigsten Jenner des
folgenden Jahres wieder verließ. Wir aber kamen,
wie ich im Verlaufe der Reisebeschreibung erzählen werde, erst den siebenten Merz des Jahres 1557 ins Kastell
von Coligny.

Ist dem nun so, und ist es bekannt genug, daß
noch mehr als ein Jahr Zwischenraum zwischen der Abreise Thevets und unserer Ankunft verflossen, kann er
dann noch so dreist seyn, und behaupten, daß wir ihn
da gesehen haben? Konnte nicht eine Entfernung von
viermalhunderttausend Schritten eine solche Gefahr von
seinem Haupte entfernen? Ich sollte wohl denken. Allein er wollte kosmographisch, das ist, der ganzen
Welt, lügen.

Nachdem wir nun diesen ersten Punkt aus ihm selbst
widerlegt haben, ist nichts mehr übrig, was einer Antwort bedürfe. Um jedoch mit einem Worte abzuferti-
gen, was er noch in Ansehung des Aufruhrs, wovon
er redet, vorbringen kann; so läugne ich fürs erste schlechterdings, daß während unserm ganzen Aufenthalte in
Amerika irgend ein Aufruhr gewesen; geschweige, daß
einer

---

*) Man sehe *singul. Americ.* (d. Uebers. Les singul. de la France
antarkt.) C. 1. 24. 25. 60.

**) Anmerk. d. Uebers. Cabo frio.

einer von uns umgebracht worden sey. Bleibt er aber auf seiner Behauptung, es sey nicht zu läugnen, daß die Hausleute Villegagnons eine Verschwörung gegen ihn angezettelt, deren Laster er auf uns zu wälzen suche: so antworte ich, daß dieser Vorfall vor unsrer Ankunft geschehen sey. Um dies augenscheinlich klar zu machen, will ich keinen andern Vertheidiger, keinen andern Zeugen, als den Villegagnon selbst. Aus dieser Ursache habe ich den Brief, mit welchem er auf den des D. Johann Calvin, den wir ihm mit in Amerika gebracht hatten, antwortete, wiewohl er schon längst gedruckt ist, und zur Glaubwürdigkeit das Original, mit Brasilien-Roth geschrieben, mit dem größten Fleiße aufbewahrt wird, aus zwoen Beweggründen hier beyschreiben wollen: erstens, weil Thevet dadurch widerlegt wird; und zweytens, weil er deutlich an Tag giebt, was für ein Glaubensbekenntniß damal Villegagnon fälschlich ausgab.

„Ich glaube es nicht ausdrücken zu können, wie „viele Freude mir Ihr Brief, und die zugleich mitge= „kommenen Brüder gemacht haben. Sie trafen mich „in einer solchen Lage an, daß ich sowohl weltlicher Rich= „ter als geistlicher Verweser seyn mußte: was mich sehr „bange machte. Ozias schreckte mich von dieser Lebens= „art ab; allein sie war nothwendig, damit nicht unsre „Handwerksleute, welche ich im Solde mitgenommen „hatte, von der Gewohnheit des hiesigen Volkes ver= „führt,

„führt, sich mit den Lastern desselben befleckten, oder
„aus Ungewohnheit des Gottesdienstes vom Glauben
„abfielen. Dieser Besorgniß ward ich durch die An-
„kunft der Brüder enthoben. Sie hat auch ferner noch
„den Vortheil, daß ich, wenn ich in der Folge irgend
„was zu arbeiten, oder mich einer Gefahr zu unterziehen
„habe, doch immer Leute um mich habe, die mir Trost
„zusprechen, und mich mit ihrem Rathe unterstützen
„werden. Dies zu thun hatte mich der Verdacht von
„meiner Gefahr abgehalten: denn die Brüder, welche
„mit mir aus Frankreich hier hin gesegelt waren, gingen
„in Betrachtung unsrer üblen Umstände unter allerley
„Vorwand wieder zurück; und so waren denn nur ar-
„me im Sold stehende Leute bey mir geblieben, die ich
„so grad hatte haben können: mit diesen stand es aber
„so, daß ich mich eher vor ihnen zu fürchten hatte, als
„daß ich einen Trost von ihnen hätte erwarten können.
„Die Ursache davon ist aber folgende. Als wir hier an-
„landeten, stellten sich uns Beschwerlichkeiten aller Art
„zugleich entgegen, so, daß ich kaum überlegen konnte,
„was zuerst zu thun sey. Das Land war völlig wüste,
„keine Häuser, kein Vorrath von Lebensmitteln war
„da: dafür gab es aber wilde, von aller Bildung und
„Menschlichkeit entfernte Menschen, deren Gebräuche
„und Lebensart von den unsrigen ganz verschieden wa-
„ren, Menschen ohne Religion, ohne Gefühl für Ehre,
„Tugend, Recht oder Unrecht, daß ich sogar auf die
„Zweifel verfiel, ob wir nicht auf wilde Thiere in Men-

„schen-

„schengestalt gestossen seyen. Wider diese Ungemächlich-
„keiten mußten wir uns mit der größten Sorgfalt in Eile
„versehen, und Mittel schaffen, während noch die Schif-
„fe zur Rückreise fertig gemacht wurden, damit die Ein-
„gebornen, wenn wir einmal dieser Unterstützung beraubt
„wären, von der Begierde nach unsern Sachen hinge-
„rissen, nicht uns unversehens überfielen, und todt schlü-
„gen. Dazu kam noch die unsichre Nachbarschaft der
„Portugiesen, die, wiewohl sie die Gegend, so wir be-
„wohnen, nicht beschützen konnten, unsre Niederlassung
„hier mit dem größten Mißvergnügen ansehen, und un-
„vernünftig hassen. Folgende Arbeiten stellten sich uns
„daher auf einmal dar. Wir mußten zu unsrer Fest-
„setzung einen Platz aussuchen, reinigen und ebnen,
„mußten Verschanzungen drum ziehen, ein Fort errich-
„ten, Häuser zur Bewahrung der Bagage erbauen,
„Materialien zusammen suchen, und selbe von einem ge-
„gen über liegenden Hügel über die ungebahntesten We-
„ge, aus Mangel an Lastthieren, auf den Schultern her-
„beyschleppen. Weil die Eingebornen nebst dem in den
„Tag hineinleben, und sich auf den Landbau gar nicht
„verstehen, fanden wir auf keinem gewissen Platze Hau-
„fen von Lebensmitteln zusammen, sondern mußten unsre
„Nahrung in der Geschwindigkeit aus der Ferne herho-
„len. Aus dieser Ursache mußten unsre Leute, so klein
„auch ohnedem ihr Häufchen war, aufgehalten, und
„verringert werden. Diese Beschwerlichkeiten machten,
„daß sogar diejenigen, welche mir Freundschafts halber
„gefolgt

„gefolgt waren, in unsren Fortgang ein Mißtrauen setz-
„ten, und, wie ich oben schon gesagt habe, zurückgin-
„gen. Auch mir machte es einige Gedanken; allein als
„ich bey mir dachte, daß ich meinen Freunden versichert
„hatte, ich reisete aus Frankreich, um die Sorgfalt,
„welche ich auf menschliche Sachen verwendet hatte, nun,
„da ich die Eitelkeit von dergleichen Besorgnissen einge-
„sehen, zur Ausbildung des Reiches Christi zu lenken:
„glaubte ich in das Gerede und den Tadel der Leute zu
„fallen, und meinem Namen einen Schandfleck anzuhän-
„gen, wenn ich mich durch eine Arbeit oder Furcht vor
„Gefahr von meinem Vorhaben abschrecken liesse. Weil
„wir nebstdem das Geschäft Christi betrieben, glaubte
„ich, würde er uns seinen Beystand nicht versagen,
„sondern unser angefangenes Werk zum glücklichen Ende
„bringen. Ich machte mir daher Muth, und wendete
„alle meine Verstandeskräfte dahin an, wie diese Sache
„zu Stande zu bringen sey, welche ich mit der gänzlichen
„Hingebung meines Lebens auf mich genommen hatte.
„Ich glaubte aber dadurch zu meinem Zwecke zu gelan-
„gen, wenn ich diesen meinen Vorsatz durch ein untadel-
„haftes Leben bestärkte, und den Haufen Handwerks-
„leute, welche ich mitgebracht hatte, von dem genauen
„Umgange und der genauen Bekanntschaft mit den Un-
„gläubigen abzöge. Als sich meine Meynung einmal
„dahin gelenkt hatte, sah ich ein, daß wir nicht ohne
„Vorsehung Gottes in diese Arbeiten verwickelt worden
„waren; sondern es habe sich dies aus der Ursache so

„gefügt,

des Verfassers.   XV

„gefügt, damit wir nicht vom Müßiggange verdorben,
„uns der Wollust und Ausgelassenheit ergäben. Ueber-
„dies fiel mir bey, daß nichts so beschwerlich sey, was
„man durch Versuche nicht zu Stande bringen könnte:
„wir müßten also vom Muthe unsre Hülfe nehmen, und
„die Familie müßte immer fort arbeiten: dann würde
„unsern Bemühungen Gottes gütiger Beystand nicht
„fehlen. Wir setzten also auf eine Insel, zweytausend
„Schritte vom festen Lande entfernt, über: und hier
„wählte ich den Platz zu unsrer Wohnung, damit unsern
„Leuten alle Gelegenheit zur Flucht genommen wäre, und
„ich sie daher in ihrer Pflicht halten könnte; zugleich
„auch, damit keine Weiber ohne ihre Männer zu uns
„kämen, und so die Gelegenheiten zu dergleichen Sün-
„den abgeschnittten würden. Bey allen diesen Vorkeh-
„rungen geschah es doch, daß sechs und zwanzig meiner
„gedungenen Leute aus Hang zur Wollust sich zusammen
„verbanden, um mich aus der Welt zu schaffen: allein
„an dem zur Vollbringung ihres Vorhabens bestimmten
„Tage ward mir das Ganze von einem der Mitschuldigen
„entdeckt, und so entging ich in demselben Augenblicke,
„wo sie sich zu meiner Hinrichtung bewaffnet näherten,
„der Gefahr auf folgende Art. Ich ließ fünf meiner
„Hausleute zu den Waffen greifen, und ihnen entgegen
„gehen; worauf die Verschwornen ein solcher Schrecken
„und eine solche Bestürzung überfiel, daß wir die vier,
„welche mir als die Rädelsführer bezeichnet worden wa-
„ren, mit leichter Mühe ergriffen, und in Fesseln schlu-
„gen

„gen. Das schlug nun die andern gänzlich nieder, sie
„warfen die Waffen weg, und verbargen sich. Den
„folgenden Tag befreyten wir einen seiner Ketten, damit
„er sich freyer verantworten könnte; allein er entlief
„schnell, stürzte sich ins Meer, und ertrank. Als wir
„die Uebrigen ihrer Ketten entledigten, um ihre Sache
„vorzubringen, bekannten sie ohne Folter (quaestione)
„von freyen Stücken, was wir schon von demjenigen er-
„fahren hatten, der das Ganze angegeben hatte. Einer
„derselben, den ich kurz zuvor hatte züchtigen lassen,
„weil er sich mit einer Hure abgegeben hatte, ward bos-
„hafter befunden, auch daß er der erste Anstifter der
„Verschwörung gewesen, daß er den Vater der Hure
„durch Geschenke dahin verleitet hatte, ihn aus unsrer
„Gewalt zu reissen, wenn ich nicht zugeben sollte, daß
„er sich mit der Hure verbände. Der ward aufgehenkt:
„den andern beyden aber ward ihr Verbrechen in so
„weit verziehen, daß sie in Ketten das Land bauen muß-
„ten. In das Verbrechen der Uebrigen wollte ich mich
„nicht einlassen, aus Furcht, es nicht ungestraft hinge-
„hen lassen zu dürfen, wenn ich es einmal erfahren hät-
„te; oder, wenn ich sie hinrichten liesse, mögten mir,
„da es die Menge betraf, keine Leute zur Zustandebrin-
„gung unsres Vorhabens mehr übrig bleiben. Ich ver-
„barg daher meinen Zorn, schenkte ihnen ihr Vergehen,
„und hieß alle gutes Muthes seyn. Indessen konnten
„wir doch noch nicht alle Sorge fahren lassen, sondern
„suchten fleißig aus den Neigungen und Beschäftigungen

„ihre

„ihre Gesinnungen zu erforschen. Weil ich sie nun mit
„der Arbeit nicht verschonte, sondern durch meine stete
„Gegenwart sie zur immerwährenden Beschäftigung
„drang, versperrten wir ihnen nicht bloß den Weg zu
„bösen Entschließungen, sondern umgaben auch bald
„unsre Insel mit den stärksten Vorwerken und Befesti-
„gungen. Unterdessen hörte ich nicht auf, sie nach mei-
„nen Verstandeskräften zu ermahnen, und von Lastern
„abzuschrecken; ich ließ täglich Morgens und Abends öf-
„fentliche Gebete halten, und unterrichtete sie in der
„christlichen Religion. Durch diese Vorsorge und die-
„sen Fleiß lebten wir den übrigen Theil des Jahres ruhi-
„ger. Uebrigens befreyte uns von diesen Sorgen die An-
„kunft unserer Schiffe: denn dadurch erhielt ich Männer,
„von denen ich nicht allein nichts zu besorgen habe; son-
„dern denen ich meine Wohlfahrt auch sicher anvertrauen
„kann. Weil ich es itzt so haben kann, habe ich auch
„aus allen zehn gewählt, bey welchen ich die Gewalt un-
„srer Regierung niedergelegt habe, mit dem Entschlusse,
„hinführo nichts ohne diesen Rath vorzunehmen: so,
„daß, wenn ich gegen irgend einen etwas beschlösse, was
„zu hart wäre, selbes ohne das Ansehen und die Ein-
„willigung des Rathes null und nichtig seyn solle. In-
„dessen habe ich mir doch vorbehalten, daß ich nach ge-
„fällten Urtheile Gnade geben, und so jedem nützen, nie-
„manden aber schaden könne. Dieses sind die Künste,
„mit welchen wir unser Ansehen aufrecht zu halten, zu
„schützen und zu vertheidigen beschlossen haben. Unser

B „Herr

XVIII Vorrede

„Herr Jesus Christus beschütze Sie und alle ihre Ge-
„fährten gegen alles Böse, stärke Sie mit seinem Geiste,
„und verlängre Ihr Leben zum Dienste der Kirche noch
„lange. Grüssen Sie mir meine liebsten Brüder Ce-
„phas und De la Fleche bestens. Coligny in Süd-
„frankreich, den ein und dreyßigsten Merz 1557.
„Wenn Sie vielleicht an meine Hausfrau Renata in
„Frankreich schreiben, so machen Sie ihr doch einen
„Gruß in meinem Namen. „

Zu Ende dieses Briefes ist noch eine Clausul von
Villegagnons eigener Hand geschrieben, die ich hier
übergehe, weil ich sie im Verlaufe gegen ihn anführen
will. Nichts desto weniger folgt aus dem hier beyge-
schriebenen, daß Thevets Ausfahren gegen uns auf ganz
falschen Gründen beruhe, als hätten wir im Kastelle
des Coligny einen Aufruhr angezettelt: denn es ist daraus ganz klar, daß wir bey dem Ausbruche desselben
noch nicht einmal da waren. Ich kann mich daher nicht
genug verwundern, daß diesem Manne der Ausfall so
sehr gefällt, daß er, nebst der oben angeführten Stelle,
an einem Orte *), wo er von der Treue der Schottländer redet, als wenn er seinem Hange gar kein Genügen
leisten könnte, noch einmal mit folgenden Worten schreibt:

„Ihre Treue habe auch ich in einigen sowohl
„Edlen als Soldaten, welche mit uns in Süd-
„frankreich übergesetzt hatten, bey einer Ver-
„schwö-

*) Band II. B. XVI. K. 8. S. 665.

„schwörung kennen lernen, so etliche aus der Nor-
„mandie angezettelt hatten, welche wegen ihrer
„Kenntniß der Sprache dieses wilden und schier
„unvernünftigen Volkes zween Königlein (*Regu-*
„*lis*) durch vorgestellte Hoffnung von Beute da-
„hin gebracht hatten, daß sie uns umbringen woll-
„ten. Als dieses die Schottländer erfuhren, ent-
„deckten sie es Villegagnon und mir: wofür die
„Verschwornen dann ihren verdienten Lohn er-
„hielten. Unter diesen Verschwornen waren auch
„die Diener Calvins, welche mit den andern glei-
„che Strafe erlitten, und ins Meer versenkt wur-
„den.„

Auch hier weiß Thevet wieder selbst nicht, was er
will: denn er vermischt drey Laster mit einander, deren
eines erlogen, und von mir oben schon widerlegt worden
ist; und die zwey andern wurden zu ganz verschiedenen
Zeiten begangen. Die Schottländer haben daher nicht
allein ihm die Verschwörung nicht angezeigt; sondern,
da er vielmehr einer von denjenigen ist, worüber sich
Villegagnon beklagt, daß sie wieder zurückgegangen,
das ist, das Pabstthum wieder angenommen haben *),
(woraus sich auch schliessen läßt, daß alle, welche er als
Gefährten mitgenommen hatte, sich haben verpflichten
müssen, sich zu der Religion zu bekennen, welche er damal festsetzen zu wollen vorgab,) war er in dieser zwey-

*) Anm. d. Uebers. Wer lehrte Lery eine solche Hermeneutik?

XX   Vorrede

ten und wahren Gefahr eben so wenig, als in der ersten erdichteten und erlognen, begriffen. Was das dritte angeht, wo er behauptet, daß einige der aufrührischen Gefährten Richers mit dem Tode bestraft, und ihre Leichname den Fischen vorgeworfen worden seyn, antworte ich, daß nichts so sehr erlogen sey, als das, besonders wie es Thevet erzählt. Denn wiewohl wir von Villegagnon, nachdem er einmal von der wahren Religion abgewichen, sehr übel behandelt wurden, so legte er doch, weil er uns an Kräften nicht überlegen war, vor der Abreise Philips und Richers, mit welchen ich zurück gegangen bin, an keinen von uns Hand; vielmehr wurden wir, da er uns mit Gewalt weder zurückhalten konnte, noch sich dasselbe zu thun getraute, mit seiner, wiewohl arglistigen, Erlaubniß entlassen. Das ist zwar wahr, wie ich anderwärts sagen werde,*) daß fünf der Unsrigen, nachdem wir am achten Tage mit einem übel zugerichteten Schiffe dem Schiffbruche kaum entgangen waren, in einem Boote wieder zurück in Amerika gefahren, von welchen er drey ins Meer stürzte; nicht aber, weil sie Mitschuldige an einem Aufruhre gewesen, sondern weil sie, wie die Geschichte der Märtyrer bezeugt, das Evangelium so bekannten, wie es Villegagnon nicht mehr annehmen wollte.

Ferner irrt Thevet nicht weniger doppelt, wo nicht aus Bosheit, dann doch aus Unwissenheit, wenn er behaup-

*) Anm. d. Uebers. Man sehe die zwey letzten Kapitel dieser Reise.

hauptet, daß das Diener der Religion gewesen, als wenn er die Sendung der vier Diener dem Calvin allein zuschreibt. Denn es ist bekannt, daß die Wahlen der Seelenhirten in den reformirten Kirchen nach der bey ihnen festgesetzten Disziplin vorgenommen werden: durch die Uebereinstimmung nämlich mehrerer hierzu gewählten und vom Volke approbirten, daß sie folglich nicht von einem, wie vom Pabste, abhangen. Was die Zahl angeht, so kann man nicht sagen, daß damal (und ich glaube auch nachher,) mehr als die beyde, Richer und Chartier, hingeschifft seyn. Will er aber dabey bleiben, und sagen, er hätte das nicht so genau genommen, und obenhin alle, die hingereist, für Religionsdiener nehmen wollen, so antworte ich, daß, wie er weiß, daß in der römischen Kirche es nicht gebräuchlich sey, alle Leute Franziskaner zu nennen, auch bey uns Reformirten, (ohne das Wort im schlimmen Verstande zu nehmen,) die gern alle Verwirrung vermeiden, nicht jeder ein Religionsdiener ist.

Weil er übrigens Richer nicht minder mit dem Ehrentitel Religionsdiener, als dem falschen eines Aufrührers belegt, (ich gebe ihm sehr gern zu, daß er (Richer,) das Doktorat der Sorbonne weit von sich abgegeben habe,) mag er wohl denken, daß ich ihm keinen angenehmen Dienst dafür erweisen, ihn wohl einen bösen Franziskaner nennen würde; jedoch, ich will ihn noch mit dem Namen eines Kosmographen beehren,

und

und das nicht eines gewöhnlichen, sondern eines so allgemeinen, daß er, als ob auf dieser Erde nichts bemerkenswürdiges wäre, in den Mond zu fliegen, keinen Anstand nimmt, um Possen in seine Bücher zu bekommen. Es bringt mich nicht wenig auf, (denn ich bin ein Franzose, und für meines Königs Ruhm besorgt,) besonders da er sich nicht nur mit dem Namen eines königlichen Kosmographen bläht, und die reichlichsten, wiewohl übel angewandten Stipendien zieht, sondern auch Possen, die nicht einmal der Buchstaben werth sind, unter dem Schutze des königlichen Ansehens öffentlich bekannt macht.

Ich will nichts unberührt lassen, was er gesagt hat, wiewohl ich denke, daß es gar keiner Antwort werth ist, wenn er, der alle andre Leute nach dem Maaßstabe von Franz mißt, dessen Brüder, worunter auch Thevet ist, in ihre Säcke und weite Aermel alles nehmen, schreibt, „daß die Religionsdiener, welche in Amerika „gekommen, sehr begierig nach Reichthümer, und ge„wöhnt gewesen, alles, was ihnen unter die Hände ge„kommen, mitzunehmen." Wenn jedoch dieses (was so wahr ist als die erdichteten Mährchen vom Alkoran der Franziskaner,) nichts anders ist, als diejenigen zum Streite ausfordern, welche er in Amerika nie gesehen, und welche ihm nie was zu leide gethan haben, so will ich, der ich aus diesen einer bin, um die gegen uns abgeschnellten Pfeile zurück zu schießen, noch andre Läppereyen dieses Mannes aufdecken.

Um

des Verfassers.   XXIII

Um ihn nur mit seinem eignen Schwerdte zu würgen, was wied er hierauf antworten. In seinen amerikanischen Sonderlichkeiten Hauptst. XXIV. S. 21. schreibt er mit eben so vielen Worten, „er sey nur drey „Tage am kalten Vorgebürge geblieben:„ im zweyten Bande seiner Kosmographie, oder Buch XXI. H. 4. S. 931. scheut er sich nicht zu behaupten, „er ha„be etliche Monate an diesem Orte zugebracht?„ — Hätte er nur noch einen Monat gesagt, und dann die Tage allda etwas länger als bey uns eine Woche gemacht, so wäre es jedem frey gewesen, ihm Glauben beyzumessen; allein (mit seiner Erlaubniß sey es gesagt,) wir haben noch nicht gelernt die längsten Tage unter der heissen Zone mit unsern Monaten zu verwechseln.

Er fährt indessen fort, seine Leser zu äffen: denn wiewohl er oben durch sein eigenes Zeugniß überwiesen worden, daß er nicht über drittehalb Monate in Amerika gewesen, vom eilften November des Jahres 1555 nämlich bis zum ein und dreyßigsten Jenner des folgenden, und in dieser Zeit, wie ich mir habe erzählen lassen, kaum, ja so zu sagen gar nicht, von der Insel, welche Villegagnon befestigte, gegangen war, schwatzt er doch ein solches Langes und Breites, daß man glauben sollte, er habe nicht nur die Sitten und Gebräuche so vieler Völker, welche diesen vierten Welttheil bewohnen, gesehen, gehört und beobachtet, sondern er sey auch das ganze Westindien*) selbst durchgewandert, zu welcher
Arbeit

*) Anm. d. Uebers. Es ist bekannt, daß dazumal das ganze in dieser Zeit entdeckte Land von Amerika Westindien hieß.

Arbeit doch zehn Menschenalter nicht hinreichen würden. Und selbst unter den Dollmetschern aus der Normandie, deren einige doch schon neun Jahre allda zugebracht hatten, war keiner, der weiter als achtzig tausend Schritte ins Innere des Landes gegangen seyn wollte: theils weil die Reise durch wüste und unzugängliche Strecken gehen müßte, theils weil man sich vor den Margaaten zu fürchten habe, welche nicht weit von den Tuupinambolsiern wohnen. Nichts destoweniger scheut sich Thevet nicht, zu behaupten, er habe Reisen über hundert und zwanzig tausend Schritte weit durch die ungebahntesten Wälder, Tag und Nacht durch, in Begleitung der Barbarn, gemacht, ohne daß ihnen jedoch ein wildes Thier begegnet sey, welches ihnen was gethan hätte. Was das letzte, von den wilden Thieren, angeht, so will ich das sehr leicht glauben: denn ich getraue mir zu behaupten, daß er vor den Anfällen derselben eben so sicher, als von den Ungemächlichkeiten der Dörner und Felsen frey war.

Wer soll sich aber nicht wundern, wenn er sich anderstwo rühmt: „dasjenige, was er von den Sitten der „Barbarn schreibt, habe er besser erfahren, nachdem „er einmal ihre Sprache gelernt hätte:„ von welcher Kenntniß er jedoch eine so schlechte Probe giebt, daß er das Wort Pa, was so viel sagen will, als Ja, durch auch du übersetzt. *)

Das

*) Ebendas. B. 5. S. 916.

des Verfassers. XXV

Das will ich für itzt einmal bemerken, damit man sehe, daß er eben so erfahren in der Sprache der Barbarn ist, als man im Folgenden sehen wird, was er für eine Beurtheilungskraft besitze. Er nimmt nämlich keinen Anstand, zu schreiben, die Barbarn hätten sich vor dem Gebrauche des Feuers des Rauches bedient. Er mag aber zusehen, ob er nicht noch mit grösserm Rechte von demjenigen belacht zu werden verdiene, der ihm Vorwürfe macht, daß er nach einem Aufenthalt von zween bis dreyen Monaten bey einigen Völkern die gräßlichen Wörter, welche er gelernt, vorbringe, um sich so den Schein zu geben, als sey er in ihrer Sprache bekannt. *) Jeder Leser also hüte sich, nur nicht sorgfältig nachzufragen, sondern jeder muß ungezweifelt glauben, was Thevet durch einander von der Sprache der Amerikaner vorlügt: denn er wird durch sein **Mär momang** (Mair momen) und **Mär poschi** (Mair pochi) ihm schöne Sachen aufhängen.

Was sollen wir aber dazu sagen, daß er so heftig auf diejenigen schimpft, welche Amerika den Namen West-

*) *Belleforeste*, in der Zueignungsschrift vor seiner Cosmographie ꝛc. Anmerk. d. Uebers. Franz von Belleforeste ward 1538 geboren. Mit 7 bis 8 Jahren verlor er Vater und Mutter. Die Königin von Navarra, Schwester Franz I. von Frankreich, ließ ihn erziehen, und so studierte er zu Bourdeaux und auch nachher zu Toulose, wo er sich immer viele Freunde machte. Er schrieb sehr viel, worunter seine Histoires tragiques vieles Aufsehen gemacht haben: auch schrieb er Cosmographie universelle. — Er starb im Jahr 1583. S. *Lelong Biblioth. hist. de France. Moreri.*

Westindien geben? Denn er will, daß ihm der Name Südfrankreich, (Francia antarctica,) welchen er ihm gegeben, unverändert bleibe. Anderstwo giebt er sich die Zulegung dieses Namens in Gesellschaft mit allen Franzosen, welche mit Villegagnon dahin gefahren: wo er es doch selbst an vielen Stellen amerikanisches Indien nennt. — Ueberhaupt, obschon er sich nicht immer gleich bleibt, so sollte man doch, wenn man seine Berichtigungen und Widerlegungen andrer Arbeiten betrachtet, sagen, alle übrigen wüßten gar nichts, Thevet mit seiner Kapuze aber habe allein alles durchsehen.

Ich kann mir nun schon voraus sagen, daß er, wenn er dies liest, und etwas drinn findet, was er nur obenhin einigermassen berührt hat, seiner Gewohnheit und seiner Großsprecherey nach, sogleich ausrufen wird: Das hast du mir gestohlen. Denn wenn Belleforeste, der nicht nur sein Kunstgenosse ist, sondern auch sein Buch von den amerikanischen Sonderlichkeiten mit einer weitläufigen Ode beehrte, nicht verhindern konnte, daß ihn nicht Thevet einen unglücklichen Philosophen und einen armseligen Tragiker oft zum Spotte benennte: wenn, sage ich, es Thevet nicht vertragen kann, daß ein anderer Kosmograph, der zwar nicht selten, jedoch etwas gründlicher als er, gegen die armen Hugenotten loszieht, mit ihm verglichen werde: wie kann ich es wagen, mit meiner schwachen

Feder

des Verfassers. XXVII

Jeder diesen ungeheuren Koloß anzutasten? Es ist gewiß kein Zweifel, daß er, wenn er sich von mir in seiner Gestalt abgemalt sieht, wie jener Goliath, mich verfluchen, und gleichsam als ob er mich verschlingen wollte, anfallen, und auf mich und dieses mein Werkchen die päbstlichen Blitze schleudern wird. Wenn er jedoch auch durch die Gewalt seines Patrons Franz des jüngern seinen Quoniambek gegen mich wieder von den Todten erwecken könnte, (welchen er in seiner Kosmographie mit zwo Kanonen beladen abmalen lassen, als ob er die so gemächlich losschiessen könnte,) so will ich von meinem Vorhaben doch nicht abstehen, sondern in der Folge aus allen Kräften verfolgen; ja ich getraue mir, seine vortrefliche Heinrichsstadt, welche er mitten in den amerikanischen Wolken erbaut hat, niederzureissen, und gänzlich zu zerstören.*)

Während ich mich aber zum Streiten bereite, und er, da er nun gewarnt ist, sich entweder auch zum Aushalten meiner Anfälle rüstet, oder sich auch, wenn er will, ergiebt, bitte ich die Leser, mir zu vergeben, daß ich in der Widerlegung des nichtswürdigen Geschwätzes dieses Mannes, welches zur Herausgabe dieses meines Werkchens die Veranlassung gegeben, aus seinen eignen Schriften, etwas weitläufiger gewesen bin. Und so mache ich denn damit den Beschluß, wiewohl ich bey der ersten Ausgabe dieses Buchs von

einem

---

*) Anm. d. Uebers. Man sehe das siebente Kapitel dieses Werkes.

XXVIII Vorrede

einem, der damal noch im Pabstthum war, itzt aber
die Kapuze abgeworfen, und Religionsdiener in der reformirten Kirche ist, gewarnt worden bin, er sey von
Thevet in mein Vaterland geschickt worden, um mich
auszuforschen, und mir nach dem Leben zu trachten;
es wären auch einige aus den Bekennern der wahren
Religion gewesen, die ihm hierinn ihren Beystand versprochen hätten. Ich wiederhole daher hier, was ich
schon anderstwo sagte, daß ich mich Thevet, indem
ich ihn nie gesehen, geschweige denn, daß er mich je per-
sönlich beleidigt hätte, auf keine andre Art und aus
keiner andern Ursache widersetze, als um die Verläumdungen zu entkräften, mit welchen er das Evangelium
und dessen erste Verkündiger in Amerika besudelte.

Dasselbe gilt auch jenem garstigen Apostaten Lau-
noy*), der in seinem garstigen Buche, welches er zur
Bestätigung seiner Apostasie heraus gab, und seine Un-
ver-

---

*) Anm. d. Uebers. Matthias von Launoy, ein Dominikaner,
ging im Jahre 1560 zu Calvin über, wo er bald Prediger wurde. Während der Zeit verheirathete er sich; soll aber in der
Ehe eine seiner Nichten geschwängert haben. Hierauf ward er
wieder katholisch, und erhielt eine Dompräbende zu Soissons,
und die Pfarrey de St. Merry zu Paris. Wegen seinem grossen Antheile an der Affaire mit Brisson mußte er sich endlich flüchten, und in Flandern sein Leben zubringen. Unter andern Werken, die er herausgab, sind besonders merkwürdig zwo Apologien; eine wegen seiner Religionsände-
rung, und die andre zur Widerlegung von Verläumdungen. Bayle Dict. Moreri Dict. De Thou Hist. S. 86.

verschämtheit so weit geht, zu schreiben, die Religionsdiener könnten sich in ihren Schriften nicht enthalten, die gelehrtesten Männer, unter welche er Thevet zählt, zu verkleinern. Allein er hat die reformirte Religion und ihre Bekenner absichtlich (ex professo) angegriffen. Es mag daher Launoy, der unverschämteste Mann, der mich einen ihm, wie er sagt, sehr wohl bekannten (worinn er aber sehr irrt: denn, Gott sey gedankt, habe ich nie Umgang mit ihm gehabt,) Bettler nennt, und der selbst in der päbstlichen Kirche ein Bettler ist, Christum, die wahre Urquelle aller Gewässer verlassen, und wieder zum Trinken an die stinkenden Pfützen des Pabstes zurück gekehrt ist, auf die tapfere Vertheidigung des Pabstthums denken, bis er und seines Gleichen, nachdem sie mit vieler Mühe für den Antichrist unnütz gearbeitet haben, endlich ihren verdienten Lohn erhalten, und so vor Gott und den Menschen armselige Leute werden.

Jedoch wieder zur Sache.

Thevet mag, wenn es ihm beliebt, antworten, ob das, was ich gegen ihn geschrieben, wahr oder falsch sey: denn darinn liegt der Knoten. Daß er aber nur durch Nachstellungen gegen mich und mein Leben die Antwort nicht überflüßig zu machen suche! Er wisse aber, daß ich eben so wie er, wiewol er ein Geograph ist, mit offenem Kopfe gehe. Bringt er was

Falsches,

XXX Vorrede des Verfassers.

Falsches, so mag er von mir nur aus seinen eignen Schriften so gründliche Widerlegungen erwarten, daß es nicht nöthig seyn wird nach Amerika zu gehen, um ein Urtheil über ihren Werth zu fällen.

Vorrede
zur letzten Ausgabe.

Ich habe neulich bezeugt, wenn Thevet etwas Falsches gegen mich brächte, so würde ich ihm die Antwort nicht schuldig bleiben. Nun aber, gleichwie mich ehedem die unverschämtesten Verläumdungen, welche er uns aufgebürdet hatte, (daß wir ihn nämlich im Kastelle des Coligny hätten umbringen wollen, welches er doch, wie ich oben bewiesen habe, schon vor unsrer Ankunft wieder verlassen hatte,) veranlaßten, dies gegen ihn zu schreiben, so daß ich alles, was sonst noch wider ihn gesagt worden, als Anhänge ausgelassen haben würde, wenn er diese Lügen und Verläumdungen unterlassen hätte: eben so will ich hier (nachdem er nicht nur nicht antwortete, wie er aufgefordert worden war, sondern auch in seinem neulich herausgegebenen Buche von berühmten Männern *) wüthend mit mir umging, daß er im Hauptst. 149. aus den Paar Worten, welche ich von seinem Quoniambek gesagt hatte, nichts weniger als am rechten Orte, die Gelegenheit ergriff, mich zu verläumden,)

*) Anm. d. Uebers. Portraits des hommes illustres &c.

den,) nach der Vorschrift Salomons *), der einem Thoren seiner Thorheit gemäß zu antworten befiehlt, denjenigen, der mich von freyen Stücken wieder angegriffen, die verdienten Folgen seiner Kühnheit fühlbar machen. Um aber nicht unordentlich zu Werke zu gehen, was er in allen Schriften zu thun pflegt, will ich diesen Streit gegen ihn in der besten Ordnung anfangen, und nach meiner Gewohnheit ihn immer mit seinem eignen Schwerdte würgen, und daher fortfahren, seine eignen Worte hinzuschreiben.

Weil denn Quoniambek nach seinem Tode so sehr von Thevet gelobt wurde, daß man mit dem größten Rechte sagen kann, er sey in diesem Stücke glücklicher als Alexander der Grosse, welcher so sehr nach einem Homer seufzte, um einen Verkündiger seines Lobes zu haben, so wollen wir denn seine andre Lobeserhebungen von Thevet in seinem Buche von den amerikanischen Sonderlichkeiten hören, welche er sehr artig mit folgenden Worten anfängt:

„Um es aber glaubwürdig zu machen, daß die „Amerikaner eine Mischung von den seltensten und „vorzüglichsten Vorzüglichkeiten der Seele sowohl als „des Körpers besitzen, will ich diesen einzigen schreck„lichen Quoniambek anführen, von dem ich gewiß „reden kann; indem ich ihn beym Jennerflusse (flu-
„men

*) Sprüchw. XXVI, 4.

„men Janarium *)) drey und zwanzig Grade über dem
„Aequator, und an sechs und sechszig Grade und ei-
„nen halben vom Südpole, gesehen, gehört, und mit
„hinlänglicher Muse beobachtet habe."

Hier gebe der Leser zuerst einmal Acht, ob diese Schlußfolge richtig ist: Thevet sah, hörte und beobachtete mit Muse diesen seinen schrecklichen Quoniambek: also besitzen die Amerikaner eine Mischung von den seltensten und besonderste Vorzüglichkeiten der Seele sowohl als des Körpers? Der beste Dialektiker würde mit grosser Mühe kaum dies vortrefliche Argument Thevets bestätigen: *), dem er jedoch noch zum Beschlusse eine Lüge beygesetzt hat, ich wolle den Fluß, welchen er Janarium, ich Geneuram, nennt, drey und zwanzig Grade vom Südpol setzen: denn aus dem, was im siebenten Kapitel dieses Buches gesagt werden wird, wird es klar erhellen, daß ich nicht allein dies nicht geschrieben, sondern auch, daß es mir nirgend in den Sinn gekommen. Allein wie einer sehr gut bemerkt hat, daß Thevet Florida mit andern Ländern zusammensetze, welche mehr als zehnmal hunderttausend Schritte von ihm entfernt sind, und umgekehrt angränzende davon entferne: so ist ihm auch

---

*) Anm. d. Ueberf. Pfuy, Herr Lery! das war gar zu paßionirt. Was man doch nicht alles sehen kann, wenn man will! —

auch im Erzählen das Lügen so gewöhnlich, daß nichts drüber geht. Dieser Rezensent schäme sich also, jene zu verfolgen, welche er keiner Falschheit überweisen kann.

Er setzt hinzu, „Quoniambek sey an Leibesbil„dung nicht viel von den Riesen unterschieden gewesen: „er hatte einen sehr grossen dicken Körper, und „nicht gemeine Kräfte, deren er sich auch beson„ders dazu bediente, die Feinde zu bändigen, „und in seine Gewalt zu bringen.„

Im achten Kapitel dieses Buches werde ich zeigen, was die Amerikaner, deren dieser Quoniambek einer war, für eine Natur haben: einstweilen will ich obenhin sagen, daß sie in Betracht unserer nichts Wunderbares haben. Was den Quoniambek insonderheit angeht, läugne ich zwar nicht, daß ich oft von den Dollmetschern aus der Normandie, welche mit uns im Kastelle des Coligny waren, gehöret habe, dieser Quoniambek (den sie mehrmal als Thevet gesehen, pfleget unter die stärksten gerechnet zu werden; allein niemal hielt ihn jemand für einen Riesen, oder aus dem Riesengeschlecht. Er kam auch einer Riesenstatur nicht näher, als bey uns die etwas grossen Leute, worunter ich nicht einmal jenen sehr grossen, und durch den Ruf hinlänglich bekannten Schmidt von Paris und andre seines Gleichen rechnen will. Es ist also klar,

daß

zur letzten Ausgabe. XXXV

daß Thevet auch hierinn seinen Lesern was weiß ma=
chen wollte.

Dasselbe thut er, wenn er von der Vorzüglich=
keit dieses Barbarn sagt: „Durch diese übertraf und
„übersah er alle nicht weniger, als daß er sich seine
„Feinde unterwarf.„ — Von der Unterwerfung
der Barbarn wird zu seiner Zeit gesagt werden,
daß sie willkührlich sey, und in nichts anders
bestehe, als in einer gewöhnlichen Ehrerbietung der
Jüngern gegen die Alten, welche letztere ihrer Erfah=
rung wegen auch die Anführer im Kriege sind. Von
ihren Feinden fordern sie keine andre Unterwerfung, als
daß sie selbe, nachdem sie sie nach ihrem Gefallen in
Banden gehalten, schlachten und fressen, wie im funf=
zehnten Kapitel gesagt werden wird.

Thevet sagt ferner: „Quoniambek sey so stark
„gewesen, daß er ein Faß Wein auf den Armen habe
tragen können.„ Ich überlasse dieses ihn anzustechen
und auszutrinken, sowohl um diesen erdichteten Vulkan
vor immer solcher Last zu befreyen, da er noch immer
zwo Kanonen auf den Schultern trägt, als um
nach Vertreibung der Feinde auf diese Art sich zu
laben. Welche Vertreibung jedoch geschah, ohne daß
Gott und die Leute etwas davon wissen: es konnte da=
her auch Thevet nie damit einen Menschen zum Lachen
bewegen, was er doch dadurch bezwecken wollte.

C 2   Er

Er setzt daher auch mit Recht hinzu: „Eine in „der That nicht gemeine (und nicht wahre, hätte er zusetzen sollen,) „und jedem gewöhnliche Geschich-„te: diejenigen aber, welche eine gute Nase haben, „wird es nicht schwer einzureden seyn, daß dies „von ihm zu Stande gebracht werden konnte, be-„sonders wenn sie auf die Stärke eines so grossen „Körpers Rücksicht nehmen." Sind einige, welche mit der Nase glauben können oder wollen, so will ich ihnen das gern erlauben: wenn aber dieser Theil des Körpers zum Geruche bestimmt ist, und gewöhnlich bey uns eine gute Nase haben, von den Hunden gesagt wird, mit denen uns Thevet zu vergleichen scheint, so verdient er in der That, daß man ihm auf seine Nase schlage.

Das mag denn auch die Antwort auf das seyn, was er ferner sagt, „ich wäre nicht zu überreden, daß „dieser Barbar auf diese Art zwo Kanonen sich auf die „Schultern habe laden können, ohne sich vor einer Ver-„letzung vom Niederschlagen zu fürchten:" denn das gebe ich ihm sehr gern zu, und ich kann mir das auch nicht einreden, kann der Erzählung auch keinen Glauben beymessen. Was nicht weniger alle die thun werden, die besser, als Thevet, wissen, daß menschliche Schultern nicht so stark und hart sind, als die Mauren einer Festung, und folglich die Losschiessung selbst einer kleinen Kanone nicht ertragen könnten. Wiewohl es daher, (wie er sich, höchst übel angebracht, übertrieben ausdrückt,)

„den

„den Schalen meiner Muschel *) nicht einleuchten will,
„so habe ich jedoch alle Geheimnisse dieser neuen Welt
„durchforscht,„ (welcher Ausdruck wahrhaft dem groß-
sprecherischen und ehrsüchtigen Thevet sehr wohl eigen
ist, der, wie ich schon oben sagte, sich einbildet, er habe
alles allein inne, alle andre hingegen seyn Unwissende,)
so nehme ich an, was er hinzufügt: „Er wolle mich
„nicht mit seiner Erfahrung darnieder schlagen: (denn
er hat gar keine:) „denn wiewohl der Mann, von wel-
„chem er rede, mir nicht vor Augen gekommen sey: so
„würde ich mich doch der Vernunft nicht unterwerfen,
„ohne (eigne) Erfahrung, der Belehrerin der Narren.„
Unter welchen er (wiewohl er ganz anders denkt,) der
letzte nicht ist.

Er fährt fort: „Ich würde nicht sogleich über ihn
„Meister werden, weil es gar nicht folge: weil ich oder
„andre dem Quoniambek nicht gleichen, daß darum
„jener grosse König (der nämlich kein Reich hat,) das
„alles nicht gethan habe, was er ganz treu von ihm er-
„zählte.„ Ich aber antworte, daß auch ich nicht unterliegen werde: das Urtheil über den ganzen Streit überlasse ich aber dem Leser. Fern sey es jedoch von mir und
allen Uebrigen, auf welche Thevet hier anspielt, jenes
plumpen und wilden Quoniambeks Geschichte anzuführen, dessen Thaten Thevet so sorgfältig für die Nachwelt
aufbewahrt hat.

Nun

---

*) Anm. d. Ueberf. Lery sagt nämlich unten Kap. XX. Lery
heisse im Brasilianischen so viel als eine Muschel.

Nun aber zieht er wieder auf diese artige Art gegen mich los. „Um jedoch uns nicht viel und lange bey „den feinen und aus der Philosophie entlehnten „Argumenten aufzuhalten, so hat Lery selbst die „ganze Sache bestätigt." Dann kömmt er mit beyden Füssen hinkend mit folgendem Argumente hervor. „Erstens, sagt er, wenn wir ihm auch geben, was „wir ihm jedoch nicht zugestehen, daß er die Bü„cher, welche er sich zueignet, würklich geschrie„ben habe, über die Belagerung von San„cerre nämlich, und über seine Reise in Ame„rika; wiewohl alle diejenigen, welche ihn ken„nen, unter denen sich auch Spina*) befindet, „der zwölf Jahre hindurch, und zu derselben Zeit „mit Lery in Amerika zugebracht hat, nicht „glauben können, daß er sie geschrieben." Du lieber Gott! wer soll bey Anhörung einer so spitzfindigen Philosophie nicht erstaunen! Thevet überläßt den Lery sich selbst! In der That, wenn man, wie es im Sprichwort

---

*) Anm. d. Uebers. Spina (sonst auch Johann de l'Espine,) war vorher ein Mönch: was für einer, ist nicht ausgemacht. Er sollte einen sichern Johann Rabel zum Katholizismus bekehren; allein er ward darüber selbst Reformirter. Nun begab er sich zur Herzogin von Ferrara, wo er sich öffentlich zum Calvinismus bekannte. Er war mit bey verschiedenen Unterredungen zwischen Katholiken und Calvinern. Im Jahre 1565 ward er Prediger zu Rochelle. Er entging der Bartholomäus-Nacht, und starb im J. 1594 zu Saumur. Er schrieb mehrere Werke. S. *Bayle* Dict. *Maimbourg*. hist. du Calv. *Moreri* Dict. und die da angeführten

wort heißt, den Löwen an den Klauen kennt, so muß Thevet einen stumpfern Verstand haben als ein Ambos. Denn wer ist im Stande das umzuwerfen: Er giebt mir nicht zu, daß ich die Bücher über die Belagerung von Sancerre und die Reise in Amerika geschrieben habe: warum? weil diejenigen, welche mich gut kennen, nicht glauben können, daß ich dieselben selbst ausgearbeitet habe.

Hier ist erstens zu bemerken, daß Thevet, der für sich selbst kaum, oder nicht einmal, eine oder die andre Seite genau schreiben kann, (denn er bedient sich zur Ausarbeitung seiner Werke einiger gelehrter junger Leute, was ich von einem jungen Manne gehört, der für ihn gearbeitet hat,) und der von andern schön ausgearbeiteten Erzählungen nicht einmal zu reden weiß, die übrigen nach sich selbst mißt. Ich werfe das daher auf Thevet zurück, auf welchen es sehr gut paßt: und bezeuge, ohne alle Pralerey, daß ich meine Schriften nicht nur niemanden zur Ausfeilung gegeben, sondern mir selbst Vorwürfe darüber gemacht habe, daß einige gelehrte Männer dadurch, daß ich sie ihnen mitgetheilt, um zu hören, ob sie der Bekanntmachung würdig seyn oder nicht, von wichtigern Beschäftigungen abgehalten. — Was er hinzufügt, es könne keiner von denen, welche mich kennen, glauben, daß ich dergleichen was geschrieben, ist überhaupt falsch. Was den Spina angeht, (dessen er als ein Schmeichler erwähnt, wie er auch in seinem Buche von berühmten Männern sich bey einigen

nigen ansehnlichen Männern in grosse Gunst setzen wollte, was ihm aber fehlschlug; indem sie dergleichen Sachen wenig achten,) so bin ich versichert, daß er, wenn er die Sache wohl durchsieht, was ihm Thevet aufbürdet, nicht weniger von sich lehnen wird, als er wohl weiß, daß Thevet, wo er uns des Verbrechens beschuldiget, als hätten wir ihm und andern nach dem Leben getrachtet, ein unverschämter Verläumder sey. Allein das hat alles seine gute Wege, da er noch oben drein durch die Mittel, mit welchen er sich vertheidigen will, mir Waffen an die Hand giebt, ihn zurück zu schlagen: denn Spina, den ich seit unserer Abreise aus Amerika nicht mehr gesehen, wird sich wohl zu erinnern wissen, daß wir uns allda nicht anders als still und eingezogen betragen haben.

„Uebrigens,„ sagt er, „könnte ich, wie mehrere „andere, von demjenigen, was er aus andrer Arbeiten „gebraucht, mir nicht weniger zueignen.„ Die Schriftsteller, deren ich mich bedient habe, habe ich am Rande angezeigt: was aber den Thevet betrifft, so mag er seine Sachen anderstwo, als in meinen Schriften suchen: denn wenn etwas von ihm drinn wäre, würde ich das nicht geduldig leiden können, weil es alles Uebrige ansteckte.

„Um aber nicht das Ansehen zu haben, als „wollte ich nur Ausflucht suchen,„ sagt dieser Schwätzer, (Battologus,) „wollen wir ihms unter
„der

„der gesagten Bedingniß zugeben, daß er die
„Bücher, welche er sich zueignet, geschrieben
„habe, wenn er nur, was er nicht läugnen
„kann, anerkennt, daß ein Mann von solchem
„Stande, wie Lery, nicht unterrichtet ist, Er-
„zählungen so einzurichten, daß er, was er mit
„anderer Arbeit herausgegeben, zu Stande brin-
„gen kann." Mir ist wahrlich wenig daran gelegen,
ob er mir das, was er nicht verhindern kann, zugiebt, oder annimmt. Was er aber von meinem
Stande hinzusügt, kann ich ihm mit einer doppelten
Antwort andienen. Erstlich will ich dem Thevet, der
mich einen ihm nicht unbekannten Bettler nennt,
die Versicherung geben, daß er weit hinter mir zurück-
bleiben müßte, wenn es mit glaubwürdigen Zeugen bewiesen werden müßte, aus was für einer Familie ich ab-
stamme. Ich sage dies jedoch nicht, als wenn ich menschlichen Adel, wenn er nicht mit der Furcht Gottes, dem
Urquell aller Tugend, vergeschwistert ist, höher achtete,
als ich sollte. Zweytens: wenn er mit mir (wo Gott
für sey,) verglichen werden sollte, was giebts dann wohl
schmutziger, als dieser Franziskaner? der, weil er ehedem den Bettelsack herumtrug, zum ewigen Denkzeichen,
wie es mir wahrscheinlich vorkömmt, den Diogenes,
den schmutzigsten aller Bettler, mit einem Sacke auf der
Schulter, in seinem Buche von berühmten Männern,
abzeichnen ließ? Uebrigens kann ich mich noch freuen, da
Thevet, der aufgeblasenste Schriftsteller unsres Zeital-
ters,

ters, von freyen Stücken anerkennt, daß ich ihn in dieser Art Schriften übertreffe: wiewohl ich sehr gern einstimme, daß ich in Betracht aller übrigen der Kleinste sey.

Weil er an seinen gehäßigen Wiederholungen Gefallen findet, setzt er hinzu: „Damit er aber nicht glau„be, ich könne ihm nichts anders einwenden, als „seine Unerfahrenheit in seinem Fache." (Es würde mir in der That sehr leid thun, wenn ich, durch die Gnade Gottes nicht aus der untersten Klasse von Menschen dem Thevet gliche, in dessen Schriften man, ohne daß er Rücksicht auf seine Profeßion als Kosmograph, welche Stelle er durch die Gütigkeit unsrer Könige erhalten, genommen hätte, alles Ungeweyhte, Lächerliche, Kindische und Falsche lesen kann; da er doch nichts, als wichtige, ernsthafte, und wahre Sachen hätte behandeln sollen. Zu Zeugen hievon fordre ich diejenigen auf, welche die Schriften Thevets gelesen, und frey und offenherzig ihre Meynung sagen sollen: denn um die Schmeichler, so dem Thevet gleichen, kümmre ich mich nicht; diese sind verdächtig, und keines Glaubens würdig, wie die Sache selbst redet,) „wollen wir sehen, „ob nicht Lery einige Sachen geschrieben, „die noch weniger glaubwürdig sind, als die „Geschichte Quoniambeks." Gewiß keine. Und habe ich es gethan, warum hat er nicht wenigstens ein Beyspiel vorgebracht? Unterdessen bestürmt er die Ohren der Leser mit den Worten: „Ich „schäme

„schäme mich,,, (daß ich so unverschämt gelogen habe, hätte er hinzusetzen sollen,) „die Feder „dazu zu berühren,,, (wiewohl diese ganze Erzählung mit wenigen Worten leicht abgefertigt werden könnte, so mag sie Thevers Genie bezeichnen; wenn er jedoch aufrichtig seyn, und freymüthig gestehen wollte, wie die Sache liegt, so zweifle ich nicht, daß er allen Zierrath als empfangen annehmen würde,) „um den nichts- „würdigen Schwäßer wie er es verdiente, zu „begegnen, der mit Fabeln„ (schöne Worte, Thevet, missest du so die Uebrigen nach dir ab?) „seine wenigen Werke voll gepropft hat.,, (Er hat nicht alle gesehen; jedoch das kümmert mich nicht: er hätte aber viel besser gethan, wenn er entweder weniger, oder besser, oder gar nichts geschrieben hätte,) „die unter seinem Namen heraus sind.„ Und doch stechen sie Thevet so stark, daß er (wie ich von einem der glaubwürdigsten Männer gehört habe,) fünfhundert Kronen drum gäbe, wenn er das, was ich gegen ihn geschrieben, unterdrücken könnte. Allein mag er bersten! Warum sucht er dem Evangelium einen Schandfleck anzuhängen, und greift Leute an, die ihm nie das geringste zu leide gethan haben?

Er sagt ferner: „Ich hätte diejenigen, welche „noch nicht ganz übel auf mich gesinnt seyn, ganz schamroth gemacht.„ Ich aber antworte, daß ich durch die Gnade Gottes nie jemanden Gelegenheit gegeben habe, be, übel auf mich gesinnt zu werden, geschweige, daß ich Ursache gewesen, daß sich irgend jemand über mich habe zu schämen brauchen. Da also Thevet das erlogen, so gebe er nur einen Bürgen, wenn er Glauben haben will.

Was die folgenden Worte angeht, „es seyn Läppereyen, nichtswürdiges Zeug, Mährchen, womit ich „die Augen derjenigen weiden wollte, welche sich die Mü„he gäben, meine Bücher (welche er auch Läppereyen „nennt,) zu lesen :„ sehe ich, daß der arme Mann sehr über mich erbittert ist, weil er sich überwunden sieht, daß er mir das, was ich in dieser Vorrede und der Reisebeschreibung selbst gegen ihn geschrieben, entwendet habe. Es ist also klar, daß er, der mich vorher eines Diebstahls beschuldigte, sich mit meinen Federn geschmückt habe: ich lasse ihm selbe aber sehr gerne; denn sie stehen ihm sehr wohl.

Dieselbe Antwort mag auf das gelten, was er ferner sagt, „ich sey in meiner Unverschämtheit so weit „gekommen, daß ich durch eine feine Untersuchung über „die Bedeutung meines Namens behauptete, Lery heiße „in der Sprache der Barbarn eine Muschel.„ Und das behaupte ich noch als ganz wahr: denn es wissen die Schiffleute und andre, welche dahin gereist sind, daß Leri-pas, ein zusammengesetztes Wort, in der dasigen Sprache eine Muschel bedeute: ich überlasse
ihm

zur letzten Ausgabe. XLV

hm daher die Unverschämtheit, welcher er mich beschul-
digen will.

Er ist jedoch hiemit noch nicht zufrieden, sondern
fährt fort: „Wenn man mir auch das zugiebt, (daß
nämlich mein Name in der Sprache der Amerikaner so
viel als eine Muschel bedeute,) „so war er doch nicht
„so sehr angesehen, als er gern den Anschein
„hätte,„ sagt er, „weil ich Muschel in eine Schale,
„gewiß nicht in meine, sondern in das umzäunte Kastell
„Colignys von Villegagnon eingeschlossen gewesen.„
Hier mischt er noch eins und das andre von den Wallfischen ein, wovon wir an seinem Orte, wie auch von
den Schildkröten und den Krokodillen, handeln werden.
Das Ansehn aber, wovon er hier handelt, was soll
das, um Gottes willen, zur Sache thun? was die
Einschliessung in die Verzäunungen des Kastells von
Coligny? Glaubt er vielleicht, da er einen guten
Theil seines Lebens im Kloster zugebracht, wo er einige seiner Brüder in Ruhe niedergelegt sieht, oder vielleicht selbst niedergelegt hat, daß wir, die wir die wahre Religion bekennen, wie Mönche in dem Kastelle
verschlossen gewesen? Da irrt er gewiß himmelweit:
vielmehr gebrauchten wir die christliche Freyheit, konnten gehen, wohin wir wollten, und legten so die Heucheley dergleichen Leute an den Tag. Damit er mir
aber den Einwurf nicht mache, ich sagte anderstwo,
wir seyn nicht gewohnt gewesen, ohne Erlaubniß aus-

zu-

zugehen, antworte ich, daß wir dies alle gemein hatten; und wenn er das auf mich allein einschränken will, so giebt er eine so deutliche Probe von seiner Dummheit, als in seinen amerikanischen Sonderheiten, Haupfst. 58. von seiner Unwissenheit, wenn er schreibt: die heilige Schrift melde von dem Ackerbaue Abels nichts: denn wenn er nur ein wenig Acht giebt, so wird er sehen, daß Abel ein Hirt, und Kain ein Bauer war. Genes. IV, 2. Hier wird er nun die Schuld vielleicht auf den Buchdrucker werfen, und sich so zu retten suchen; allein diese Entschuldigung ist an tausend andern Stellen seiner Werke nicht anwendbar, wo man ihn als einen offenbaren Verfälscher angeben kann.

Endlich sagt Thevet, der nie satt wird, seinen Quoniambek zu erheben, (dem ich auch nach Würden begegne,) „ohne Zweifel sey er der größte Schrecken der „Margáaten, Portugiesen und anderer Feinde gewe„sen.„ Laß das seyn: denn wie ich schon vorhin sagte, war er sehr übel auf sie zu sprechen; ich läugne daher nicht, daß er ihnen mit seiner möglichsten Grausamkeit begegnet sey. Er giebt keine geringere „Stärke und Kräfte seinem ungeheuren Körper,„ als ob er so ein Ungeheuer gewesen, wie jener Ringer, der im Jahre 1582 in den Monaten May und Juni in den Schauspielen, welche der Sultan Soliman gab, zu Konstantinopel Wundersachen that. Derselbe hob nämlich einen Balken

ken in die Höhe, und fing ihn nachher, ohne eine
Hand dran zu thun, mit den Schultern auf: ihn
konnten zwölf Mann nicht vom Platze bewegen: er
legte sich auf die Erde, ließ sich mit eisernen Ketten
um die Schultern und die Lenden binden, und trug einen Stein, den zehn Menschen mit vieler Mühe her-
beygewälzt hatten, auf der Brust: das machte ihm
alles nicht mehr zu schaffen, als da die Leute mit vier
Aexten und Klötzern langes Holz auf seinem Bauche
spalteten. Noch andre Wundersachen that er, welche
aus der vor kurzem hierüber gedruckten Geschichte erhellen. Um Gottes willen, wenn der Quoniambek
des Thevet, der von mittlerer Statur war, der Stärke und bewundernswürdigen Grösse dieses Ungeheuers
nachgekommen wäre, würde er dann noch stattlicher
von ihm erhoben worden seyn, als jener Briareus
jemal von den Dichtern erhoben ward?

Was er von der Klugheit und Gottseligkeit dieses
Barbarn auf die Bahne bringt, übergehe ich: denn
es ist nicht der Mühe werth, daß ich mich darüber
aufhalte. Ich komme also aufs Folgende.

„Er war, sagt er, der größte Großspre-
„cher, von denen ich je gehört habe,„ den
Thevet ausgenommen, der von Stolz und Pralerey
aufgeblasen sowohl zu Paris als anderswo jeden an-
treibt, seine Bücher zu kaufen; worinn er der Vorschrift

schrift Salomons (Sprüchw. XXVII, 2.) nicht nachkömmt: *Es lobe dich ein anderer, nicht dein Mund; ein Auswärtiger, nicht deine Lippen.* Ich übergehe, was er ferner sagt, „dieser Barbar sey „gewohnt gewesen, sich zu rühmen, er habe viele Tau„sende seiner Feinde todt geschlagen.„ Das Folgende aber ist gar artig: „sein Pallast nämlich sey auswärts „mit Köpfen seiner Feinde geziert gewesen; seine Herr„schaft sey sehr volkreich, und Flüsse und Berge seyn die „Gränzen zwischen ihr und andern gewesen.„ Wiewohl mich der grosse Zeitverlust schmerzt, den ich auf Widerlegung von Thevets Geschwätz verwendet habe, so fordre ich doch hier alle diejenigen auf, welche zu der Zeit in Brasilien waren, frey zu sagen, ob zu der Zeit, als sich Villegagnon allda aufhielt, eine andre Art von Gebäuden da war, als wie ich sie im sechszehnten Kapitel beschrieben: „Ihre Hütten gleichen „unsern Gartenlauben, sind rund, niedrig, und „von oben bis unten mit Reisern bedeckt,„ deren beste ich kaum mit einem europäischen Schweinstall vergleichen mögte.

Was sollen wir denn aber nun zu den prächtigen von Thevet erdichteten Pallast des Quoniambek sagen? Was anders, als daß wir ihn mit seiner ebenfalls erdichteten Heinrichsstadt (Herricopolis) (von der oben etwas gesagt worden, unten aber noch einiges gesagt werden wird,) unter die Luftschlösser

(nuzur letzten Ausgabe. XLIX

(nubium chimaeras) zählen. Was die Herrschaft angeht, von welcher hier die Rede ist, habe ich auch schon was gemeldet, werde unten aber noch mehreres drüber sagen: nicht nur was den Quoniambek betrift, sondern in Ansehung aller übrigen Führer, (duces,) welche von den Barbarn in allen Dörfern gewählt zu werden pflegen.

Um jedoch der Umschreibung in das hundert neunundvierzigste Hauptstück der berühmten *Männer Thevets* endlich einmal ein Ende zu machen, wollen wir sehen, was er uns gleichsam zum Nachtische aufbewahrt hat.

Wo er von dem Töpfefluß (flumen vasorum) und seiner Lage in Amerika redet, sagt er: „er sey „gerade so, als der Ort zwischen dem Dorfe Chatil„lon und Colonge, der von den Eingebornen Topf„brücke (pons ollarum) genannt wird: denn „Felsen, wie Töpfe ausgehauen, machen, daß die „Rhone an dem Fusse des Berges, glaube ich, in „selbe einfließt, und so das Ganze die Gestalt ei„nes kochenden Wassertopfes hat."— Ich antworte hierauf kurz: Der unruhige Kopf, der die Rhone in diese Felsen zwingt, ist sehr unverschämt: denn alle, welche aus Deutschland oder aus der Schweitz nach Lion reisen, wissen, daß die Rhone von diesem Orte mehr als zweytausend Schritte entfernt ist; ja

D wenn

wenn sie dahin fliessen sollte, so müßte sie über die sehr hohen Felsen laufen, aus welchen jener ungestüme Regenbach entspringt, den die Eingebornen Valferin nennen, und der bey dem Dorfe Midy, welches man auf der Reise von Genf nach Saint Claude passirt, vorbeyfließt. Ich lasse also den Thevet bey diesen jähen Felsen, damit er wenigstens diese Oerter besser beschreiben lerne, wenn er denn absolut schreiben will. Ich mahne jedoch die ungeheure Schildkröte, wovon ich im dritten Kapitel dieses Werkes handeln werde, es sey Gefahr für sie, daß sie herunter stürze, nicht zwar in die Rhone, sondern in diesem sehr reissenden Bach, und geschwinde untersinke.

Das hatte ich den Ungereimtheiten entgegen zu setzen, die Thevet vor kurzem gegen mich ausgestoßen. Er wisse aber, daß ihn dieselbe Begegnung erwarte, so oft er mich angreift; und sollte er auch seine Kapuze mit einer Mider vertauschen, den Abt nicht mehr in ihm fürchten werde, als ehmal den Franziskaner, wenn er auch sogar seinen Paruast, König von Florida, mit Löwenhäuten bekleidet, sammt seinem Quoniambek zum Angriffe auf mich vorbrächte. Er kann es vielleicht noch dahin bringen, daß einige Männer, mit denen ich mich gar nicht vergleichen kann, endlich die Feder ergreifen, und so mit ihm umgehen, daß sie nach Aufdeckung der ungeheuren Fehler in allen seinen Schriften alle seine Werke, selbst seine Kosmographie und sein Buch über be-

rühmte

hmte Männer nicht ausgenommen, an den Ge-
itzkrämer vermachen werden: woran doch jeder die
übel angewandte herrliche Arbeit des Buchdruckers
d Kupferstechers bedauren wird.

Wie ich ans Ende eile, stosse ich noch auf Gene-
ard. Dieser schreibt, nachdem er in der letzten Aus-
be seiner Chronologie *) uns, die er, ohne es zu be-
isen, Ketzer nennt, ausgeschimpft, und eine Stelle aus
heil. Schrift auf uns gedreht, „unsre Reise sey für
iejenigen ein Unglück gewesen, welche vor uns in Bra-
ilien gesegelt waren: dies Unglück sey aber durch die
nruhen, welche wir angezettelt, noch vergrössert wor-
en, so, daß uns deswegen Villegagnon theils er-
ürgt, theils in unser Vaterland vorausgeschickt habe,
m allda bestraft zu werden, wohin er uns bald, näm-
ich im Jahre 1558, folgen würde." Ich aber ant-
rte: Was das Unglück angeht, das er uns aufbürdet,
nnen diese Vorrede und andre Stellen, worinn ich
Thevet widerlegt habe, denjenigen, die ein gerechtes
theil über unsern Prozeß fällen wollen, hinlängliche
nugthuung leisten. Er setzt aber hinzu: ich wäre ei-
r von den Urhebern der Trauerspiele gewesen, die er
s andichtet. Jener unreine Apostat Lainoy, und so-

gar

*) Anm. d. Uebers. *Gisberti Genebrardi Theologi Parisiensis, di-
vinarum hebraicarumque literarum professoris Regii Chrono-
graphiae libri duo,* — sind mit der Fortsetzung *Arnoldi Pon-
tani* oft gedruckt.

gar Thevet selbst, setzen mich viel zu weit herunter, als daß ich der Urheber von irgend etwas seyn sollte: und würklich war ichs auch nicht. Genebrard mag also sehen, wie er mit diesen seinen Gefährten übereinkommt: hat er sich mit diesen einmal vereinigt, dann kann er vielleicht einmal eine Antwort hören. Indessen bezeuge ich, daß ich mich mit der Gnade Gottes auf dieser meiner ganzen Reise so betragen habe, daß keiner, wenn er auch nicht von meiner Religion ist, sich mit Recht über mich beklagen könne.

Uebrigens bitte ich die Leser, sich daran nicht zu ärgern, daß ich, gleichsam als ob ich die Todten auferwecken wollte, das Betragen Villegagnons in Amerika öffentlich bekannt gemacht habe: denn nebstdem, daß es mit der Materie, die ich abzuhandeln habe, nothwendig zusammenhängt, bezeuge ich, daß ich noch viel mehreres gesagt haben würde, wenn er noch lebte.

Endlich muß ich noch einiges weniges von meiner Absicht sagen. Daß die Religion unter allen achtungswürdigen Sachen die erste Stelle verdiene, wird niemand läugnen. Daher denke ich auch, daß es nothwendig sey, (wiewohl ich im sechszehnten Kapitel dieses Buches weitläufiger sagen werde, was die Barbarn für eine haben,) hier einiges obenhin zu bemerken: besonders da ich den Anfang der Erzählung mit einer Frage mache, die ich meines Erachtens nicht einmal recht auf mich nehmen, geschweige auflösen kann. Ich sehe daher, daß die,
welche

welche aus ihrer natürlichen Vernunft über diese Sachen am besten gedacht haben, zwar sagten, der Begriff, daß alles, was den Menschen angeht, von einem höchsten Wesen abhange, sey den Menschen so natürlich eingeprägt, daß er ihnen gar nicht benommen werden könnte: wiewohl daher in der Art, Gott zu verehren, nicht wenige Streitigkeiten entstanden sind, so könne doch dieses Fundament nicht geläugnet werden, daß der Mensch durch einen natürlichen Trieb geleitet werde, eine Religion, sie sey nun wahr oder falsch, anzunehmen. Jedoch auch nach dieser weisen Bestimmung haben sie es nicht verfehlt, wenn sie einmal dahin gekommen, wohin dann die menschliche Vernunft im Religionsgeschäfte am meisten verfällt, daß oft der Spruch des Dichters*) eintritt:

> Jedem wird seine böse Begierde zum Gott.

Um diese beyden Prinzipien auf unsre Barbarn anzuwenden, so ist bekannt, da sie Menschen sind, auch diesen allen gemeinen Begriff haben, daß es etwas geben müsse, was über den Menschen sey, von welchem Gutes und Böses abhange: wenigstens dichten sie sich so etwas. Hiehin gehört die Verehrung, welche sie ihren Karaiben erzeigen, von denen sie zu gewissen Zeiten gute oder böse Vorhersagungen erwarten. Ihr größ-

---

*) *Virgilii Aeneides* L. IX. sua cuique Deus fit dira cupido.

größtes Gut setzen sie in der tapfern Verfolgung der Rache gegen ihre Feinde, wie es ehmal bey den Römern war, und noch heut zu Tage bey den Türken ist. Die Verehrung aber, welche bey andern Völkern unter dem Namen Religion vorkömmt, kann man sagen, daß sie bey ihnen gar keinen Platz finde: ja man kann sogar das noch zusetzen, daß (wenn irgend ein Volk es ist,) sie es sind, welche ihr Leben ohne Gott hinbringen. Jedoch sind sie hierinn vielleicht am meisten zu entschuldigen, daß sie ihr Elend und ihre Verblendung einigermassen einsehen, (wiewohl sie weder Busse darüber thun, noch auch das ihnen angebotene Mittel ergreifen,) und hierinn ganz offenherzig sind.

Uebrigens weiß ich ganz wohl, was man gewöhnlich zu sagen pflegt, daß Alte, und solche, die von Reisen zurück kommen, nicht selten sich die Erlaubniß zu lügen herausnehmen, weil ihnen niemand widerspreche. Ich bezeuge aber hier, daß ich, der ich die Lügen sowohl als die Lügner hasse, gar nicht Sinnes bin, diejenigen, welche die vielen vor unsern Zeiten unerhörten Sachen nicht glauben wollen, an die Oerter selbst zu führen, wo sie es sehen können. Eben so wenig werde ich mich darum kümmern, als ich mich gekümmert habe, nachdem ich gehört, daß einige nicht glauben wollten, was ich von jenem schrecklichen Hunger zu Sancerre geschrieben habe, von dem ich mir

doch

zur letzten Ausgabe.

noch zu behaupten getraue, daß er weniger strenge, wiewohl anhaltender gewesen, als der, so wir auf unsrer Rückreise mitten in den Wellen ausgestanden haben. Wahrhaftig, wenn die, von welchen ich itzt rede, sich nicht scheuen, ihren Glauben demjenigen zu versagen, was gleichsam im Mittelpunkt von Frankreich geschehen, wovon noch mehr als fünfhundert Zeugen am Leben sind, was werden sie dann nicht an den Sachen zu zweifeln haben, welche ich in den entferntesten Gegenden gesehen habe, unsern Vorfahren aber gänzlich unbekannt waren, und daher bloß durch die Erfahrung selbst den Menschen eingeprägt werden können? Ich schäme mich aber hier nicht, zu bekennen, daß ich nach meiner Reise in Amerika, welches sowohl in der Lebensart der Einwohner, als der Gestalt der Thiere, und sogar der Früchte der Erde von unsern in Europa, Asien und Afrika gänzlich verschieden ist, und daher in Ansehung unsrer mit Recht die neue Welt heissen kann, meine Meynung in Rücksicht des Plinius und einiger andern gänzlich geändert habe. Denn ich sah vieles, was nicht minder abentheuerlich war, als Sachen in den Schriften derselben, welche man sonst nicht unter die glaubwürdigen zählt: aber was man selbst sieht, dringt sich tiefer in die Seele.

Was meine Schreibart angeht, habe ich schon oben bezeugt, daß ich hierinn meine Schwachheit sehr

wohl

wohl einsehe. Ich zweifle auch nicht, daß ich nach den Urtheile vieler nicht die zum Seewesen und andern Sachen tüchtige Wörter gebraucht: daß ich denen nicht genug gethan habe, weiß ich gewiß: besonders aber unsern Franzosen, deren überaus zärtliche Ohren nichts als nette und neue zierliche Ausdrücke hören wollen. Noch viel weniger aber werde ich denjenigen gefallen welche alle Bücher als kindisch und mager verdammen welche nicht von anderstwoher genommenen Geschicht strotzen: denn wiewohl es mir ein leichtes gewesen wäre, vieles dergleichen hineinzuflicken, so habe ich doch ausser der Geschichte Westindiens von Gomara deren ich mich der Aehnlichkeit mit unsern Gegenständen wegen zuweilen bedient habe, kaum einige anbringen wollen: ausser daß ich in dieser letzten Ausgab einiges Merkwürdige beygefügt habe. Und in der That entfernt, meiner Meynung nach, eine Geschichte, welche blos ihren eignen Inhalt ohne andre gleichsam fremde Federn hat, den Leser weniger von der Hauptsache, und macht daher, daß sie den Endzweck des Verfassers leichter erreichen. Nebstdem frage ich diejenigen, so die Schriften unsrer Zeit lesen, ob ihnen nicht die beynahe unendliche Anführung von wiewohl passenden Meynungen Eckel verursacht?

Damit mir aber niemand den Vorwurf mache daß ich zuvor dem Thevet, und nun auch andern

Vor

zur letzten Ausgabe. LVII

Vorwürfe mache, und nachher selbst derselbe schuldig werde: wenn einer ist, sage ich, der es als pralerisch gesagt, mißbilligt, wenn ich in der Abhandlung von der Lebensart und den Sitten der Barbarn mich der Ausdrücke bediene: ich habe das gesehen, ich bin dabey gewesen, es wiederfuhr mir, und dergleichen mehr: so antworte ich, daß das alles zu meiner Sache gehöre, und daß ich Vorfälle erzähle, die ich nicht durch das Gerücht erfahren, sondern die ich mit meinen eignen Augen gesehen, die ich selbst erfahren habe, ja sogar (das getraue ich mir zu behaupten,) die vor mir noch keiner bemerkt, geschweige der Welt bekannt gemacht hat.

Was ich aber sage, will ich nicht auf ganz Amerika ausgedehnt wissen, sondern ich will das blos von der Gegend verstehen, in welcher ich ein Jahr durch gewohnt habe; unter dem Wendekreise des Steinbocks nämlich, bey den amerikanischen Barbarn, welche Tuupinambolsier heissen.

Endlich versichere ich die, so die Wahrheit einfach vorgetragen den Lügen mit zierlichen Worten ausgeschmückt vorziehen, daß sie alles, was in dieser Geschichte abgehandelt wird, als völlig wahr befinden werden: wohl auch einiges, was, weil es unsern

Vor-

Voreltern unbekannt war, bewundernswürdig scheinen muß.

 Ich bitte Gott, den Schöpfer und Erhalter der Erde und so vieler herrlicher Sachen, dies mein Werkchen zum Ruhme seines Namens gereichen zu lassen. Amen.

Inhalt.

Erstes Hauptstück. Die Ursache einer so entfernten und gefahrvollen Reise.

Zweytes Hauptstück. Der Verfasser geht zu Islebonne an Bord. Ihnen begegnen Schiffe, welche sie wegnehmen. Stürme: Küsten und Inseln, deren er zuerst ansichtig wird.

Drittes Hauptstück. Boniten, Albakoren, Goldfische, Meerschweine, fliegende und andre Fische, welche der Verfasser theils sah, theils in der heissen Zone gefangen wurden.

Viertes Hauptstück. Aequator, Stürme, Unbeständigkeit der Winde, schädliche Regen, Hitze, Durst, und andre Ungemächlichkeiten, welche der Verfasser in dieser Weltgegend auszustehen hatte.

Fünftes Hauptstück. Erste Erblickung Westindiens, und der selbiges bewohnenden Barbarn: Zufälle auf dem Meere bis zum Wendekreise des Steinbocks.

Sechstes Hauptstück. Ankunft beym Kastell des Coligny in Brasilien. Aufnahme bey Villegagnon. Des letztern
Be-

Betragen in Religionssachen sowohl, als den übrigen Theilen seiner Regierung.

Siebentes Hauptstück. Beschreibung des Meerbusens Ganabara, welcher auch der geneuresische heißt: der Insel und des Forts von Coligny, sammt den umher liegenden Inseln.

Achtes Hauptstück. Von den Fähigkeiten, der Stärke, Gestalt, Nacktheit, den körperlichen Zierrath der Brasilianer männlichen und weiblichen Geschlechts, unter denen sich der Verfasser schier ein Jahr aufgehalten.

Neuntes Hauptstück. Von den dicken Wurzeln und der dicken Hirse, woraus die Barbarn ihr Mehl machen, dessen sie sich statt des Brodtes bedienen; und von ihrem Getränke, welches sie Kaueng (Caou-in) nennen.

Zehntes Hauptstück. Von den wilden Thieren, grossen Eydexen, Schlangen und andern monströsen Thieren in Amerika.

Eilftes Hauptstück. Von den verschiedenen amerikanischen Vögeln, den Fledermäusen, Bienen, Mücken und andern Insekten dieser Gegend.

Zwölftes Hauptstück. Von einigen bey den Amerikanern sehr gemeinen Fischen und ihrem Fange.

Dreyzehntes Hauptstück. Von den Blumen, Pflanzen, Wurzeln und ausgesuchtesten Früchten, welche der amerikanische Boden hervorbringt.

Vierzehntes Hauptstück. Von dem Kriege, den Schlachten, der Tapferkeit und den Waffen der Barbarn.

Funfzehntes Hauptstück. Wie die Barbarn ihre Gefangenen behandlen, was sie für Gebräuche und Zeremonien bey den Schlachten und Treffen derselben beobachten.

Sechszehntes Hauptstück. Was die amerikanischen Barbarn unter dem Worte Religion verstehen. Irrthümer, in welche sie durch die Betrüger, welche sie Caraiben nennen, geführt werden: Unwissenheit von einem Gott.

Siebenzehntes Hauptstück. Von den Heyrathen, der Vielweiberey, den unter den Barbarn beobachteten Graden der Blutsfreundschaft und der Kinderzucht bey ihnen.

Achtzehntes Hauptstück. Was man bey den Brasilianern Gesetze und Polizey nennen könne: wie höflich sie die Fremden aufnehmen: von den Thränen und Reden, mit welchen die Fremden sogleich beym Eintritt von den Weibern empfangen werden.

Neunzehntes Hauptstück. Wie die Barbarn ihre Kranken behandlen. Von ihren Begräbnissen und Leichenbegängnissen, und ihrer unsinnigen Trauer über die Todten.

Zwanzigstes Hauptstück. Gespräch beym Eintritt in Brasilien zwischen den Eingebornen Tuupinambolsiern Tuupinenkin und Europäern: brasilianisch und deutsch.

Ein und zwanzigstes Hauptstück. Abreise von Amerika: Schiffbruch und andre nicht kleine Gefahren, denen der Verfasser zuerst bey seiner Rückreise entging.

Zwey

Inhalt.

Zwey und zwanzigstes Hauptstück. Aeusserster Hunger, Stürme und andre viele Gefahren, denen der Verfasser auf seiner Rückreise in Frankreich mit der Hülse Gottes entrissen worden. Ankunft in Frankreich.

Erstes Hauptstück.

Die Ursache einer so entfernten und gefahrvollen Reise.

Die Schönheit, den Umfang und die Fruchtbarkeit des vierten Welttheils, der gemeiniglich Amerika oder Brasilien heißt; welche Inseln ihn umgeben; welche Länder er in sich schließt, so den Alten unbekannt waren; wie viele Seereisen seit den achtzig Jahren, die er jetzt entdeckt ist, dahin unternommen worden, haben die mehresten unserer geschicktesten Geographen der Welt bekannt gemacht. Von diesem also, was eine so weite Ausdehnung hat, will ich gar nichts reden; sondern ich will in dieser Geschichte blos das berühren, was mir bey meiner Hin- und Herreise, und während meinem Aufenthalt unter den wilden Amerikanern, unter denen ich ohngefähr ein Jahr gelebt habe, begegnet; was ich bemerkt und erfahren, gesehen und gehört habe. Um dies besser zu können, will ich kürzlich erklären, was mich bewogen habe, eine so weite und beschwerliche Reise zu unternehmen.

Im Jahr 1555 machte *Nikolaus Durant*, ein Maltheser Ritter, mit dem Zunamen *Villegagnon*,*)

sei-

---

*) Anm. d. Uebers. Außer seiner Begleitung Karls V. bey der Expedition auf Algier, welche er selbst beschreibt unter dem Titel: Caroli V. Caesaris Aug.) Expeditio in Africam ad Argeram. (ist in Rerum à Carolo V. C. A. in Africa bellogest. Antv. 1554 und an andern Orten) werden wir das merkwürdigste in dem Verlaufe dieser Reise finden. Er starb im Jahre 1571, und hatte mehrere Schriften hinterlassen: worüber man nachsehen kann: *Bayle Dict. Moreri Dict.* etc.

seines Zustandes in Frankreich überdrüßig, besonders
weil er mit den Bürgern zu Nantes, wo er sich damals
aufhielt, zerfallen war, an vielen Orten bey den ehrbar-
sten Leuten aus allen Ständen bekannt, er habe schon
lange bey sich beschlossen, nicht blos in ein entferntes Land
zu ziehen, wo er nach dem reinen Evangelium Gott in
Freyheit ehren könnte; sondern er sey auch Sinnes, allen,
die zur Vermeidung von Landesverweisungen (welche damal so scharf waren, daß täglich viele ohne Unterscheid
des Geschlechts und ihrer Würden durch königliche und
Magistrats Edicte, der Religion halber, lebendig verbrannt wurden, wobey ihre Güter dem Fiskus anheim
fielen,) sich zu ihm flüchten würden, Sitze zu geben.

Er setzte hinzu, bey denen sowohl, welchen er
schrieb, als mit denen er mündlich reden konnte: da er
so viel von der Schönheit und Fruchtbarkeit des Theiles
von Amerika, der Brasilien heißt, gehört, sey er sehr
geneigt, sich dahin zu begeben, um sich da nieder zu lassen,
und seinen Endzweck zu erreichen. Durch diese List gewann er einige vornehme Leute, die wahrhaft fromm waren, weil sie eben so, wie er vorgab, einen dergleichen
Schutzort wünschten. Unter diesen war vorzüglich Kaspar Coligny *) seligen Andenkens, welcher Admiral und
bey König Heinrich dem II. sehr in Gnaden war, dem er vor-
gestellt hatte, wenn Villegagnon die Unternehmung auf
sich nähme, würde er grosse Reichthümer finden, und
sonst dem ganzen Reiche noch viele grosse Vortheile bringen können, wodurch er denn bewürkt hatte, daß Ville-

gagnon

---

*) Anm. d. Uebers. Kaspar Coligny aus einem alten vornehmen
Hause. Er war Graf zu Coligny ꝛc. Ritter des königl. Ordens,
Gouverneur und Generallieutenant von Paris, Isle de France, der
Picardie, Artois, der Städte Havre de Grace und Honfleur, Ge-
neralobrister der Infanterie, Admiral von Frankreich. Auch er
ward ein Opfer in der berüchtigten Bartholomäus-Nacht. S.
Morери Dict. — La fortune maratre de plusieurs Princes, et
grands Seigneurs, par *J. B. de Rocolet*, (à Leyde 1684.) p. 141. 142.

Erstes Hauptstück.

agnon mit zwey betackelten und bemannten Schiffen und 26000 Livers vom Könige beschenkt, sich nun der See ertrauen konnte.

Ehe er Frankreich verließ, hatte er allen den ehrbaren Leuten, die ihm folgten, heilig versprochen, wo er immer bleiben würden, dafür zu sorgen, daß Gott aufrichtig verehret würde. Hiemit nun stach er, nachdem er eine hinlängliche Anzahl See- und Handwerksleute zusammengebracht, im May 1555 in die See, hatte vieles auszustehen; erreichte jedoch endlich im November Amerika.

Als er die Seinigen ans Land gesetzt, dachte er auf die Befestigung eines Felsen, an der Mündung des Meerbusens, der bey den Amerikanern Ganabara heißt. Dieser liegt, wie ich nachher sagen werde, unter dem drey und zwanzigsten Grade südlicher Breite, unter dem Wendekreise des Steinbocks nämlich, wo die Seinigen von den Wellen fortgetrieben; zweytausend Schritte nach dem Lande zu eine vorhin unbewohnte Insel besetzten. Hier setzten sie ihre Kanonen und alle Bagage aus, und fingen, um sich sowohl gegen die Wilden, als die Portugiesen, welche auf dem festen Lande schon viele Verschanzungen hatten, zu schützen, an, einen Wall zu errichten.

Unterdessen suchte Villegagnon, der eine wunderbare Begierde, das Evangelium fortzupflanzen, zu haben vorgab, die Seinigen davon zu überreden, so, daß er mit den Schiffen, die itzt beladen und zur Rückreise in Frankreich segelfertig lagen, Boten und Briefe nach Genf schickte, und die Kirche in einer so gottesfürchtigen Sache um alle mögliche Hülfe bat: zu gleicher Zeit drang er darauf, zur Inswerksetzung seines Vorhabens und innigsten Verlangens müßten nicht

E blos

blos Diener des göttlichen Wortes geschickt; sondern diesen Hirten mußten auch im christlichen Glauben festgegründete Männer zugesellt werden, die ihn und die Seinigen in der Ordnung hielten, und die wilden Nazionen zur Erkenntniß des Heils zu führen suchten.

Als diese Briefe in der Kirche zu Genf ankamen, sagten wir zuerst Gott Dank, daß das Reich Christi wieder eine Ausbreitung erhalten, und das in einem so weit entlegenen und wilden Lande, unter einem Volke, welches in Ansehung des wahren Gottes in der tiefsten Unwissenheit begraben lag. Hierauf ward auf die schriftlichen Vorstellungen des Coligny, an welchen Villegagnon geschrieben, Philipp Corguillier, der in der Nachbarschaft von Genf wohnte, sowohl hiedurch, als durch das tägliche Zureden der genfer Seelenhirten, und einer besondern Geneigtheit gegen ein so gottseliges Unternehmen, trotz seines Alters und seiner üblen Gesundheitsumstände, trotz seiner Geschäfte und Kinder, die er so fern zurücklassen mußte, dahin gebracht, daß er versprach, mit denen, so ihm zum Villegagnon folgen wollten, in Brasilien zu reisen.

Vor allem war nun nothwendig, Seelenhirten zu wählen. Philipp Corguillier und seine Freunde kommunizirten daher mit einigen, so damal zu Genf die Theologie studirten: besonders mit Peter Richer, damal funfzig Jahre alt, und Wilhelm Chartier. Diese antworteten allgemein, wenn sie von der Kirche gesetzmäßig berufen würden, wären sie bereit. Sie wurden daher von dem Consistorio zu Genf examinirt, mußten Stellen aus der heiligen Schrift erklären, und wurden dann auf die gewöhnliche Weise approbirt, ermahnt, ihre Pflicht zu erfüllen, und bekannten nun frey, sie wollten mit Corguillier zu Villegagnon
rei-

reisen, um das Evangelium in Amerika zu verkündigen.

Gefährten mußten itzt auch noch da seyn, welche die Hauptwahrheiten des Glaubens wohl wüßten, und gemäß den Briefen des Villegagnon auch Künstler und Handwerker. Corguillier betrog unterdessen nichts destoweniger niemanden: er stellte allen vor, wie lang und beschwerlich die Reise sey, man habe zu Lande dreyhundert, zu Wasser vierzighundert tausend Schritte Weges abzumachen: und wenn sie einmal in Brasilien wären, würden sie statt Brodtes Mehl aus Wurzeln erhalten, und sich vom Weine entwöhnen müssen, als welches in Brasilien keiner zu Hause sey, und endlich würden sie, was auch schon die Briefe Villegagnons sagten, in der neuen Welt sich an fremde Kost und fremde Leckerbissen, welche von denen in Europa ganz verschieden wären, gewöhnen müssen. Daher waren auch jene, so lieber von unbekannten Sachen hören, als den Augenschein nehmen wollten, so keine Lust hatten, Ackerbau zu treiben, oder Meerstürme auszuhalten, und die heiße Zone und den Südpol zu sehen, nicht sehr bekümmert, sich zu dieser Reise anzugeben.

Jedoch gesellten sich, allem Ansehen nach durch das viele Aufsuchen und das viele Zusprechen der übrigen, zu Corguillier, Richer und Chartier noch: Peter Bordon, Matthäus Verneuil, Johann Bordel, Andreas Fonte, Nikolaus Denis, Johann Garten, Martin David, Nikolaus Raviguet, Nikolaus Carmul, Jakob Ruffe, und ich, Johann Lery, zwen und zwanzig Jahre alt, der ich mich theils zur Verbreitung der Ehre Gottes, so viel mir es seine Barmherzigkeit zuließ, theils aus Neugierde die neue Welt zu besehen, diesen dreyzehn zugesellte, und mit ihnen den 10ten September 1556 Genf verließ.

Auf

Auf der Reise kehrten wir in Chatillon ein, und besuchten Coligny. Dieser ermahnte uns, nicht allein auf unserm Vorhaben zu beharren, sondern versprach uns auch in allem, was zu unsrer Seereise gehörte, behülflich zu seyn, und machte uns Hoffnung, alle unsere Arbeiten könnten mit der Hülfe Gottes grossen Nutzen stiften. Wir reisten hierauf nach Paris, wo wir einen ganzen Monat verweilten, während welcher Zeit sich etliche Edle sowohl als Geringe, als sie von unserer Seereise hörten, zu uns schlugen. Wir fuhren drauf an Rouen vorbey, und mußten zu Islebonne, einem Haven in der Normandie, einen andern Monat still liegen, um uns unsere Nothwendigkeiten zur Reise anzuschaffen, und die Flotte seegelfertig zu machen.

Zweytes Hauptstück.
Der Verfasser geht zu Islebonne an Bord. Ihnen begegnen Schiffe, die sie wegnehmen: Stürme, Küsten und Inseln, deren er zuerst ansichtig wird.

Auf den Befehl des du Bois also, eines Neffen von Villegagnon, der vor uns zu Islebonne angekommen, und auf königliche Kosten drey Schiffe ausgerüstet, und mit Proviant versehen hatte, gingen wir den 20sten November an Bord unserer Schiffe. Du Bois selbst kommandirte eines der Schiffe, die kleine Roberge, mit achtzig Seeleuten und Soldaten. Ein anderes, die grosse Roberge, stand unter der Leitung Mari's, und hatte zum Piloten Johann Humbert von Honfleur, einen, wie es die Erfahrung nachher lehrte, besonders geschickten Seefahrer, mit hundert und
zwan-

zwanzig Menschen, unter welchen auch ich war. Das dritte, unter dem Namen Rosea, hatte, mit sechs Knaben, welche zur Erlernung der amerikanischen Sprache mitgenommen wurden, und fünf Mädchen mit einer Hofmeisterinn, (die ersten Frauenzimmer aus Gallien, welche in Amerika gekommen, zur grossen Verwunderung der Barbarn, die zuvor keine andere als nackte Weibsleute zu Gesichte bekommen hatten,) ohngefähr neunzig Menschen am Bord.

An dem Tage, als wir den Haven verliessen, hörten wir gegen Mittag den Donner der Kanonen und das Gelärm der Glocken, und Blasinstrumente unter einander, nebst allem übrigen, was die Schiffe, welche auf Expedizionen ausfahren, zu geschehen pflegt. Zuerst warfen wir zwo Meilen von dem Haven de la Graze Anker. Hier riß das Ankertau des Schiffes, auf welchem ich mich befand, los, nachdem, wie zu geschehen pflegt, Seeleute und Soldaten die Musterung passirt waren, wir erhielten den Anker jedoch nach vielem Arbeiten wieder, und so ward die Abreise auf den folgenden Tag angesagt.

Den 21sten November also, verliessen wir das Land, und kamen in den Kanal, wo wir England rechts hatten. Hier hatten wir einen zwölftägigen Sturm auszustehen, während welcher Zeit die mehresten, besonders die, so das Meer nie gesehen hatten, aus Furcht und einer Neigung zum Erbrechen, jeden Augenblick zu vergehen dachten. Und es ist eine in der That sehr zu bewundernde Sache, daß ein hölzernes Schiff, sey es auch noch so groß und fest, der Gewalt des Ozeans widerstehen kann. Denn laß es auch aus den stärksten Balken gebaut und aufs beste verbunden, laß es auch, wie dann meines, in welchem ich fuhr, war, hundert Schuh ohngefähr lang und zwanzig breit seyn:

was

was ist denn das für ein Verhältniß gegen das hohe breite Westmeer? Woher denn auch das Seewesen überhaupt sowohl, als besonders die Magnetnadel zur Richtung der Marschroute erdacht, nicht genug zu loben ist, welche letztere doch erst vor zweyhundert und funfzig Jahren soll erfunden worden seyn. — Nach dreyzehn mühvollen Tagen also ward die See mit Gottes Hülfe wieder ruhig.

Den folgenden Sonntag stiessen wir auf zwey engländische Kauffartheyschiffe, die aus Spanien kamen: und beynahe hatten unsere Leute, als sie sahen, daß es etwas zu plündern gäbe, sie völlig ausgeraubt: denn sie trauten auf ihr Geschütz und andere Zurüstungen, und konnten sich, wenn ihnen ein schwächeres Geschwader begegnete, nicht ohne Mühe einhalten.

Und weil wir nun einmal davon reden, will ich denn auch etwas von der Raubsucht der Schiffleute sagen. Die so andern an Stärke und Waffen überlegen sind, haben die Schwächern, wie es auch nicht selten auf dem festen Lande zu gehen pflegt, zur Beute. Wenn sie selbigen jedoch die Seegel einzlehen heissen, so bringen sie zur Entschuldigung vor, sie seyn durch böses Wetter oder andere Unfälle vom Lande abgehalten worden, haben itzt keine Nothwendigkeiten mehr, und bitten, man möge ihnen dieselben doch für Geld zukommen lassen: während dieser Rede aber nehmen die Sieger das Schiff in Besitz, und pressen dann von den Eigenthümern desselben, damit nämlich das zu sehr beladene Schiff nicht versinke, die kostbarsten Sachen aus. Machen sie nun, (wie es bey uns mehrmalen geschah, den Vorwurf, es sey doch höchst unbillig, Bundesgenossen wie Feinde zu plündern; so erhalten sie zur Antwort, (wie denn dies auch auf dem

fe-

festen Lande oft der Fall ist,) das sey Kriegsgebrauch, daß jeder für sich sorge.

Ich setze noch hinzu, was nachher durch Beyspiele bestätigt werden wird. Die Spanier und Portugiesen rühmen sich, sie seyn zuerst in Brasilien, und sogar an allem festen Lande von der magellanischen Meerenge, an funfzig Grade gegen Norden, bis Peru, ohngefähr unter der Linie, gelandet, und folglich selbiges in Besitz genommen; behaupten ferner, die Franzosen störten sie in ihrem Recht. Sie bringen daher diejenigen, welche sie zur See in ihre Gewalt bekommen, auf die grausamste Arten ums Leben; ja sie kamen zu einer Zeit so weit, daß sie ihnen lebendig die Haut abzogen, und sie auf die schändlichste Art ermordeten. Die Franzosen hingegen fordern Theil an Amerika zu haben; lassen sich auch nicht leicht von den Spaniern und Portugiesen überwinden: denen sie Gleiches mit Gleichem vergelten, und die sich bey gleicher Macht auch nicht in ein Gefecht mit den Franzosen einlassen.

Um wieder auf uns zu kommen, so entstand itzt ein neuer Sturm, welcher sechs bis sieben Tage durch das Meer so unruhig machte, daß nicht blos die Wellen aufs Verdeck schlugen, sondern auch, wie der hundert und siebente Psalm sagt, wir schier unserer Sinne beraubt wurden, und wie trunken umher taumelten*): das Schiff aber schwankte so, daß selbst von den Seeleuten keiner fest stehen konnte. Wiewohl wir, wie

---

*) Anm. d. Uebers. Die Worte des Psalmisten sind nach Mendelssohns Uebersetzung:
Sie fahren gen Himmel;
Sie sinken in Tiefen;
Die Seele zagt in Angst.
Sie taumeln im Schwindel wie trunken.
Alle ihre Kunst versagt.

wie derselbe Psalm sagt, bald über den höchsten Wasserbergen fürchterlich schwebten, bald in die tiefsten Abgründe versenkt wurden, wurden wir doch gerettet, und mußten so in der That des höchsten Gottes Macht bewundern.

Als der Sturm sich gelegt, und Gott, welcher nach seinem Wohlgefallen über das Meer herrscht, einen günstigen Wind gesendet hatte, kamen wir ins spanische Meer, und hatten den 5ten Dezember das Vorgebürge des heiligen Vinzenz (Promontorium sacrum) vor uns. Hier erhielten die Unsrigen mit den oben gemeldeten Künstchen sechs oder sieben Fässer spanischen Weines, Feigen und Zitronen von einem irrländischen Schiffe.

Sieben Tage darnach erreichten wir drey der kanarischen Inseln. Die aus der Normandie kommen, nennen selbige Gratiosa, Lancilota und Fortarentura: bey den Alten hießen sie: Aprositus, Junonia und Ombrios: es sind ihrer in allem sieben, und werden meiner Meynung nach alle von den Spaniern besessen. Einige setzen zwar in ihrer Weltbeschreibung die kanarischen Inseln unter den eilften Grad nördlicher Breite; allein in meiner Gegenwart entschied das Astrolabium, und wir fanden sie im acht und zwanzigsten Grade. Wir müssen daher bekennen, daß dergleichen Erdbeschreiber auf ihre und anderer Leute Gefahr irren, wenn sie selbe siebenzehn Grade weiter von uns fortsetzen.

Hier ruderten zwanzig der Unsrigen wohlbewaffnet ans Land, um zu plündern; sie wurden aber von den Spaniern erblickt, zurück geschlagen, und mußten sich so wieder in die Schiffe flüchten. Da sie jedoch in allen Gegenden herumstreiften, stießen sie auf ein

Fi-

Fischerboot, welches die Eigenthümer aus Furcht verlassen hatten: sie nahmen hier eine grosse Menge Seehunde und Fischerreife weg, liessen überhaupt nichts, selbst die Seegel nicht einmal, da, und versenkten drauf, weil sie den Spaniern, an denen sie sich rächen wollten, keinen derbern Possen spielen konnten, das Boot mit seinem Kahn.

Wegen schlechten Wetter mußten wir drey Tage in der Gegend der kanarischen Inseln verweilen; während Zeit wir mit Angeln und Netzen eine ungeheure Anzahl Fische fingen, welche wir, weil wir wegen unserm wenigen Wasser den Durst zu viel befürchteten, über die Hälfte wieder ins Meer warfen. Die Arten Fische, so wir fingen, waren Seehunde, Goldfische und andere, deren Namen uns unbekannt waren. Es waren auch Trichiden drunter, deren Körper so klein ist, daß Kopf und Schwanz (welcher letztere nichts desto weniger breit ist) zusammen zu hangen scheinen, der Kopf aber gleicht einem gefiederten Helme; die Fische sehen daher sehr wunderlich aus. Den 16ten Dezember, als sich das Meer von neuem erhob, schlug eine Welle so schnell in einen Kahn eines unserer Schiffe, daß er versank, und die zween Matrosen, welche ihn beobachteten, kaum mit herabgeworfenen Tauen gerettet werden konnten. Noch einen Zufall während diesem viertägigen Sturm darf ich hier nicht mit Stillschweigen vorbeygehen. Ein Koch hatte Speck in einen hölzernen Zuber gelegt: eine Welle, die auf das Verdeck schlug, nahm den Zuber weit mit sich fort ins Meer; allein eine andere Welle, welche von der entgegengesetzten Seite kam, brachte ihn mit grosser Gewalt wieder zurück auf seinen alten Ort, ohne ihn umgewendet oder etwas verschüttet zu haben, und brachte so das Mittagsessen wieder zurück, das schon die Küche verlassen hatte.

Den

Zweytes Hauptstück.

Den 18ten Dezember, an einem Freytage, bekamen wir Kanarien ins Gesicht. Den folgenden Sonntag, als wir ihr näher kamen, wollten wir hier proviantiren; allein der widrige Wind hinderte uns, die Insel zu erreichen. Diese Insel Kanarien ist sehr angenehm, wird auch von Spaniern bewohnt, und bringt Zuckerrohr und den vortreflichsten Wein hervor. Uebrigens ist sie so hoch, daß man sie auf sechszigtausend Schritte erkennen kann. Einige nennen sie Teneriffa, und glauben, es sey die Insel Atlas der Alten, wovon das Meer das atlantische genennt wird. Andere widersprechen diesem, und behaupten, Kanarien und Teneriffa seyn zwo Inseln; welchen Streit ich nicht entscheiden mag.

An demselben Tage erblickten wir ein portugiesisches Jagdschiff, welches, da es uns, weil es den Wind gegen sich hatte, nicht entfliehen, noch auch auf sein Geschütze trauen konnte, die Seegel wie gewöhnlich einzog, und sich dem du Bois übergab. Die Hauptleute, welche schon lange beschlossen hatten, den Spaniern oder Portugiesen, wenn sie könnten, ein Schiff wegzukapern, um es zu ihrem Geschwader zu schlagen, setzten sogleich einige der Unsrigen in die Prise, damit sie ihnen nicht mehr entfliehen könnte. Da sie jedoch, ich weiß nicht aus welchen Ursachen, den Portugiesen einen Dienst erzeigen wollten, versprachen sie denselben, ihnen ihr Schiff wieder zu geben, wenn sie in kurzer Zeit ein anderes Jagdschiff auftreiben, und uns zuführen würden. Diese, denen ihre eigene Haut am liebsten war, erhielten, wie sie begehrt hatten, ein Boot, (Scapha,) sammt zwanzig von unsern und einigen von ihren Soldaten, und arbeiteten sich weit vor unser Geschwader, um Seeräuberey zu treiben.

Wir

Wir kamen hierauf der Küste von Afrika, welche von den Mauritaniern bewohnt wird, auf ohngefähr viertausend Schritte nahe. Wie damal viele beobachteten, so ist das Land sehr flach und niedrig, so sehr, daß wir, so weit unsere Augen reichten, keinen Berg erblickten, und immer höher zu seyn schien; daß man hätte glauben sollen, es müßte bald versinken, und von den Schiffen überfahren werden.

Um wieder auf unsere Seeräuber zurück zu kommen, die, wie ich gesagt habe, mit ihrem Boote (Scapha) vorangefahren waren. Dieses stieß am 25sten Dezember am Christtage auf ein kleines Jagdschiff, (Liburnicam,) welches es mit Kanonen anzugreifen, mit Gewalt zurück zu halten, und uns zuzuführen sich bemühte. Dies gefiel unsern Offizieren über die Maßen: denn das Schiff war recht schön, und voll sehr weißen Salzes. Letzteres brachten sie, wie sie beschlossen hatten, dem Villegagnon in Brasilien. Allein statt den Portugiesen wegen Zurückgabe ihres Fahrzeuges ihr gegebnes Wort zu halten, waren sie vielmehr so grausam, daß sie die Portugiesen und Spanier zusammen in ein Fahrzeug warfen, ihnen nicht ein Stückchen Zwieback ließen, und sie so mit zerrissenen Seegeln, ohne Boot (Scapha) (ohne welches sie sich nun dem Lande nicht nähern konnten,) fortschickten. In der That hätten sie mehr Barmherzigkeit gegen sie bewiesen, wenn sie die Elenden getödtet hätten, als daß sie selbige auf solche Art entließen. Denn wenn ihnen nicht sonst ein Fahrzeug zu Hülfe kam, so mußten sie sicher entweder Schiffbruch leiden, oder vor Hunger sterben.

Nach dieser wider den Willen vieler vollbrachten Handlung, seegelten wir mit einem guten Südwind weit in die hohe See. Um aber dem Leser keinen Ueberdruß zu erwecken, wenn ich die Eroberung so vieler Schiffe

eins

einzeln beschriebe, will ich nur kurz sagen, daß wir den folgenden und drauf den dritten Tag wieder zwey in unsere Gewalt bekamen, die sich gar nicht widersetzten Unsre Seesoldaten wollten das erste Jagdschiff sogleich plündern, hatten sie daher auch mit kleinem Gewehr angefallen; allein auf die Unterhandlungen der Kapitaine mußte ihnen alles gelassen werden. Dem andern, welches ein spanisches Schiff war, nahmen wir seinen Wein, sein Brodt und andere Eßwaaren. Die Spanier beklagten jedoch nichts so sehr, als eine Henne: diese, sagten sie, lege auch währendem Sturme, und gäbe auf solche Art doch jeden Tag sicher ihr Ey.

Den folgenden Tag, welcher ein Sonntag war, gab der, so die Wache hielt, das gewöhnliche Zeichen, er sähe fünf Schiffe. Unsere Seeleute, welche mir vermuthlich, da ich so ihre Tugenden preise, nicht viel danken werden, waren gleich fertig, sangen vor dem Siege Triumph, und hielten dafür, sie würden selbige erbeuten können, wiewohl sie ihre Grösse und Form nicht beurtheilen konnten: allein weil sie uns den Wind abgewonnen hatten, und mit vollen Seegeln entflohen, konnten wir sie nicht erreichen; und so war unserer Leute ganze Mühe umsonst, welche sie oft mit nicht geringer Gefahr anwandten, um rauben zu können.

Damit mich aber keiner einer Falschheit beschuldige, wenn ich erzähle, daß wir bey unserer Reise in Brasilien uns auf dem Meere so furchtbar gemacht hätten, daß alle Schiffe, welche uns begegneten, entweder flohen oder die Seegel niederliessen: so muß ich sagen, daß die Schiffleute und Soldaten auf unsern dreyen Schiffen (welche alle gut bewaffnet waren, so, daß jenes, in dem ich mich befand, achtzehn grosse metallene und über drenßig kleinere eiserne Kanonen führte,) beschlossen hatten, (es waren aber schier lauter Neustrier,

das

Zweytes Kapitel.

as streitbarste Seevolk auf dem Westsee,) mit jeder
ortugiesischen Flotte anzubinden. In der That ein
erzhafter Entschluß, wenn wir bedenken, was die Por-
ugiesen im Kriege gethan, welche und wie viele Nazio-
en sie überwunden haben, was für Kriege sie mit den
Nohren in Afrika und im weiten Orient mit den Indias
tern führten. Man könnte dem jedoch entgegensetzen,
aß die Franzosen auch den Barbarn an Geschicklichkeit
überlegen wären, (von welchen letztern verschiedene gewesen, so sich damit wehrten, daß sie Bienenkörbe auf
die Feinde warfen,) und daß so tapfere Männer nie ohne Schweiß und Blut bezwungen werden können.

Drittes Hauptstück.

Boniten, Albakoren, Goldfische, Meerschweine, fliegende und andere Fische, welche wir theils sahen, theils in der heissen Zone fingen.

Von itzt an war das Meer ruhig, und da wir den
besten Wind hatten, kamen wir schier bis unter den dritten Grad südlicher Breite. Hier fingen wir eine grosse
Anzahl Meerschweine, Goldfische und andere, so die
Seeleute aus Neustrien Albakoren und Boniten nennen, nebst vielen andern aus allerley Arten, unter
welchen auch fliegende Fische waren. Als mir anfangs von diesen letztern die Schiffleute erzählten,
glaubte ich, sie wollten mich zum Besten haben, bis
mich die Erfahrung von der Würklichkeit überzeugte:
denn wir sahen dazumal Fische aus dem Meere kommen,
und schaarenweis in der Höhe eines Spiesses an hundert
Schritte weit fortfliegen. Oft stiessen sie sich an den

Mast

Mast der Schiffe, und konnten auf diese Art, da sie auf die Schiffe fielen, leicht von uns gefangen werden. Sie gleichen, wie ich auf meiner Hin= und Herfahrt mehrmal bemerkt habe, viel einem Heringe: sind jedoch etwas länger und runder: haben unter der Kehle einen kleinen Beutel, und gleich den Fledermäusen über den ganzen Leib ausgebreitete Flügel: ihr Geschmack ist über die Massen gut und lieblich. Weil ich übrigens diese Art Fische nie ausser dem Wendezirkel gesehen habe, glaubte ich anfangs, daß sie die Wärme lieben, und daher bloß in der heissen Zone leben. Jedoch da einer schreibt, es liessen sich bey der magellanischen Meerenge Seeschwalben sehen, welche ich für dieselben halte, so will ich es lieber so hingestellt seyn lassen. Nebstdem habe ich bemerkt, daß diese Fische nie sicher leben können. Denn sind sie im Meere, so haben sie die Albakoren und andere Raubfische zu den größten Feinden: wollen sie dieser Gefahr durch Fliegen entgehen, so sind Seevögel da, welche sie auffangen und essen.

Ich muß wohl auch etwas von diesen Vögeln sagen, welche von der Beute aus dem Meere leben. Sie sind so wenig schüchtern, daß sie sich auf das Verdeck und die Taue der Schiffe setzen, und sich auf diese Art leicht fangen lassen. Die zuverläßigste Beschreibung (denn ich habe von ihnen gekostet, und sie genau betrachtet,) ist folgende: Ihre Federn sind von aschgrauer Farbe, wie bey den Habichten, sie selbst sind von der Grösse einer Krähe, gerupft aber haben sie kaum etwas mehr Fleisch als ein Sperling; so, daß es zu bewundern ist, wie ein so kleiner Körper Fische, die viel grösser und dicker sind, als er selbst, fangen und essen könne. Uebrigens haben sie nur einen Darm, und platte Füsse, wie Enten.

Was

Drittes Hauptstück.

Was die andern Fische angeht, wovon ich kurz Meldung gethan habe: so weicht der Bonite (Bonita)*) keinem an Geschmacke; er gleicht den gemeinen Karpfen; hat doch keine Schuppen: ihrer habe ich die mehresten gesehen während den ohngefähr vierzig Tagen, die sie unsern Schiffen anhingen: letzteres geschah wahrscheinlicher Weise wegen dem Theer, mit welchem die Schiffe gestrichen sind.

Die Albakoren sind den Boniten an Gestalt nicht sehr unähnlich; was jedoch die Größe angeht, so können sie mit den Boniten in keinen Vergleich kommen; denn so viel ich ihrer gesehen und gegessen habe, waren sie fünf Schuhe lang, und Mannsdick. Weil sie übrigens nicht viel Eingeweide, sondern wie die Forellen ein mürbes Fleisch, wenige Gräte und Gedärme haben, müssen sie unter die besten Fische gerechnet werden. Und wiewohl wir, als fremde Umherirrende, nicht alles bey der Hand hatten, was zur Würzung eines Albakoren nöthig schien, uns daher mit Salze begnügen mußten, und sie so in breite Scheiben geschnitten gebraten assen, waren sie uns mit dieser schlechten Zubereitung vom angenehmsten Geschmacke. Wenn aber unsere Schwelger, welche sich nicht aufs Meer wagen wollen, nichts desto weniger aber doch, wie die Katzen, gern mit trockenem Fuße Fische naschen, auf dem festen Lande so leicht Albakoren kaufen könnten, als andre Arten von Fischen, glaubt ihr nicht, daß sie mit dem Fische auch die Finger ablecken würden? Denn wie ich schon von den Meerschwalben gesagt habe, da die Albakoren inner den Wendekreisen wohnen, und sich nur auf der hohen See sehen lassen, kommen sie den Küsten nicht so nahe, daß sie von den Fischern unverletzt zu uns gebracht werden könnten.

Was

*) Scomba pelamis. Linn. d. Uebers.

Was jedoch die Afrikaner, welche die östliche Küste bewohnen, und die westlichen Peruaner angeht, scheint mir glaublich, daß diese leicht Albakoren fischen, und den Jhrigen unbeschädigt vorsetzen können.

Der Goldfisch, (Aurata,) *) welcher meines Erachtens seinen Namen daher erhalten, weil er im Wasser eine gelbe (luteo) und dem Golde sehr ähnliche Farbe hat, kömmt in der Figur einem Brachsem sehr nahe, hat jedoch einen mehr niedergedrückten Rücken. Jch rede nach meiner Erfahrung: Der Goldfisch geht nicht nur allen, von denen ich bisher Meldung gethan habe, an Güte vor, sondern ich läugne sogar, daß irgend auf der See oder in einem Flusse etwas Angenehmeres gefunden werden könne.

Von Meerschweinen giebt es zwo Arten: eins hat ein spitziges Maul, wie Gänse, die andere ein so stumpfes, daß er eine Kugel zu seyn scheint, wenn er aus dem Wasser kömmt. Wegen der Gleichheit, so er dann mit einem bekutteten Kopfe hat, nannten wir ihn auch Mönchskopf. Von diesen habe ich an sechs Schuhe lange bemerkt, welche einen breiten getheilten Schwanz hatten. Der Kopf hatte bey allen eine Oeffnung, durch welche sie athmen, und Wasser in die Höhe werfen. Wenn das Meer anfängt in Bewegung zu kommen, steigen sie über das Wasser, besonders bey einem nächtlichen Sturme; dann erscheinen sie grün, und geben dem Wasser dieselbe Farbe: überdem schnaufen und knurren sie so stark wie die Landschweine. Wenn daher die Seeleute sie herum schwimmen und blasen sehen, so nehmen sie das als ein sicheres Vorzeichen eines Sturmes: und würklich habe ich dies in der Erfahrung oft bestätigt gefunden.

Wie-

*) Coriphoena hippurus. *Linn.* d. Uebers.

Wiewohl bey stiller See, wenn sich blos die Wellen kräuselten, so weit man sehen konnte, rundum das Wasser mit einer Menge Meerschweine bedeckt schien, so konnte man ihrer doch, da sie nicht so leicht zu fangen sind, als die andern Fische, nicht nach Wohlgefallen habhaft werden. Um daher den Lesern ein Genüge zu leisten, will ich kurz erklären, wie sie gefangen werden. Wer auf dem Schiffe die Fischerey am besten versteht, stellt sich auf das Vordertheil des Schiffes, und hat einen eisernen Harpun an einem wie ein halber Spieß langen und dicken Stabe: dieser ist an einem ohngefähr zwanzig Fuß langen Stricke befestiget. Wenn nun die Meerschweine schaarenweise herbey kommen, so wählt er sich einen, und wirft den Harpun mit solcher Stärke nach ihm, daß der eiserne Haken, wenn er gut abgeworfen worden, dem Schweine im Leibe stecken bleibt. Dann läßt man so viel Strick nach als möglich ist, bis ihn, wenn er sich vor Schmerz nach allen Seiten gewendet, und nur das Eisen tiefer in sich gearbeitet hat, allgemach Blut und Kräfte verliert. Die übrigen Seeleute säumen nun nicht länger, und ziehen ihn ins Schiff. Auf diese Art haben wir fünf und zwanzig während unserer Reise gefangen.

Was die Eingeweide angeht, so werden diese Meerschweine, wenn sie geviertheilt, am Rücken auf- und ihnen die Seiten weggeschnitten, die Gedärme weggenommen worden, einem Landschweine nicht unähnlich sehen. Ihre Leber hat denselben Geschmack, ihr frisches Fleisch ist jedoch süßlicher, und nicht so gut. Der Speck war bey allen, die ich gesehen, nicht über einen Zoll dick; und ich glaube nicht, daß eines über zween Finger hohen habe. Um daher aus dem Irrthume zu kommen, was die Fischer zu Paris und an andern Orten Fastenspeck heissen, und von Meerschweinen zu seyn vorgeben, müs-

F   sen

sen wir denselben, da or über vier Finger dick ist, fü
Wallfischspeck halten. — Weil wir übrigens in der
Leibe einiger Weibchen, so wir fingen, Junge fanden
welche wir gleich Spanferkeln brieten, so halte ich, ohn
auf Gegenmeynungen zu sehen, für gewisser, daß di
Meerschweine, wie die auf dem Lande, lebendige Jungen
und keine Eyer zur Welt bringen. Sollte ich mir hier
über Verantwortung zuziehen, so berufe ich mich ehe
auf diejenigen, welche Erfahrung davon haben, al
die, welche blos lesen. Wie ich nichts entscheiden will
so wird mir doch niemand verwehren, das zu glauber
und für gewiß zu halten, was ich mit eigenen Augei
gesehen habe.

Rekiene (Requieres) *) wie sie von den Neustrier
genennt werden, fingen wir auch viele. Auch dies
scheinen bey ruhiger See grün, und sind einige über viei
Fuß lang, mit verhältnißmäßiger Dicke. Weil aber ih
Fleisch nicht sehr gut ist, rühren es die Schiffleute nur
in der Noth, und wenn sie nichts anders haben, an
Sie haben eine rauhe Haut, wie eine Feile, einen brei
ten flachen Kopf, und einen weiten Mund, wie Wölfe,
oder engländische Doggen. Wie sie aus dieser Ursache
scheußlich sind, so sind sie ihrer äusserst scharfen Zähne
halber schädlich: was sie einmal ergriffen haben, zerreis
sen sie, oder ziehen es doch mit unters Wasser. Die
Leute, so sich im Meere baden, haben sich vor diesen
Rekienen sehr zu fürchten. Ja wenn sie auf das Ver
deck der Schiffe gebracht sind, welches oft geschieht, in
dem man sie mit fingerdicken Angeln fängt, hat man
sich vor ihnen nicht weniger in Acht zu nehmen, als vor
wilden Hunden. Weil sie daher weder gefangen noch
frey sich schadlos verhalten können, auch zum Essen für
wenig tauglich gehalten wurden, quälten und marterten
wir diejenigen, so wir in unsere Gewalt bekamen, wie

*) Anm. d. Ueberf. Squacus, Linn. Tiburon, der Spanier.

so schädliche Thiere verdienten, und tödteten sie mit einer eisernen Keule. Zuweilen schnitten wir ihnen die Floßfedern ab, steckten ihnen einen Faßboden in den Schwanz, und warfen sie so wieder ins Meer: wenn sie denn auf diese Art, da sie nicht untertauchen konnten, Kapriolen machten, so brachte uns dies ein grosses Vergnügen. *)

Obschon übrigens in der heissen Zone keine Schildkröten von solcher Grösse sind, als uns Plinius vom rothen und indischen Meere erzählt **), daß die Schale einer einzigen zur Bedeckung einer bewohnbaren Hütte hinlänglich sey; will ich doch, da ihrer so grosse allda befindlich sind, daß es kaum zu glauben ist, kurz von ihnen Meldung thun. Ein Beyspiel will ich anführen, wornach der Leser ihre Grösse abmessen kann. Das Schiff des du Bois hatte eine gefangen, die so groß war, daß sie für achtzig Menschen, als so viele im Schiffe waren, zu einer Schiff=Mittagsmahlzeit vollkommen hinreichte. Die obere Schale war ovalrund, anderthalb Fuß breit, und von ordentlicher Dicke. Der Hauptmann Marius brauchte sie zum Schilde. Das Fleisch gleicht so sehr dem Kalbfleische, daß es mit Speck durchspickt und gebraten denselben Geschmack zu haben schien. Wie ich bemerkt habe werden sie auf folgende Art gefangen. Bey stillem Meere (denn ausser dem kommen sie selten zum Vorschein,) kommen sie auf die Oberfläche des Wassers: hier brennt ihnen nun die Sonne so auf die Schale, daß sie es nicht aushalten können: sie wenden sich daher um, die Hitze zu mäßigen, und drehen sich lange im Kreise herum. Wenn dies die Schiffleute sehen, so werfen

---

*) Anm. d. Ueberf. Diese grausame Behandlung dauerte noch lange fort. S. Labat Reise nach Amerika, B. II. (der deutsch Ueberf.) — Ob es zu unsern Zeiten aufhört? —

**) Plinius Lib. IX. C. 10.

werfen sie zwischen die beyden Schalen einen eisernen Haken, und ihrer vier bis fünf ziehen sie mit grosser Gewalt in einen Kahn.

So viel hatte ich von den Seeschildkröten geschrieben. Allein Thevet in seiner Geschichte berühmter Männer, nachdem er von Quoniambek Meldung gethan, legt durch Erdichtung sein verderbtes Genie deutlich an Tag. Denn nachdem er im Eingange dieses Werkes gegen mich losgefahren, ruft er endlich höchst unschicklich aus: „Was sollen wir von den „prodigieusen Schildkröten sagen, die er fälschlich „von so ungeheurer Grösse in die heisse Zone „gesetzt, daß eine für achtzig Menschen (die viel- „leicht nicht hungrig waren) zur Sättigung hin- „gereicht, die obere Schale aber zum Dache auf „eine bewohnbare Hütte hinlänglich gewesen; „welche letztere wohl nicht für Menschen, son- „dern für Insekten wird seyn sollen.„ Da sich also Thevet von neuem zu Verwundungen anschickt, so mag er denn in die Grube fallen, wo er nie wieder heraus kommen soll. Laßt uns also hören, was er im vierzehnten Kapitel seiner amerikanischen Sonderheiten von den Schildkröten am grünen Vorgebürge sagt. Seine Worte sind folgende:

„Unter diesen Schildkröten giebt es einige „von solcher Grösse, daß vier Menschen eine nicht „aufhalten können, welches ich zum Theile selbst „gesehen, zum Theile bey glaubwürdigen Schrift- „stellern gelesen habe. Auch Plinius erzählt, im „indischen Meere gebe es so grosse Schildkröten, „daß eine Schale eine ganze Hütte bedecke; und „auf den Inseln des rothen Meeres bedienen sie „sich ebenderselben Schalen zu Kähnen. Im „persischen Meere und dem kanarischen Meerbu-
„sen

„sen giebt es, nach dem Zeugnisse desselben Plinius,
„eben dergleichen.„ Nachdem hierauf Thevet die
verschiedenen Arten sie zu fangen erzählt, fährt er fort:
„Ich überlasse es nun zu überdenken, wie dick die
„Schale sey, wenn sie mit ihrem Umfange ver-
„glichen wird. Denn sowohl die Barbarn am
„magellanischen Meerbusen, als am Silberflusse
„(flumen argenteum) *) bedienen sich derselben zu
„Auffangung der feindlichen Hiebe. Und die
„Amazonen,„ (welche Thevet erdichtet, indem sie
nirgends gefunden werden,) „welche am stillen Meere
„wohnen, machen sich Wälle draus. Ich ge-
„traue mir zu behaupten, die Schale sey so fest,
„daß sie von einer Flintenkugel nicht durchschossen
„werden kann. Die Insulaner am grünen Vorge-
„bürge essen die Schildkröten gerne, wie man bey
„uns Ochsen oder Hammel ißt: denn ihr Fleisch
„gleicht dem Kalbfleische; hat auch denselben Ge-
„schmack.„ So weit Thevet.

Dies aber, ohne das Uebrige anzuführen, wirft
die Anklage, welche er im Scherze gegen mich anbringen wollte, deutlich auf ihn selbst zurück. Und weil er
an das Sprichwort nicht gedacht: Ein Lügner muß
seiner eingedenk seyn, muß ich deutlicher zeigen, was
ein unverschämter Verläumder er sey. Zuerst müssen
die Leser bemerken, daß der Vorwurf, den mir Thevet
macht, daß man nämlich mit einer Schildkrötenschale
eine Hütte bedecken könne, nicht mir, sondern den angeführten Plinius angehe: und selbst diese Stelle hat
der gute Ankläger weitläufiger angeführt. Ist es nun
ein Fehler, diesen Schriftsteller anzuführen, so hat ja
wohl Thevet eher gesündigt, als ich.

*) Anmerk. d. Ueberf. Rio de la Plata.

Ich

Ich muß mich nun noch drüber rechtfertigen, daß ich es übertrieben habe, wenn ich sage, das Schiff des du Bois habe eine Schildkröte gefangen, welche achtzig Menschen hinlänglich gesättigt habe. Wie? Ist es wohl mehr wahrscheinlich, daß Thevet Schildkröten von solcher Grösse gesehen habe, daß vier Fischer selbige nicht aufhalten können: welche doch nicht allein ein Schwein von solchem Gewichte, sondern einen Ochsen zurück halten würden, wovon mehr als funfzehn hundert Menschen eine prächtige Mittagsmahlzeit erhalten könnten: wenn sie an Stärke mit dem berühmten Quoniambek in Vergleich kommen können, welchen dieser ungeschickte Rezensent erdichtet hat? Denn sonst, wie er im Scherze sagt, glaube er nicht, daß ich die Hütten, mit einer Schildkrötenschale bedeckt, für Menschen, sondern für eine Art Insekten bestimmet habe; (wiewohl er hiemit dem Plinius Vorwürfe macht,) wenn entweder Pigmäen oder Leute von äusserst schwächlicher Gesundheit fischten, mögte es wohl grosse Gefahr haben, daß diese prodigieuse Schildkröte ihnen nicht entwischte. Um sie daher besser zu bezwingen, wollen wir ihm den Rath geben, daß er das Thier besteige, sich von einer dergleichen Schale, welche eine Flintenkugel nicht durchlöchert, einen Schild nehme, sich auch eine unendliche Anzahl Amazonen (welche nicht in der Würklichkeit sind) zu Hülfe nehme, wenn dies Ungeheuer wüthen sollte. Endlich wird er gar wohl thun, wenn er sich besonders den Quoniambek herberuft, der ein grosses Faß Wein gar leicht aufheben und tragen kann, daß er die schweren Kanonen, in Begleitung seiner Diener, auf den Schultern vor die Fronte in die Schlacht trage. Weil daher dieser Mensch in Widerlegungen sich in ein solches Kleid zu hüllen pflegt, so will ich ihn auch ganz ruhig gehen lassen.

So viel habe ich von den Schildkröten und andern Fischen kurz sagen wollen. Unten wird noch von den

den Delphinen, den Wallfischen (Balaenis) und mehreren Zeten (Cetaceis) Meldung geschehen.

Viertes Hauptstück.
Aequator, Stürme, Unbeständigkeit der Winde, schädliche Regen, Hitze, Durst und andere Ungemächlichkeiten welche wir in dieser Weltgegend auszustehen hatten.

Um mit unserer Seereise zu Ende zu kommen, will ich noch kurz sagen. Drey bis vier Grade um den Aequator hatten wir bald gar keinen, bald widrigen Wind, wobey Regen und Windstille immerwährend mit einander abwechselten; überdem (so beschwerlich und so gefahrvoll ist die Siffahrt um den Aequator) habe ich oft eine solche Unbeständigkeit der Winde bemerkt, daß, wenn unsere drey Schiffe beysammen waren, jedes plötzlich durch einen besondern Windstoß fortgerissen wurde, und sie auf diese Art gegen Ost, West und Nord ein Dreyeck bildeten, wogegen gar keine Anstalten oder Arbeit der Seeleute half. Dieser Orkan war augenblicklich, und nun entstanden Wirbel, welche unsern Lauf auf der Stelle hemmten, und dann die Seesegel sogleich auf solche Art aufbliesen, daß ich mich verwundere, daß die Schiffe nicht hundertmal umgeworfen wurden.

Nebst dem ist der Regen unter der Linie scheußlich und pestilenzisch: wo er auf den Leib fällt, da entstehen Beschwüre, und wo er ein Kleid berührt, da giebts Flecken.

Flecken. Die Sonne brennt wunderbar, wodurch wir bey der äussersten Hitze den größten Durst erlitten; denn, ausser bey der geringen Mittag- und Abendmahlzeit, hatten wir weder einiges süsses Wasser, noch ein anderes Getränke. Daher kam es auch, daß mir oft der Mund so austrocknete, daß ich stundenweise unfähig war zu reden. In dieser Noth wünschten die Schiffleute nichts mehr, als daß aus dem gesalzenen Wasser süsses würde. Wollte einer einwenden, man könnte, um doch nicht wie Tantalus mitten auf dem Wasser vor Durst zu sterben, Seewasser trinken, oder wenigstens doch damit den Gaumen nässen: so antworte ich, man habe noch durch kein Mittel das gesalzene Wasser durch Wachs zu seigen oder sonst zu destilliren (nebst dem, daß das Schwanken der Schiffe für Anlegung von Oefen und Erhaltung von Flaschen gewiß nicht dienlich seyn würde) es dahin bringen können, es geschmack- geschweige dann trinkbar zu machen, *) wenn nicht einer, so bald er es nur an den Mund bekommen, Lunge und Leber heraus brechen wollte. Bey allem dem ist es in einem Glase wie das helleste und reineste Quellwasser. Ueberdem werden gesalzener Speck, Heeringe, oder sonst stark gesalzene Fische und Fleisch in Seewasser viel mehr und viel geschwinder süß, als in Brunnenwasser. Hierüber habe ich mich sehr gewundert; überlasse es aber den Philosophen zur Untersuchung.

Um wieder auf unsere Erzählung zu kommen, so brachten in der heissen Zone die äusserst heftigen und anhaltenden starken Regen, die bis auf den Boden drangen, unser Elend auf den höchsten Grad. Denn hierdurch

---

*) Anmerk. d. Ueberf. Ueber die izt erfundene Art, das Seewasser trinkbar zu machen, sehe man Forsters Bemerk. auf seiner Reise um die Welt. — (Deutsche Ueberf.) S. 50. in der Vore G. Forst. und den S. 19. angeführten Lind's Essay on diseases incident to Europeans in hot climates. App. p. 351. —

Viertes Hauptſtück.

…urch ward unſer Schiffzwieback verderbt und ſchimm⸗
…icht, und ſo voller Würmer als Bröckchen; um jedoch
…icht vor Hunger und Durſt umzukommen, verſchmäh⸗
…en wir nichts. Nebſt dem war unſer ſüſſes Waſſer
…benfalls ſo mit Würmern angefüllt, daß keiner ſo feſt
…war, der nicht ausgeſpuckt hätte, wenn es ausgeſchüt⸗
…et wurde. Wenn wirs aber tranken, ſo hielten wir in
…er einen Hand den Becher, mit der andern aber hiel⸗
…en wir uns des Geſtankes halber die Naſe zu.

Was denkt ihr aber hieben, ihr Weichlinge, die
ihr die geringſte Hitze nicht ertragen könnet, mit Ab⸗
wechslung von Hemden und Abtrocknen euch in einem
ſchattigten prächtigen Zimmer auf einem Seſſel oder
Sopha hingeſtreckt wohl ſeyn laſſet? Ihr, die ihr kaum
Luſt habet euch zu Tiſche zu ſetzen, wenn ihr nicht
prächtige Teller, rein gewaſchene Gläſer, ſchneeweiſſe
Tiſchtücher, die ausgeſuchteſten und aufs koſtbarſte zu⸗
gerichteten Speiſen, und Wein habt, dem der Schma⸗
ragd an Klarheit nicht gleich kommt? Wollt ihr wohl
einmal auf der See fahren, um auf dieſe Art euer
Leben hinzubringen? Wie ich euch dies nicht rathen
will, und wie ihr auch noch weniger Hang dazu bekom⸗
men werdet, wenn ihr unſern Zuſtand auf der Rück⸗
reiſe geleſen habt: ſo wollte ich euch doch nur wenig⸗
ſtens gebeten haben, wenn ihr ans Meer und an ſo
langwierige Seereiſen denkt, wovon ihr blos etwas
aus Büchern, ja, was noch ſchlimmer iſt, aus den
Mährchen derjenigen etwas wißt, die das Meer in ih⸗
rem Leben nicht geſehen haben, nicht mit Stolz die
Minerva lehren zu wollen; ich will ſagen, ihr ſolltet
dann denjenigen nachgeben, welche mit Ueberſtehung
ſo vielen Ungemachs Sachen erfahren haben, die
gewiß keinem einfallen, der ſie nicht verſucht hat.

Zu dem sowohl, was ich oben von der Unbeständigkeit der Winde und des Wetters, von den stinkenden Regen und der Hitze gesagt habe, als auch was überhaupt auf dem Ozean, besonders aber unter der Linie zu geschehen pflegt, muß ich noch Folgendes sagen. Unter unsern Piloten hatten wir unter andern einen gewissen **Johann Neun** von Honfleur, der ohne lesen und schreiben zu können, sich durch Kenntniß des Astrolabiums, der Seekarten und des Jakobstabes solche Kenntnisse im Seewesen erworben, daß er oft, besonders im Sturme, einem sehr gelehrten Manne, den ich eben nicht nennen will, schweigen machte, welcher bey stiller See in Erklärung von Theoremen weit den Vorzug vor allen hatte. Indessen will ich hiemit nichts gegen jene Künste sagen, die in den Schulen gelehrt, und in wissenschaftlichen Büchern abgehandelt werden; sondern ich wollte nur, und das nicht wenig, daß kein menschliches Ansehen oder Vernunftschluß der Erfahrung widersprechen sollte.

Ich bitte nun die Leser um Vergebung, wenn ich bey Erinnerung, daß wir faules Wasser getrunken, von Würmern wimmelndes Brodt gegessen, und sonst viele Ungemächlichkeiten überstanden haben, diese unsere üble Lage mit den schwelgenden Mahlzeiten des gleichen Richter verglichen habe, und so etwas von meiner Rede abgekommen bin.

Wegen den oben berührten Beschwerlichkeiten, (welche weiter unten noch besser aus einander gelegt werden, wo wir alle unsere Lebensmittel ausser der heissen Zone aufgezehrt hatten,) geschah es, daß unsere Schiffe, weil sie nicht über den Aequator konnten, oft wieder zurück mußten.

Mit

Viertes Hauptstück.

Mit dem Laviren und dem langsamen Nähern unterm Ringen mit dieser Noth kamen wir endlich, nach einer Arbeit von fünf und dreyßig Tagen, mit Gottes Hülfe an den Aequator. — Aequator (Gleicherlinie) heißt diese Linie nicht blos deswegen, weil hier Tag und Nacht immerfort gleich sind, sondern weil, wenn die Sonne grad über ihr steht, welches denn zweymal im Jahre geschieht, (den 28sten Merz nämlich und den 13ten September,) überall auf der ganzen Erde Tag und Nacht gleiche Länge haben: so, daß die unter dem Nord- und Südpol blos diese zween Tage im Jahr den Tag und die Nacht gleich lang haben, worauf sich denn die Sonne wieder allgemach sechs volle Monate durch zurück zieht.

Den Tag also, an dem wir die Linie paßirten, begingen die Schiffleute mit ihren Feyerlichkeiten. Diejenigen, so noch nie unter der Linie gewesen, werden dann zum Andenken mit Stricken ins Meer gelassen; oder ihnen wird ihr Gesicht durch Tücher, welche voll Kienruß gemacht sind, geschwärzt. Reisende können sich jedoch mit Geld loskaufen; welches denn auch ich that.

Mit gutem Winde kamen wir nun bis zum vierten Grade südlicher Breite. Hier sahen wir zum erstenmal den Südpol. Er stellt mit einigen Sternen ein Kreutz vor: und das ganze Gestirn nennen die Neustrier den Stern Su. Es sagt irgend einer: diejenigen, so diese Reise zum erstenmale gethan, haben berichtet, um den Südpol lasse sich immerfort eine weißlichte kleine Wolke mit vier Sternen, in Form eines Kreutzes, nebst noch dreyen andern, welche dem Nordsterne sehr ähnlich seyn, sehen. *) Den Nordpol hatten wir schon lange

---

*) Anm. d. Uebers. Man kann über den Südpol von den ersten Reisenden nachsehen *Cadamosto Viaggio* (in Ramus, T. 1. fol. 107.

lange nicht mehr gesehen: wobey ich nur obenhin bemerken will, daß man unter der Linie, wie die mehrsten glauben, nicht blos beyde Polarsterne nicht sehe, sondern daß man gar keinen zu Gesichte bekomme, als in einer Entfernung von zween Graden auf jeder Seite.*)

Den 13ten Februar, wo es schönes helles Wetter war, behaupteten die Seeleute, welche die Höhe der Sonne mit dem Astrolabium gemessen hatten, die Sonne stehe uns gerad über dem Kopfe. Wir wollten daher eine Probe machen, und steckten Dolche, Messer und dergleichen Sachen mehr auf das Verdeck, konnten aber an diesem Tage, besonders um den Mittag, keinen Schatten sehen. Im zwölften Grade ohngefähr überfiel uns ein Sturm, der drey bis vier Tage anhielt. Bald darauf aber entstand eine solche Windstille, daß unsere Fahrzeuge ganz unbeweglich stehen blieben, und wir ewig da hätten bleiben müssen, wenn sich nicht wieder ein Wind erhoben hätte.

Auf unserer ganzen Reise hatten wir noch keine Wallfische gesehen, hier aber kamen uns die Menge vor die Augen. Unter diesen stieg einer neben dem Schiffe hervor, so daß wir ihn deutlich sehen konnten. Ehe er sich bewegte, hielt ich ihn für einen Felsen, und ich befürchtete schon, wir würden drauf stoßen, und unser Schiff daran zerschmettern. Ehe er wieder unter Wasser ging, bemerkte ich, daß er den Kopf herausstreckte, und mehr als zwey Fässer Wasser aus dem Munde spie: als er aber würklich untertauchte, machte er die See so unruhig, daß ich von neuem befürchtete, er-

---

127. B. und bey Grynaeus Nov. Orb. p. 28. Baf. 1555.) *Amer. Vespucci* (Ramus I. 132. Grynaeus 91. 92.) — Vorzüglich gehört hieher *Andr. Corsali* Lettera al Giuliano de Medici, (bey Ramus I 177.)

*) Anm. d. Uebers. Nach der einfachesten Mathematik.

Viertes Hauptstück.

er würde uns im Wirbel mit sich hinab ziehen. Es ist in der That schrecklich, wie wir auch in den Psalmen und beym Hiob lesen, daß dergleichen Ungeheuer mit solcher Leichtigkeit im Ozean spielen.

Auch Delphine sahen wir, in Begleitung von allerley Arten Fischen, in militärischer Ordnung daher schwimmen: im Meere scheinen sie röthlich zu seyn. Einer derselben schwamm sechs= bis siebenmal, gleichsam als ob er uns Glück wünschen wollte, um das Schiff, in welchem ich mich befand. Wir unterliessen von unserer Seite nichts, ihn zu fangen; allein er zog sich so vorsichtig zurück, daß wir seiner nicht habhaft werden konnten.

Fünftes Hauptstück.

Erste Erblickung Westindiens, und der selbiges bewohnenden Barbarn. Zufälle auf dem Meere bis zum Wendekreise des Steinbocks

Von hier brachte uns ein günstiger Westwind so gut fort, daß wir den 25sten Februar des Jahres 1557 gegen acht Uhr Morgens Westindien zu Gesichte bekamen. Es heißt sonst auch Brasilien, der vierte den Alten völlig unbekannte Welttheil, auch Amerika, von dem, der es um das Jahr 1497 zuerst entdeckte. *)

Es

---

*) Anm. d. Uebers. Kolumb hat, wie einige mit guten Gründen behaupten, jedoch schon das feste Land von Guyana entdeckt. Und selbst schon vor Americo Vespucci war Brasilien entdeckt worden; wie sich ebenfalls behaupten läßt. Ueberhaupt ist diese Sache, meines Erachtens, doch noch nicht ganz im Klaren, wiewohl es mehrere glauben.

Es wäre überflüßig, unsere Freude und frohe Danksagungen gegen Gott zu erklären, da wir das so sehr gewünschte feste Land nun so nahe vor uns sahen, und es nun bald betreten sollten. Nachdem wir gewiß wußten, daß das, was wir gesehen, Land sey, (denn leicht kann man betrogen werden, daß man eine Wolke für Land hält, die nachher in die Luft fliegt,) warfen wir noch an demselben Tage, als wir mit guten Winde, du Bois voran, auf selbiges zugeseegelt waren, Anker, in einer Entfernung von tausend Schritten von einer rauhen Gegend, Huuassu von den Barbarn genannt. Nun ward sogleich ein Boot herabgelassen, und unsere Ankunft mit Kanonenschüssen angekündigt, (wie denn dies bey denen, so diese Länder befahren, gewöhnlich ist,) worauf alsbald eine grosse Anzahl Männer auf der Küste zum Vorschein kamen. Es waren diese alle, wie einige der Unsrigen, welche dieses Land schon von voriger Zeit kannten, bemerkten, aus der Nazion der Margäaten, Bundesgenossen der Portugiesen, und die grösten Feinde der Franzosen, welche, wenn sie von ihnen gefangen wurden, auf keine andere Art befreyet, als daß sie geschlachtet, und in Stücke zerhauen, den Barbarn zur Speise dienten.

Damals sahen wir auch im Februar (dem in ganz Europa kältesten Monat, wo die Kälte nichts aus der Erde hervorwachsen läßt,) Haine, Wälder und Pflanzen so grün, wie in Frankreich im May und Juni: denn die Brasilianer haben einen ewigen Frühling.

Die feindselige Gesinnung der Uuakaziek und Franzosen unter einander, (die sie jedoch einander auf das sorgfältigste verbargen,) hinderte nicht, daß einer unsrer Schiffspatronen, der ihre Sprache halb und halb verstand, mit einigen Bootsmännern in einem Boot nicht gegen das Land zugefahren wäre, wo die Barbarn in grosser Anzahl standen. Er getraute sich jedoch nicht,

ihnen

Fünftes Hauptstück.

nen auf einen Pfeilschuß nahe zu kommen, aus Furcht, on den Wilden gefangen, getödtet und gebraten zu erden. Die Unsrigen zeigten ihnen daher von weitem Messer, Spiegel, Kämme, und andere dergleichen Sachen, und fragten sie, ob sie darauf Lebensmittel vertauschen wollten. Einige, welche etwas näher gekommen waren, als sie dies sahen, liefen sogleich, ohne ch weiter bitten zu lassen, Lebensmittel zu holen. Bald drauf brachten sie auch eine Art Mehl von einer Wurzel, dessen sich die Brasilianer statt des Brodtes bedienen, Schinken, und sonstiges Fleisch von einer rt wilden Schweine, und andere Lebensmittel, nebst ner grossen Anzahl Früchte, die das Land hervorbringt.

Um uns neben dem ihre Geschenke zu überbringen, nd zu unserer Ankunft Glück zu wünschen, traten sechs Barbarn mit einem Weibsbilde ins Boot, und statteten ns aus freyen Stücken einen Besuch ab. Ich überlasse es meinen Lesern, zu überdenken, wie genau ich lbige beym ersten Anblicke betrachtet habe. An seinem Orte werde ich zwar besser und weitläufiger davon andeln; einiges will ich jedoch hier bemerken. Mannslder sowohl als Weibsleute gehen ganz nackend, so wie aus Mutterleibe kommen, zum Zierrathe am ganzen Leibe geschwärzt. Uebrigens pflegen die Männer die Scheitel nach Art einer Mönchskrone abzuscheeren, die Haare des Hinterhaupts aber herab hängen zu lassen, schneiden sie doch, wie bey uns diejenigen thun, so ihre Haare grade wachsen lassen, um m Hals ab. Nebst dem durchboren sie die untere Lefze, und stecken in die Oeffnung einen polirten Stein von üner Farbe, von der Breite und Dicke eines Livres, omit sie selbige öffnen und schliessen können. Dies bey ihnen ein Zierrath: nehmen sie den Stein ier weg, so scheint es wie ein zweyter gähnender Mund, und macht sie denn äusserst häßlich. Die
Wei-

Weiber durchboren zwar ihre Lefzen nicht, lassen auch wie bey uns, ihre Haare lang wachsen; allein in ihr Ohrläppchen machen sie so grosse Löcher, daß man einen Finger durchstechen kann: von diesen pflegen dann weisse Knochen herab zu hängen, und auf den Schultern herum zu klappern. Die Widerlegung derjenigen, so die Amerikaner fälschlich für haarig angesehen haben, halte ich für besser an einem andern Ort zu verschieben.

Ehe uns aber die Barbarn verliessen, erklärten uns zween Alten, die mehr Ansehen hatten, in der Gegend hier sey das beste Brasilienholz in Menge; dabey versprachen sie uns, zum Schneiden und Transportiren ihre Hülfe und Lebensmittel; unterliessen überhaupt nichts, uns zum Dableiben zu bewegen. Nebst dem aber, daß wir anderstwohin wollten, hatten wir auch gar keinen Grund, uns bey ihnen aufzuhalten: denn sie luden uns, da sie unsere Feinde, und uns an Menge überlegen waren, nur aus der Absicht ein, um uns, wenn wir am Lande wären, nach ihrer Art mit Verwundungen hinzurichten und zu essen.

Nachdem nun die Margaaten die Kanonen, und überhaupt auf unsern Schiffen alles bewundert hatten, und wir aus den wichtigsten Ursachen, besonders aber, damit es den Franzosen, die vielleicht noch da anländen könnten, keinen Schaden bringen mögte, ihnen keine Feindseligkeiten machen wollten, begehrten sie Erlaubniß, wieder zu den Ihrigen, welche ihrer auf dem Strande warteten, zurück zu gehen. Weil auch bey ihnen kein Geld im Umlaufe ist, so tauschten wir die Sachen, die sie uns brachten, gegen Angeln, Hemden, Messer, Spiegeln, und andere dergleichen Sachen, als den besten Handlungsartikeln bey den Brasilianern, ein.

Gleich-

Fünftes Hauptstück.

Gleichwie endlich die Barbarn bey ihrer Ankunft
uns ihre Schaamglieder frey gezeigt hatten, so waren
sie beym Weggehen und ins Bootsetzen eben so freygebig, ihre Hintern zu zeigen, indem sie die Hemden, welche sie von uns bekommen hatten, bis an den Nabel
zusammenrollten, aus Furcht, selbige zu beschmutzen. Eine
in der That zu bewundernde Höflichkeit, die sich zur
Gesandtschaft vortrefflich schickt. Denn obschon bey uns
das Sprichwort ist: die Haut ist mehr werth als das
Hemd: hielten sie, indem sie den Hintern entblößten,
(vielleicht aus einer vorzüglichen Achtung gegen uns,)*)
eher dafür, das Hemd sey der Haut vorzuziehen.

Wiewohl uns diese neue Speisen anfangs fremd
vorkamen, verzehrten wir sie nachher nothgedrungen
doch mit gierigem Appetit. Den folgenden Tag aber,
der ein Sonntag war, lichteten wir die Anker, und
gingen von neuem unter Seegel. Nachdem wir ohngefähr zwanzigtausend Schritte von der Küste herabge-
fahren, hatten wir das portugiesische Fort vor uns,
welches sie den heil. Geist, (Spirito santo.) die Barbarn
aber Moab nennen. Die Portugiesen erblickten nicht
sobald unsere Fahrzeuge, als sie sogleich das den Ihrigen entrissene Fahrzeug erkannten, und ihre Kanonen
alle drey bis viermal auf uns abschossen: weil wir aber
ausser Schuß waren, schadeten uns ihre Kugeln nichts.

Indem wir nun sofort die Küste bestrichen: kamen
wir an der Gegend vorbey, die den Namen Tapemiry
führt. Hier liegen in den Buchten, welche sich ins
Land eindrängen, kleine Inseln, deren Bewohner, meines Erachtens wenigstens, Freunde und Bundesgenossen der Franzosen sind.

Etwas

---
*) Anm. d. Uebers. Ich glaube, daß es schwerlich aus dieser Ur-
sache geschehen.

G

Etwas weiter, im zwanzigsten Grade ohngefäh[r]
wohnen die Paraiben, in deren Lande, wie ich im Vo[r-]
beyfahren bemerkt habe, Hügelchen über die Oberfläc[he]
hervorragen, die viele Aehnlichkeit mit den Schornste[i-]
nen haben.

Den ersten Merz kamen wir am niedrigen Ufer u[nd]
Untiefen vorbey, mit Klippen und Felsenriefen unte[r-]
mischt: Oerter, welche die Seefahrer, aus Furcht [zu]
scheitern, auf das sorgfältigste zu vermeiden pflege[n.]

Andererseits erblickten wir auf diesen niedrig[en]
Ufern eine Fläche von dreyßig Meilen: diese Fläc[he]
wird von den Uetakaten bewohnt: Menschen, die [so]
wild sind, daß sie selbst unter sich in keinem Fried[en]
leben, und mit allen Nachbarn und Fremdlingen Kri[eg]
haben. Werden sie von den Feinden (von welchen [sie]
noch nie unterjocht werden konnten,) in die Enge getr[ie-]
ben, so entgehen sie durch ihre bewundernswürdi[ge]
Geschwindigkeit, mit der sie auch auf der Jagd eine[n]
Hirsche verfolgen, dem Tode.

Wie alle übrige Brasilianer *) gehen sie völl[ig]
nackend; lassen jedoch ihr Haar bis auf den Hinte[rn]
herab hängen, gegen die Gewohnheit der Uebrige[n]
welche, wie ich oben sagte, und weiter unten noch we[it-]
läufiger sagen werde, selbiges auf dem Scheitel absch[ee-]
ren, hinten aber am Halse abschneiden. Endlich ess[en]
diese verwilderte Uetakater in diesem Striche Lande[s]
wie Hunde und Wölfe, rohes Fleisch; haben auch ei[ne]

---

*) Anmerk. d. Uebers. Ein Volk in Brasilien, die Karigi[..]
nämlich, (unter dem Wendekreise des Steinbocks, zwanzig M[ei-]
len vom Meere, und nicht weit von den piratininaischen Gebi[r-]
gen,) sollen ihrem alten Herkommen gemäß sich mit bau[m-]
wollenen Kleidern bedeckt haben. Vita P. *Josephi Anchietae* S.
Sacerdotis in Brasilia defuncti, à Sebast. Beretario ex eadem S[oc.]
descripta. (*Colon. Agripp.* 1617.) p. 26.

von ihren Nachbarn verschiedene Sprache, und sind überhaupt solche Leute, daß man sie mit Recht die scheuß= lichsten und grausamsten unter den Bewohnern West= indiens nennen kann. Weil sie übrigens weder mit den Franzosen, Spaniern oder Portugiesen, noch einer an= dern ausländischen Nation, irgend eine Art Handel ha= ben, haben sie von unsern Waaren nichts. Wenn je= doch, wie ich nachher von einem neustrischen Dollmet= scher erfahren habe, ihre Nachbarn selbe den Uetaka= tern mittheilen wollen, so haben sie diese Tauschmethode:

Die Margajen, Kataien oder Tuupinambol= sier, ihre Nachbarn, und andre Barbarn, die sich selbst den Uetakaten nicht anvertrauen, zeigen ihnen von weitem eine Sichel, ein Messer, einen Kamm, einen Spiegel, oder etwas dergleichen, und fragen sie durch Zeichen, ob sie tauschen wollten. Will dann der Ueta= kate, so bringt er ebenfalls Federn, grüne Steine, die sie, wie schon gesagt worden, in ihre Lippen einschliessen, oder dergleichen Sachen, hervor. Nun bezeichnen beyde einen drey= bis vierhundert Schritte von hier entfernten Ort: dahin legt dann der eine auf einen Stein oder Stamm die Sachen, welche er vertauschen will, und geht wieder weit zurück. Der Uetakate nimmt dies weg, und legt die Sachen, welche er gezeigt hatte, an den= selben Ort. Bis hiehin halten sie Treu und Glauben: ist aber der Tausch geschehen, und der andere wieder an seinen Ort zurück gekommen, wo er vorher war, so denkt der Uetakate an nichts mehr, und fängt einen heftigen Streit an, ob er oder der andere das Einge= tauschte behalten soll: und dann ist es ausser Zweifel, daß er mit seiner Jagdhundsgeschwindigkeit den andern erreicht, und überwältiget. Ich rathe daher den Unsri= gen, die das Podagra, lahme und langsame Füsse ha= ben, sich nicht mit den Uetakaten in Handlung einzu= lassen, wenn sie ihre Waaren behalten wollen. Die

Bis=

Biskajer jedoch, deren Sprache, wie bekannt, sehr eilig und voll, und Gelenkigkeit im Gehen sehr groß ist, können mit den Uʃtakaten verglichen werden, auch wohl mit ihnen laufen. Ebenfalls kann man hieher zählen die Bewohner des Palmflusses in Florida, welche wie man erzählt,*) einen Hirschen zu erjagen, und den ganzen Tag, ohne auszuruhen, fortzulaufen pflegen. Nebst diesen die Riesen am Silberstrome, die so geschwind sind, daß sie die fliehenden Geisen oft mit den Händen fangen.

Jedoch lassen wir diese zweybeinigten Postpferde, mögen sie noch geschwinder fliegen als der Wind; wir wollen zu unserer Sache zurück.

Nach dem Lande der Uʃtakaten bekamen wir sogleich ein anderes zu Gesichte, Mak-che (Mac-he) mit Namen. Dies wird von Barbarn bewohnt, die aus schon angeführten Ursachen nicht fest schlafen können, indem sie die eben gesagten Nachbarn haben, welche so gerne Einfälle machen. An dieser Küste erhebt sich ein Fels, wie ein Thurm, in die Höhe, der, wenn ihn die Sonne bescheint, so glänzt und blitzt, daß man ihn für eine Art Schmaragd halten sollte. Aus dieser Ursache haben ihm die vorüberfahrenden Franzosen und Portugiesen auch den Namen mak-chenser Schmaragd gegeben. Dieser Fels soll sowohl von der Land- als der Seeseite unzugängig seyn: denn über viertausend

Schritte

---

*) Allgem. Gesch. v. Ind. L. II. C. 46. 14. — Der Verfasser der allgemeinen Geschichte von Indien ist Francisco Lopez de Gomara, ein Spanier. Was Lery für eine Ausgabe oder Uebersetzung gebraucht, und ob Fumaeus sie übersetzt, welchen Lery in der Vorrede anführt weiß ich nicht. Das spanische Exemplar, welches ich vor mir habe, ist in keine Bücher eingetheilt, sondern nur in 225 Kapitel: die hier angezogene Stelle finde ich würklich im Cap. 46. „Son . . . . ligeros que alcançan un ciervo, y que corren un dia „entero sin descansar.„ *Fr. Lop. de Gomara historia general de las Indias.* (en Anvers 1554.) f. 52. — Anmerk. d. Uebers.

Schritte weit sollen Klippen bis an die Oberfläche des Wassers hervorstehen.

Hier liegen drey kleine Inseln, so die Makhenser heissen, gegen welche über wir uns die Nacht durch vor Anker legten. Den andern Tag wollten wir mit vollen Seegeln das kalte Vorgebürge (Promontorium frionsa)*) erreichen; allein der Wind warf uns so zurück, daß wir uns wieder dahin legen mußten, wo wir am Morgen ausgefahren waren. Bis den Donnerstag blieben wir hier, und hätten, wie wir hören werden, noch beynahe Schiffbruch gelitten.

Den folgenden Tag, als den zweyten Merz, wo man sonst vor der Fasten die Fastnacht feyert, entstand eine solche Wuth unter den Wellen, um eilf Uhr Nachts, als wir so eben eingeschlafen waren, daß das Ankertau, welches dem Sturme nicht widerstehen konnte, entzwey brach, und das schwankende Schiff durch die Gewalt der Wellen so gegen die Küste gerieben wurde, daß wir nicht über drittehalb Ellen Wasser hatten, (auf weniger kann sich selbst das kleinste Schiff nicht halten,) und wir bey einem Haar auf dem Grund sitzen geblieben wären. Als der Pilote das Senkbley geworfen, und gesehen hatte, daß es so weit gekommen sey, schrie er zwey- bis dreymal, wiewohl es seine Schuldigkeit gewesen wäre, uns gutes Muths seyn zu heissen: Wir sind hin! wir sind hin! Die Schiffleute aber warfen in Eile den andern Anker aus: der dann auch mit Gottes Hülfe hielt, und so machte, daß wir nicht (wenn auch das aufgebrauste Meer unser festsitzendes Schiff nicht zerschlagen hätte,) auf die Felsen einer der mak-chensischen Inseln stiessen. In dieser Gefahr schwebten wir drey Stunden, während welcher Zeit alles Zusprechen der Seeleute nichts fruchtete,

*) Anm. d. Uebers. Cabo frio.

tete, welche auf der hohen See beſſere Wůrkung thun
als nahe bey den Küſten, als wo die Stürme am mei
ſten zu befürchten ſind.

Weil aber mit Tagesanbruch die See ruhig ward
und wir, wie ich ſchon geſagt habe, verdorbenes ſüſſer
Waſſer hatten, begaben ſich einige der Unſrigen, un
Waſſer einzunehmen, auf die öden mak-chenſiſcher
Inſeln. Hier fanden ſie nicht allein ein Land bedeck
mit Eyern und Vögeln aller Art, (jedoch an Geſtal
von denen bey uns ſehr verſchieden,) ſondern dieſe wa
ren auch, da ſie an keine Menſchen gewöhnt waren, ſ
dreiſte, daß ſie ſich mit Händen fangen, und mit Stö
cken todtſchlagen lieſſen, ſo, daß unſere Waſſermänner
ihrer eine groſſe Anzahl in dem Boote mitbrachten
Daher man ſich denn auch, weil man die vorige Nach
ſo ſehr gearbeitet hatte, und nicht wenig hungrig war
ohne Unterſcheid, ſelbſt die Römiſchkatholiſchen nich
ausgenommen, (wiewohl es Aſchermittwoch war,) dar
über her machte.

Den Donnerſtag, an welchem wir die mak-chenſ
ſchen Inſeln verlieſſen, hatten wir guten Wind, er
reichten daher auch den folgenden Tag um vier Uh
Nachmittags das kalte Vorgebürge, einen Haven
der wegen der Seereiſen der Franzoſen auf der ganze
Küſte der berühmteſte iſt. Nachdem wir hier Anker ge
worfen, und durch Abſchieſſung der Kanonen unſer
Ankunft bekannt gemacht hatten, ſtiegen der Kapitai
und der Pilote mit einigen Soldaten ans Land, un
ſtieſſen ſogleich auf eine groſſe Anzahl Barbarn, d
Tuupinambolſier heiſſen, und Freunde und Bunde
genoſſen der Franzoſen ſind. Dieſe nahmen uns höflic
auf, und gaben uns zugleich von dem Zuſtande, de
Thun und Laſſen des Paykolas (denn ſo nannten ſi
Villegagnon,) Nachricht, was uns über alles freute

An demselben Orte fingen wir mit Angeln und Netzen viele Fische von allerley Arten, und von denen in unsern Meeren ganz verschiedener Gestalt. Unter diesen war eine sehr kurieuse und abentheuerliche Art, die ich daher auch beschreiben will. Der Fisch hatte schier die Grösse eines jährigen Kalbes, eine fünf Fuß lange und anderthalb Fuß breite Schnautze, woran auf beyden Seiten, wie an einer Säge, spitzige Zähne hervorragten. Als er aber auf dem Lande seinen so grossen Schnabel hin- und herschlug, ermahnte unter uns einer dem andern, die Beine weg zu thun. Uebrigens hat er sehr hartes Fleisch: denn so viel Hunger wir auch hatten, konnten wir es doch nie, wenn es auch vier und zwanzig Stunden gekocht hatten, essen.*) Hier sahen wir auch zuerst Papagayen nicht allein so hoch und schaarenweis wie in Frankreich die Krähen und Tauben fliegen; sondern es hängen auch oft, wie ich von der Zeit an bemerkt habe, gleich den Turteltauben bey uns, zwey in der Luft zusammen.

Da wir noch an sechzigtausend Schritte zu reisen übrig hatten, und wir diese so geschwind als möglich abmachen wollten, hielten wir uns am kalten Vorgebürge nicht so lange auf, als wir wohl gewünscht hätten. Wir gingen daher noch gegen Abend desselben Tages wieder unter Seegel, und hatten eine so glückliche Fahrt, daß wir den nächsten Sonntag, den 7ten Merz des Jahres 1557, den Ozean rechter Hand in dem Meerbusen einliefen, den die Barbarn Ganaba, die Portugiesen aber Jenner-Meerbusen**) nennen, weil sie am ersten Jenner in selben eingelaufen sind.

Nach-

*) Anm. d. Uebers. Der Sägefisch, Pesce Espada, (der Spanier) Serra, (Gesneri) Squacus pristis, Linn, L'Espadon. Labat.

**) Anm. d. Uebers. Baia de Janeiro.

Nachdem wir zu Ehren des Villegagnon in einer Entfernung von ohngefähr fünfhundert Schritten unsere Kanonen losgefeuert, und er uns geantwortet hatte, (denn er hatte sich, wie schon oben gesagt, auf einer kleinen Insel dieses Meerbusens gelagert,) warfen wir in der Nähe Anker.

Das ist nun die Summe unserer Avanturen und Erfahrungen während unserer Reise in Brasilien.

Sechstes Hauptstück.
Unsre Ankunft beym Kastelle des Coligny in Brasilien: Aufnahme bey Villegagnon: des letztern Betragen, in Religionssachen sowohl, als den übrigen Theilen seiner Regierung.

Nachdem also unsere Schiffe in dem Hafen des Meerbusens Ganabara, nicht weit vom festen Lande, lagen, begaben wir uns, jeder seine Sachen im Boote, in das Kastell des Coligny. Sobald wir auf dem Lande waren, und uns nicht nur den anhaltenden Gefahren entrissen, sondern auch glücklich in das gewünschteste Land versetzt zu seyn glaubten, dankten wir vor allem Gott, und gingen dann zum Villegagnon, der unser auf der Strasse wartete. Wir grüßten ihn alle, worauf er uns alle mit einem dem Anscheine nach frohen Gesichte umfing, und sehr freundlich mit uns sprach. Als ihm drauf Philipp, Richer und Chartier, welche uns zu ihm geführt, kurz gesagt hatten, was uns eine solche Reise mit so vielen Beschwerlichkeiten zu unterternehmen bewogen hätte: nämlich um seinen Briefen gemäß, die er nach Geneve geschrieben hatte, eine Kirche nach dem wahren Worte Gottes zu bilden, redete er folgendermaſſen: „Weil ich eben dies auch ſchon lange und aus ganzer Seele gewünſcht habe, ſo nehme ich euch unter dieſen Bedingungen mit dem gröſſren Vergnügen auf: und weil unſere Kirche vor allen die reinſte ſeyn ſoll, ſo befehle ich von dieſem Tage, die Fehler zu beſtrafen, und alle prächtige Kleider, oder was uns ſonſt vom Dienſte Gottes abziehen könnte, wegzulegen.„ Dann hob er die Augen und Hände gegen Himmel, und rief: Dank dir, groſſer Gott, daß du mir nun das ſo lange und ſo heiß Verlangte endlich gegeben haſt. Sogleich wandte er ſich wieder zur Verſammlung, und ſagte: Meine Kinder! (denn ich bin euer Vater,) gleichwie Chriſtus nichts ſeinethalben, ſondern alles für uns gethan, ſo hoffe auch ich, daß mich Gott ſo lange beym Leben erhalten wird, bis alles in dem Stande iſt, daß ihr mich entbehren könnt. Was ich itzt zu thun beſchloſſen habe, unternehme ich theils wegen euch, theils wegen denjenigen, welche in derſelben Abſicht, als ihr, hieher kommen werden. Denn ich will hier den aus Frankreich, Spanien und andern über Meer gelegenen Ländern vertriebenen Gläubigen einen Sitz bereiten, wo ſie ohne Furcht des Königs, des Kayſers oder anderer Fürſten ihren Gott in Reinheit verehren können. So redete Villegagnon uns am Mittwochen den 8ten Merz 1557 an.

Hierauf befahl er uns, mit den Seinigen in ein kleines Zimmer zu gehen, welches er auf der Mitten der Inſel erbauet hatte, um den Gottesdienſt zu verrichten. Nachdem wir hier unſer Gebet verrichtet, und den fünften Pſalm zuſammen geſungen hatten, hielt Richer über

die Worte des sieben und zwanzigstrn Psalms: Eins
bat ich stets vom Ewigen, dies wünsch ich
sehnsuchtsvoll, im Hause Gottes zu verweilen,
die Tage, die ich lebe: die erste Predigt in Amerika.
Während dieser Zeit faltete Villegagnon immerfort
seine Hände, erhob seine Augen zum Himmel, seufzte
oft tief, und machte dergleichen Sachen mehr, die uns
alle in Verwunderung setzten. Nachdem endlich die Gebete, gemäß der Formel in den französisch-reformirten
Kirchen, vollbracht waren, ward die Versammlung entlassen. Wir jedoch, weil wir eben erst angekommen
waren, speisten in demselben Zimmer zu Mittag. Unsere Speisen waren Mehl aus Wurzeln, ein bukanirter,
das ist, nach Art der Barbarn gebratener Fisch, und
einige andere Wurzeln in Asche gebraten. Von diesem
allen, und ihrer Natur werden wir, um hier den Faden
nicht zu zerreissen, an einem andern Orte sprechen. Unser Getränk aber, (weil auf der ganzen Insel weder eine
Quelle noch eine Pfütze, oder ein Fluß süssen Wassers
ist,) war aus einer Zisterne, oder vielmehr einem Zu-
sammenlaufe von Regenwasser, so grünlich und garstig,
wie das stillstehende Wasser in einem alten Graben von
Fröschen bewohnt. Nichts destoweniger aber schien es
uns von einem sehr herrlichen Geschmacke, da wir in
den Schiffen das verdorbenste und abscheulichste getrunken hatten. Der Nachtisch und die Ruhe nach den Beschwerlichkeiten einer solchen Reise war nun diese, daß
wir gleich nach dem Essen zur Arbeit an der Erbauung des
Forts, das vom Coligny seinen Namen hatte, geführt
wurden. So sehr höflich behandelte uns Villegagnon
schon gleich den ersten Tag. Als wir am Abend Ruhe-
stäte suchten, erhielten Philipp und zween Seelenhirten
ein schlechtes Gemach in einer Ecke der Insel; um jedoch
den Anschein von Frömmigkeit zu haben, ward uns eine
Hütte angewiesen: diese errichtete sogleich ein wilder
Sklave des Villegagnon, und bedeckte sie mit Zweigen.

gen. Hier schliefen wir nun in aufgehängten baumwollenen Betten, nach Gewohnheit der Amerikaner, in der Höhe.

Der andere Tag, wiewohl Villegagnon nicht nöthig gehabt hätte, uns von einer so langwierigen Seereise und der Hitze (die in Brasilien schier allezeit sehr heftig ist,) ermattete Leute stark anzustrengen, war die Arbeit, wie auch die folgende Zeit, dieselbe, und das Essen dabey äusserst schlecht: nämlich des Tages zwey Azetabuln (Acetabula) *) rauhen Wurzelmehles, was wir theils unter das faule Zisternenwasser mengten, und so wie einen Brey, theils, wie die Barbarn, roh assen. Ueberhaupt behandelte er uns so, ließ uns solches Ungemach ausstehen, hielt uns so vom Morgen bis an den Abend in der Arbeit, daß er ein wenig unbarmherziger mit uns umzugehen schien, als es die Pflicht eines guten Vaters (der er uns bey unserer Ankunft zu seyn versprach,) forderte. Jedoch aus Begierde, dieses Fort zu Stande zu bringen, das er für die Gläubigen zu erbauen vorgab, und weil Richer, der Aelteste unter den Geistlichen, um uns alle aufzumuntern, uns vorstellte, wir hätten an Villegagnon einen andern Paulus, (wie er denn auch in der That von Ausbreitung des Christenthums mit vieler Beredtsamkeit sprach,) war keiner, der nicht über seine Kräfte einen ganzen Monat immerfort gearbeitet hätte, so sehr es auch wider unsere Gewohnheit war. Ich läugne daher schlechterdings, daß Villegagnon, so lange er nach den Vorschriften des Evangeliums lebte, irgend Recht zu klagen gehabt habe, als hätten wir ihm nicht nach seinem Willen gearbeitet.

Um

---

*) Anm. d. Ueberſ. Ein Azetabul (Acetabulum) beträgt am Gewicht zwo Unzen und ein halbes Loth.

Um aber wieder auf unsere Sache zu kommen, so half in der ersten Woche, da wir da waren, nicht allein Villegagnon, sondern er traf auch die Einrichtung, daß nebst den öffentlichen Gebeten, nach geendigter Arbeit, an Sonntagen zwo, an andern Tagen aber jedesmal eine stündige Predigt gehalten werden sollten: er wolle, sagte er, durchaus, daß die Sakramente nach dem Worte Gottes rein und ohne alle menschliche Zusätze ausgetheilt, und nebstdem gegen die Fehlenden christliche Disziplin gehalten würde.

Gemäß diesen gleichsam kirchlichen Gesetzen mußte ein gewisser Johann Cointa, der auch Hektor hieß, und ehemal Doktor der Sorbonne gewesen, den nächsten Sonntag, am 14ten Merz, (wo wir das heilige Abendmal zum erstenmal feyern sollten, und die Diener der Kirche zuerst gefragt hatten, welche zugelassen werden sollten,) weil er in Verdacht gekommen war, ehe er dazu gelassen wurde, öffentlich ein Glaubensbekenntniß ablegen. Er that dies denn auch, und schwur im Angesichte aller dem Pabstthum ab.

Nach geendigter Predigt erhob sich Villegagnon, und befahl, unter dem Schein eines brennenden Eifers, den Offizieren, Piloten, Bootsleuten, und den andern, die in der Predigt gewesen waren, herauszugehen; denn weil sie sich der reinen Religion noch nicht geweiht, könne er nicht zusehen, daß sie der Austheilung des Brodtes und Weines mit beywohnten. Um dabey, wie er sagte, das Fort Gott zu heiligen, und vor der Versammlung sein Glaubensbekenntniß zu thun, warf er sich auf einem baumwollenen Polster, (den ihm ein Diener allezeit nachtrug,) und sagte mit lauter Stimme zwey Gebete her, wovon mir eine Abschrift zu Händen gekommen ist. Ich will selbige, damit jedermann desto besser einsehen könne, wie schwer dieser Mann zu

er-

Sechstes Hauptstück.

gründen war, hier ganz einrücken, ohne einen Buchstaben zu ändern.

„Gott eröffne meine Augen und leite meinen Mund, daß sie dich von Herzen loben, dich bitten, und dir für alles Gute danken, was du so reichlich uns zukommen liessest. Allmächtiger, lebendiger, unsterblicher Geist, ewiger Vater deines Sohnes unsers Herrn Jesu Christi, der du durch deine Vorsicht mit deinem Sohne alles im Himmel und auf der Erde regierest, wie du mit deiner unendlichen Güte deine Auserwählten von Anfange der Schöpfung an geoffenbaret hast: besonders aber durch deinen Sohn, den du auf die Erde gesendet hast, und durch den du dich uns mittheilest; von dem du mit lauter Stimme gesagt hast: Ihr hört ihn und nach seiner Aufnehmung den über die Apostel ausgegossenen heiligen Geist. Deiner Majestät bekenne ich hier vor deiner Kirche, daß ich eingesehen habe, wie alles Gute, welches meine äussern Kräfte und meine Klugheit hervor zu bringen scheint, lauter Werke der Finsterniß, Weisheit des Fleisches, vom Eifer der Eitelkeit besudelt, und blos ein Sklave des körperlichen Nutzens sey. Ich bekenne daher von freyen Stücken, daß ich ohne das Feuer deines Geistes itzt fähig zum Sündigen bin, und gestehe ohne alle Ruhmsucht, wenn dies itzt von mir angefangene Werk irgend einen Funken oder Schein von Tugend hat, daß dies blos dir, dem Urquell alles Guten, zugehöre. Mit diesem Glauben, mein Gott, sage ich dir aus ganzem Herzen Dank, daß du mich von den Geschäften dieser Welt, in welchen ich mein Leben ruhmsüchtig und ehrgeitzig hinbrachte, abgerufen, und gewürdiget hast, mich durch die Erleuchtung deines Geistes hiehin zu bringen, wo ich dir mit allen Kräften öffentlich dienen, und dein heiliges Reich ausbreiten will. Nebst dem sey es mir erlaubt, denen, so deinen Namen nicht öffentlich an„rufen

„rufen dürfen, einen ruhigen Sitz zu wünschen, daß
„sie dich im Geiste und in der Wahrheit heiligen
„und anbeten, und deinem Sohn, unsern Herrn Je-
„sum Christum, erkennen mögen, der der einzige Mitt-
„ler ist, unser Leben, unser Führer, und das einzige
„Verdienst unseres Heiles. Ich danke dir auch, lieb-
„ster Gott, daß du mich hier unter den Leuten, welche
„von deiner Herrlichkeit nie etwas gehört, und von dem
„Satan als sein Erbtheil besessen wurden, vor ihrer
„Gottlosigkeit bewahrt, wiewohl menschliche Kräfte dazu
„zu schwach waren, daß du es dahin gebracht hast, daß
„sie nur bey Anhörung unseres Namens zittern, und
„daß du uns durch die Bemühungen herumschweifender
„und zerstreuter Leute erhalten; daß du diejenigen, wo-
„für wir uns bey wilden Ueberfällen am meisten zu
„fürchten hatten, durch schreckliche Krankheiten wegge-
„rafft, und der übrigen Anzahl zu klein gemacht hast,
„daß sie es nicht wagen werden, irgend einen Aufruhr
„anzuzetteln;*) woher wir dann uns hier, wohin du
„uns geleitet hast, sowohl einen sichern Sitz errichten,
„als eine Kirche unter uns festsetzen können, damit wir
„in Einigkeit und Furcht deines heiligen Namens leben,
„und so das ewige Leben erlangen. Weil es dir daher,
„mein Herr, gefallen hat, dein Reich in uns festzusetzen,
„so bitte ich dich durch deinen Sohn Jesus Christus,
„den du für uns zum Opfer gegeben, damit er uns in
„der Liebe zu dir stärke, vermehre deine Gaben in uns,
„besonders aber den Glauben; heilige uns mit deinem
„Geiste, und erleuchte uns, daß wir mit allen unsern
„Kräften zu deiner Ehre arbeiten. Segne auch Herr
„und Vater dieses Fort und das antarktische Frankreich,
„damit die, so ohne alle Heucheley, um dich zu ver-
„herrlichen, sich hierher begeben haben, an diesem Orte
„eine

*) Dies ward zugesetzt, weil in demselben Jahre durch eine ausser-
ordentliche pestilenzische Krankheit die Barbarn viele der Ihrigen
verloren hatten.

Sechstes Hauptstück.

„eine unüberwindliche Zufluchtstäte haben, und wir
„dich ohne alle Störung der Ketzer in Wahrheit vereh„
„ren können. Laß auch das Evangelium an diesem Orte
„blühen, und erhalte deine Knechte, damit sie in keine
„Fehler weder der Epikuräer noch anderer Apostaten
„fallen, sondern in der wahren Verehrung deiner Wahr„
„heit nach der Vorschrift deines Wortes standhaft ver„
„harren. Beschütze auch, liebster Gott! unsern König,
„(der in diesem Leben die oberste Gewalt über uns hat,)
„seine Gemalin und Familie, auch seine Räthe, den
„Kaspar Coligny mit Weib und Kindern, und flamme
„seinen Eifer zur Unterstützung dieser Kirche immer
„mehr an. Mir aber, deinem demüthigsten Diener,
„gieb Weisheit, die mich leite, daß ich nicht vom rech„
„ten Wege abweiche, sondern unter dem Schutze deiner
„Gnade allen Reitzungen des Satans widerstehen kön„
„ne, und dich, den barmherzigen Gott, mit deinem
„Sohne Jesus Christus, der mit dir und dem heiligen
„Geiste, so über die Aposteln ausgegossen worden, re„
„giert, immer erkennen möge. Schaffe also ein ge„
„rechtes Herz in uns, schwäche uns der Sünde, er„
„neuere in uns den innern Menschen, damit wir der
„Rechtschaffenheit leben, bändige das Fleisch, damit
„es den Handlungen der von dir eingeblasenen Seele
„entspreche, damit wir deinen Willen hier auf Erden
„erfüllen, wie die Engel im Himmel. Damit wir aber
„nicht aus Mangel der uns zur Erhaltung des Lebens
„nothwendigen Sachen uns an dem Zutrauen auf deine
„Güte versündigen, verleihe uns auch durch deine Vor„
„sehung Speise, und erhalte uns bey Gesundheit.
„Gleichwie die Erdenspeise durch die Hitze des Magens
„verdaut zu Blut und zur Nahrung des Körpers wird,
„so speise auch unserer aller Seelen mit dem Fleische und
„Blut deines Sohnes, bilde uns in ihm, und ihn in
„uns, und nimm uns endlich, nachdem du alle Bos„
„heit (des Satans Speise) von uns vertrieben, und
„statt

„statt deren Liebe und Glauben in uns gepflanzt hast,
„zu Kindern an. Wenn wir aber in dich gesündiget
„haben, so wasche uns gemäß deiner Barmherzigkeit
„mit dem Blute deines Sohnes ab: denn du weißt,
„daß uns der Ungehorsam Adams von Natur anhan=
„ge, und daß wir dir wegen unserm widerstrebenden
„Körper nicht vollkommen dienen können. Lege uns
„daher durch die Verdienste deines Sohnes nicht unsere
„Sünden, sondern vielmehr das Opfer seines Todes zu,
„welchen wir im Glauben mit ihm gelitten haben, in=
„dem wir nämlich ihm durch den Empfang seines Lei=
„bes in dem Liebesgeheimnisse einverleibt werden. Nächst=
„dem gieb, daß wir, nach dem Beyspiele Christi, der
„für seine Mörder bat, unsern Beleidigern vergeben,
„und an keine Rache, sondern als ob sie unsere Freun=
„de wären, auf ihre Vortheile denken. Sollten wir
„aber einst durch die Rückerinnerung weltlicher Glück=
„seligkeit, Ehren und weltlichen Schimmers niederge=
„schlagen, und auf der andern Seite vor Armuth und
„Noth schier ganz unterdrückt werden: willst du uns
„so prüfen, damit wir nicht von weltlichen Lüsten ge=
„mästet an Aufruhr gegen dich denken: so stärke uns,
„mäßige das Herbe der Widerwärtigkeiten, damit sie
„den guten Saamen, welchen du in unser Herz gelegt,
„nicht ersticken. Wir bitten dich, auch, himmlischer
„Vater! uns vor den Versuchungen des Satans zu
„bewahren, der uns von dir abziehen will. Bewahre
„uns vor seinen Dienern und der feindlichen Wildheit,
„in die du uns gesetzt hast; halte von uns ab die Apo=
„staten des christlichen Glaubens, die überall herum
„schwärmen, bring sie zu deinem Gehorsam zurück,
„und gieb, daß sie doch wieder auf den rechten Weg
„kommen. Dein heilsames Evangelium soll durch die
„ganze Welt verkündiget werden. Der du lebest und
„regierest mit deinem Sohne und dem heiligen Geiste in
„Ewigkeit. Amen.„

Gleich

Gleich darauf sagte Villegagnon folgendes Gebet an unsern Herrn Jesus Christus.

„Jesu Christe, Sohn des lebendigen Gottes, ewiger, mitwesentlicher Glanz der Herrlichkeit, und lebendes Bild Gottes, durch den alles erschaffen ist, der für das menschliche Geschlecht, welches wegen dem Ungehorsam Adams (Adam nämlich war von Gott zur Erhaltung des ewigen Lebens von der Erde genommen worden, welche noch von keinem männlichen Saamen befleckt war, daß er nothwendig sündigen mußte, mit aller Kraft, auch dem freyen Willen ausgerüstet zur Erhaltung seiner Vollkommenheit; er ließ sich jedoch von der Begierlichkeit des Fleisches hinreissen, und den feurigen Pfeilen des Satans so in Hitze bringen, daß er der Sünde unterlag, und den Zorn Gottes über sich brachte,) woraus der Untergang der Menschen ganz nothwendig gefolgt wäre, wenn du dich nicht, gemäß deiner unermeßlichen und unaussprechlichen Liebe, Gott dem Vater aufgeopfert hättest, dich statt des Adams hinstelltest, und um uns zu reinigen, alle Fluthen dieses Meeres von väterlichen Unwillen auf dich nahmst. Gleichwie aber Adam ohne männlichen Saamen aus einer unverdorbenen Erde hervorgezogen ward, eben so wurdest du in dem Leibe einer Jungfrau von dem Heiligen empfangen; endlich wolltest du den Adam und seine Nachkommen in deinen Leib einschliessen, indem du ihre Seelen mit deinem Fleische und Blute speisest, und den Tod erlittest, damit sie als Glieder deines Leibes in dir ernähret würden, und Gotte deinem Vater angenehm seyn; denn du bringst deinen Tod, als wenn sie einen eben so hinlänglichen überstanden hätten, für ihre Sünden zum Opfer. Gleichwie aber die Sünde Adams und durch sie der Tod auf alle Nachkommen fortgepflanzt ist, so hast du von deinem Vater erhal-

„ten,

„ten, daß den Gläubigen deine Gerechtigkeit
„werde, welche du durch die Niessung deine
„und Blutes mit dir vereiniget, ja in dich s
„wandelt hast, dadurch, daß sie sich von d
„sche nähren, deinem Fleische, der wahren
„ewigen Leben, daß sie Söhne der Gerechtig
„aber des Zorns seyn. Weil du uns nun
„len Gütern überhäuft hast, zur Rechten d
„sitzend ewig für uns ein Mittler bist, und na
„sedechs Ordnung der oberste Priester bist;
„dich unser, erhalte uns, laß unsern Glauber
„bringe deinen Vater das Bekenntniß dar,
„mit dem Herzen nicht minder als mit dem N
„deiner Kirche thue, heilige mich mit deine
„wie du mit diesen deinen Worten verspro
„Ich will euch nicht als Waisen hinterla
„gieb der Kirche hier ihr Gedeyhen, daß wir
„dich in Reinigkeit verehren können. Der du
„regierest mit dem Vater und dem heiligen
„Ewigkeit. Amen."

Nach Hersagung dieser beyden Gebete g
gagnon zuerst zum Tische des Herrn, un
kniend das Brodt und den Wein aus der Han
ners. Und, um es kurz zu machen, nicht lang
bekräftigte er den Spruch eines alten Schr
es sey schwer, lange einen rechtschaffene
heuchlen. Denn er und Cointa, wiewohl
Pabstthum abgeschworen hatten, (und wahr
man itzt deutlich ein, daß alle ihre Handlung
und Großthun waren,) wollten immer mehr
zanken als lernen. Daher kam es denn auch
bald über einige Glaubenspunkte, besonders
Abendmal, in Wortstreit geriethen. Denn w
die papistische Transsubstanziazion verwarfen,
bekannten, dies sey die dickeste und absurde

und eben so wenig die Konsubstanziazion zugeben wollten, so waren sie jedoch ganz wider dasjenige, was die Diener aus dem Worte Gottes lehrten, nämlich das Brodt und der Wein würde auf keine Weise in den Leib und das Blut des Herrn verwandelt, jenes würde auch nicht in diesem eingeschlossen, sondern der Leib Christi sey im Himmel, wo er sich selbst durch die Kraft des heiligen Geistes denen, so die Zeichen nehmen, durch den Glauben als eine geistliche Speise mittheilt. Was es auch immer sey, sagten beyde, die Worte: Dies ist mein Leib, dies ist mein Blut, können einen andern Sinn haben, als den, daß der Leib und das Blut Christi in den Zeichen da seyn.

Fragt nun einer, in welchem Sinne dann, ohne entweder Transsubstanziazion oder Konsubstanziazion anzunehmen, so will ich es ihm gradezu sagen, daß ich es nicht weiß. Ja ich glaube, daß sie es eben so wenig gewußt haben. Denn wenn sie auch von den Unsrigen aus der Vergleichung mehrerer Schrifttexte überwiesen wurden, daß dergleichen Redensarten figürlich genommen würden, und daß es der Schrift gewöhnlich sey, die Zeichen statt der bezeichneten Sachen zu nehmen, und sie nichts Gründliches dagegen einwenden konnten, so blieben sie doch nichts destoweniger hartnäckig bey ihrer Ketzerey, und wollten, ohne zu wissen wie, nicht nur das Fleisch Christi fleischlich, sondern auch, wie die Urtakaten, roh essen. Indessen verbarg Villegagnon seine Gesinnungen mit vieler Sorgfalt. Er bezeugte daher, es wäre ihm nichts erwünschter, als recht belehrt zu werden, und schickte in dieser Absicht den Chartier, einen der Pastöre, in einem mit Brasilienholz und andern amerikanischen Waaren beladenen Schiffe, (welches den 4ten Juni absegelte,) in Frankreich zurück, um über die Streitfrage in Ansehung des Abendmals die Meynungen unserer Doktoren, beson-

besonders aber des Johann Calvin, einzuholen, desse[n]
Entscheidung er sich in allem fügen zu wollen vorgab[.]
Und in der That habe ich mehr als einmal diese Wort[e]
von ihm gehört: D. Calvin ist unter den Gelehrte[ste]n von den Aposteln her der einzige; ich hab[e]
noch keinen Doktor gelesen, der nach meinem U[r]theile die Schrift richtiger und reiner erklärt hätt[e.]

Um aber seine Ehrfurcht gegen Calvin an Tag z[u]
legen, erzählte er in dem Briefe an Calvin nicht blo[s]
seinen ganzen Zustand weitläufig, sondern schrieb auc[h]
besonders mit eigener Hand, wie ich schon in der Vo[r]rede bemerkt habe, und aus dem Briefe vom 31ste[n]
Merz 1757 zu sehen ist,) mit brasilianischem Röth[el]
folgende Worte: Ich will noch zusetzen: wegen der
Rathe, welchen Sie Ihrem Briefe beygefügt
will ich mit allen Kräften bedacht seyn, daß w[ir]
keinen Nagelbreit davon abweichen, denn ich bi[n]
wahrhaft überzeugt, daß es keinen heiligeren
richtigeren und gesünderen geben kann. Ich hab[e]
derohalben auch Ihren Brief in unserer Versamm[lung lesen, und nachher den Akten einverleibe[n]
lassen, damit seine Lektüre, wenn wir vielleich[t]
vom rechten Wege abkommen sollten, uns wiede[r]
ins Geleis zurückbringen möge. Ja ein gewisse[r]
Niklas Carne, der den Brief zu besorgen hatte, sag[te]
uns beym Abschiede den ersten April, er habe vom Vill[e]gagnon den Auftrag, Calvin zu sagen, sein Rat[h]
solle zum ewigen Denkmal in Erz gegraben werde[n.]
Zugleich habe ihm Villegagnon aufgetragen, bey se[i]ner Rückreise aus Frankreich einige Männer und We[i]ber und Kinder auf seine Kosten mitzubringen.

Ehe ich aber weiter gehe, glaube ich nicht überg[e]hen zu dürfen, daß zehn barbarische Knaben, ohnge[fähr neun Jahr alt, mit nach Frankreich geschickt wur[-]
den

den. Diese waren von unsern Wirthen im Kriege gefangen, von Villegagnon aber ihnen abgekauft worden. Nachdem ihnen der Prediger Richer die Hände aufgelegt, und wir alle für sie bey Gott gebeten hatten, wurden sie als die Erstlinge dieses armseligen Volkes an Bord gebracht, und seegelten den 4ten Juni endlich nach Frankreich. Hier wurden sie dem Könige Heinrich überreicht, der einen guten Theil derselben Männer vom ersten Range schenkte, und wovon ich einen bey meiner Rückreise noch erkannte.

Nebstdem heyratheten am 11ten Juni zween junge Bedienten des Villegagnon nach der reformirten Kirchendisziplin zwo der Mädchen, welche wir aus Frankreich mitgebracht hatten. Dies bemerke ich deswegen, weil nicht allein damals zuerst eine Hochzeit nach christlichem Gebrauche in Amerika gefeyert wurde, sondern auch weil der größte Theil der Wilden, so an diesem Tage zu uns kamen, die bekleideten Weibspersonen (deren sie noch nie gesehen hatten,) mit grösserer Bewunderung betrachteten, als selbst die kirchlichen Zeremonien, die ihnen sonst doch auch völlig fremd waren.

Auch Cointa heyrathete am 17ten April ein junges Mädchen, die Base eines gewissen Roquet von Rouen, der bald nach unserer Ankunft in Amerika gestorben war, und dies Mädchen zur Erbin aller seiner mitgebrachten Waaren im Testamente eingesetzt hatte. Die Waaren bestanden in Messerchen, Kämmen, Spiegeln, Krausen, Tüchern, Angeln und dergleichen Sachen zur Handlung mit den Wilden mehr; welche Erbschaft dem Cointa, der sie ganz zu seinem Gebrauch verwandte, vielen Vortheil brachte.

Die andern beyden Mädchen (denn bey Erzählung unserer Reise habe ich von fünfen gesagt,) verehligten

sich

sich nicht lange darnach an zween unserer neustrische=
Dollmetscher: und auf diese Art hatten wir kein unver=
heyrathetes christliches Frauenzimmer mehr unter uns.

Weil hier von Ehen Meldung geschieht, muß ich
um nicht das Ansehen zu haben, als ob ich blos tadlens=
werthe Sachen von Villegagnon erzählte, was er abe
Gutes gethan mit Stillschweigen überginge, hier oben=
hin etwas zu seinem Ruhme sagen. Lange vor unserer
Ankunft allhier lebten schon einige Neustrier, welch
Schiffbruch gelitten hatten, unter den Wilden: dies
hatten alle Furcht Gottes abgeworfen, und lebten mi
den eingebornen Weibern und Mädchen in beständige
Hurerey nnd Ehebruch; ja ich sah Kinder von ihnen
die schon fünf Jahre alt waren. Villegagnon also
theils um die abscheuliche Wollust dieser Leute zu bestra
fen, theils um alle Einwohner unserer Insel von der
gleichen Laster abzuschrecken, gab mit Einstimmung des
ganzen Rathes ein Gesetz, gemäß welchem allen Chri=
sten die Vermischung mit den wilden Weibspersonen
unter Lebensstrafe verboten war; jedoch mit der Klausul
wenn selbige zur Erkenntniß des wahren Gottes gelangten,
und getauft würden, so könne man sie zur Ehe nehmen.
Allein da keine war, welche mit Niederlegung ihrer wil=
den Sitten Christum den Heyland erkennen wollte, wie=
wohl man ihnen täglich darum anlag, so nahm auch kein
Franzos die Zeit durch, die ich da war, eine zum Weibe.

Weil das Gesetz doppelt auf dem Worte Gottes
beruhte, so ward es sowohl von der ganzen Familie
des Villegagnon, als uns übrigen allen auf das
strengste befolgt. Wiewohl ich nach meiner Zurückkunft
in Frankreich vernommen, Villegagnon pflege sich in
Hurereyen mit den Weibern der Wilden einzulassen,
so muß ich für mein Theil frey bekennen, daß wir
während unserm Aufenthalt allda nicht Ursache hat=
ten,

en, deswegen den geringsten Verdacht auf ihn zu
werfen. Ja er ließ sein Gesetz so streng beobachten, daß
er einen der Dollmetscher zum Strange verurtheilt wissen wollte, weil er einer Vermischung mit einem Weibe, mit welcher er vorher schon in Verbindung gestanden hatte, überwiesen worden war. Weil jedoch seine Freunde für ihn baten, ward er mit der Todesstrafe verschont; erhielt aber eine Kette ans Bein, und mußte als Sklave dienen.

So viel also ich sehen konnte, ist Villegagnon in diesem Stücke lobenswürdig. Hätte er sich nur im Übrigen eben so betragen, so würde dies der Kirche keinen geringen Nutzen gebracht haben. Allein er hatte einen solchen Hang zu widersprechen, daß er nie mit der Simplizität zufrieden war, welche bey Ausspendung der Sakramente allen wahren Christen die heilige Schrift genau beyzubehalten befiehlt.

Das nächste Pfingstfest gab den Beweis dazu her. An diesem Tage nahmen wir zum zweytenmale das Abendmal. Hier nun handelte er offenbar selbst dem zuwider, was er bey Einsetzung der kirchlichen Disziplin vorgetragen hatte, wo er, wie ich oben schon gesagt habe, alle menschliche Erdichtungen weggeschafft wissen wollte, indem er behauptete aus dem Ansehen Cyprians und Clemens, bey Feyerung des Abendmals müsse Wasser in den Wein gegossen werden; ja er befahl dies nicht allein ganz unverschämt, und als eine Nothwendigkeit, itzt zu thun, sondern behauptete auch mit gleicher Unverschämtheit, man müsse glauben, das geweihte Brodt nütze sowohl dem Leibe als der Seele. Nebstdem glaubte er auch, man müsse in das Taufwasser Salz und Oel mischen: die Diener der Kirche dürften nicht zum zweytenmal heyrathen, zu des letztern Bestätigung er den Ort aus dem heiligen Paulus anwandte:

wandte: Ein Bischof darf nur ein Weib haben
Endlich wollte er mit Hintansetzung alles fremden Zu=
spruches oder Ansehens, daß hinführo alles von ihm
allein abhangen sollte, und wagte es, ohne allen
Grund, nach den Stellen, die er aus der heiligen
Schrift ganz schief auszog, alles nach seiner Willkühr
drunter und drüber zu werfen.

Um es aber jedem klar zu machen, was für voll=
wichtige Beweise er zur Bestätigung seiner Sätze, wel=
che er einmal feststellen wollte, angewandt habe, will
ich blos eine von den vielen Sentenzen aus der heiligen
Schrift anführen. Als er einst einen der Seinigen
unterrichtete, hörte ich aus seinem eigenen Munde:
Hast du nie im Evangelium die Geschichte des
Aussätzigen gelesen, der zu Christo sagte: Herr
wenn du willst, so kannst du mich reinigen: und
der, so bald ihn Jesus antwortete: ich will
sey rein! sogleich rein war? — Sieh! eben so
(sagte dieser vortrefliche Schriftausleger,) da Chri=
stus von dem Brodte gesagt hat: dies ist mein
Leib; müssen wir ohne eine andere Auslegung
glauben, daß er auch in dem Brodte eingeschlos=
sen sey, und uns um die Genfer nicht bekümmern.
Wahrhaftig eine herrliche Erklärung eines Schrifttexts
aus dem andern! Eben so bündig, als die jenes
der in einem Conzilium aus jener Stelle des erste[n]
Buchs Moses, wo erzählt wird, Gott habe den Men=
schen nach seinem Bilde geschaffen, mit aller Kra[ft]
schloß, man müsse Bilder haben. Aus diesem herrl[i]=
chen Probestücke der festiven Theologie des Vill=
gagnon fälle man nun das Urtheil, ob nicht di[e]=
ser vortreffliche Theologe (wie er sich gegen d[ie]
wahre Religion mit einer thrasonischen Dreistigke[it]
nannte,) den Calvin zum Schweigen bringen
und seine Anhänger leicht übern Haufen werf[en]

bante? Noch mehreres andere nicht weniger Lächerliche hab ich in Betreff der Sakramente von ihm gehört,
was ich aber nicht berühren will: weil nicht nur Peter
Richer nach seiner Rückkunft in Frankreich ihn abgemalt, *) sondern auch noch mehrere andere ihn so
durchgehechelt haben, daß es ihnen meines Erachtens
keiner, der dieselbe Arbeit über sich nehmen wollte,
gleich thun kann.

Um dieselbe Zeit fing **Cointa**, um seine Gelehrsamkeit an Mann zu bringen, an, öffentliche Vorlesun-
gen zu halten. Er erklärte das Evangelium des heiligen
Johann (wie beschwerlich die Erklärung desselben sey,
wissen die, welche die Theologie zu ihrem Fache machen,)
mit solcher Gründlichkeit, daß er bey jedem dritten Worte über dem Zaune war, und schier nichts anführte,
was zur Sache gehörte. Und dies war doch der einzige
Behülfe des **Villegagnon** zur Uebernhaufenwerfung
der wahren Lehre des Evangeliums.

Wie? mögte einer hier fragen, war denn der
Franziskaner **Andreas Thevet**, welcher in seiner Kosmographie**) so bitterlich klagt, „die Religionsdiener,
„welche Calvin in Brasilien geschickt, seyn ihm da-
„durch, daß sie gegen einander selbst äusserst neidisch ge-
„wesen, und sich selbst in ihrem Amte Hindernisse in den
„Weg geworfen hätten, Schuld gewesen, daß er die ir-
„renden Seelen dieser armen Barbarn nicht für Christum „ge-

---

*) Anm. d. Uebers. In seinem Werke Réfutation: des folles ré-
veries et mensonges de Nicolas Durand, dit le Chevalier de Villegagnon. 1562. — Dagegen schrieb Villegagnon zwey Werke,
(wenn selbe, was ich nicht sicher weiß, nicht schon vorher heraus
waren;) eins: De coena Philippi Melanchtonis judicium: item
de venerandissimo Ecclesiae sacrificio. Colon. 1563. das andere:
Adversus novitium Calvini, Melanchtonis, atque id genus Sectariorum dogma de Sacramento Eucharistiae opuscula tria recens
conscripta. Colon. 1563.

**) Th. II. B. 21. Kap. 4.

„gewonnen hätte,„ (dies sind seine Worte,) wo
dieser Thevet damals still? Lag er dem Heyle de
bärn mit grösserer Sorgfalt ob, als der Verthei
der römischen Kirche, für deren Stütze und Pf
sich ausgiebt? — Diese Eitelkeit des Thevet i
zu widerlegen.

Oben haben wir gezeigt, daß er vor unser
dung in diese Gegenden schon wieder in Frankre
kommen sey. Ich will daher die Leser von neu
innert haben, daß, gleichwie in Erklärung
Wortstreite mit dem Villegagnon und Cointa
Forte des Coligny in Brasilien, vom Theve
Meldung geschehen ist, noch auch nachher ge
wird, so sahen die Religionsdiener, von welc
doch redet, weder den Thevet, noch er sie. W
so, wie ich in der Vorrede gezeigt habe, dieser
Römisch-Katholische damal nicht bey uns, sonder
Millionen Schritte zur See von uns getrennt war
vor den Barbarn desto sicherer zu seyn, die er sich
schämte, von uns aufgehetzt, fälschlich vorzugeben
sie ihn umbringen sollten *); so mag er, jedoch
alles eitle Geschwätz, ein Beyspiel seines Eifers be
gen, von dem er, seiner Sage nach, so sehr durc
gen war, als ihn unsere Religionsdiener störten.
er wird lieber dies wie jenes falsch heissen.

Um aber wieder zu unserer Sache zurück zu
men. Gleich nach Begehung des Abendmale
Pfingsttage zeigte Villegagnon, daß er die Mey
welche er anfänglich vom Calvin gehabt, gänzli
gelegt habe: er nannte ihn den abscheulichsten K
der den Glauben verlassen, und wollte die Antwor
erwarten, welche er durch den Chartier sich hatte

*) Kosmographie Th. II. B. 2. Kap. 2.

on der Zeit sah er uns höhnisch an,
igung ganz von uns, kam selten mehr in
verbot sogar gegen Ende des Mays selbige
Stunde auszudehnen. So brach denn end=
lung und Heucheley des Villegagnon,
nlich herumgetragen, aus, daß wir ihn,
, auswendig und inwendig kannten.
ch um die Ursache dieses Abfalles? so
aß man sie nicht völlig weiß.

r uns glaubten, es käme daher, weil er
ial von Lothringen und andern, welche
Kapitain, der um diese Zeit an dem kal=
ge, sechzig Meilen von der Insel, wo
ten, gelandet, aus Frankreich geschrie=
arfen Verweis darüber bekommen, daß
tholische Kirche verlassen: diese Briefe
schreckt, daß er seine Meynung auf ein=
Jedoch nach meiner Rückkunft habe ich
gebracht, Villegagnon habe schon vor
us Frankreich sich mit dem Kardinal
einverstanden, die wahre Religion zu
desto leichter das Ansehen Colignys zu
und die Genfer Kirche, besonders aber
inters Licht zu führen: wie wir zu Anfan=
, daß er beyden, um Leute zusammen zu
ieben. Dem sey nun wie ihm wolle, so
, daß er nach seinem Abfalle von seinem
hsam als von einem Henker, so geplagt,
rrisch geworden, daß sich niemand zu ihm
ute. Er schwur auch bey dem Leibe des
as war seine gewöhnliche Schwurformel,)
rme und Beine entzwey schlagen, der ihn
ten aufbringen würde. Weil sich hier so
genheit darbietet, etwas von seiner Grau=
n, so will ich ein vorzügliches Beyspiel

der=

derselben anführen, was er damal während meiner Anwesenheit an einem Franzosen, Rochais mit Namen den er mit Ketten geschlossen hatte, geliefert.

Er ließ ihn rücklings auf die Erde legen, und von einem seiner Diener mit sehr langen Stöcken solchermassen auf den Bauch schlagen, daß der arme Mann kaum athmen konnte. Hiemit noch nicht zufrieden, ließ er ihn auch die eine Seite zerprügeln, und rief ihm, den armseligen, beym Leibe des heil. Jakobs zu: gieb auch die andere Seite her! Nebst dem zwang er noch diesen unglücklichen Menschen, der auf der Erde lag, von Schlägen dem Tode nahe war, seiner Arbeit, wie zuvor, obzuliegen. Er war aber ein Zimmermann. Mit gleicher Gelindigkeit und Sanftmuth behandelte er die mehresten, welche aus derselben Ursache, als dieser unglückliche Rochais, gefänglich angehalten wurden. Selbige war aber folgende: Sie hatten vor unserer Ankunft, wegen der üblen Behandlung, so sie vom Villegagnon auszustehen hatten, der ärger mit ihnen verfuhr, als wenn sie auf der Galeere gewesen wären, gemeinsamer Hand beschlossen, ihn ins Meer zu werfen. Unter diesen waren auch einige Zimmerleute, die sich seiner Grausamkeit halber lieber auf das feste Land zu den Barbarn (von denen sie auch gütiger aufgenommen wurden,) begeben wollten, als länger unter ihm zu leben.

Noch mehr mußten seine Grausamkeit empfinden dreyßig bis vierzig Barbarn (Margaaten heissen sie in ihrer Sprache,) beyderley Geschlechts. Die verbündeten Tuupinambolsier hatten sie im Kriege gefangen, und dem Villegagnon als Sklaven übergeben. Wie er mit diesen umgegangen, will ich hier erzählen. Einen derselben, Mingant, zwang er in meiner Gegenwart, eine Kanone mit den Armen zu umfassen, und ließ ihm
dann

Sechstes Hauptstück.

ann glühend gemachten Speck in den Hintern tröpflen: ein Verbrechen war aber nicht einmal eines Scheltwortes werth gewesen. In solchem Elende riefen die Barbarn hier aus: Hätten wir uns vorstellen können, daß uns dieser Paycola (so nannten sie den Villegagnon,) solches Herzeleyd zufügen würde, so würden wir uns lieber von unsern Feinden haben schlachten und essen, als zu ihm haben führen lassen.

Das habe ich nun so obenhin kurz von seiner Menschlichkeit berühren wollen. Jetzt könnte ich mit ihm schliessen, wenn er nicht, wie ich oben gesagt habe, bey unserer ersten Ankunft verkündiget hätte, er wolle den Luxus in der Kleiderpracht einhalten und einschränken. Es scheint mir daher auch nothwendig, zu sagen, wie schön er den übrigen hierinn mit seinem Beyspiele vorgegangen: wie er nämlich, wiewohl er nicht allein baumwollene und leinene Tücher, sondern auch weite Kleider von allerley Farben in Menge hatte, selbige lieber in den Kisten von Moder und Motten verderben lassen, als zur Bekleidung seiner Familie hergeben wollte, die größtentheils schier nackend dahergingen.

Sich hingegen ließ er alle Tage in der Woche die alten Kleider ändern, wobey er für jeden Tag eine bestimmte Farbe hatte: roth, dunkelgelb, braun, weiß, blau, grün: wobey Rock und Hosen immer einerley Farbe hatten: wie schön aber dies auf sein Alter und seine Würde gepaßt habe, überlasse ich jeden zu überdenken. Wir hatten aber doch daraus einen Vortheil: denn aus der Farbe des Kleides, das er an hatte, konnten wir leicht einen Schluß machen, wie er den Tag gestellt sey: grün und dunkelgelb bedeutete immer etwas Böses: wenn er aber ein langes weites Kleid mit schwarzen baumwollenen Verbrämungen angezogen hatte, so saß er zum Bewundern

lachens-

lachenswürdig aus, so, daß ihn die Seinigen nicht ohne Grund mit einem Hanswurst verglichen.

Wollte mir einer darüber Vorwürfe machen, daß ich mich zu viel bey dergleichen Kleinigkeiten aufhalte, (wie ich denn auch selbst gestehe, daß das Letztere nicht besonders merkenswerth war,) so kann ich darauf leicht antworten. Denn da Villegagnon, besonders nach seiner Rückkunft in Frankreich, die Rolle des wüthenden Herkules gegen diejenigen gespielt, welche sich zu der aus dem Worte Gottes reformirten Religion bekennen, so mußte ich, meinem Dünken nach, zeigen, wie untadelhaft er sich in jeder Religion, die er angenommen, betragen habe: besonders da ich aus denen in der Vorrede angegebenen Ursachen aus vielem weniges gewählt habe.

Endlich liessen wir ihm durch Philipp bedeuten, wir würden, da er von dem evangelischen Glauben abgefallen, und wir unter keiner andern Bedingung ihm verpflichtet wären, ihm fürs künftige, besonders bey Befestigung des Forts, unsere Hülfe versagen. Als er dies gehört, verbot er, uns hinführo die zwey Azetabuln des Wurzelmehls, wovon ich oben sagte, täglich ferner zu geben: in der Hoffnung, wir würden auf diese Art auf das Aeusserste getrieben, oder auch vor Hunger sterben müssen. Allein weit gefehlt, daß dies einen von uns geschmerzt hätte, waren wir vielmehr froh. Denn für eine Sichel, für zwey oder drey Messer erhandelten wir von den Barbarn mehr Mehl, als er in sechs Monaten austheilte. Selbige kamen nämlich in Kähnen oft an unsere Insel, wie denn auch wir selbst, der Proviantirung halber, uns in die Dörfer der Barbarn begaben.

Weil er uns nicht einmal mehr Speise reichen ließ, so hielten wir uns gänzlich frey von dem ihm ge-

Sechstes Hauptstück.

leisteten Eyde. Ganz gewiß aber ist es, er würde die Sache mit Gewalt angegriffen haben, wenn er nicht selbst in die Seinigen, wovon die Vornehmsten offenbar unsere Parthie nahmen, das äusserste Mißtrauen gesetzt hätte. Er wollte es jedoch versuchen. Denn als ich und Johann Gardien von dem festen Lande, wo wir dazumal an funfzehn Tage uns unter den Barbarn aufgehalten hatten, zurücke kamen, wollte er nichts von einer Erlaubniß wissen, die wir gehabt, wiewohl wir selbige doch von Barre, seinem Legaten, ehe wir die Insel verlassen, erhalten hatten. Wir sollten daher sein Gesetz übertreten haben, vermöge welchem niemand ohne Erlaubniß das Fort verlassen durfte. Derohalben wollte er nicht allein Hand an uns legen, sondern trieb seine Grausamkeit auch so weit, daß er uns, wie Sklaven, Ketten an die Füsse zu legen befahl.

Wir waren dieser Strafe noch um so näher, da Philipp, der uns hiehin geführt, und der, wie einige behaupteten, dem Villegagnon mehr hofirte, als es seine Würde zuließ, uns nicht allein nicht beystand, sondern uns sogar bat, diese Strafe einen oder den andern Tag zu leiden, und dabey versprach, wir würden wieder frey gestellt werden, so bald nur Villegagnons Zorn sich ein wenig gelegt hätte. Allein wir antworteten beherzt, wir würden dies nie leiden: erstlich, weil wir das Gesetz nicht übertreten hätten, zweytens aber, und vorzüglich, weil wir (wie schon gesagt) uns hinführo nicht mehr seinen Befehlen unterziehen wollten, nachdem er seine Treue gebrochen, wo er auf sich genommen hatte, die Disziplin der wahren Religion unter uns zu erhalten. Dazu kamen die unwürdigsten und grausamsten Behandlungen der andern Gefangenen, welche wir öfentlich sahen.

Hierauf gab er nach: denn er wußte, daß funf-

zehn bis sechszehn der Unsrigen, so Freunde unter ei[n]
ander waren, daß keiner dem andern leicht ein U[n]
recht hätte zufügen lassen, und daß er uns daher, wen[n]
er weiter gehen würde, schwerlich in seiner Gewalt b[e]
halten würde.

Selbst die Vornehmsten unter seinen Soldate[n]
(wie ich schon oben berührt habe,) nahmen seinen A[b]
fall von der wahren Religion, zu welcher sie sich b[e]
kannten, übel auf. So zwar, daß sie, hätten sie nic[ht]
den Coligny, der ihn auf des Königs Ansehen g[e]
schickt, zu beleidigen gefürchtet, wenn dieser nachher ih[n]
nicht von seiner rechten Seite kennen gelernt hätte, [so]
würden ihn einige der Unsrigen bey dieser Gelegen[heit]
heit ins Meer geworfen haben. Sein Fleisch, scher[z]
ten sie, und seine breiten Schultern würden eine herr[li]
che Speise für die Fische geben. Der größte Theil hie[lt]
es jedoch für besser, gelinder mit ihm umzugehen.

Wiewohl die Predigten (welche zu hören er sic[h]
entweder nicht getraute, oder keine Macht hatte,) im[]
mer öffentlich gehalten wurden: so feyerten wir jedoc[h]
unser Abendmal, um an ihm kein Aergerniß zu nehmen[]
allemal ohne sein Wissen bey Nacht.

Bey der letzten Abendmalfeyrung in diesem Land[e]
hatten wir von dem aus Frankreich mitgebrachten Wei[]
ne nur eine Kanne mehr; konnten auch sonst her kei[]
nen erhalten. Es entstand daher die Frage unter uns[,]
ob man beym Abgange des Weines sich auch eines an[]
dern Getränkes bedienen könnte. Einige schlossen, nebs[t]
mehreren Schrifttexten auch aus dem, wo Christus bey[]
Einsetzung des Abendmals nach dem Gebete der Apo[]
steln ausdrücklich bezeugt, er würde keinen Wein
mehr trinken, beym Abgange des Weines sey es bes[]
ser, das Zeichen ganz zu unterlassen, als zu ändern.

Ande[re]

andere hingegen behaupteten, Christus habe, weil er in Judäa gewesen, des gebräuchlichen Getränkes Erwähnung gethan: man könne daher glauben, wenn er unter den Barbarn gelebt hätte, so würde er zum Sakrament des Abendmals nicht nur amerikanisches Bier, sondern auch das Wurzelmehl, dessen sie sich statt des Brodtes bedienen, genommen haben: und schlossen daher, daß sie, so wenig sie die Zeichen des Weines und Brodtes ändern wollten, so lange sie selbige hätten, jedoch nicht im geringsten Anstand nehmen würden, bey Abgang des Weines und Brodtes das Abendmal mit solchen Sachen zu feyern, welche zur Erhaltung des menschlichen Lebens die Stelle an Wein und Brodt verträten.

Wiewohl sich nun die mehrsten auf die letztere Meynung neigten, so liessen wir es doch, da noch nicht Noth an Mann ging, dabey bewenden, und schoben unser Urtheil auf. — Dieser sanfte Wortstreit zettelte aber gar keine Uneinigkeit unter uns an, und wir blieben nach wie vor durch Gottes Gnade so einig und verbrüdert, daß ich von Herzen wünschte, alle, die sich zur wahrhaft christlichen Religion bekennen, lebten in solcher Harmonie unter einander, als wir diese ganze Zeit durch lebten.

Um jedoch mit dem zu Ende zu kommen, was ich vom Villegagnon zu sagen hatte. Zu Ende des Oktobers verwünschte er uns und die evangelische Lehre immer mehr, bedeutete uns öffentlich, er könne und wolle uns nicht länger auf seiner Insel und in seinem Fort dulden; befahl uns daher, selbige sogleich zu räumen. Wenn wir gewollt hätten, wie ich schon oben sagte, so hätten wir gar leicht den Villegagnon von der Insel treiben können. Allein theils, um gar keine Ursache zu Klagen zu geben, theils, um dem Evangelium keinen Schandflecken anzuhängen, nach dessen Vorschrift wir (wie schon vor-

I her

her in Frankreich und bey andern Nazionen beka[nnt
war,) leben, und deswegen Amerika bewohnen w[oll-
ten, wichen wir ohne Widerspruch. Nach einem A[uf-
enthalt also von ohngefähr acht Monaten auf der In[sel
und in dem Fort des Coligny, an dessen Befestigu[ng
wir auch nicht wenig gearbeitet hatten, wurden [wir
auf das feste Land vertrieben, wo wir zween Monate w[ar-
teten, bis ein mit Brasilienholz beladenes Schiff a[us
dem Haven St. Salvador seegelte, und uns, uns[ern
Vertrage gemäß, in Frankreich führte. Indessen
gaben wir uns in den ganabarischen Meerbusen *)
auf die Küste linker Hand, und liessen uns an dem Or[t,
den die Franzosen Laterane nennen, tausend Schri[tte
vom Forte des Coligny, nieder. Wie wir aber von h[ier
aus uns oft und freundschaftlich mit den Barbarn [ab-
gaben, mit ihnen Umgang pflegten, scherzten, um[her
gingen, uns mit ihnen zu schaffen machten: so fing[en
sie auch an, sich äusserst höflich gegen uns zu bezeige[n,
(leicht übertrafen sie an Güte den, der uns, die [wir
ihn doch mit keinem Worte beleidigt hatten, von sich v[er-
trieb,) uns als Gäste zu besuchen, sogar mit Speis[en
und andern Nothwendigkeiten zu unterstützen.

So viel von Villegagnons Unbeständigkeit in b[er
Religion, seiner grausamen Behandlung gegen uns, unt[er
dem Scheine von Religion, seinen Disputen, und d[en
Ursachen, warum er das Evangelium verlassen, sein[en
täglichen Reden, seiner Grausamkeit gegen seine B[e-
dienten, und seiner Sorge für seinen Leib. Was er u[ns
aber für Gepäcke mitgegeben, und wie verrätherisch [er
uns entlassen, will ich für die Zeit aufbewahren, w[enn
wir zur Rückkehr in Frankreich die Schiffe besteige[n
werden. Unterdessen will ich den Villegagnon d[ie
Seinigen im Fort plagen lassen, und zuvörderst sei[n
For[t

*) Anm. d. Uebers. Baia do Janeiro.

sein Fort und den gegenüber liegenden Meerbusen beschreiben.

Siebentes Hauptstück.

Beschreibung des Meerbusens Ganabara, welcher
auch der geneurensische heißt: der Inseln, und
des Forts von Coligny, sammt den um-
herliegenden Inseln.

Da dieser Meerbusen, den die Barbarn Ganabara nennen, zur Zeit unsers Aufenthalts allda unter den
übrigen Häven dieses Landes den französischen Schiffern
der bekannteste war, so halte ich es nicht für überflüßig,
hier eine besondere Beschreibung desselben einzurücken.

Die Portugiesen nennen ihn den Jenner-Meerbusen, (Geneurensis,) *) weil man dafür hält, den ersten
Jenner sey das erste Schiff in selbigen eingelaufen: er soll
unter dem drey und zwanzigsten Grade südlicher Breite unter dem Wendekreise des Steinbocks liegen. Dies bitte
ich den Leser wohl zu bemerken, um Thevets Unverschämtheit kennen zu lernen, welcher in seinem Buche von
berühmten Männern, bey Gelegenheit, wo er den
Quoniambek lobt, sagt, ich oder ein anderer Betrüger hätten diesen Meerbusen in den drey und zwanzigsten Grad, nahe bey den Südpol, gesetzt, da ich doch
in nirgend einem andern Orte was davon geschrieben
habe, als hier. Was andere von diesem Meerbusen
geschrieben haben, übergehe ich. Nach meiner Meynung muß er vier und zwanzig tausend Schritte in der
Breite

*) Anmerk. d. Uebers. Baia do Janeiro, wie schon oben gesagt
worden.

Siebentes Hauptstück.

Breite haben: an einigen Orten ist er freylich breiter an andern schmäler, so daß er zuweilen nur vierzeh und sechzehn tausend halten mag. Und wiewohl d Berge, die ihn umgeben, nicht so hoch sind, als die a Genfer See, so kann doch der ganze Meerbusen w gen der Nähe des Landes auf allen Seiten gar wo mit ihm verglichen werden.

Seine Mündung ist gefährlich: denn man muß sobald man die hohe See verläßt, hart an der Küst von dreyen unbewohnten Inseln vorbey seeglen, wodurc die Schiffe in nicht geringe Gefahr gesetzt werden, a die Klippen anzustossen, und zu zertrümmern. Dan muß man eine Meerenge passiren, welche nicht drey hundert Schritte in der Breite hat, und linkerhand vo einem Berge und Felsen ihren Anfang nimmt, der di Gestalt einer Pyramide hat, und nicht allein von un geheurer Höhe ist, sondern auch in der Ferne gleichsam durch Kunst ausgearbeitet zu seyn scheint. Wegen se ner Runde aber und seiner grossen Gleichheit mit einen hohen Thurme hatten ihm die Franzosen den Name **Buttertopf** (le Pot de beure) gegeben. Etwas we ter fort erhebt sich innerhalb dem Meerbusen selbst ein ziemlich flache Klippe, die im Umfange an hunder und zwanzig Schritte betragen mag. Wir nannten si die **Mausfalle**. (le Ratier.) Villegagnon hatte sel bige gleich bey seiner Ankunft zum Fort zu machen ge hofft, zu diesem Ende auch allen Hausrath und übri ge Bagage dahin niedergelegt: ward aber von der Ge walt der Wellen wieder weggetrieben.

Die Insel ferner, welche wir bewohnten, liegt zweytausend Schritte weiter einwärts, und war, wie ich schon oben bemerkt habe, vor der Ankunft des **Ville= gagnon** unbewohnt. Im Umfange begreift sie ohnge= fähr tausend Schritte, ist sechsmal so breit als lang,

und

Siebentes Hauptstück.

und ist rundum mit Steinklippen, die bis an die Wasserfläche reichen, umgeben; woher sich denn auch kein Schiff auf einen Kanonenschuß nähern kann. Sie ist daher von Natur äusserst fest, so daß man nicht einmal mit Booten zu ihr kann, ausser von der Havenseite bey der Fluth. Wäre sie daher fleißig bewohnt worden, so hätte sie nie weder mit Gewalt noch mit List eingenommen werden können, wie es nach unserer Zurückkunft in Frankreich durch die Schuld derer, welche da geblieben waren, von den Portugiesen würklich eingenommen wurde. Auf beyden Seiten erhob sich ein kleiner Hügel, auf deren Spitze Villegagnon eine Hütte erbauet hatte: auf einen funfzig bis sechzig Schuh hohen Felsen aber gegen der Mitte der Insel zu hatte er seine Hauptwohnung gesetzt. (Praetorium.) Das Uebrige der Insel ist flaches Land, und war voll Wohnungen, welche mit Beyzählung der ganzen Familie Villegagnons ohngefähr achtzig Menschen bewohnten. Alle diese Häuser waren, wenn man die einzige Hauptwohnung, (Praetorium,) welche aus behauenen Balken aufgeführt war, und die Bollwerker, welche eine Mauer von Bruchsteinen hatte, ausnimmt, kleine Hüttchen, wie sie die Amerikaner zu bauen pflegen, aus runden Baumstämmen mit Zweigen bedeckt. Und dies war das ganze Kunststück jenes Fortes, welchem Villegagnon den Namen des Coligny, in dem antarktischen Frankreich erbaut, gegeben hatte. Dies that er aber, um den Caspar Coligny, französischen Admiral, zu ehren: und das in der That mit Recht: denn ohne dessen Gunst und Unterstützung würde er (wie ich schon oben erinnert habe,) weder diese Reise haben unternehmen, noch in Brasilien irgend ein Fort erbauen können. Allein da er sich den Anschein gab, das Andenken dieses überaus vortrefflichen Mannes unsterblich zu machen; was mag er wohl (ohne von seinem Abfalle und seiner gebrochenen Treue Meldung zu thun,

mit

mit der er es, vor seiner Abreise aus Frankreich, a[uf]
sich genommen hatte, den wahren Gottesdienst in Bra[=]
silien einzuführen,) was mag er wohl, sage ich, de[n]
Portugiesen für Gelegenheit gegeben haben, mit de[r]
für dieselben verlassenen Forte dem Namen des Colign[y]
und dem antarktischen Frankreich (so hatte man di[e=]
sen Strich benennet,) Trophäen aufzurichten.

Indem ich dies hier erzähle, kann ich mich nic[ht]
genug verwundern, daß Thevet im Jahre 1558, zwe[y]
Jahre nach seiner Zurückkunft in Frankreich, um de[m]
damaligen König Heinrich dem zweyten zu schmeicheln
in Beschreibung dieses Meerbusens und des Fortes de[s]
Coligny, auf das feste Land rechter Hand eine Stad[t]
gemalt hat, die er Heinrichsstadt (Henricopolin)
nennt. Und wiewohl er zur Verbesserung dieses Fehle[rs]
Zeit genug hatte, ließ er es jedoch eben so in seiner Kos[=]
mographie stehen. Allein ich behaupte fest, daß be[y]
unserer Abreise aus Brasilien, mehr als achtzehn M[o=]
nate nach Thevets Abreise, nicht einmal ein Dorf, g[e=]
schweige eine Stadt da gewesen sey, wo er seine Hein[=]
richsstadt fälschlich hinsetzt. Er bleibt sich dabey de[n=]
noch nicht gleich, und kehrt den Namen oft um, nenn[t]
sie bald *Ville-Henry*, bald *Henry-Ville*: er würde die
auch noch auf eine dritte Art thun, wenn er vo[n]
derselben noch einmal reden sollte. Es erhellt schon hie[r]
aus klar, daß er blos Träume und nichts bedeutend[e]
Gemälde aufstelle. Wer bemerkt übrigens nicht, da[ß]
Thevet vielmehr den Namen des Königs gemißbrauch[t]
habe, als Villegagnon den des Coligny, nach welche[m]
dieser sein Fort benennet? Weil er aber seinen Fehle[r]
wiederholt, scheint er des Königs Andenken gänzlich ve[r=]
ächtlich haben machen zu wollen. Plutarch sagt, C[ä=]
sar August pflege in Hitze zu gerathen, wenn von ih[m]
etwas nicht wichtig und nicht von ansehnlichen Männer[n]
erzählt würde: er habe daher auch den Magistratsper[=]
sone[n]

sonen befohlen, nicht zu leiden, daß sein Name von Possenreissern und Harlekinen zum Gespötte gehabt würde. Alexander hatte durch ein öffentliches Edikt befohlen, ausser dem Apelles sollte ihn niemand malen: — Der königliche Name muß in Ehren gehalten werden.

Um aber dem Thevet auf seine Antwort schon voraus zu begegnen, läugne ich, daß der Ort, von dem er Meldung thut, der sey, den wir Laterarie nannten, wo unsere Handwerksleute einige Hüttchen erbaut hatten. Ich gestehe zwar, daß an dem Orte, wo ich die Franzosen zuerst nieder gelassen, ein Berg sey, den sie nach dem Könige Heinrich nannten; wie wir nachher einen andern Corguillier geheissen, nach dem Zunamen Philipps Corguillier, der uns hieher geführt. Allein wenn zwischen einem Berge und einer Stadt ein solcher Unterschied ist, als zwischen einer Kirche und einer Kuh, wer zweifelt denn noch, daß Thevet in Beschreibung der Heinrichsstadt, oder Stadt Heinrichs entweder ein Narr gewesen, oder die Leser betriegen wollen? Ich aber, um allen Anschein von Erzählung einer Unwahrheit von mir abzulehnen, berufe mich auf das Zeugniß derjenigen, welche eine Reise dahin gemacht haben. Es mögen auch darüber richten jene, welche den Villegagnon begleitet haben, (deren noch einige beym Leben sind,) ob an diesem Orte nur eine Spur von einer Stadt sey? oder ob nicht vielmehr dies Vorgeben mit den Träumen der Richter in naher Verwandtschaft stehe.

Weil aber Thevet, wie ich schon in der Vorrede gesagt habe, mich und meine Gefährten ohne Ursache angefallen, so darf er es nicht übel nehmen, wenn er durch diese meine Verthendigung eine Stadt verlieren muß. Uebrigens habe ich in seinen Werken noch mehrere Schnitzer bemerkt, die ich einzeln anzeigen wer-

werde, wenn er mit dem hier nicht zufrieden ist. — Ich sehe es selbst ein, daß ich Unrecht gethan habe daß ich mit Unterbrechung des Fadens auf dieses Kapitel verfallen bin: allein da ich es zur Beschützung der Wahrheit gethan, will ich das Urtheil darüber meinen Lesern überlassen.

Um nun noch vom Meerbusen Ganabara das Uebrige zu sagen, so ist zu wissen: an zehntausend Schritte hinter dem Fort liegt die schönste und fruchtbarste Insel, welche, da sie zwölftausend Schritte im Umfange hatte, von uns den Namen die grosse Insel erhielt. Weil sie auch von Tuupinambolsiern, die Bundesgenossen von uns sind, bewohnt war, begaben wir uns oft auf selbige, um Mehl und andre Nothwendigkeiten daher zu nehmen.

Nebstdem liegen in diesem Meerbusen viele unbewohnte Inseln, auf welchen die vortrefflichsten Austern gefunden werden. Die Barbarn tauchen an dem Strande unter, und bringen so in den Händen grosse Steine hervor, welche mit kleinen Austern (sie nennen selbige Leripen,) umgeben sind, die so fest an den Steinen kleben, daß sie kaum losgerissen werden können. Von denselben kochten wir ganze Kessel voll, und fanden in einigen kleine Perlen.

Der Fluß hat eine Menge Fische von allerley Gattungen, besonders sehr gute Barben, (melis,) Meerschweine, (Suibus marinis,) und andere kleinere, deren einige ich auch in dem Kapitel von den Fischen beschreiben werde. Hier will ich aber doch nicht die grossen und monströsen Wallfische mit Stillschweigen vorbeygehen, welche mit über dem Wasser hervorragenden Rückenstoßfedern uns so nahe kamen, daß wir sie mit Kanonen leicht erreichen konnten. Allein

Siebentes Hauptstück.

[un]d ich glaube nicht einmal, daß sie von dergleichen
[K]ugeln grossen Schaden nehmen, geschweige daß wir sie
[tö]dten tödten können: sie gingen daher mit ihrer äus-
[se]rst harten Haut und dickem Specke unbeschädigt wie-
[de]r von uns. Einer derselben blieb vier und zwanzig
[M]eilen vom Fort gegen das kalte Vorgebürge zu auf
[et]was niedrigerem Boden liegen, und konnte, da das
[Wa]sser kleiner wurde, nicht wieder in die hohe See.
[E]s getraute sich jedoch niemand, sich ihm zu nähern,
[bi]s er todt war: denn mit seinem Hin- und Herwinden
[er]schütterte er das benachbarte Land, und konnte auf
[vie]rtausend Schritte gehört werden. Sobald er
[ab]er todt war, schnitten viele der Unsrigen und der
[Ba]rbarn Stücke von ihm weg, und liessen das Uebrige
[lie]gen. Sein Fleisch behagte uns, seines unangeneh-
[m]en Geschmacks halber, nicht sehr: seinen Speck aber
[hat]ten wir, um den daraus gebrannten Oel in unsern
[Lam]pen zu gebrauchen. Die Zunge jedoch, welche für
[da]s Beste gehalten wird, ward eingesalzen, und dem
[Ad]miral in Frankreich geschickt.

Auch sind hier noch zween Flüsse, welche am En-
[de] des Meerbusens, nachdem sie das Land durchlaufen,
[si]ch mit ihm vereinigen. Auf denselben bin ich verschie-
[de]nemal mit Franzosen gefahren, und habe viele Dör-
[fer] der Barbarn auf beyden Ufern besucht.

Dies ist, was ich in diesem Meerbusen vorzügli-
[ch]es bemerkt habe, und bedaure es daher um so mehr,
[da]ß die Franzosen den Besitz des Forts verloren haben,
[da] ihre Bewachung, die so sehr leicht war, uns einen
[si]chern Zufluchtsort, und den Franzosen die schönste Ge-
[le]genheit zur Seefahrt gewährt haben würde. Ueber
[vi]erzig oder sechzigtausend Schritte gegen den Silber-
[f]luß und die magellanische Meerenge zu ist ein an-
[de]rer grosser Meerbusen, in welchem, wie auch am

kalten

kalten Vorgebürge (wo auch wir auf unserer Reise in Brasilien uns aufhielten,) die Seefahrer landen.

Achtes Hauptstück.

Von den Fähigkeiten, der Stärcke, Gestalt, Nacktheit, dem Körperlichen der Brasilianer, männlichen und weiblichen Geschlechtes, unter denen ich mich hier ein Jahr aufgehalten habe.

Bis hiehin habe ich alles beschrieben, was wir auf unserer Reise in Brasilien gesehen; ich habe den Zustand gezeigt, in welchen sich die Insel und das Fort von Coligny die Zeit durch befand, während wir uns allda aufhielten; endlich habe ich noch eine Beschreibung des Meerbusens Ganabara gegeben. Ehe wir aber nun wieder zu Schiffe gehen, und uns zur Rückreise in Frankreich anschicken, will ich die hiesige Lebensart, und was noch sonst bey uns unbekannt ist, mit wenigen Worten sagen.

Die amerikanischen Barbarn, welche Brasilien bewohnen, heissen Tuupinambolsier, und mit diesen bin ich schier ein Jahr auf freundschaftlichem Fusse umgegangen.

Sie haben keinen prodigiösen oder monströsen Leib, sondern gleichen, was die Statur angeht, uns Europäern vollkommen: sind jedoch stärker, robuster, gesunder, und weniger Krankheiten unterworfen. Unter ihnen sind wenige Lahme, wenige, denen ein

Achtes Hauptstück. 139

n Auge fehlt, Mißgestaltete schier gar keine, und wie=
ohl sie oft hundert und zwanzig Jahre alt werden,
enn sie wissen ihre Jahre nach dem Monde zu zäh=
n,) *) so werden doch wenige grau. Dies ist aber
n Zeichen der Landesbeschaffenheit, welches, da es von
iner Kälte und keinem Reife ausgedörrt wird, zu je=
r Zeit grüne Pflanzen, Anger und Bäume hat: eben
 scheinen sie, die nichts von Beschwerlichkeiten und
orgen wissen, ihre Lippen immerfort in den Brunnen
r Jugend getaucht zu haben: und weil sie sich
n keinen trüben Brunnen und pestilenzialischen
uellen besudlen, woraus alle Arten von Uebel kom=
en, die uns vor der Zeit schwächen, unsern Leib
rrütten, und unsere Seele so lange quälen, bis sie sel=
ige gänzlich zu Grunde richten; so geht sie nichts der=
leichen an. Mißtrauen, Geitz, Prozesse, Neid und
hrgeitz sind ihnen unbekannte Dinge.

Die Farbe ihrer Haut ist nicht gänzlich schwarz;
ömmt jedoch derselben nahe. Das kömmt aber von der
eftigkeit der Sonnenhitze: wie wir dies schon bey den
panieern und den Bewohnern der südlicheren Provin=
en Frankreichs bemerken. **)

Uebrigens geht alles, Jung und Alt, männlichen
nd weiblichen Geschlechtes, völlig nackend; sie bedecken
uch, als Leute, die sich über Nacktheit gar nicht schä=
nen, nie irgend einen Theil ihres Körpers. Haarigt
sind

---

*) Anm. des Uebers. *Marcgrav Traktatus topographicus et meteoro-
logus Brasiliae.* C. IV. thut, von seiner Zeit wenigstens, noch einer
andern Art, die Jahre ihres Alters zu zählen, Meldung. Die
Frucht Akaschu nämlich wird jedes Jahr einmal zeitig. Nun le=
gen sie, so oft sie zeitig wird, eine zurück.

**) Anm. des Uebers. Ueber die Entstehung der dunkelern Farbe
der Neger, Amerikaner ꝛc. ist schon sehr vieles gedacht und ge=
schrieben worden, was hierher nicht gehört. Man sehe jedoch nach
Iserts Reise nach Guinea, (Kopenhagen 1788.) S. 198 ff.

Achtes Hauptstück.

sind sie aber auch nicht, wie einige geglaubt haben: — so bald sich nur Haare am Leibe blicken lassen, raufen sie selbige sogleich mit den Nägeln oder kleinen Zangen, welche sie von den Christen bekommen, aus: so entwurzeln sie ihren Bart, ihre Augenwimper und Augenbraunen, und erhalten dadurch ein häßliches und abscheuliches Ansehen. Dasselbe lesen wir von den Peruaner auf der Insel Kumana *) Ihr Haupt ist zwar m Haaren bedeckt; den Männern aber wird es von Kintheit an bis an den Scheitel weggeschoren, so, daß e wie eine Mönchskrone aussieht: von da lassen sie es je doch an dem hintern Kopfe herabwachsen, nach Art unsere Vorfahren, bis es ihnen auf dem Halse hängt, wo si es dann abschneiden.

Um hier (wenn es geschehen könnte) nichts auszulassen, was zu dieser Materie gehört, will ich dieses noch anhängen. In dem Lande giebt es eine Pflanze, zween Finger breit: diese wächst etwas krumm, von der Länge, in dem Umfange, wie das Rohr, welches die Aehre jener sehr grossen Hirse bedeckt, welche wir türkischen Waitzen (triticum Saracenum) nennen. Nun habe ich einigemal alte Männer, nicht aber alle: und nie Jünglinge, geschweige Knaben gesehen, welche mit zween Blättern dieser Pflanze, die sie mit einem baumwollenen Faden zusammen gebunden hatten, ihre Schaamglieder bedeckten; wohl auch selbige mit Binden und Stückchen Leinenzeug, die sie von uns erhielten, umwickelten. Beym ersten Anblicke sollte hieraus irgend ein Funke natürlicher Schaam hervor zu leuchten scheinen, wenn sies nur aus der Absicht thäten. Allein, wiewohl ich die Sache nie recht bis auf den Grund untersucht habe, glaube ich doch vielmehr, daß es zur Bedeckung

---

*) Allgemeine Geschichte von Indien, B. II. S. 79. — Anm. des Uebers. Veral. was ich oben im S. V. in Ansehung Gomaras sagte. Die Stelle hier ist wieder C. 79. fol. 102.

eckung einer Krankheit geschieht, womit diese Theile im
lter heimgesucht werden.

Ueberdem haben sie im Gebrauch, gleich von der
rsten Kindheit an allen Knaben die untere Lefze zu durch-
ohren, und in die Oeffnung einen fein polirten wie
lfenbein weissen Knochen zu stecken. Diese Knochen
aben die Form sehr kleiner fünfeckigter Pyramiden.
Der zugespitzte Theil steht einen Zoll bis zween Finger
ick hervor, und wird innerhalb des Mundes zwischen
er Lefze und dem Zahnfleische an den rundum etwas
ervorstehenden Theilen fest gehalten: sie können diesen
knochen daher nach Willkühr anlegen und wegnehmen.
Diese weissen und spitzigen Knochen aber tragen sie nur
n ihrer Kindheit und Jünglingsjahren: denn so bald sie
lter geworden, und in ihrer Sprache Konomi=uassu
eissen, (dies bedeutet so viel als einen grossen oder
icken starken Jüngling,) so stecken sie in dies Lippenloch
inen grünen Stein, von der Art eines Afterschmarag-
es, der gleichfalls wie der obige Knochen einwärts
urück gehalten wird, und von aussen die Grösse, Run-
e und doppelte Dicke eines Livre (capitali argentei)
at. Einige tragen auch fingerslange und runde. Ei-
en der letztern habe ich mit in Frankreich gebracht. *)
Die Tuupinambolsier streckten zuweilen aus Spaß,
achdem sie die Steine weggenommen hatten, ihre
Zunge durch die Schnitte in den Lefzen heraus, und
chienen dann zwey Mäuler zu haben. Ob aber dieses
Schauspiel Vergnügen erwecken könne, oder ob es sie
icht vielmehr häßlicher macht, ist leicht einzusehen. Ich
abe auch nebst diesen noch andre gesehen, die mit den
grünen Steinen in den Lefzen noch nicht zufrieden, eben
der-

*) Anm. des Ueberſ. P. Eckart in Inſ. ꝛc. (bey Murr Rei-
sen ꝛc.) S. 274 sagt noch: "Andere brauchen auch einen weissen
"Stein, einen Marmor gleich, oben mit zween Haken ausge-
"schärft, auf daß er desto fester in der Lefze hangen bleibe."

derselben noch in beyden zu gleichem Gebrauche durch
löcherte Backen trugen. *)

  Was ihre Nasen angeht, so haben sie hierinn gera[de]
einen den unsrigen entgegen gesetzten Geschmack. Si[e]
halten nämlich jene für die schönsten, welche die platte[s]ten sind. Aus dieser Ursache drücken sie den Kindern[,]
statt daß bey uns die Hebammen die Nasen, um s[ie]
wohlgestalteter und länger zu machen, gleich bey der Ge[-]
burt mit den Fingern ausdehnen, wie sie aus Mutter[-]
leibe kommen, selbige mit dem Daumen nieder; wi[e]
man es in Frankreich bey einigen Hundearten zu thu[n]
pflegt. Weit entfernt also von denen in einer Gegen[d]
von Peru, die so grosse Nasen haben sollen, daß si[e]
Schmaragden, Saphiren, nebst andern rothen un[d]
weissen Steinen in goldenen Fäden an selbigen hange[n]
haben. **)

  Nebst dem beschmieren unsere Brasilianer ihren
Leib mit vielerley Schminken und Farben: besonders
aber schwärzen sie die Schenkel und Beine mit dem Safte
einer gewissen Frucht, die bey ihnen Schenipat (Genipat) heißt, so stark, daß man in der Ferne glauben
sollte,

---

*) Anm. des Uebers. Eckart in seinen Zusätzen zu P. Ausmas ꝛc. (in Murr Reisen einiger Mission. S. J. in Amerika,)
sagt noch S. 172 (Nürnberg 1785.) von einem andern Volke:
„Noch abscheulicher kommt einem eine Nation bey Mananhao vor,
„welcher die Portugiesen den Namen Gamella beygelegt haben,
„von einer aus gemaltem Holze gemachten kleinen Schüssel, welche diese Brasilianer in den ganz ausgedehnten Mund legen; die
„Unterlippen sind so weich und heruntergezogen, daß wenn sie
„diese Gamella aus dem Munde thun, selbige ganz herabhangen, so,
„daß sie, ohne solche wieder hinein zu stecken, weder wohl essen
„noch trinken können. 1753 sah ich in dem Hofe von unserm Collegio in gemeldeter Stadt einen so verunstalteten Indianer, mit
„seinem Bogen und Pfeilen bewaffnet, tanzen. Der Gesang, den
„er dazu gebrauchte, war mehr der Stimme eines wilden Thiers,
„als eines vernünftigen Menschen ähnlich.„ —

**) Allgemeine Geschichte von Indien, B. IV. S. 108. —
Anm. des Uebers. Wie ich schon mehrmal von Gomara sagte.

Achtes Hauptstück. 143

ollte, sie hätten schwarze Beinkleider an. Diese Schwärze
on dem Safte dieser Schenipat dringt so in die Haut,
aß sie in zehn bis funfzehn Tagen nicht weggewaschen
verden kann, wiewohl sie sich oft baden.

Ferner haben sie acht Zoll lange schön geglättete und
ie Alabaster weisse Knochen, in der Form eines hal=
en Mondes, die sie Rasi (von dem Monde, der diesen
Namen bey ihnen führt,) nennen, und ihnen an einen
aumwollenen Strickchen am Hals herab auf die Brust
ängen.

Weiter schleifen sie viele Stücke einer sehr grossen
Seeschnecke auf einem gewissen Steine sehr lange und
iel. Wenn sie endlich rund und so dünn wie ein Sols=
ück geworden sind, werden sie in der Mitte durchbohrt,
n einen baumwollenen Faden geriehen, und wie bey
ns die goldenen Ketten als Halsbänder umgehängt.
Diesen Zierrath heissen sie in ihrer Sprache Bo=ûre.
Ich bin wohl geneigt zu glauben, daß es dasselbe sey,
as viele Perlmutter (buccinum) nennen, und wor=
us die mehrsten unserer Frauenzimmer Gürteln zu ha=
en pflegen: ich hatte bey meiner Ankunft in Frankreich
ber drey Ellen, und zwar vom allerbesten. Uebrigens
achen die Barbarn dergleichen Halsbänder, die sie,
ie gesagt, Bo=ûre nennen, auch aus einer Gattung
hwarzen und festen Holzes, von der Art des egypti=
hen Feigenbaumes, (Sycomorum,) von welchem Ma=
ioli *) Meldung thut. Es ist aber dieses Holz hiezu
hr geschickt: denn es hat schier die Schwere und den
lanz von schwarzem Agat. (Gagatis.)

Sie haben ferner eine sehr grosse Menge gemeiner
ühner, deren Art sie von den Portugiesen erhalten.
Den

*) Anmerk. des Uebers. Comment. super Dioscorid. L. I, C, 144. —

Den weissen hievon rupfen sie oft die Federn aus, u[nd]
schneiden nun, da sie itzt eiserne Werkzeuge haben, d[ie]
weichsten derselben ganz klein, welches sie vorhin, da [sie]
der letztern noch keine hatten, mit sehr spitzen Ste[i]‑
nen thaten. Diese kleinen Stückchen werfen sie in sied[end]
des Wasser, und färben sie mit Brasilienholz roth. Wo[l]‑
len sie sich nun mit denselben putzen, so bestreichen [sie]
sich mit einem dazu tauglichen Gummi, und werfen [sie]
auf den zuvor mit allerhand Farben bemalten Leib, di[e]
Arme und Beine: und auf diese Art ist ihr Leib gleich[‑]
sam, wie bey jungen Hühnchen, oder andern noch nich[t]
lange aus den Eyern gekommenen Vögeln, voller Feder[‑]
kiele. Und daher mag wohl, aller Wahrscheinlichke[it]
nach, das Gerücht entstanden seyn, die Barbarn sey[en]
ganz haarigt. Es mögen nämlich einige der Unsrigen[,]
als sie zuerst in diese Gegend gekommen, und sie i[n]
diesem Aufzuge gesehen, ohne die Sache weiter z[u]
untersuchen, es auf diese Art erzählt haben. Je[‑]
doch die Sache verhält sich ganz anders, und sie sin[d]
von Natur nichts weniger als dies. Gesagtes Gerüch[t]
also hat seinen Ursprung der Unwissenheit zu verdanken[,]
allein in der Folge zu leicht Glauben gefunden. Di[e]
allgemeine Geschichte von Indien erzählt auch *), di[e]
Rumaner pflegten sich ebenfalls mit einem gewisse[n]
Gummi oder einer klebrichten Salbe zu bestreichen
und dann mit Federn von allerley Farben zu bekleben[.]

Der Hauptschmuck unserer Tuupinambossier ist fol[‑]
gender: Nebst der Abscherung des Haares am Vor[‑]
derkopfe, nach Art einer Mönchskrone, und den Wach[‑]
senlassen desselben am Hintertheile des Hauptes bis a[n]
den Hals, wovon wir schon sprachen, pflegen sie auc[h]
blaß und hochrothe, und überhaupt von allerhand Far[‑]
ben Vogelfedern in schönster Harmonie zusammen z[u]
bin[‑]

*) B II. K. 79. — Anmerk. des Uebers. Wie oben von Gomara

…ben, und zum Stirnschmucke zu gebrauchen. Diese
…chen nicht uneben den Aufsätzen, welche vor kurzer
…it unsere vornehme Frauenzimmer trugen: ich glau-
… daher nicht ohne Grund zu behaupten, daß sie sel-
…ge von unsern Barbarn nachgeahmt haben. In der
…ndessprache heißt dieser Stirnschmuck Nempenambi.

Ohrgehänge von sehr weissen Knochen sind bey ih-
…n sehr im Gebrauche, die viele Aehnlichkeit mit je-
…n Knochen haben, von welchen ich oben sagte, daß
… die Jünglinge in ihren durchbohrten Lippen trügen.

Sie haben ferner einen Vogel, (sie nennen ihn
…ukan,) der am ganzen Leibe wie ein Rabe schwarz
…, ausser der Kehle. An diesem Orte sind seine Fe-
…ern sehr fein, goldgelb, und mit einer zinoberrothen
…infassung rund umgeben. Diesen Theil der Haut zie-
…n sie ab, trocknen selbige, (wobey sie immer den
…amen des Vogels beybehält,) und kleben sie dann mit
…Wachs, welches sie Trayetick heissen, auf beyde
…Wangen. In diesem Schmucke sollte man glauben,
… trügen erhabene Knöpfe von Kupfer vergoldet.

Schicken sie sich zum Kriege an, oder haben sie
…ch ihrer Art (wovon ich anderwärts handeln werde,)
…d mit ihrer Feyerlichkeit einen Gefangenen zu schlach-
…n und zu verzehren, so bekleiden sie sich, damit es
…nen an keinem Putze und keiner Schönheit mangle,
…it Kleidern, setzen Hüte auf, und legen Armbänder
… aus grünen, rothen, blauen und allerhand farbigen
…edern, von ausserordentlicher Schönheit. Diese wissen
… auf das künstlichste unter einander zu mischen, zu
… dnen, und an ein dünnes Reischen mit einem baum-
…wollenen Faden so schön zu binden und zu heften, daß
… kaum glaube, daß ein Seidensticker in Frankreich
…ese Federn mit grösserem Fleisse und grösserer Geschick-
  K   lich-

lichkeit behandlen, und zusammenheften könne.
glaubt, die auf solche Art verfertigten Kleider se
haarigter Seide gewebt. Mit demselben Zierra
tzen sie ihre hölzernen Keulen aus, wo man den
schöneres sehen kann.

Die letzte Art ihres Putzes machen sie
aschgrauen Federn der Straussen, welche sie vo
Nachbarn erhalten, (woraus sich schliessen läß
sich diese grosse Vögel auch in diesen Gegenden
ten; wiewohl ich jedoch freymüthig gestehe, daß
nen gesehen habe.) *) auf folgende Art: Sie bi
Kiele auf einer Seite ordentlich zusammen,
denn die Federn, die auf der andern Seite herve
sich in einem Kreis legen, und die Gestalt eines
oder einer Rose annehmen. Diesen Federbund
sie in ihrer Sprache Araroye. Sie hängen ihn
ner, baumwollenen Schnur über den Rücken,
die Kiele auf ihrer Haut liegen. Sieht man sie
sem Putze, so kommt es einem vor, als trügen s
Kefigt, für junge Hühnchen einzuschliessen, a
Rücken. An einem andern Orte werde ich no
läufiger sagen, daß diejenigen, welche für die
rischsten gehalten werden, und an Tag legen
daß sie Muth besitzen, daß sie viele Feinde umg
viele Gefangene zur Speise geschlachtet haben,
Brust, Arme und Beine Einschnitte machen, u
Einschnitte mit einem schwarzen Pulver bestreue
durch die Narben derselben bis an ihren Tod l
und so, wenn man sie ansieht, Schweitzer Aern
Hosen anzuhaben scheinen.

---

*) Anm. des Ueberf. Vermuthlich der Straußbastard,
eigentlichen Strausse in der Figur nahe kommt.

Achtes Hauptstück.

Haben sie aber ihre Trinkgelage, oder Kauinan, und Tänze, die gewiß ihre meiste Beschäftigung ausmachen, so nehmen sie, zur grössern Aufmunterung, bey ihrem schrecklichen Geschrey und Geheul, das sie zuheben pflegen, noch das Geklapper einer Frucht zu hülfe, welche eine ziemlich harte Schale, und die Gestalt und Grösse einer Kastanienhülse hat. Diese trocknen sie, nehmen den Kern heraus, und stecken statt dessen kleine Steinchen hinein: auf diese Art bereiten sie mehrere an einen Faden, binden sie an ihre Beine, und so geben sie geschüttelt einen Schall, wie wenn es Schneckenhäuschen wären, ja kommen den Klinzerschellen nahe. Auf diese letztern sind aber die Barbarn, wenn wir ihnen selbige geben, äusserst versessen.

Das Land bringt überdies einen Baum hervor, dessen Frucht in Gestalt und Grösse einem Straussenen Ei gleich kömmt. Diese durchbohren sie, wie bey uns die Knaben die Nüsse durchbohren, werfen kleine Steinchen oder Körnchen von der dicken Hirse, von welcher wir am gehörigen Orte reden werden, hinein, stecken einen anderthalb Fuß langen Stab durch, und haben dann ein Instrument fertig, das sie Maraka nennen. Dies Maraka macht ein ungeheures Geräusch, grösser noch, als ob es eine Schweinsblase mit Erbsen gefüllt wäre: die Barbarn legen es daher auch kaum aus den Händen. Was die Barbarn über dies Maraka und sein Geräusch für eine Meynung hegen, besonders wenn es mit Federn ausgeziert, und zu einem gewissen Gebrauche bestimmt ist, werden wir, wenn wir von ihrer Religion reden, erklären.

So viel von der Natur, der Kleidung und dem gewöhnlichen Putze unserer Tuupinambolsier. Als einen Anhang will ich doch noch Folgendes hinzusetzen,

K 2 Wir

Achtes Hauptstück.

Wir hatten flockigte Tücher von rother
ber Farbe in Menge mitgebracht, un
Kleider verfertiget, welche wir nachhe
gegen Nahrungsmittel, Meerkatzen
silienholz, Baumwolle, indianischen
gleichen Kaufmannswaaren, vertausch
mehresten liessen den ganzen übrigen
zogen allein weite Hosen an; ande
schmähten diese, und bekleideten si
Wamms bis auf den Hintern. Kau
in diesem Anzuge einige Schritte fort
hatten einen Blick auf sich selbst g
nicht ohne unser Lachen, die Kleider
und zu Hause weglegten, bis auf eine
nen wieder einmal einfallen würde, sie
den Hemden und Hüten hatte es dies
heit.

Was das äussere körperliche An
Geschlechtes, alt und jung, angeht, ha
be ich, weitläufig genug gesagt. W
aus dieser unserer Beschreibung einen
len, so bilde er sich zuerst ein, er sähe ei
und schön gebildeten Mann, dem am
Haare ausgerissen, das Haupthaar bis
abgeschoren, die Wangen und Lippen
in welchen er ganz spitze Knochen oder
trägt, mit Ohrringen an den Ohrläppch
verschiedenen Farben beschmiert, Lend
mit dem Schenipatsafte geschwärzt,
Schnur mit kleinen Stückchen der W
dann hat er sicher einen Mann, wie wir
gesehen haben.

Will man nun einen Barbarn au
vor Augen haben, so muß dieser lächerl

Achtes Hauptstück.

gelassen, der ganze Körper mit klebrichten Gummi über=
strichen, und dann mit ganz klein zerschnittenen Federn
bestreut werden. Wie artig er in diesen Maushärchen
sey, brauch ich nicht zu sagen.

Giebst du ihm, er mag nun seine natürliche Farbe
behalten, oder mit mehreren beschmiert, oder mit Federn
bestreut seyn, die beschriebene Kleider, Hüte und federne
Armbänder, so ist er in seinem größten Putze.

Willst du aber die Kleider von den wolligten Tü=
chern haben, und ihnen (wie ich von ihnen erzählt habe,)
einen Theil des Leibes damit bedecken, und den andern
los lassen, so gieb ihnen ein Wamms mit einen gelben
und grünen Aermel, und du hast dann den Hanswurst
in völliger Größe vor dir. Giebst du ihnen dazu noch
das Instrument Maraka in die Hand, den Federbusch
Staroye auf den Rücken, und bindest ihn die Schellchen
aus den Früchtenhülsen an die Beine, so siehst du einen
Barbarn, der zum Tanze oder zum Trinkgelage geht.

Den ferneren Putz der Barbarn an ihrem Leibe,
nach unserer obigen vollständigen Beschreibung, würden
zum viele Abbildungen ausdrücken können; und selbst
diese würden ohne Farben die ganze Sache nicht recht
klar machen. Nebst dem aber schon Gesagten werde ich
weiter unten, wenn ich zu ihren Waffen und Schlach=
ten komme, Leute vom scheußlichsten Ansehen, den ganzen
Leib mit Einschnitten verunstaltet, und hölzernen Keulen
in den Händen, liefern. Jedoch will ich das itzt über=
gehen, und sie dem Genusse ihres Putzes und ihrer Ver=
gnügungen (deren sie sich wohl zu bedienen wissen,) über=
lassen, und zu dem Putze der Weibsleute, welche sie
Luoniam, und an einigen Orten von der Zeit an,
als sie mit den Portugiesen Umgang haben, Maria=
tennen, und seiner Vortrefflichkeit, übergehen.

Die

Die Nacktheit erstens haben sie, wie ich zu Anfan[g]
dieses Hauptstücks schon bemerkt habe, mit den M[än]
nern gemein: eben so reissen sie alle Haare am ganz[en]
Leibe aus, selbst die Augenlieder und Augenwimper ni[cht]
ausgenommen, wie die Männer. In Ansehung d[es]
Haupthaares aber gehen sie von den Männern a[b,]
denn, wie ich schon sagte, diese scheeren selbiges [bis]
auf den Scheitel ab, und lassen es erst am hinte[rn]
Kopfe herabhängen; jene aber nähren es nicht blo[s]
sondern kämmen und waschen es auch, wie das Fraue[n]
volk bey uns, sehr oft. Ja, sie binden es nicht selt[en]
mit einer rothgefärbten baumwollenen Binde zusamme[n.]
Gewöhnlich gehen sie doch mit herabhängenden und fl[ie]
genden Haaren einher: denn sie haben Vergnügen dara[n,]
wenn sie ihnen über und um die Schultern herum lieg[en]
und wallen.

Ein anderer Unterschied von den Männern i[st,]
daß sie, wie jene, nicht ihre Lippen durchbohren, u[nd]
folglich ihr Gesicht auch nicht mit Edelsteinen ausziere[n.]
Ihre Ohrläppchen durchlöchern sie jedoch so stark, d[aß]
man, wenn sie die Ohrgehänge heraus genommen, [ei]
nen Finger in die Oeffnung stecken kann. Diese Ohr[ge]
hänge werden aus der grossen Muschel Vignol gemac[ht,]
und haben die Weisse und Länge einer mittelmäßig[en]
Kerze: woher sie denn auch, da sie bis auf die Sch[ul]
tern, ja selbst bis auf die Brust reichen, von weite[m]
den Ohren die Gestalt der hangenden Ohren von Sp[ür]
hunden geben.

Das Gesicht verschönern sie auf folgende Art: Ei[ne]
Gespielinn oder Nachbarinn zeichnet mit einem Pin[sel]
auf der Mitte des Backens einen Kreis, und zieht dar[auf]
in Schneckenlinien blaue, gelbe und rothe Farbe wec[h]
selsweise um denselben herum, bis das ganze Gesic[ht]
mit diesen Farben bunt bemalt ist: ja sogar den O[hr]

wo die Augenlieder und Augenwimper waren, bemalt sie mit einem Pinsel. (Dies thun auch die nicht sehr schmackhaften Weibspersonen in Frankreich.

Sie verfertigen auch Armbänder aus sehr vielen Stückchen der weissesten Knochen, mit Einschnitten wie Schuppen, welche sie mit einer Mischung von Wachs und Gummi auf die schönste und beste Art zusammen fügen: sie sind eine Spanne lang, und gleichen nicht übel den Raketen, deren man sich bey uns zum Ballschlagen bedient. Sie pflegen auch von den äusserst weissen Halsbändern zu tragen, welche sie Boûre nennen: am Halse tragen sie selbige jedoch nicht: das gehört nur für die Männer; sondern sie wickeln sie wie Armbänder um den Arm. Daher hatten sie auch so gern die Glaskorallenschnüre von blauer und grüner Farbe, welchen sie den Namen Morobi gaben. Um sie von uns zu erpressen, drangen sie, wir mogten in ihren Dörfern seyn, oder sie mogten zu uns ins Fort kommen, mit diesen schmeichelnden Worten in uns: Maer, deagatorem, amabe Morubi, das ist: Franzos, du bist ein guter Mann, gieb mir Armbänder aus Glaskorallen. Eben so flehten sie um Kämme, (welche sie Gûap oder Kûap,) Spiegel, (welche sie Arua nennen,) und andere Waaren, woran sie Vergnügen haben.

Vor allem aber kam es mir wunderlich vor, daß wir es nie dahin bey ihnen bringen konnten, sie dazu zu bewegen, Kleider aus wolligtem Zeuge, deren wir ihnen nebst Hemden oft anboten, anzulegen, wenn sie auch ihren Leib, ihre Arme und Beine nicht so sehr bemalten, noch auch den Federputz hatten. Sie blieben immer hartnäckig dagegen, und ich glaube nicht, daß sie je davon abgebracht worden. Die Ursache ihrer Weigerung aber nahmen sie aus der bey allen in dem ganzen Lande angenommenen Gewohnheit: bey jedem ihnen aufstossenden

Bache

Bache oder Brunnen pflegten sie zu bleiben, und si
mit der Hand Wasser über den Kopf zu schütten: ja z
weilen komme es, daß sie (wie Enten) sich an eine
Tage zehnmal ganz baden; nun jedesmal die Kleid
auszuziehen, sey ihnen viel zu beschwerlich. In d
That eine vortreffliche prächtige Ursache! Jedoch w
mußten uns mit ihr begnügen: denn durch Disput
ren richteten wir nichts bey ihnen aus. Sie halte
aber so viel auf ihre Nacktheit, daß nicht nur die freye
Tuupinambolsierinnen auf dem festen Lande alle Kleid
hartnäckig verwarfen, sondern auch selbst die von uns e
kauften Gefangenen, deren wir uns bey Befestigun
unseres Forts als Sklavinnen bedienten, sich nicht en
halten konnten, bey Nacht vor dem Schlafengehen z
ihrem Vergnügen völlig nackend, ohne Hemd oder sonst
ge Kleider, auf der Insel herumzulaufen. Und hät
es in ihrer Gewalt gestanden, die Kleider an= oder a
zulegen, und wären sie von uns nicht mit Schlägen d
zu gebracht worden, sie anzuziehen, so hätten sie lieb
die brennende Sonnenhitze ertragen, Arme und Schu
tern vom Stein= und Lehmentragen verletzen wollen.

Dies hatte ich mit wenigen Worten von dem P
tze, den Armbändern und übrigen Zierrathen der amer
kanischen Weiber zu sagen. Ohne Epilog also übe
lasse ich es jedem, sie sich vorzustellen.

Von dem Putze der neugebornen Kinder werde i
weiter unten sagen, wenn ich von den Heyrathen d
Barbarn rede. Hier muß ich nur noch einiges von d
etwas Erwachsenen, die über das dritte, vierte Ja
hinaus sind, welche bey ihnen Konomimiri heisse
berühren. An diesen hatten wir gewiß nicht we
Vergnügen, wenn sie uns bey dem Eintritte in ih
Dörfer haufenweise entgegen kamen. Sie sind viel
cker als unsere Kinder, haben einen weißen Knoche

er Unterlippe, rundum abgeschorne Haare, und den
Leib zuweilen bemalt. Um aber etwas von uns zu erhalten, wiederholten sie oft diese schmeichelnde Worte: Kutuassat, amabi pinda, das heißt: Verbündeter, gieb mir Angeln. Erhielten sie dieselben, (was denn nicht selten geschah,) so legten wir zehn bis zwölf kleinere auf den Sand, oder in den Staub nieder. Dann fingen sie sogleich an zu jauchzen, warfen sich auf den Boden, und wühlten wie Kaninchen in der Erde herum: daran hatten wir denn nun so unsere Freude.

Endlich, wiewohl ich das Jahr durch, welches ich bey ihnen zugebracht habe, die Barbarn von jedem Alter sehr sorgfältig betrachtet habe; so gestehe ich doch, wegen dem verschiedenen bey uns ganz fremden Betragen, daß es äusserst schwer ist, sie mit der Feder oder dem Pinsel abzubilden. Will also einer sein vollkommenes Vergnügen an ihnen haben, so wollte ich ihm rathen, selbst nach Amerika zu gehen. Aber, wird einer sagen, das ist keine Reise von einem Tage. Das sage ich auch, und wollte daher auch nicht, daß sie einer ohne guten Vorbedacht unternähme.

Von ihren Hütten, ihrem Hausrathe, ihrer Art zu liegen, und vielen andern Sachen, werde ich unten nach Gelegenheit mehreres sagen.

Ehe ich jedoch dieses Hauptstück schliesse, muß ich noch etwas gegen die sagen, welche entweder heimlich glauben, oder auch öffentlich geschrieben haben, der so beständige Umgang mit den nackten Barbarn, besonders weiblichen Geschlechtes, reitze zur Geilheit und Wollust. Ich sage also: wiewohl diese Nacktheit dem Anscheine nach mit Recht als eine Lockspeise der fleischlichen Begierde angesehen werden kann, so ist es jedoch gewiß, und die Erfahrung hat es bestätigt, daß die

Män-

Männer bey dieser rohen Nacktheit weniger als m[an]
glauben sollte, zur Wollust gereitzt werden. Ich g[e]
traue mir daher zu behaupten, daß jener prächti[ge]
Putz, jene Schminke, falsche Haare, gekünstelte [Flek]
cken, jene weite und mit so grosser Kunst zusammeng[e]
faltete prächtige Halstücher, Schnürbrüste, faltigte u[nd]
schleppende Kleider, und sonstige dergleichen Sache[n]
mit welchen unsere Weiber so sorgfältig eine schöne G[e]
stalt erlügen, mehr Unheil und Schaden anrichten, a[ls]
die Nacktheit der barbarischen Weiber, wiewohl die
von jenen in der Gestalt nicht übertroffen werden, s[o]
daß ich, wenn man, ohne die Ehrbarkeit zu verletzer[,]
weiter fortfahren könnte, hier die triftigsten Grün[de]
für meine Meynung anführen, und alle Beweise, d[ie]
man gegen mich brauchen könnte, widerlegen würd[e.]
Um mich aber nicht länger dabey zu verweilen, beru[fe]
ich mich auf das Zeugniß derjenigen, die mit mir [in]
Brasilien waren, und beyde gesehen haben. Ich w[ill]
aber das Gesagte nicht von der Seite genommen h[a]
ben, als ob ich diese Nacktheit, wider das Anseh[en]
der heiligen Schrift, gut hiesse: denn sie bezeugt, Ada[m]
und Eva haben nach der Sünde ihre Nacktheit erkan[nt]
und sich derselben geschämt. Ich verabscheue auch d[ie]
Ketzerey derjenigen, welche mit Verletzung des Gesetz[es]
der Natur, welches auch in diesem Stücke unsere arm[en]
seligen Indianer nicht beobachten, diesen schändliche[n]
Gebrauch einführen wollten. Was ich aber von de[n]
Barbarn gesagt habe, hatte den Endzweck, damit ma[n]
einsehe, daß wir um nichts weniger zu entschuldige[n]
sind, wenn wir mit denen, welche ohne alle Schaa[m]
nackend einhergehen, zwar nichts zu thun haben wol[l]
len, allein dafür in den entgegengesetzten Fehler fa[l]
len, und uns zuviel putzen. Wollte Gott, daß si[ch]
jeder mit Rücksicht auf Nothwendigkeit und Ehrba[r]
keit, züchtig, nicht stolz und eitel, kleidete!

Neu[n]

Neuntes Hauptstück.

Von den dicken Wurzeln und der dicken Hirse, woraus die Barbarn ihr Mehl machen, dessen sie sich statt des Brodtes bedienen, und von ihrem Getränke, welches sie Kaueng (Caou-in) nennen.

Weil wir im vorigen Hauptstücke den äussern Putz und Anzug der Barbarn gesehen, scheint es mir der natürlichen Ordnung gemäß zu seyn, hier von ihren Nahrungsmitteln zu reden. Ueberhaupt ist aber zu merken: wiewohl sie weder Getraide haben, noch säen, noch auch Weinstöcke pflanzen, so leben sie doch nichts destoweniger (was ich mehr als einmal erfahren habe,) schwelgerisch, obschon sie kein Brodt und keinen Wein haben.

Sie haben zwo Gattungen von Wurzeln, welche bey ihnen Aypi und Manior *) heissen. Dieselbe wachsen in Zeit von drey bis vier Monaten so stark, daß sie anderthalb Schuhe lang sind, und die Dicke eines Schenkels haben. Sobald sie ausgerissen sind machen sich die Weiber (denn diese Beschäftigung geht die Männer gar nichts an,) gleich drüber her, braten sie auf dem Bukan, (Boucan,) **) zuweilen reihen sie selbige auch frisch über spitzen Steinchen, welche sie

in

---

*) Anm. des Uebers. Jatropha Manihot. Linn. Yuca Ovied. Ausser diesen siehe eine weitläuftigere Beschreibung unter andern bey Labat Reise nach Westindien, Th. II. B. 20. S. 441 ff. (deutsche Uebers. Nürnberg 1783.) Vergleiche auch Eckart l. c. (bey Murr I. c. S. 438. ff.) – und Veigl Nachr. von den Mainas, ebend. S. 147. – und mehrere andre.

**) Anm. des Uebers. Von dem Bukan werden wir im folgenden Hauptstücke mehr sagen.

in ein Stück Holz fest gesteckt haben, auf die Art wi[e]
wir den Käse und die Muskotnüsse zu reiben pflegen
und machen dann ein sehr weisses Mehl davon. Dies[es]
rohe Mehl und sogar der weisse Saft, von dem wi[r]
bald reden werden, der aus selbigem gepreßt wird,
hat den völligen Geschmack wie frisches flüßiges Ame[-]
lung von lang in Wasser geweichten Waizen, so, daß
mir nach meiner Rückkunft in Frankreich an einige[n]
Orten, wo dergleichen gemacht wurde, der Geruch da[-]
von den ganz ins Gedächtniß zurückbrachte, von wel[-]
chem die Häuser der Barbarn, so lange sie das Meh[l]
aus den Wurzeln machen, durchdrungen zu seyn
pflegten.

Zur Zubereitung dieses Mehls verfertigen die bra[-]
silianischen Weiber sehr grosse irdene Gefässe, wovon
jedes einen Scheffel hält, mit ziemlich leichter Mühe.
Diese stellen sie ans Feuer, und werfen das zerriebene
Mehl hinein, welches sie, während es röstet, immer[-]
fort mit einer halb durchgeschnittenen Gurke, deren si[e]
sich statt eines grossen Löffels bedienen, herum rühren.
Ist es nun auf diese Art genug geröstet, so hat es die
Gestalt wie kleines Tranche.

Zwo Arten verfertigen sie von diesem Mehle. Eine
ist ganz durchgeröstet hart, und heißt bey ihnen Uiang-
tang: (Ouy-entan:) dies, weil es sich länger gut er[-]
hält, nehmen sie mit, wenn sie in den Krieg ziehen.
Die andere wird nicht so stark geröstet, ist daher auch
weicher, und heißt Uipu. (Ouy-pou.) Diese Art Mehl
ist viel besser als die erstere, und hat, wenn man es
frisch ißt, den Geschmack von der Krume in weissem
Brodte. Der erste Geschmack aber, von dem ich oben
geredet habe, verändert sich unter dem Rösten in einen
süssern und angenehmern.

Wie[-]

Wiewohl aber diese Arten Mehl, besonders wenn
es frisch ist, von dem vortrefflichsten Geschmacke, und äusserst nahrhaft sind, auch ihr Rösten nicht viele Mühe
macht, so ist doch keines von beyden (wie ich selbst erfahren habe,) zum Brodtbacken tauglich. Es giebt
zwar einen Teig, der nicht viel weniger als der von Waizen aufschwillt, das schönste Ansehen hat, und wie Semmelteig aussieht: von dem Backen aber trocknet er so
aus, und die Kruste wird so verbrannt, daß, wenn
man das Brodt durchbricht oder durchschneidet, das Inwendige völlig trocken, und wieder Mehl, wie es zuvor
gewesen, geworden ist.*) Aus dem Gesagten bin ich geneigt zu glauben, derjenige, so zuerst berichtet **), über
dem 22sten bis 23sten Grade südlicher Breite (welche
die Tuupinambolsier seyn müssen,) ässen die Leute gewöhnlich Brodt aus zerriebenem Holze, habe das, was
ich gesagt, nicht gut überdacht, und sey daher betrogen
worden: man müsse dies daher von den Wurzeln, von
welchen hier die Rede ist, verstehen.

Beydes Mehl aber ist zur Verfertigung eines
Breyes, welchen die Barbarn Mengant nennen, vortrefflich, besonders wenn es mit einer fetten Brühe aufgelöst wird: denn alsdenn sieht es wie Reis (Oriza) aus,
und hat, auf diese Art zurecht gemacht, den besten Geschmack.

Uebrigens gewöhnen sich unsere Tuupinambolsier,
männlichen sowohl als weiblichen Geschlechtes, von früherer Kindheit an, dergleichen trockenes Mehl statt des
Brodtes zu essen: worinn sie sich durch die beständige
Uebung

---

*) Allgemeine Geschichte von Indien, B. II. K. 92. — Anm. des
Ueberf. Bey mir K. 91. S. 118.

**) Anm. des Ueberf. Man pflegt doch itzt wenigstens, und auch
schon vorher Kuchen draus zu backen, die Cassave heissen. S. die
oben angeführten Schriftsteller.

Uebung eine solche Fertigkeit verschafft haben, daß sie mit den Fingerspitzen selbiges aus den Töpfen nehmen, und so sicher auch von weitem in den Mund werfen, daß nicht das geringste vorbeyfährt. Wir versuchten es einigemal nachzumachen, allein wir machten uns das ganze Gesicht voll Mehl: mußten uns daher wegen unserer geringen Geschicklichkeit hierinn, wenn wir uns nicht zu Hanswursten machen wollten, der Löffel bedienen.

Ferner werden diese Wurzeln Aypi und Maniot zuweilen, wenn sie noch frisch sind, in Stücke zerschnitten, und aus dem noch nassen Mehle von den Weibern dicke Bälle gemacht, aus welchen sie dann mit den Händen einen weissen flüßigen Saft, wie Milch, herauspressen. Diesen Saft stellen sie in irdenen Gefässen an die Sonne, von deren Hitze er wie Milch gerinnt. Wenn er nun gegessen werden soll, so wird er in Schildkrötenschalen gegossen, und wie bey uns die Eyer gebacken. *)

Nebst dem wird die Wurzel Aypi nicht blos zur Verfertigung des Mehles gebraucht, sondern auch in heisser Asche gebraten giebt sie eine sehr gute Speise. Denn sie wird weich, und läßt sich durchbrechen, wie eine in Kohlen gebratene Kastanie, deren Geschmack sie auch nahe kömmt: und ist daher mit diesem Zubereiten kostbar zu essen. Ganz anders aber verhält es sich mit der Wurzel Maniot, deren Geniessung, wenn sie nicht zu Mehl gemacht und geröstet ist, äusserst gefährlich ist.

Das Kraut an beyden hat ohngefähr die nämliche Form und die Grösse eines niedrigen Wachholderstrauches,

---

*) Anm. des Uebers. Das kann nur von der Aypi, nicht aber von der Maniot zu verstehen seyn; denn der Saft der letztern wird für tödtlich gehalten. S. Veigl l. c. S. 149. und Eckart l. c. S. 289. Labat l. c. welcher letztere jedoch den gekochten Saft unschädlich behauptet.

Neuntes Hauptstück; 159

ʒes, und Blätter wie Päonienrosen. Was aber von
ſieſen braſilianiſchen Wurzeln Aypi und Maniot das
Wunderbarſte iſt, iſt dieſes, daß man zu ihrer Fort=
flanzung ihre Nebenſtengel, welche ſich wie Hanfſtengel
ſicht zerbrechen laſſen, ſo viel man will, nur abzuriſſen,
ind tief in die Erde zu ſtecken braucht; nach zween bis
rey Monaten bringen ſie ohne eine andere Arbeit eine
Menge Wurzeln hervor.

Die Weiber ſäen auch die groſſe Hirſe, von dem
h ſchon geredet habe, und das wir gewöhnlich tür=
iſch Korn *) nennen, bey den Barbarn aber Avati
eißt, nachdem ſie ſich zuvor mit einem ſehr ſpitzen Sta=
e ein Loch vorgeſtochen haben. Auch aus dieſem machen
e ein Mehl, röſten und eſſen es auf dieſelbe Art, als
h von dem andern geſagt habe. Ich glaube (in der
rſten Ausgabe dieſer meiner Reiſe ſagte ich das Gegen=
jeil: denn ich unterſchied da zwo Arten, die ich itzt
ach genauerer Unterſuchung für eine halten muß,) dies
Avati unſerer Braſilianer ſey daſſelbe, welches der
Berfaſſer der allgemeinen Geſchichte von Indien Mais
ennt, was, wie er ſelbſt bezeugt, den Indianern ſtatt
er Frucht dient. Er beſchreibt es ſo: **)

„Der Stengel des Mais erhält oder überſteigt
auch wohl zuweilen die Höhe eines Mannes: er iſt ſehr
dick, hat Blätter, die denen des Sumpfrohres ſehr
ähnlich ſehen: — Seine Aehre gleicht der Fichte, (nux
pinaſtrius,) hat ein groſſes, weder rundes noch vier=
eckigtes Korn, und iſt in der Länge mit unſerm Waizen
nicht zu vergleichen. ***) Nach dreyen Monaten
von

*) Anm. des Ueberſ. Der gewöhnliche Mais, Maiz.

**) B. V. K. 215. — Anm. des Ueberſ. Mit K. 216.

***) Anm. des Ueberſ. Das ſpaniſche Original hat etwas anders:
„Das Korn iſt groß, allein nicht rund wie eine Erbſe, nicht lang
„wie Waizen, nicht viereckigt."

„von der Saat wird er gemäht, — ja an feuchten
„Orten nach fünf und vierzig Tagen. — Ein Korn
„bringt hundert, zwey hundert, drey=vier=fünf=zu
„weilen sechs hundert *) hervor.„ — Hieraus wird
nun hinlänglich klar, was fruchtbare Gegenden die
Spanier inne haben. Ein Schriftsteller **) berichtet
der Boden in Westindien sey so fruchtbar, daß das
Korn, Hafer und Hirse funfzehn Schuhe hoch werden

Dies ist, wie ich bemerkt habe, was bey den Amerikanern die Stelle des Brodtes vertritt.

Die Spanier und Portugiesen, welche sich in diesen Gegenden niedergelassen haben, haben Getraide und Wein in Menge; woraus erhellet, daß diese brasilianische Küste hierinn sehr ergiebig, und daß es der Unwissenheit der Barbaren zuzuschreiben sey, daß sie desselben nicht haben. Wir hatten auch Frucht und Weinstöcke mit uns genommen und gepflanzt: wir erfuhren aber, daß beydes vortrefflich anschlagen würde, wenn nur das Land wie bey uns angebaut würde: denn die Weinstöcke trieben häufige Geschosse, ein sicheres Zeichen eines sehr fruchtbaren Landes: allein die Trauben waren das erste Jahr eßigsauer, und wurden nicht allein nicht zeitig, sondern täglich härter. Jedoch, wie ich vor nicht langer Zeit von erfahrnen Winzern gehört habe, so ist bekannt, daß neu angelegte Weinberge im ersten und zweyten Jahre gewöhnlich nichtswerthe Früchte hervorbringen. Und daher ist es wahrscheinlich, daß die Franzosen, wenn sie fortgefahren ihnen abzuwarten, die besten Trauben von ihnen erhalten haben. ***)

Der

*) Anm. d. Uebers. Von den sechshunderten thut das Original keine Meldung.

**) Chalcondil de bello Turcico, L. III. C. 24.

***) Anm des Uebers. Es ist bekannt, daß ietzt in Brasilien ein guter Wein gezogen wird, der dem Cretenser nahe kömmt, wie sich
Piso

Der Roggen aber und der Waizen, den wir säeten, [bra]chte zwar Blätter hervor, gewann auch Aehren; al[ein] in diese waren leer.*) Der Hafer hingegen erhielt [i]hr viele Körner, und war hinlänglich zeitig. Es ist [a]ber glaublich, der Boden habe das Getraide zu ge[sch]winde hervorgetrieben, die länger in der Erde bleiben [m]üßte, als der Hafer, so, daß sie weder blühen noch [K]örner hervorbringen konnte. Aus dieser Ursache halte [ic]h dafür, man müsse, wie man in Frankreich die Fel[de]r, um sie fruchtbarer zu machen, mistet, im Gegentheil [di]ese hier mit immerwährenden Anbau und Umarbeiten [er]müden, um sie auf diese Art zum Fruchtbringen taug[lic]her zu machen.

Wer zweifelt aber, daß die Franzosen, wenn sie [lä]nger da geblieben wären, dieselben Vortheile aus diesen [Lä]ndern hätten ziehen können, welche itzt die Portugiesen [ge]niessen? Sie hätten dies auch gewiß, und wären häufig [hin]gezogen, wenn nicht Villegagnon die reine Religion [ver]lassen hätte: und das noch besonders, da das Land [m]ehr Einwohner ernähren könnte, als es würklich er[nä]hrt; so, daß ich für sicher behaupte, ich würde damal [ta]usend Hufen des besten Landes haben besitzen können.

Dies habe ich nur obenhin sagen wollen, um denen [ge]nug zu thun, die mit der größten Neugierde fragen, [ob] in Brasilien auch Wein und Getraide fortkommen [kö]nnten, wenn sie angebaut würden? Um

---

Piso. p. 9. ausdrückt. Man kann sogar jederzeit im Jahre zeitige Trauben haben, wenn man an verschiedenen Plätzen die Weinstöcke zu verschiedenen Zeiten schneidet.

*) Anm. des Uebers. Eben dies bezeugt ohngefähr Labat von dem Waizen auf den Antillen. „Er schossete zwar gewaltig hoch, „die meisten Aehren waren aber leer, und die übrigen nicht son„derlich voll: als aber diese im Lande erzeugte wieder ausgesäet „wurden, trieben sie ganz ausserordentlich in die Höhe, und brach„ten die schönsten, vollsten Aehren, welche man sich nur konnte „vorstellen.„ Labat Reise nach Westindien, (deutsche Uebers.) Th. II. S. 411.

ℓ

Um aber wieder zu meiner Materie zurück zu kom
men, will ich, ehe ich von dem Fleische, den Früchte
Fischen und andern Speisen der Indianer, die von d
unsrigen ganz verschieden sind, rede, um, was ich
sagen habe, in besserer Ordnung vorzutragen, zuerst i
Getränk, und die Art wie sie es verfertigen, erzählen.

Hier ist vor allen zu bemerken, daß die Männe
gleichwie sie sich mit der Verfertigung des Mehls ni
abgeben, sondern die Besorgung davon den Weibe
überlassen, also sie auch an diesem Geschäfte hier ni
den geringsten Antheil nehmen. Ja sie hüten sich v
der Zubereitung des Getränkes noch viel sorgfältiger.

Nebstdem, daß die Wurzeln Aypi und Mani
auf die schon erzählte Art bereitet, ihre vornehm
ste Speise sind, so machen sie sich auch aus ihn
auf folgende Art ein Getränk. Nachdem sie selbi
zuerst in Stücke geschnitten haben, wie wir hier k
Rüben zum Kochen zu schneiden pflegen, so k
chen sie selbige in einem irdenen Topfe, bis sie wei
sind, nehmen sie dann vom Feuer, und lassen sie a
kühlen. Ist dies geschehen, so setzt sich ein ganzer Ha
fen derselben um diese ungeheure Töpfe, und zerkau
diese weichen Stücke, nehmen sie drauf mit der Ha
aus dem Munde, und werfen sie in einen andern Top
der auf dem Feuer steht, um sie von neuem zu koche
während dem Kochen rührt man sie aber beständig m
einem Stocke herum, bis man denkt, daß sie gen
gekocht haben. Nun nehmen sie selbige zum zweytenm
vom Feuer, und schütten alles in andere irdene G
schirre, deren jedes ein kleines burgundisches Faß häl
und lassen sie offen stehen, bis es ausgegohren und au
geschäumt hat: dann erst decken sie selbige zu, bis sie sie a
die Art, wie ich erzählen werde, ausleeren. Die G
schirre, wovon ich am letzten sprach, sehen bald wie d

Neuntes Hauptstück. 163

Fässer aus, deren man sich in Bourbon und Roverge
zum Laugemachen bedient, haben jedoch einen etwas
ängern Mund.

Dieselben brasilianischen Weiber kochen und kauen
auch die Hirse, welche bey ihnen Avati heißt, und ma=
chen auf die eben beschriebene Art ein Getränk davon.
Ich wiederhole es aber, daß blos die Weibsleute dies
Geschäft verrichten. Denn wiewohl ich zwischen Jung=
frauen und Weibern, die sich deswegen aber nicht von
dem Umgange mit Männern enthalten, (wie Thevet falsch
schreibt,) *) hierinn keinen Unterschied gesehen, so sind die
Barbarn doch fest überzeugt, das Getränk würde gar
keinen Geschmack haben, wenn sie die Wurzeln oder
Hirse kauen sollten. Nebst dem halten sie auch ihrer so
unwürdig, als es von den Bauren in La Forets unan=
ständig ist, daß sie nähen und spinnen. Die Barbarn
nennen das Getränk Kaueng (Caou-in.) Es ist etwas
trüb, rauh, hart, und hat bald den Geschmack wie
Milch: sie haben auch, wie wir, Wein, rothen und
weissen. **)

Weil aber diese Wurzeln und Hirse in ihrem Lande
zu jeder Zeit zu haben sind, so machen sie sich dies ihr
Getränke, so oft es ihnen gefällt, in solcher Menge,
daß ich auf einmal mehr als dreyßig Fäßchen, deren je=

L 2   des

*) Singul. Americ. C. 24.

**) Anm. des Uebers. Marcgrav giebt ihnen neue verschiedene
Arten von Getränk: 1) Caoi, der ausgedrückte Saft der Akaschu.
(Acaiubae arboris fructu.). 2) Aipii, entweder die gekaute und
nachher gekochte Wurzel Aipimakaxera, oder dieselbe mit gestossen,
und dann zerkocht. 3) Pacobi, aus den Früchten der Pacobete und
Pacobucu. (Bananas und Plantano. Musa paradisiaca et Sapientium
Linn.). 4) Abatii, aus dem Mais. 5) Nanai, aus den Ananas.
(bey den Brasilianern Nana). Dieser Wein ist der stärkste. 6) Je=
tici, aus den Bataten, (bey den Brasilianern Jetic). 7) Aus der
zeitigen Frucht des Janipaba. 8) Beeringui. 9) Tipiaci, beyde
aus der Yuka. (Maniot ꝛc.) Marcgrav. Tract. topogr. et meteor.
Brasiliae etc. Amstelod. 1648. C. VII. p. 14.

bes an sechzig Sextarios halten mag, in ihren Hä[usern?]
fern herum liegen gesehen, wo sie denn auch gefüllt u[nd]
bedeckt liegen bleiben, bis sie zum Saufen zusamm[en]
kommen. Ehe ich aber ihre Art zu saufen erzähle, m[uß]
ich erst ausrufen: Ihr Deutsche, Niederländer, Sch[wei]-
zer, und alle ihr, die ihr im herzhaften Saufen d[en]
Vorzug habt, ihr, sage ich, könnt weit zurück bleib[en,]
denn ich sehe schon zum voraus, daß ihr bey Anhöru[ng]
der Saufart der Barbarn ihnen gern weichen werd[et.]

 Wollen sie also ein Saufgelag halten, besonde[rs]
wenn sie unter den feyerlichen Zeremonien, wovon [ich]
nachher handlen werde, einen Gefangenen zu schlach[ten]
haben, so machen die Weiber ein langsames Feuer u[m]
die Geschirre herum, damit der Trank laulicht wa[rm]
werde: denn sie wollen ihn warm. (grade das Gegenth[eil]
von uns, die wir den kühlsten Wein am liebsten haber[n.])
Ist dies geschehen, so wird das erste Fäßchen geöffn[et]
und die Weiber füllen dann statt des Bechers die Häl[fte]
einer grossen Gurke, welche drey Pariser Sextarios h[al]-
ten mag. Die Männer kommen dann tanzend herz[u]
und nehmen die vollen Trinkgeschirre aus ihren Hä[n]-
den, die dann auch ebenfalls mit ihnen trinken, und d[en]
vollen Becher in einem Schlucke ausleeren. Sie füll[en]
aber diese Gurkenschaale so oft, bis in keinem einzig[en]
Fasse ein Tropfen mehr übrig ist. Ich habe [sie]
drey Tage und Nächte in einem fort saufen gesehen:
sogar gaben sie sich von neuem dran, wenn sie auch [so]
betrunken waren, daß sie gar nichts machen konnte[n,]
weil es Feigheit bey ihnen wäre, von dem einmal ang[e]-
fangenen Streite nachzulassen. *)

          Au[ch]

---

*) Anm. des Uebers. Von den Tapuiern, einer noch wildenbr[a]-
silianischen Nation sagt *Marcgrav Tract. topogr. et meteor.* Bra[s.]
C. VIII. p. 27. „Wenn sie ihren Wein machen, so thun das al[le]
„in einem Dorfe zugleich. Nachher wird jedem einzelnen ein T[ag]
„angesagt. Am Morgen kommen alle zusammen, und fangen da[s]

Neuntes Hauptstück.

Auch ist zu bemerken, daß die Tuupinambolsier weder unter dem Trinken essen, noch unter dem Essen trinken: daher kam es denn auch, daß sie sich über unsere Art zu essen sehr verwunderten, wenn sie uns wechselsweise essen und trinken sahen. Wollte sie einer in diesem Fache mit den Pferden vergleichen, so will ich hier die Antwort eines Witzlings anführen, welcher zu sagen pflegte, der Unterschied bestehe darinn: die Barbarn brauchten nicht zur Tränke geführt zu werden, und es sey gar keine Gefahr, daß sie die Schwanzriemen wegnehmen müßten.

Wiewohl sie keine bestimmte Stunde zum Essen haben, sondern so oft es ihnen gefällt, und sie der Hunger treibt, auch um Mitternacht essen, und im Trinken gar keine Schranken kennen; so sind sie doch im Speisnehmen sehr mäßig.*) Einige waschen Mund und
Hände

„an einer Ecke des Dorfes an, und saufen der Ordnung nach in
„allen Hütten allen Wein aus, bis kein Tropfen mehr da ist.
„Während diesem Saufen singen und tanzen sie immerfort, ohne
„kaum abzulassen. Spürt einer, daß er zu viel getrunken, so er-
„weckt er sich ein Erbrechen, und säugt von neuem an, ja der,
„so sich am meisten erbrechen, und wieder von neuem trinken kann,
„wird unter den übrigen Zechern für den besten und tapfersten ge-
„halten."

*) Anm. des Uebers. P. Eckart *l. c.* S. 575. 576. bezeugt hievon gerade das Gegentheil. „Gleich wie sie, sagt er, 3 bis 4 Tage
„können den schwarzen Hunger leiden, und alsdann den Bauch
„mit einem Gürtel fest zusammen strengen, als auch, wenn eine
„so lange Zeit vorüber, so lösen sie das um den Leib gewundene
„Band wiederum auf, und es fressen 3 oder 4 solcher Heißhungri-
„gen einen ganzen Ochsen zu einer Mahlzeit hinein." — Vielleicht
daß diese Verschiedenheit von der Verschiedenheit der Gegenden
herkommt, in welchen beyder Beobachtungen angestellt wurden;
Vielleicht daß Lery während seinem kürzern Aufenthalte sie nicht
in allen Situationen gehörig beobachtet hatte. Vielleicht daß
Eckarts Beobachtung nur einzelne traf. — Jedoch schon *Maffeius*
hist. Indic. L. II. p. 33. (Colon. 1589.) hat die Bemerkung Eckarts:
„Ganze drey Tage können sie, wenn es ihnen an Speise gebricht,
„fastend hinbringen; haben sie dergleichen im Gegentheile in
„Menge, so halten sie sich auch vom ersten Abend bis an den hellen
„Morgen ununterbrochen an Fressen und Saufen."

Hände vor und nach dem Essen. Was den Mund a
geht, so glaube ich, das geschieht darum, weil er for
von dem Mehl, dessen sie sich, wie gesagt, statt d
Brodtes bedienen, eine klebrichte Feuchtigkeit zuz
hen würde. Während dem Essen wird das streng
und bewundernswürdigste Stillschweigen beobac
tet. Wir hingegen wurden von ihnen, wenn w
gegen ihren Gebrauch, wie es in Frankreich Mode is
während der Mahlzeit unser Gespräch forthielten, ausg
lacht. So lange aber ein Saufgelag dauert, sing
die Amerikaner in der größten Freude, springen u
tanzen, ja ermuntern einander, im Kriege tapfer
seyn, und viele Feinde zu fangen. Drauf springen
einer hinter dem andern, wie Störche, durch das Hau
in welches sie zusammen gekommen, bis alle Fäß
völlig leer sind.

Daß sie aber die vorzüglichsten Säufer sind, wi
auch nicht wenig dadurch bestätigt, daß einige in de
gleichen Gelagen vier Sertarien Kaueng ausleeren. A
lein nie geht es mit grösserem Feuer, als wenn sie in i
rem Federputze (wie wir oben gesagt haben,) einen G
fangenen schlachten und fressen: denn bey dergleichen G
legenheiten feyern sie, wie die alten Heyden, ihre B
chusfeste. Wenn die Nachbarn in ihren Hamaken sitze
zusammen trinken, so gehts freylich sparsamer her: a
sein da alle Einwohner eines Dorfes oft zu den u
mäßigen Saufgelagen, niemal aber zum Essen zusam
men kommen, so können diese mäßigen und sittsame
Zusammentrinkungen selten Statt haben.

Niemal aber fangen sie ein Saufgelag, es sey nu
ein mäßiges oder übermäßiges, an, ohne, wie gesag
zur Vertreibung der Sorgen auch Tänze zu halten. I
Ansehung ihrer Tänze aber haben sie noch das Besonder
daß die jungen und unverheyratheten Mannspersone

mit ihren Federbüschen auf dem Rücken, dem Maraka in der Hand, und unter dem Geräusche jener in Fäden eingereihten und an die Beine gebundenen trockenen Früchtchen (wie schon gesagt worden,) die ganze Nacht von Hütte zu Hütte springend und tanzend herumschwärmen: so daß, wenn ich sie sah und hörte, mir oft die Tollheit derjenigen einfiel, die in einigen Gegenden Frankreichs **Domestiken** (famuli) heissen, und zu gewissen den Heiligen und Patronen jeder Pfarrey gewidmeten Zeiten in Narrenkleidung umherziehen, und mit vielen Pfeifen und Schellen über die Strassen tanzen.

Hier fällt mir was Merkwürdiges bey. Bey allen Tänzen der Barbarn nämlich, sie mögen nun einer hinter dem andern, oder in einem Zirkel herumspringen, wovon wir unten mehreres reden werden, sind nie Männer und Weibsleute unter einander gemischt, sondern beyde tanzen besonders.

Ehe ich jedoch die angefangene Erzählung von den Trinkgelagen unserer Amerikaner beschliesse, will ich hier eine artige, wiewohl tragische Geschichte erzählen, damit jeder einsehe, wie viel Wein sie einschütten würden, wenn sies nach ihrem Verlangen hätten. Ich habe sie von einem Mussakat oder Hausvater, der mir sie folgendermassen erzählte.

Vor nicht länger Zeit (sagte er in seiner vaterländischen Sprache,) überfielen wir ein Jagdschiff von Peros: (so nennen sie die Portugiesen, mit welchen sie in Feindschaft leben:) die Leute aus selbigem, die wir bekamen, schlachteten und assen wir. Als wir aber ihre Waaren plünderten, fanden wir unter denselben auch sehr grosse hölzerne Karamemen (diesen Namen geben sie den Fässern und übrigen Geschirren,) voll eines gewissen
Ge-

Getränkes. Wir öffneten sie auf einer Seite, um zu sehen, was sie denn enthielten. Ich abe (sagte der Alte,) weiß nicht, was es für ein Getränk gewesen, oder ob es auch dergleichen in eurem Lande giebt. Das aber weiß ich, daß wir nachdem wir uns satt daran getrunken, dre ganze Tage so voller Schlaf gewesen, daß wir am dritten Tage kaum wach wurden.

Ich vermuthe, daß diese Fässer voll spanischen starken Weines waren, womit sich die unklugen Barbarn ein Fest machten. Es ist daher auch nicht zu bewundern, daß sie von den Dünsten dieses Weines überwältigt eingeschlafen, wie es der Alte erzählte.

Wir hatten anfänglich vor dem Kauen der Weibsleute bey Verfertigung des **Kaueng** einen Eckel wir zerstiessen daher, um dasselbe zu vermeiden, einige **Aypie-** und **Maniotwurzeln** mit einer Quantität Hirse, und hofften dadurch ein angenehmeres Getränk hervorzubringen: allein die Erfahrung lehrte uns, daß es auf diese Art nicht ginge. Wir gewöhnten uns daher nach und nach an den **Kaueng** der Barbarn Jedoch bedienten wir uns desselben nicht immer: denn wir verfertigten uns von Zuckerrohr, dessen wir in Menge hatten, ein Getränk von dem angenehmsten Geschmacke, wenn wir selbiges etliche Tage in kalten Wasser hatten weichen lassen. Zuweilen trunken wir auch blosses Wasser: denn es giebt hier die klärestei Brunnen, auch Flüsse süssen Wassers, das bey dem heissen Klima Dienste thate, daß auch desselben in Menge getrunken nie schadete.

Hier fällt mir ein, daß die Barbarn das süsse Wasser **Vehete**, das gesalzene aber **Vheang** (Vheen nennen. Diese Wörter auszusprechen hatten wir die

vor

vorzüglichste Mühe: denn sie sprechen selbige aus der
untersten Gurgel, wie die Hebräer ihre Gurgelbuchs=
taben.

Weil ich endlich nicht zweifle, daß dasjenige, was
ich in der Zubereitung des Kaueng von dem Zerkauen
der Wurzeln und Hirse von den Weibsleuten gesagt ha=
be, vielen eckelhaft vorkommen wird, so bitte ich diese,
um ihnen diesen Eckel zu benehmen, die Art der Zube=
reitung des Mostes bey uns zu überdenken. Denn
wenn sie sich erinnern, wie die Winzer zur Herbstzeit,
besonders in den Gegenden wo die starken Weine wachs=
en, mit nackten Füssen, zuweilen auch mit Schuhen in
die Weinzuber treten, und die Trauben zerknirschen, ja
sie selbst auf den Keltern mit der grössten Unsauberkeit
behandlen, so wird viel zum Vorschein kommen, was
nicht reinlicher ist als das Kauen der Wurzeln. Ant=
wortet aber einer darauf: durch das Gähren und Schäu=
men reinige sich der Wein; so stelle ich ihn damit zu=
frieden, daß auch der Kaueng allen Unrath von sich
werfe, und so beyde nichts von einander Unterschiedenes
haben.

Zehntes Hauptstück.
Von den wilden Thieren, grossen Eidexen, Schlan=
gen und andern monströsen Thieren
in Amerika.

Ehe ich weiter gehe, will ich zu Anfange dieses
Hauptstücks dem Leser kurz melden, daß in ganz Brasi=
lien kein Thier gefunden werde, das den unsrigen in
der Bildung gleich kömmt, und daß die Tuupinam=
bolsier

bolster derselben nur selten zahm gemacht in ihr[en]
Häusern aufziehen. Um aber überhaupt die wild[en]
Thiere zu beschreiben, welche von den Barbarn S[ ]
genennt werden, will ich mit denen anfangen, welc[he]
den Menschen zum Gebrauche dienen.

Zuerst muß, meiner Meynung nach, das g[e]
meinste kommen. Sie nennen es Tapirussu. *) E[s]
hat röthliches, langes Haar, und kömmt in der Grö[ße]
und Gestalt einer Kuh sehr nahe. Weil es jedoch kein[e]
Hörner, einen kürzeren Hals, längere und hängen[de]
Ohren, dürrere und schmächtigere Beine, nicht gespalte[ne]
und dem Esel gleiche Hufen hat, so könnte einer mit Rec[ht]
sagen, es habe die Natur beyder Thiere, des Esels u[nd]
der Kuh, mit sich vereinbart. Es ist aber nichts desto wen[i]
ger von beyden sehr verschieden: denn es hat sowohl eine[n]
überaus kurzen Schwanz, (obenhin muß ich hier dem L[e]
ser erinnern, daß es in Amerika viele Thiere giebt, d[ie]
gar keinen Schwanz haben,) als vier schärfere Zähn[e]
Indessen haben die Menschen gar nichts von ihm zu b[e]
sorgen; denn es pflegt eher auf der Flucht, als in se[i]
nen Kräften sein Heil zu versuchen. Die Barbarn e[r]
legen es mit Pfeilen, wie die mehresten andern, ode[r]
fangen es auch in Gruben, oder auf andere dergleiche[n]
listige Arten.

Uebrigens ist dieses Thier bey den Barbarn in gro[s]
ser Achtung, vorzüglich wegen den Fellen, die sie, so[ ]
bald sie selbige abgezogen haben, zirkelrund schneiden, a[n]
der Sonne trocknen, und so zu Schildern von der Größ[e]
eine[r]

*) Anm. des Uebers. Ausser den Klauen ist die Beschreibung gra[de]
dieselbe, wie die des Tapirus, Brisson. p. 119. Tapiierete ode[r]
Anta, Marcgrav p. 229. Pison. p. 101. und dann wäre es Hippopo[ ]
tamus terrestris pedibus posticis trisulcis, Linn; allein Lery gieb[t]
ihm Eselsklauen. — Buffon hist. nat. des quadr. T. V. p. 155 seq[q]
(à Deuxponts 1787.) scheint diesen Unterschied bey Lery nicht be[ ]
merkt zu haben. Eben so wenig T. X. p. 5. suiv.

eines mäßigen Faßbodens bilden, mit denen sie im Kriege die Pfeile der Feinde abprellen. Diese Felle werden in der Sonne so hart, daß ich nicht glaube, daß irgend ein Pfeil, so stark er auch abgeschossen worden, sie leicht durchbohren wird. Ich wollte mit Fleiß zwey dergleichen Schilde mit in Frankreich bringen: auf unserer Rückreise aber ward der Hunger bey uns so dringend, daß wir, nach Aufzehrung aller unserer Lebensmittel, selbst die Meerkatzen, Papageyen und dergleichen Thiere nicht ausgenommen, welche wir aus diesen Ländern mit uns führten, auch diese beyden Schilde auf den Kohlen braten und verzehren mußten, um uns des Hungers zu erwehren: wo denn auch noch, wie ich zu seiner Zeit sagen werde, die andern Felle in dem Schiffe dazu kamen.

Das Fleisch Tapirussu schmeckt bald wie Kalbfleisch. Die Barbaren braten (in ihrer Sprache nennen sie bukaniren,) es auf ihre Art. Weil ich dies Wort schon oben gebraucht habe, und auch selbiges unten noch öfter vorkommen wird, so will ich hier bey dieser Gelegenheit, um dem Leser nicht länger in Unwissenheit zu lassen, ihm selbiges erklären.

Die Amerikaner schlagen vier hölzerne Gabeln, in der Dicke eines Arms, drey Fuß von einander, in Gestalt eines Vierecks, ohngefähr drey Fuß hoch, in die Erde ein, legen dann in die Finger der Gabel vier Querstäbe, und auf diese der Länge nach wieder andere, und bringen auf diese Art einen hölzernen Rost zu Stande, den sie in ihrer Sprache Bukang (Boucan) nennen. In ihren Wohnungen haben sie dergleichen Roste sehr viele, um das Fleisch zu trocknen. Zu diesem Ende schneiden sie selbiges in Stücke, und lassen es so auf einem langsamen Feuer, welches sie mit trocknem Holze angezündet, so, daß es schier gar keinen Rauch giebt, so lange es ihnen gefällt, ruhig braten, ohne es zuweilen

in zwo Stunden umzuwenden. Und weil sie ihre Spei=
sen nicht, wie bey uns der Gebrauch ist, salzen,*) s[o]
ist dies die einzige Art, die sie haben, sie aufzubewah[=]
ren. Wenn sie also gleich in einem Tage drenßig de[r]
wilden Thiere erlegten, deren ich in diesem Hauptstück be[=]
schreiben werde, so würden sie sogleich zerschnitten, un[d]
so geschwind als möglich auf den Rost gelegt, damit s[ie]
nicht verderben. Hier dörren nun diese Stücke, oft um[=]
gewendet, zuweilen über vier und zwanzig Stunden, b[is]
sie inwendig so gut als auswärts durchgebraten, und s[ie]
vor der Fäulniß völlig sicher sind. **) Die Zubereitun[g]
und Erhaltung der Fische ist die nämliche. Haben s[ie]
ihrer, so trocknen sie eine Menge derselben, um Meh[l]
daraus zu machen: besonders dienen hiezu jene, so i[n]
ihrer vaterländischen Sprache Piraparati heissen, un[d]
rechte Barben (Muli) sind; wovon ich anderstwo noc[h]
mehreres sprechen werde. Diese Roste sind der Bar=
barn Fleischbänke und Vorrathskammern: man wird da[=]
her auch kaum in ihre Dörfer kommen, ohne sie mi[t]
Wildpret= oder Fischfleisch beladen zu sehen. Oft ge[=]
schieht es auch, wie ich noch weiter unten sagen werde,
daß man bey dergleichen Gelegenheiten die Roste mi[t]

Men[=]

---

*) Anm. des Uebers. Zum Aufbewahren nämlich; denn sonst esse[n]
sie zum gekochten Fleische, zu gesottenen und gebratenen Fischen,
Krebsen ꝛc. Salz und Pfeffer, und ein Unkraut Juquitaija, *Marcgrav*
Tractatus topograph. et metereolog. Brasil. C. VII. p. 17. D. Eckart
bey Murr *l. c.* S. 519. Dieß ihr Gewürze tragen sie allezeit in
Blätter eingewickelt mit sich. Von dem Pfeffer überhaupt sind die
Brasilianer grosse Liebhaber. Eckart *ibid.* — Vergl. auch unten
H. XIII. beym Pfeffer.

**) Anm. des Uebers. Auf etliche Wochen. *Marcgrav* Tract. cit. C. VII.
p. 17. — Labat thut Th. VI. S. 74 ff. (deutsche Uebers.) einer
andern Art zu boukaniren Meldung, deren sich die Jäger auf den
Antillen bedienen, welche das Fleisch so vor der Fäulniß sicherten,
daß es sich mehrere Jahre aufbewahren läßt. — Von dem auf
diese Art zubereitetem Fleische ist es vermuthlich, was die Spanier
in ihre entfernten Provinzen schicken, und das Begert, Nachricht
von Californien, zaundürres Fleisch nennt. — Einer mehr
künstlichen Boukanirung erwähnt und beschreibt weitläuftig: Labat
l. c. Th. IV. von einer Schildkröte, und Th. V. von einem
Schweine.

Zehntes Hauptstück.

...enschenfleisch (der besten Beute für sie von den über... ...undenen zu schlachtenden und zu verzehrenden Feinden,) ...gefüllt findet. So viel vom amerikanischen Bukanis... ...n.*) Statt des auf diese Art zubereiteten Fleisches ...en die Amerikaner auch wohl gesottenes: was ich mit ...rlaubniß Thevets schreibe, der dies zu läugnen wag...

Um aber in meiner angefangenen Beschreibung des ...ildpretes fortzufahren, so scheint der zweyte Rang in ...r Größe einer Art Hirsche zu gebühren, welche sie ...euassu (Seouassous) nennen. Von den unsrigen sind ... in vielen Stücken verschieden: sie sind viel kleiner, ...ben kleinere Hörner, und haben, wie bey uns die ...eisen, ihre Haare lang herabhängen.

Der amerikanische Eber, der bey ihnen den Na... ...en Taiassu***) führt, gleicht an der Schwere des ...örpers, an den Ohren, dem Kopfe und Füssen sehr ...el den unsrigen, richtet auch mit seinen langen spitzigen ...rvorstehenden Zähnen grossen Schaden an: wie er je... ...ch etwas magerer und schmächtiger ist, und schrecklich

mit

---

*) Anm. des Uebers. Maregrav thut l. c. Tractat. etc. Brasil. C. VII. p. 17. noch einer andern Art, das Fleisch zu braten, Erwähnung: „Sie machen,„ sagt er, „eine Grube in der Erde, bedecken den „Boden mit den grossen Blättern eines gewissen Baums, legen „auf diese Blätter das zu bratende Fleisch, welches nun wieder „mit Blättern bedeckt, und dann mit Erde überschüttet wird. Auf „diesen Erdfleck nun machen sie ein gutes Feuer, und unterhalten „es so lange, bis das Fleisch hinlänglich gebraten ist.„ — Diese Art zu braten taugt aber nach seiner Versicherung nicht zur Zubereitung des Fleisches, was länger aufbewahrt werden soll. — „Kleinere Fische,„ heißt es ferner l. c. „wickeln sie in Blätter „ein, und bedecken sie mit heisser Asche.„

**) Anm. des Uebers. Lerys Aussage bestätigt auch Maregrav l. c. p. 17.

***) Anm. des Uebers. Sus Tajacu, dorso cystifero, cauda nulla, Linn. Sus ecaudatus, folliculum ichorosum in dorso gerens, Briss. Das Eiterschwein. Murr l. c. S. 199. n. *. — Le Pecari Buffon.

mit den Zähnen knirscht, so zeichnet ihn auch folgende Häßlichkeit aus. Er hat von Natur ein Loch im Rücken gleichwie ich dasselbe von den Köpfen der Meerschwein gesagt habe, wodurch sie athmen. *) Damit aber die keinem prodigieus vorkömmt, so will ich auf die allgem Gesch. von Indien zurückweisen. Diese erzählt **) bey den Nikaraguensern, die nicht weit von Neuspanien wohnen, gäbe es Schweine, die den Nabel auf dem Rücken trügen. Diese werden ohne Zweifel zu denjenigen gehören, von welchen ich itzt rede.

Uebrigens sind der Tapirussu, Seuassu und Taiassu die größten aller brasilianischen wilden Thiere.

Nebst diesen findet sich in Amerika ein wildes Thier von rother Farbe, (sie nennen es Aguti, ***) (Agouti) von der Grösse eines dreyßig Tage alten Spanferkels: er hat Füsse mit zwo Zehen, einen äusserst kurzen Schwanz Maul und Ohren schier wie Hasen, und einen vortrefflichen Geschmack. — Ausser diesen giebt es noch zwey bis drey andere Arten, die sie Tapiti †) nennen, welche

---

*) Anm. des Ueberſ. Habet à natura foramen in dorſo, quemadmodum in capite ſuem marinum habere diei, *quo ſpiritum emittit admittitque.* Quo ſpiritum etc. kann ſich ſowohl auf den Tajaſſu als auf das Meerſchwein beziehen. Piſo giebt Lery den erſtern Sinn, L. c. p. 99. ſagt er: „Lery und Thevet hatten geglaubt, „er athme durch dieſe Geſchwulſt wie die Meerſchweine durch ihre „Naſe; allein mir gefällt die aufmerkſame Meynung des Hernandez beſſer, der mit mir behauptet, daß es weder ein Nabel, „noch ein Naſenloch ſey. Aus dieſer Drüſe in der Oeffnung quillt immerfort ein ſtinkendes eiterichtes Waſſer. S. Tajacu, ſeu Apri mexicani moſchiferi Anatomia, tradita ab *Edouardo Tyſſon,* medico Londinenſi a Soc. Reg. ſocio in *Philoſ. Transact. Angl.* 1683. N. 153. — excerpta in *Actis Eruditis, A.* 1685. pag. 73 — 83 Tab. III. IV. — *Daubenton* T. XX.

**) L. V. C. 204.

***) Anm. des Ueberſ. Cavia aguti, Linn. S. auch *Piſo* l. c. p. 102. *Marcgrav hiſt. nat. Braſil.* p. 224. *Labat* l. c. Th. IV. p. 26. (deutſche Ueberſ.)

†) Anm. des Ueberſ. *Piſo* l. c. *Marcgrav* l. c.

Zehntes Hauptstück. 175

unsern Hasen nicht unähnlich sehen, allein röthlichs Haar haben.

Man jagt in den Wäldern auch Mäuse von der [Grö]sse und mit Haaren wie Eichhörnchen, die wie Ka[nin]chen schmecken.

Das Pag oder Paghe *) (Pague) (denn wie sies [eig]entlich aussprechen, kann man kaum, oder gar nicht [un]terscheiden,) ist ein Thier von der Höhe eines mittel[mä]ßigen Jagdhundes, hat einen unförmlichen Kopf; [sei]n Fleisch schmeckt bald wie Kalbfleisch; sein Fell ist [seh]r schön weiß, braun und schwarz gefleckt, und ich [gla]ube, daß es bey uns sehr hochgeschätzt würde, wenn [ma]n es erhalten könnte.

Es findet sich auch ein anderes, Sarigoa (Sari[go]y) mit Namen, welches die Barbarn wegen seinem [G]estank nicht essen. Wir aber verzehrten einige, nach[de]m wir ihnen das Fell abgezogen, und das Nierenfett [(a]ls woher der Gestank kommt,) weggeschnitten hatten, [oh]ne Eckel: denn sein Fleisch ist so wohl zart, als vom [be]sten Geschmacke.**)

Ferner

*) Anm. des Uebers. Baca, Marcgrav l. c. et Pison. l. c. Cavia paca, Linn.

**) Anm. des Uebers. Sarigueva, Pison. (de Ind. utr. renat. et med. L. V. C. 24. p. 323.) Die Beutelratze, Marsupialis Didelphis, Linn. „Es hat die Grösse eines kleinen Fuchses, einen Kopf und „Schnauze wie ein Fuchs, einen Bart wie eine Katze, und eine „schwärzlichte mit grauen Haaren vermischte Farbe. Sein „Schwanz ist über einen Fuß lang, rund, an der Spitze ohne „Haare, von brauner und schwarzer Farbe. Es trägt ihn krumm ꝛc. Pison l. c. Marcgrav hist. nat. Brasil. p. 222. — Le Sarigue, Büff. Tlaquatzin, Hernand. Niremb. — Eine sehr genaue Beschreibung dieses Thiers findet man auch in Gautier, Observat. sur l'hist. nat. sur le phys. et sur le peint. etc. Année 1752. T. I. P. 2. hist. nat. obs. 4. p. 79. 80. (4to à Paris che Delaquette) sammt einem illu minirten Kupfer.

Ferner giebt es eins, welches sie Tatu (Tatou) nennen. Es ist im Laufen nicht sehr geschickt; allein kriecht, wie bey uns die Chermalei, durch die Hecken durch, und ist mit den härtesten Schuppen bewaffne die mit einem Degen nicht durchgestochen werden könne Die Barbarn ziehen ihnen die Haut ab, und mach allerley Behälter davon. Wickelt man sie zusamm um eine Hand, so sieht es aus, als ob man Soldate handschuhe hätte. Es hat weisses Fleisch vom besten G schmacke. Was aber ihre Gestalt angeht, so habe i keine so groß sehen können, als sie Belon *) im dritte Buche seiner Observazionen haben will, wo er doch d brasilianischen Tatu ausdrücklich nennt.

Zu diesen Thieren, welche bey den Amerikaner sehr häufig sind, kommen die Krokodilen, Jakare g nannt, von der Dicke eines Mannsschenkels, mit ve hältnißmäßiger Länge. Allein diese sind nicht allein nic schädlich, sondern die Hütten der Barbarn sind sogar ve von dergleichen Jakaren, und die Kinder spielen oh Gefahr mit ihnen. Nichts desto weniger habe ich vo Alten gehört, auf ihren Reisen würden sie, von ich wei nicht was für einer Art Jakaren angegriffen, gegen d sie sich mit grosser Beschwerlichkeit mit Pfeilen wehrte

Wer

---

*) Anm. des Uebers. *Belon* Observations de plusieurs singularit-
 er choses memorables etc. L. III. am Ende. (à Paris 1555. 4to
 fol. 221. „Es ist nicht grösser als ein mittelmäßiges klein
 „Schwein." (Elle n' excede point la grandeur d'un moye
 Pourceler.) — Dasypus, *Linn.* Armadillo der Span. Armadill-
 der Portug. „Es giebt deren zwo Gattungen, eine merklich fle
 „ner und schmackhafter; (das scheint die des Lery zu seyn;) d
 „andere an Grösse wie ein halbjähriges Ferklein... (das ist die d
 Belon vielleicht;) sagt Veigl l. c. S. 213. Th. II. H. 4. Pi
 unterscheidet drey Gattungen. — p. 108. — Ihre Beschreibu
 und Eigenschaften sind bekannt. Man kann unter andern nachseher
 Labat l. c. p. 18; Piso l. c. Marcgrav l. c. p. 224. Buffon, hi
 nat. des quadrup. T. IV. p. 109 suiv. — (à Deuxpont 1787.) we
 cher letztere noch der Anzahl der beweglichen Ringe um den te
 sechs Gattungen unterscheidet. Dasselbe thut *Linneus.* — Alle
 diese Eintheilung trägt nichts zu unserm Punkte bey. —

Zehntes Hauptstück.

Wenn sie einen Menschen sich nähern spürte, sagten sie, so schösse es aus dem Schilf hervor, und fiele jeden des Weges Ziehenden an.

Um übrigens zu übergehen, was Plinius und andere von den Krokodilen im Nil erzählen, so kömmt mir, was der Verfasser der allgemeinen Geschichte von Indien*) gesagt: bey Panama habe es Krokodilen gegeben, die über hundert Schuhe lang gewesen wären, wunderbar und schrecklich vor; allein ich bin weit entfernt, dies als wahr zu behaupten, wie mir Thevet in seinem Werke von berühmten Männern, bey Gelegenheit, wo er von seinem erdichteten Quoniambek spricht, fälschlich aufbürdet: von dieser Ehrabschneidung mag mich aber der angegebene Verfasser der allgemeinen Geschichte rechtfertigen. Die Krokodilen, die ich gesehen, hatten ein sehr grosses Maul, hohe Beine, einen Schwanz, der weder rund noch spitz zuging, am Ende aber ganz dünn wurde. Ob sie indessen die obern Kinnbacken bewegen können, wie einige schreiben, weiß ich nicht, und gestehe es gern, daß ich dies nicht beobachtet habe.

Ueberdies machen die Indianer auch noch Jagd auf Eydechsen, die sie Tuu (Touous) nennen, nicht von grüner, sondern von grauer und gefleckter Farbe, wie unsere kleine Eydechsen. Wiewohl diese Tuus vier bis fünf Schuhe lang, und verhältnißmäßig dick sind, und daher eine fürchterliche Gestalt haben, so wohnen sie doch nichts desto weniger wie Frösche in Flüssen und Sümpfen, und thun niemanden was zu leide. Wenn man ihnen ihr Fell abgezogen, und sie ausgenommen hat, so schmecken sie sehr kostbar, so, daß ich in Amerika nichts kostbarers genossen habe. Denn ihr Fleisch ist weiß, wie bey uns Kapaunenfleisch, delikat, zart und

M   süß

*) L. V. C. 196. — Anm. des Uebers. Mir C. 197.

süß im höchsten Grade. Im Anfange hatte ich ein[en] Abscheu, sie zu versuchen; allein so bald ich nur ein[mal] davon gekostet hatte, so waren Eydechsen meine allerlieb[ste] Speise.

Die Tuupinambolsier haben auch sehr grosse Kr[ö]ten, die sie, ohne sie auszunehmen, braten und ess[en.] Weil aber die Aerzte lehren, und es auch allgemein b[e]kannt ist, daß das Fleisch und die Säfte, und überhau[pt] alles an den Kröten tödtlich sey, so wird schon von sel[bst] ein jeder, ohne daß ich es anzumerken brauche, einsehe[n,] daß die Kröte wegen dem Klima und sonstigen mir u[n]bekannten Ursachen, nicht giftig und gefährlich, wie b[ei] uns, sind.*)

Sie essen auch Armsdicke und an fünf Fuß lan[ge] Schlangen; ja ich habe sogar bemerkt, daß die Barbar[en,] wie ich schon bey den Krokodilen angemerkt habe, ei[ne] Art schwarzrother nach Hause bringen, und unter ih[re] Weiber und Kinder werfen; die dann auch so wen[ig] Furc[ht]

---

*) Anm. des Uebers. *Piso de Ind. utr. re nat. et medica*, thut L. C. 15. pag. 298. (Amstelod. 1658.) doch von einer sehr giftigen Krö[te] Meldung: die er Curaru nennt. „Sie hat, sagt er, am Ko[pf]
„auf jeder Seite Auswüchse wie grosse Warzen. Den unter[n]
„Theil des Mundes bewegt sie nachlässig. Sie nährt sich v[on]
„Schlamme; ist ansehnlich und aufgeschwollen, zweymal grö[ßer]
„als eine europäische, hat eine aschgraue oder braunrothe Farb[e.]
„Sie ist mir zu gut bekannt, und auf jede Art schädlich, [so]
„aussen durch ihren Harn und Speichel, von innen, und was no[ch]
„viel ärger, mit ihrem Blute, Fette, besonders aber ihrer Gal[le]
„giftig. Diese Kröten dörren die abscheulichen Einwohner u[nd]
„ihre Nachfolger; machen ein Pulver daraus, und verfertigen [daraus]
„ein tödtliches Getränke, was sie auch in der geringsten Quantit[ät]
„beybringen. Ist dies geschehen, so wird gleich Gaumen u[nd]
„Schlund inflammirt, trocken, der Vergiftete feucht, stin[kt,]
„schluchst, erbricht sich, bekömmt den Durchlauf, Ohnmachte[n,]
„ihm wird trüb vor den Augen, ihn befallen Konvulsionen, Tol[l]
„heit und Blässe. Ist noch zu helfen, so ꝛc. — Die lasterhafteste[n]
„Barbarn hängen diese Kröte an der Sonne auf, und sammlen [i]
„ihre Galle und Geifer, welche sie unter den geheimen Gifte[n]
„aufbewahren, die langsam tödten.„

Zehntes Hauptstück.

...cht vor denselben hatten, daß sie sie mit den Händen
...ührten. Diese ungeheure Erdaalen schneiden sie in
...tücke, und bereiten sich selbige. Sie haben aber kaum
...end einen Geschmack. *)

Es giebt auch verschiedene Arten Schlangen bey
...en, (besonders in den Flüssen, wo sie, wie Ge-
...chse, grün aussehen,) die lang und schmächtig sind,
...d deren Biß sehr schädlich ist. Auch giebt es in den
...älbern Eydechsen, nebst denen, von welchen ich oben
...eldung gethan habe, die sehr gefährlich sind, wie
...s folgender Geschichte erhellen wird.

Ich reiste einst in Begleitung zweyer Franzosen, das
...d zu besehen, ohne, wie sonst gewöhnlich war, Bar-
...en zu Wegweisern zu haben. Wir irrten daher in
... Wäldern umher, und marschirten durch ein tiefes
...al, als wir das Geräusch eines auf uns zukommen-
...n Thieres vernahmen: weil wir selbiges aber für feiges
...ildpret hielten, so gingen wir getrost und ohne Furcht
...sern Weg fort. Allein nicht lange, so sahen wir zur
...chten, in einer Entfernung von ohngefähr dreyßig
...chritten, auf einem Hügel eine Eydechse, die fünf bis
...s Schuhe lang, und dicker, als ein Mann um den
...b war. Sie war mit weissen rauhen Schuppen,
... eine Muschel, ganz bedeckt, hatte den einen vordern
...ß in die Höhe gehoben, den Kopf empor gerichtet,
...d sah uns mit blitzenden Augen an. Wir starrten alle
... Schrecken, (denn zum Unglücke hatte niemand von
...s eine Flinte bey sich; wir hatten nur unsere Degen
..., und Bogen und Pfeile; allein mit den Pfeilen konn-
... wir einem mit so harten Schuppen bewaffneten Thiere

nicht

*) Anm. des Uebers. Es ist bekannt, daß alle Schlangen eßbar
sind, und nach abgeschnittenem Kopfe (der zum Gegengift gebraucht
wird bey Gebissenen,) gegessen werden. Selbst die Vipern. S.
unter andern Labat Reise nach Westindien, Th. V, S. 51.
(der deutschen Uebers.)

nicht viel schaden: wir waren daher v
mögte uns, wenn wir ihr entfliehen w
und zusammen umbringen,) sahen eine
an, und blieben stehen. Nachdem
ordentliche und schreckliche Eydechse mi
de, und wegen der grossen Hitze, (d
helles Wetter und um Mittag,) tief
was wir ganz gut hören konnten, eine 2
betrachtet hatte, machte sie sich auf die
ges, mit einem solchen Rasseln der Gest
daß kaum ein irrender Hirsch solchen Lär
Wir, die wir uns so sehr gefürchtet ha
uns nicht viel, sie zu verfolgen, sondern
serm Retter Dank, und traten unsere a
von neuem an. Ich, dem die Meynun
gefallen war, welche behaupten, die E
Anblicke des Menschen Vergnügen, gl
lich, daß diesem Ungeheuer unser Anbli
habe, als uns seine Gegenwart beängst

Auch wird hier ein wildes Thier
vom Raube lebt, und von den Brasili
men Schanuare (Janouare) erhalten
ohngefähr die Höhe als ein Jagdhund,
so geschwind laufen. Um das Kinn hat
übrigens ein geflecktes und schönes Fell
dem es auch sonsten sehr gleich sieht. D
ten dies Thier sehr, und mit Recht. T

*) Anm. des Uebers. Vermuthlich der Jagn
Der brasilianische Tiger, Onze, Onca, Lin
det allem Anscheine nach Maffeius hist. Ind. L.
1601. — f. 31. Colon. 1589.) „Ferner giebt
„Menge Tiger, welche, wenn sie von Hun
„fürchterlich geschwind sind, und schreckliche
„sie aber gesättigt, (was zum Verwundern ist,
„ten, daß sie auch von einem Schäferhunde so
„getrieben werden können. So stumpft Sättig
„Trunk nicht nur die Menschen, sondern au
„ab.„ —

Zehntes Hauptstück.

r Löwe, ans Rauben gewöhnt ist, so zerreißt es jeden,
n es erhascht, in Stücke, und verzehrt ihn. Die
arbarn aber, wie sie denn überhaupt rachsüchtig sind,
nd nichts, was ihnen Verdruß macht, ungeahndet hin-
hen lassen, lassen sich dafür an ihnen aus, wenn sie
gend eins in Gruben oder sonst durch List fangen: dann
rchbohren sie selbiges mit vielen Pfeilen, und geben
m, um es desto länger zu quälen, einen langsamen
od. Um es deutlicher zu machen, wie übel dies Thier
it den Barbarn umgehe, will ich noch dies sagen:
s wir einst, fünf bis sechs Franzosen, das Land durch-
agen, warnten uns die Amerikaner, uns vor den
chanuaren in Acht zu nehmen; selbige hätten erst in
eser Woche drey Menschen aus ihrem Dorfe verzehrt.

Zu dieser lateinischen Ausgabe muß ich noch zu-
zen, daß die Amerikaner vor der Expedition des Ville-
gnon niemals Hunde gesehen hatten. Als sie daher
en sehr grossen Jagdhund, den wir nebst einigen klei-
n mitgenommen hatten, sahen, und daß er sich froh
uns hängte, erstaunten sie (denn, wie ich oben sagte,
gleichen die Jagdhunde den Schanuaren ziemlich,)
d flohen vor ihm. Aus derselben Ursache bezeugt auch
omara in seiner allgemeinen Geschichte von In-
n: *) Als im Jahre 1509. Christoph Kolumb (Kolon)
rst an der Insel Beringua, die itzt heil. Johanns-
el **) heißt, landete, haben sich die Indianer dieser
gend, welche mit den Spaniern Krieg führten, sehr
r einem röthlichten Hunde gefürchtet; wie er denn auch
lb die Dienste zweyer Flintenschützen that: denn er
ff nicht allein die Barbarn muthig an, sondern unter-
ied auch die Feinde von den Bundesgenossen, und

that

) H. 44.

') Anm. des Uebers. Gomara nennt diese Insel am angeführten
Orte Boriquen (Boriken); und es ist die heutige Insel Porto rico.
(reicher Haven.)

that diesen, wiewohl gereitzt, nie was zu leide. Ja
erkannte Karaiben, (die böseste und verabscheuungswü[rr]
digste Nazion dieser Gegend,) verfolgte sie auf der Fluc[ht]
bis mitten unter die Feinde; ja, wenn er gereitzt war
hatte er keine Ruhe, bis er den Feind erhascht und ze[r]
rissen hatte: er focht mit solchem Vortheile für die Sp[a]
nier, daß sie in seiner Begleitung so muthig gegen die J[n]
dianer fochten, als wenn sie drey Reuter bey sich geha[bt]
hätten. Dieser Hund ward jedoch, als er einen Karaibe[n]
schwimmend verfolgte, von einem vergifteten Pfeile g[e]
troffen, und starb so zur größten Betrübniß seines Herr[n]
und zur Freude der Indianer. So ließ auch der so tapfe[re]
spanische Kapitain Valvoa *), als er zuerst das Sü[d]
meer entdeckte, die Hunde, welche er bey sich hatte, u[n]
ter die Indianer los, die ihm den Eintritt versperr[en]
wollten; wodurch die Barbarn so in Furcht gejagt wu[r]
den, daß sie sich auf die Beine machen mußten, u[nd]
dem Valvoa auf diese Art die Hunde die Dienste d[er]
besten Soldaten thaten. **)

Ueberdies finden sich in Brasilien viele Meerkatze[n]
klein und schwarz. Die Indianer nennen sie Kay, u[nd]
ich will ihre Beschreibung übergehen, weil sie bey u[ns]
bekannt genug sind. Nur dies eine will ich noch sage[n]
wenn sie auf den Spitzen der Bäume, wo sie von ein[er]
Art Hülsenfrüchte, wie unsere Bohnen, leben, beso[n]
ders bey stürmischm Wetter, schaarenweis schwatzen u[nd]
schreyen, so giebt das den schönsten Anblick und den a[n]
genehmsten Ton. Da sie übrigens nur ein Junges
ein

---

*) Anm. des Uebers. Kern hat fehlerhaft Vallovas. Dieser V[al]
voa ist einer der berühmtesten, allein auch grausamsten Kapita[ine]
der Spanier in Südamerika gewesen, wiewohl ihn einige [von]
den Grausamkeiten frey sprechen. Man sehe über seine Geschic[hte]
unter andern Benzo hist. novi orbis, Cap. 27. — Gomara h[ist.]
general de las Ind. Cap. 61 - 67. — Cieça de Leon Chronica
Peru, P. IV. Lib. II. C. 10, n. 31. 35. Lib. IV. C. 3.

**) Gomara am angeführten Orte, S. 62.

Zehntes Hauptstück. 183

ner Geburt zur Welt bringen, so hat die Meerkatze, sobald sie das Tageslicht erblickt, von Natur die Eigenschaft, daß sie sich ihrem Vater oder Mutter fest an den Hals hängt; wird daher Jagd auf sie gemacht, so werden sie von ihren Eltern dadurch auf ihrer Flucht mit Herumspringen auf den Aesten, zugleich fortgeschleppt. Dies darf aber niemanden unglaublich vorkommen, da Matthiolus in seinem Kommentar über den Dioscorides auf das Zeugniß des Plinius und Aristoteles behauptet, die Wieseln haben ihre Jungen so lieb, daß sie selbige, wenn sie noch klein sind, im Munde herumtragen.*) Und überhaupt ist eine allgemeine Gabe der Natur für alle Thiere, daß sie nicht blos beflissen sind, ihre Kinder zu erhalten, sondern auch dazu wunderbare Geschicklichkeit besitzen. Die Barbarn können daher auch die Meerkatzen, sie mögen so alt seyn, als sie wollen, nicht leicht erjagen: sie verwunden sie jedoch leicht mit Pfeilen, so daß sie von den Bäumen herabfallen; heilen sie hierauf wieder, zähmen sie zu Hause ein wenig, und vertauschen sie dann gegen andere Waaren. Anfangs sind sie so wild, daß sie diejenigen, die sie anrühren, die Finger zerbeißen, so daß diese oft vor Schmerz gezwungen werden, sie todt zu schlagen.

Die Amerikaner haben auch noch eine andere Art Meerkatzen, welche sie Sagueng (Sagouin) nennen, von der Dicke eines Eichhörnchens, dessen rothes Haar sie auch hat. Was aber ihre Gestalt angeht, so gleicht sie dem Kopfe, der Brust, dem Halse, und schier allen übrigen Theilen des Leibes nach, viel einem Löwen; sie ist auch kühn, weicht auch keinem einzigen andern kleinen
Thiere,

---

*) Anm. des Uebers. Mir selbst ist ein Beyspiel bekannt, daß eine Hündin ihre sieben Jungen, welche sie an einem fremden Orte zur Welt gebracht hatte, in einer Nacht zwey Stunden weit, und noch über einen Fluß, schleppte, um sie zu Hause zu haben. — Die Stelle bey Matthiolus ist übrigens Comment. super Dioscor. L. II. C. 24.

Thiere, wenigstens die ich da gesehen habe, an Schönheit. Wenn sie sich so leicht, wie die übrigen, über Meer bringen ließ, so würde sie gewiß viel höher geachtet werden: allein nebstdem, daß sie einen so schwächlichen Körper hat, daß sie das Schwanken des Schiffes nicht vertragen kann, ist sie so stolz, daß sie bey der geringsten Beleidigung aus Verdruß stirbt.*)

Um offenherzig zu seyn, so konnte ich, so vorwitzig ich auch war, alle amerikanische Thiere zu beobachten, doch nicht so fleißig seyn, als ich gewünscht hatte. Nichtsdestoweniger, um doch endlich einmal zu Ende
zu

---

*) Anm. des Uebers. Recht artig ist die Beschreibung des Saguengs, (Cercopithecus jacchus, Linn.) bey Eckart l. c. in Murr Reisen ꝛc. S. 206 ff. die ich darum hier ausheben will: „An „Grösse gleicht es kaum einem Eichhorn, in der ganzen Bildung „aber einen Löwen. Die Backen so löwenartig, sind weißlicht, „die Nase mit dem übrigen Gesicht, in dem die schwarzen Aeuglein „recht lebhaft funkeln, schwarz. Von der Stirne geht ihm über „den ganzen obern Leib eine ordentliche Löwenmähne, dunkel „Castanienfarb, so wie der übrige Leib, und alles von Maderartigem weichem Haare, die Spitzlein dieser Mähne sind immerzu „weißlicht angelaufen. Der untere Leib ist kurzhaarich, der „Schwanz hat auch an der Spitze ein schwarzes Schöpfchen. Es „giebt etwas größere, ohne solche Mähne, durchaus glatthaarig, „mit etwas längerem glatten Schwanze. Dieses Thierlein wird „gerne recht zahm, und liebt den menschlichen Umgang, spielt „und raufet sonst auf Affenart. Man läßt es ganz frey im Hause „herum gehen, es kommt gar bald, wenn man es ruft, oder mit „einem Platano locket. Wenn es auf dem Gipfel des Daches „herum steigt, indessen aber den Tisch decken sieht, eilt es sogleich „herab, um nur nichts zu verabsäumen; denn es will sich von allen „Speisen aussuchen, was ihm zum besten scheint, und raufet recht „kurzweilig, wenn man ihm solches wehret. Es isset wohl von „gekochten Speisen, aber doch meistens von Früchten, wie andere „Affen. Doch ist sonderbar, daß Zucker und Honig, nach welchen „sonst andere Affen so begierig streben, ihn nicht nur schädlich, „sondern auch tödtlich sind. In den Wäldern schwärmen sie „Schaarenweise, ihre beliebte Früchte aufzusuchen, auf den Bäumen herum. Ihre Stimme und Geschwätz ist fast wie der Meisen, wenn sie sich unter einander locken. Ihre Complexion oder „Leibsbeschaffenheit aber ist so zärtlich, daß man sie nicht leicht „in andre, besonders kältere Länder, überbringen wird. Viele „haben hierin alle mögliche Mühe und Sorgfalt, aber allezeit „(so weit es mir bewußt,) fruchtlos angewendet." — S. auch Buffon hist. nat. des quadrup. T. VII. p. 217. suiv. (à Deuxp. 1787.)

Zehntes Hauptstück.

kommen, will ich hier nur noch zwo Arten beschreiben, deren Gestalt höchst sonderbar ist.

Eins, welches die Barbarn Hay*) nennen, hat die Grösse eines Hundes, das Aussehen wie Meerkatze, einen hangenden Leib, wie ein gebährendes Schwein, Haare von allerley gemischter grauer Farbe, einen sehr langen Schweif, haarigte Füsse, wie ein Bär, lange Klauen: so wild es in den Wäldern ist, so leicht läßt es sich zähmen, wenn es gefangen ist. Die nackten Tuupinambolsier spielen aber nicht gerne mit ihm, weil es die langen und spitzen Klauen hat. Uebrigens habe ich (was vielleicht unglaublich scheinen wird,) sowohl von den Barbarn, als einigen Dollmetschern, die lange in Amerika gewesen, gehört, daß noch nie jemand gesehen, daß es im Walde oder zu Hause was gegessen habe; so, daß einige glauben, es lebe von der Luft.

Das andere Thier, wovon ich noch zu reden habe, heißt bey den Barbarn Koaty.**) Es ist so groß als ein Haase, hat kurzes geflecktes Haar, kleine und spitzige Ohren, einen kleinen Kopf, an dem jedoch der Mund von den Augen noch über einen Schuh lang und rund hervorgeht, wie ein Stecken; am Ende wird er plötzlich dünner; übrigens ist er von gleicher Dicke; die Oeffnung des Mundes aber ist so enge, daß man kaum den Ohrfinger hineinstechen kann. Es kann nichts sonderbarers erfunden werden. Ist es gefangen, so zieht es die vier
Füsse

---

*) Anm. des Uebers. Ignavus Trydactylis, *Linn.* Ignavus *Maregr.* Das bekannte Faulthier. Lery beschreibt es nicht gut, wie ihm Piso (*Ind. utr. re nat. et med. L. V. C. 23. p. 321.*) vorwirft. Weitläufige Beschreibungen kann man bey den Naturalisten nachsehen.

**) Anm. des Uebers. Tamandua guaçu *Piso p. 320.* Tamandua guaçu Brasil. *Maregr. p. 225.* Myrmecophaga, *Linn.* — Ameisenbär. Hormiguero, der Span.

Füsse zusammen, und fällt entweder auf eine Seite, ode
in sich zusammen, und läßt sich nie aufrichten, ode
zum Essen zwingen, es sey dann, daß man ihm Amei
sen brächte, wovon es sich auch in den Wäldern ernähr
Wir waren ohngefähr acht Tage beym Villegagnon
angekommen, als die Barbarn uns eines dieser Thier
brachten, worüber wir uns wegen der Neuheit alle seh
verwunderten. Ich hatte auch, da es, wie schon ge
sagt, mit unsern Thieren gar keine Aehnlichkeit hat, of
einen der Unsrigen, der ein vortrefflicher Maler war,
inständigst gebeten, mir dieses sowohl, als mehrere an
dere, die nicht nur bewundernswürdig, sondern auch
uns unbekannt waren, abzumalen; allein zu meinem
größten Schmerze konnte ich das nie von ihm erhalten.

Eilftes Hauptstück.

Von den verschiedenen amerikanischen Vögeln:
den Fledermäusen, Bienen, Mücken und andern Insekten dieser Gegend.

Auch dies Hauptstück, worinn ich von den Vögeln
handeln werde, will ich mit denen anfangen, die zur
Speise gebraucht, und von den Tuupinambolsiern
mit dem allgemeinen Namen Ura (Oura) belegt werden.

Sie haben eine sehr grosse Menge **welscher Hühner,** (gallinarum, quibus ab India cognomen addimus,)
und nennen sie **Arinjo-usu.** (Arignau-ousou.) Von
der Zeit an, als die Portugiesen in Brasilien wohnen,
pflegen sie auch unserer Hühner aufzuziehen, die bey ihnen **Arinjo-miti** (Arignau-miri) heissen. Wiewohl
sie

ie aber, wie ich schon anderstwo bemerkt habe, die weiß=
en sehr hoch schätzen, um sich mit ihren rothgefärbten
Federn zu zieren und zu schmücken, so enthalten sie sich
beyder Arten derselben zu essen, schier durchaus. Weil
sie überdies fest glauben, die Eyer (welche sie Atinjo=
sopia nennen,) seyn ein Gift, so erstaunten sie nicht
nur, wenn wir in ihrem Beyseyn Eyer ausschlürften,
sondern schalten uns auch, und sagten, es sey nicht zu
ertragen, daß wir die Hühner in den Eyern äßen, und
dadurch die Fortpflanzung hinderten. Sie sorgen also
für ihre Hühner schier eben so, wie für die Vögel, die
in den Wäldern leben. Sie lassen selbige auch ihre Eyer
hinlegen, wo es ihnen gefällt: allein dafür bringen auch
die Hühner ihre Küchelchen aus den Hecken und Gebü=
schen nach Hause, und ersparen daher den amerikanischen
Weibern die Mühe, mit welcher man bey uns die wel=
schen Hühner aufziehen muß; so, daß man ihnen auch
Eyerdotter zu essen giebt. *) Ihre Zucht von Federvieh
wird dadurch so ansehnlich, daß man in den Dörfern,
die nicht so oft von Fremdlingen besucht werden, ein
welsches Huhn für ein Messer bekömmt, das bey uns
kaum einen Sols (Sestertio) kostete; und für ein an=
deres drey Sols werth, (duorum obolorum) fünf bis
sechs unserer Hühner.

Mit den Hühnern ziehen die Barbarn zu Hause
auch indianische Enten, bey ihnen Uepek. (Upec.)
Weil aber die Tuupinambolsier den Aberglauben ha=
ben, wenn sie ein so langsames, träges Thier äßen, so
würden sie eben so träge werden, und sich daher bey
Annäherung der Feinde nicht mit der Flucht retten kön=
nen, wird man sie auch nicht leicht bereden können, selbst
nur das Geringste davon zu kosten. Aus derselben Ur=
sache

---

*) Anm. des Uebers. Die Hauptursache der beschwerlichen Zucht
unserer welschen Hühner ist wohl die Kälte und sonstige Verschie=
denheit des Klima.

sache enthalten sie sich von allen den Thieren, die langsam einhergehen, sogar von den Fischen, wie Rochen und andere, die nicht geschwind schwimmen können.

Was die Waldvögel angeht, so werden dergleichen gefangen, die wie Kapaunen so groß sind. Derselben giebt es dreyerley Arten: und die Barbarn unterscheiden selbige durch die Namen: Schakutong, (Jacoutin,) Schakupang (Jacoupen) und Schaku-uassu. (Jacououassou.) Alle drey haben grüne und schwarze Federn: Sie schmecken bald wie Fasanen, und ich kann in Wahrheit sagen, daß nichs Lieblicheres jemals gegessen wird, als diese Schaku (Jacous) sind.

Nebst diesen giebt es zwo Arten der ausgesuchtesten Vögel, Mutong (Mouton) mit Namen, von der Grösse der Pfauen, und mit denselben Federn bedeckt. Man findet sie aber sehr selten. *)

Makakua (Macacoua) **) und Nambu-uassu (Ynambou-ouassou) sind zwo Arten Rebhühner, so groß, wie unsere Gänse, und schier von demselben Geschmacke als der Mutong. Von eben dem Geschmacke sind die drey folgenden: Nnamburmiri, so groß wie ein Rebhuhn, Pegassu, wie eine Holztaube, Pakaku, (Paicacou,) wie eine Turteltaube so groß.

Um

---

*) Anm. des Uebers. Vermuthlich der Muru, Pis. und Marcgr.

**) Anm. des Uebers. Macucagua Pis. p. 11. „Bey ihrer Zertrennung, sagt Piso l. c. habe ich ihr Eingeweide und Eyerstock „wie bey unsern Hennen gefunden; die Eyer aber haben die Grösse „wie Gänseeyer, und eine bläulicht grüne Farbe. Sie legt das „Jahr zweymal, und das funfzehn- bis sechzehnmal zugleich. Ihr „Schnabel ist länglicht und schwarz; ihre Flügel sind schwarz, „und der Schwanz fehlt ihr. Kopf und Hals sind dunkelgelb und „schwarz punktirt. Die Beine sind bläulicht. Es giebt mehrere „Arten; aller aber, kann man leicht habhaft werden. Sie gehen „auf der Erde umher, verbergen sich jedoch vor den Menschen auf „Bäumen."

Eilftes Hauptstück.

Um es jedoch mit den Vögeln, deren es in den Wäldern, an den Flüssen und an der Küste in grosser Menge giebt, kurz zu machen, will ich zu denen übergehen, die nicht so gegessen werden können.

Unter andern kommen hierunter zwo Gattungen von gleicher Grösse. Sie sind schier so dick als Raben, und haben, wie die übrigen amerikanischen Vögel*) einen krummen Schnabel und krumme Klauen, wie auch die Papagayen haben, zu denen sie wohl gerechnet werden können. Was ihre Federn angeht, wie man leicht denken kann, glaube ich kaum, daß in der ganzen Welt Vögel von so vorzüglicher Schönheit gefunden werden, deren Anblick Stoff die Menge an die Hand giebt, nicht, wie Profane, die Natur, sondern den Schöpfer zu loben. Um dies aber klar zu machen, so ist der erste, der bey den Barbarn Arat heißt, am Schweife und den Flügeln, die anderthalb Fuß lang sind, theils purpurroth, theils blau und stark glänzend; worauf denn auch die übrigen Theile des Körpers passen. Wenn dieser Vogel in der Sonne ist, wie dies denn gewöhnlich geschieht, so wird man gar nicht satt ihn zu betrachten. **)

Des andern, so Kanide ***) heißt, untere Federn, und jene, die den Hals umgeben, haben eine glänzende Goldfarbe: die aber, so den Rücken, die Flügel und den Schweif bedecken, haben ein prächtiges Blau; sie scheinen

---

*) Anm. des Uebers. Da mögte Lery wohl einen Schnitzer begangen haben; alle amerikanische Vögel sollten krumme Schnäbel und Klauen haben? — Er versteht zwar unter Amerika blos Brasilien, allein auch davon triffts nicht.

**) Anm. des Uebers. L'Ara rouge, *Buff*. Araracanga, *Marcgr*. Psittacus macrourus ruber, remigibus supra caeruleis, subtus rufis, genis mediis rugosis. Psittacus Macao, *Linn*.

***) Anm. des Uebers. L'Ara bleu, *Buff*. Ararauna, *Marcgr*. Psittacus macrourus, supra caeruleus, genis nudis, lineis plumosis. Psittacus Ararauna, *Linn*.

nen unten mit Gold unterstickt, und einen ganz seidenen Mantel über sich gezogen zu haben: ein solcher Vogel muß jeden, der ihn sieht, zur größten Bewunderung hinreissen. In ihren Liedern (versibus) thun die Barbarn sehr oft von ihm Meldung, wenn sie so singen:

Canide schuve, Canide schuve haerauesch.

(Canide Jouve heuraouech) das ist: gelber Vogel, gelber Vogel u. s. w. denn Shuve (Jouve) oder Shup (Joup) heißt bey ihnen gelb. Wiewohl diese Vögel nun zwar keine Hausvögel sind, so bauen sie doch öfter ihre Nester auf den Spitzen der Bäume, welche mitten in den Dörfern stehen, als in den Wäldern: daher kömmt es denn auch, daß die Barbarn ihnen drey= bis viermal ausrupfen, um sich Hüte, Kleider und Armbänder davon zu machen, die Griffe ihrer Streitkolben damit zu zieren, und ihren Leib zu putzen. Ich hatte dergleichen Federn viele mit nach Frankreich genommen, besonders der gelben und blauen, wovon ich gesagt habe. Allein, als ich nach Paris kam, hörte ein Herr vom Hofe, dem ich selbige gezeigt hatte, nicht eher auf mich darum zu bitten, bis er sie von mir heraus gepreßt.

Von Papagayen werden hier drey oder vier Arten gefangen. Die größten und schönsten nennen die Barbarn Aschurn. (Ajourous.) Der Kopf derselben ist roth, goldgelb und violet: die Spitzen der Flügel sind scharlachroth, der Schwanz, der dann sehr lang ist, ist goldgelb, der übrige Leib grün. Es werden derselben wenige zu uns gebracht. Nebst der Schönheit der Federn haben sie auch noch die vorzügliche Eigenschaft, daß sie die menschliche Stimme aufs vortrefflichste nachmachen lernen.

Eilftes Hauptſtück. 191

lernen. Ich habe von einem Dollmetſcher einen erhalten, der ihn ſchon drey Jahre aufgezogen hatte, welcher franzöſiſche und amerikaniſche Wörter ſo wahr und deutlich ausſprach, daß nicht leicht einer ſeine Stimme vor einer menſchlichen hätte unterſcheiden können, wenn er ihn nicht ſah.

Noch bewundernswürdiger iſt folgende Geſchichte. Eine Frau in einem Dorfe, viertauſend Schritte von unſerer Inſel, hatte einen dieſer Papagayen erzogen, der, nicht anders, als ob er Vernunft hätte, alles begriff, was ihm befohlen wurde. So oft wir an den Ort kamen, hörten wir ſogleich die Frau dieſes Vogels uns zurufen: Gebt ihr mir einen Kamm oder einen Spiegel? Ich will itzt meinen Papagay vor euch ſingen und tanzen laſſen. Waren wirs zufrieden, ſo tanzte der Papagay nicht nur auf ein Paar Worte ſeiner Frau auf der Ruthe, auf welcher er ſaß, herum; ſondern er ſchwatzte und pfiff auch, ja er machte ſogar die Barbärn nach, wenn ſie ins Feld ziehen. Ueberhaupt, fiel es der Frau ein, ihm zu befehlen, er ſoll ſingen, ſo ſang er; er ſoll tanzen, ſo tanzte er. Hatte ſie im Gegentheile, wenn ſie kein Geſchenk erhalten, ihm etwas rauh ihr Oſche, (Auge,) (das heißt: ſtill!) mit gebieteriſcher Stimme zugeſprochen, ſo war er ganz ſtille, und wir konnten es dann durch all unſer Schwatzen nicht dahin bringen, daß er die Zunge oder nur einen Fuß bewegt hätte. Ich überlaſſe es daher den Leſern, zu überdenken, ob nicht die Römer, welche, nach dem Zeugniſſe des Plinius,*) einen Raben, der ſie jeden Morgen namentlich zur Rednerbühne berief, vor Zeiten ein ſehr prächtiges Leichenbegängniß gehalten, und den Mörder deſſelben mit dem Tode beſtraft haben, ob dieſe nicht einen ſolchen Papagay, wenn ſie einen gehabt hätten, viel höher geſchätzt haben würden. Die Barbarinn nennte ihn

*) Hiſt. Mundi. L. X. C. 43.

ihn auch **Sherengbod,** (Cherimbaué,) das ist: Liebste
Er war ihr auch in der That so lieb, daß sie uns a
unsere Frage, wie viel sie für ihn haben wollte, spot
weise antwortete **Mokauassu,** (Mocaoussou,) das heißt
eine grosse Kanone: und gab also dadurch zu erke
nen, daß er ihr gar nicht feil sey: wie wir ihn den
auch gar nicht erhielten, wir mogten bieten, so viel wi
wollten.

Eine andre Art Papagayen ist die, welche in Fran
reich mitgebracht zu werden pflegt. Die Barbarn nenne
selbige **Morgomas,** und halten sie für die schlechteste
wie sie denn auch in keinem Werthe bey ihnen is
Nichts desto weniger sind sie so häufig, wie bey un
die Tauben: woher es denn auch kam, daß wir un
ihrer nicht selten zur Speise bedienten, weil sie bald wi
Rebhühner schmeckten, wiewohl ihr Fleisch etwas har
war.

Die dritte Art Papagayen heißt bey den Barbar
Tui, (Touis,) bey den Seeleuten aus der Normandi
Moassong. (Moissons.) Er hat die Grösse eine
Staars, einen sehr langen Schweif von safranfarbene
Federn; übrigens ist er grün.

Ehe ich jedoch meine Erzählung über die Papa
gayen schliesse, fällt mir der Bericht eines gewissen Kos
mographen ein, die Papagayen bauten ihre Nester han
gend an den Aesten der Bäume, damit die Schlange
ihre Eyer nicht aussaugten. Ich halte das aber für ei
blosses Gedicht: denn ich habe gefunden, daß sie ihre
Nester in hohle Bäume machen.*)

Unter

---

*) Anm. des Uebers. Der Kosmograph mag vielleicht Münster
seyn, dessen Cosmographey auch im Lateinischen heraus kam,
und im Französischen. Uebrigens glaubten das noch viele nach ihm.

Die

Unter den übrigen Vögeln der Amerikaner soll der Ukang *) (Toucan) der erste seyn, dessen schon oben Meldung geschehen. Er ist so groß als eine Taube, kohlschwarz, bis auf die Brust, welche eine Safranfarbe hat, mit einem mennigrothen Halsbande, welches die Barbarn abziehen, und zum Putze ihrer Wangen und anderer Glieder ihres Leibes gebrauchen. Seinen größten Werth hat er jedoch daher, weil sie diesen Zierrath beym Tanze brauchen. Er hat aus dieser Ursache auch den Namen Tukang taburasé, (Toucan-tabourace,) das heißt: Feder zum Tanzen, erhalten. Nichts destoweniger ist der Vogel so häufig bey ihnen, daß sie gar keinen Anstand nehmen, selbige gegen unsere Waaren auszutauschen. Der Schnabel dieses Vogels ist länger, als der ganze übrige Leib, so, daß der Schnabel eines Storches mit ihm gar nicht in Vergleich kommen kann, und man ihn für den abentheuerlichsten Schnabel der ganzen Welt halten muß. Belon ließ ihn daher mit Recht, als er einen erhalten hatte, am Ende des dritten Buches seiner Beschreibung der Vögel, abzeichnen; setzt allda zwar den Namen nicht bey; allein alles, was

---

Die Bemerkung Lerys aber wird von allen Neuern von Marcgrav und Piso an bestätigt. Sie machen nur ein rundes Loch in hohle Bäume, und legen dann ihre Eyer hinein, ohne weiter ein künstliches Nest, wie andere Vögel, zu machen. *Piso p. 85. 86.* „Ich „habe zwar solcher hangenden Nester viele Tausende gesehen, die „gewiß mit Fleiß und Witz gestrickt, und auf Art eines Rauch„fasses an den äussersten Aestlein der höchsten Bäume mit einigen „ganz dünnen Bazucoschnürlein angehängt sind; die Indianer „aber sagen einstimmig, daß dieses nur die Nester einiger Störche, „wie auch eines andern Upapiscu genannten Vogels sind, welche „die Natur ein solches Gebäude zu erfinden leitet, um ihre Brut „vor den Nachstellungen der Affen, der Schlangen, und aller solcher „Feinde, in Sicherheit zu stellen,„ sagt Veigl, Nachricht von den Maynas *l. c.* S. 228. 229.

*) Anm. des Uebers. Tucana Brasiliensibus. *Marcgrav.* Le Toucan a gorge jaune seconde Espèce, *Buff.* Tucana nigro-viridans; geais gutture et collo inferiore rutantiis, taenia transversa in summo pectore coccinea. — Tucana Brasiliensibus gutture luteo, *Briss.*

was da erzählt wird, muß von diesem Schnabel verst[anden]
den werden.

Ein anderer hat die Grösse und Farbe einer Me[rle?]
die Brust ausgenommen, welche so roth wie Ochsenbl[ut]
ist, und von den Barbarn auf die nämliche Art, [wie]
von der Brust und dem Halsbande des Tukang gesa[gt]
worden, abgezogen wird. Der Vogel heißt bey d[en]
Barbarn: Panu. (Panou.)

Nebst diesen giebt es noch einen von der Grösse ein[es]
Kramersvogels, dessen Federn alle scharlachroth sin[d.]
Sie nennen ihn Kangpiang. (Quampian.)

Hier darf ja nicht übergangen werden ein Vög[el-]
chen, das nicht weniger Bewunderung verdient, als [es]
zart ist. Die Barbarn heissen es: Chonangbüs[ch]
(Gonambuch.) *) Es hat weißlichte, glänzende Feder[n]
und wiewohl er nicht grösser ist als eine Hummel, od[er]
als ein Käfer, so singt er wunderbar schön. Er sitzt a[uf]
der dicken Hirse, welche die Amerikaner Avati nenne[n]
oder andern hohen Pflanzen, und singt so hoch und star[k]
daß man, wenn man ihn nicht sieht, kaum glaub[en]
sollte, wie ein solches Körperchen einen so starken un[d]
annehmlichen Ton von sich geben könne, der dem G[e-]
sange einer Nachtigall nichts nachgiebt.

Weil ich übrigens nicht alle amerikanische Vögel
die sowohl in der Gattung, als der Farbe: als hoc[h]
roth, rosenfarb, violet, weiß, grau, purpur u. s. w. vo[n]
den unsrigen nicht wenig verschieden sind, einzeln beschre[i-]
ben kann, will ich nur noch einen anführen, den d[ie]

Bar[-]

---

*) Anm. des Ueberf. Ist wohl der kleinste Colibri. Le plu[s]
  petit oiseaumouche, Buff. Tominejo, der Span. Gusinum[bi]
  septima species, Marcgrav. Ueber ihn siehe unter andern no[ch]
  Labat Reise nach den Ant. Th. IV. S. 331. ff. (deutsch[e]
  Ueberf.) u. m. a.

Barbarn so in Achtung haben, daß sie ihm nicht allein nie Schaden zufügen wollen, sondern sogar diejenigen, welche ihm das geringste zu leide thun, nicht ungestraft hingehen lassen. Die Tuupinambolsier hören seine Trauerstimme öfter bey der Nacht als am Tage, und glauben, er würde von ihren verstorbenen Freunden und Verwandten zu ihnen geschickt, sowohl um ihnen gute Vorbedeutungen zu geben, als vorzüglich um ihnen Muth einzusprechen, und sie zu ermahnen, gegen ihre Feinde im Felde tapfer zu streiten. Sie glauben beynebens, wenn sie diese Wahrsagereyen recht beobachteten, so würden sie ihre Feinde in diesem Leben nicht allein überwinden, sondern auch noch nach dem Tode würden ihre Seelen zu ihren Vorfahren hinter die Berge fliegen, um allda ewig zu tanzen.

Ich blieb einmal in einem Dorfe, welches die Franzosen Uepek genannt haben, über Nacht. Hier hörte ich diese Vögel in der Nacht nicht singen, sondern girren. Ich sahe die Barbarn in der größten Aufmerksamkeit. Weil ich die ganze Sache wußte, schalte ich über diese Thorheit: als ich aber einem Franzosen, der neben mir stand, ein wenig zulächelte, hieß mich ein Alter sehr ernsthaft mit folgenden Worten schweigen: Sey doch stille, damit du uns nicht von der Anhörung guter Zeitungen von unsern Vorfahren abziehst. Denn so oft wir diese Vögel hören, so oft werden wir heiter, und so oft erhalten unsere Kräfte Zuwachs. Ich antwortete ihm keine Sylbe: denn ich würde doch nichts mit ihm ausgerichtet haben. Es fiel mir damals doch die Meynung derjenigen bey, welche glauben und behaupten, die Seelen der Verstorbenen kämen aus dem Fegfeuer, um die Ihrigen an ihre Pflicht zu ermahnen, und hielt daher die Erdichtung unserer Barbarn für desto erträglicher. Denn, wie zu seiner Zeit gesagt werden soll, so sind sie, wiewohl sie die Seelen

für unsterblich halten, doch noch nicht in ihrer Tollh[eit]
so weit gekommen, daß sie sagen sollten, die einmal vo[m]
Körper getrennten Seelen kämen wieder nach Hause; so[n]
dern sie erdichten nur, diese Vögel seyn ihre Boten.

Das hatte ich von den amerikanischen Vögeln [zu]
sagen.

Nebst diesen giebt es in diesem Lande auch Fleder[-]
mäuse, so groß, wie unsere Krähen.*) Sie komme[n]
zur Nachtzeit nicht selten in die Hütten: und wenn s[ie]
hier einen mit blossen Füssen schlafend antreffen,
setzen sie an seiner grossen Zehe an, und saugen eine solch[e]
Menge Blut aus, daß sie, ehe man sie gewahr wird,
gewöhnlich zween Sextarios getrunken haben. Wen[n]
man Morgens erwacht, so verwundert man sich, sei[n]
baumwollenes Schlafgemach voll Blut zu sehen. Di[e]
Barbarn machten einen Spaß daraus, es mochte eine[m]
der Jhrigen oder der Unsrigen geschehen seyn. Ich hat[te]
den Zufall auch einmal; allein nebstdem, daß ich ausge[-]
lacht wurde, hatte ich auch, weil das Ende meiner grosse[n]
Zehe verletzt war (wiewohl der Schmerz nicht sehr hefti[g]
war,) drey Tage durch mit Anziehung meiner Strümpf[e]
nicht wenig zu thun. Die Kumanenser, die zehn Grad[e]
hieher zu vom Aequator liegen, werden ebenfalls von die[-]
sen grossen Fledermäusen geplagt. Der Verfasser de[r]
allgemeinen Geschichte von Indien erzählt von dem[-]
selben **) einen artigen und merkwürdigen Vorfall.

Der

---

*) Anm. des Uebers. Vermuthlich: Vespertilio spectrum, Linn. Andira aca Brasiliensibus Marcgrav hist. nat. Brasl. p. 213. Andira guaçu, Pisonis de Ind. utr. re nat. etc. p. 290. „Wegen des grossen „Schaden, welchen sie dem Viehe verursachen, werden besondere „Katzen abgerichtet, welche des Nachts von einem Stück Viehe „zu dem andern herumspringen, und diese grausame Blutigel ent„weder verjagen, oder ihnen einen tödtlichen Biß versetzen;„ sagt Eckart bey Murr l. c. p. 540. — Itzt bey den Portugiesen nämlich, wo sie Vieh haben.

**) L. II. C. 80.

Eilftes Hauptstück.

Der Bediente eines Mönchs beym heiligen Glauben (Sanfidem) *) hatte das Seitenstechen. Als man die Ader, welche ihm geöffnet werden sollte, nicht gefunden, und ihn schon für todt gehalten hatte, kam zu Nachts eine Fledermaus zu ihm, biß ihn in die Fersen, und saugte eine solche Menge Blut aus derselben, und ließ nachher noch so viel auslaufen, daß der Kranke davon genas. Worauf ich denn mit dem Verfasser dieser Schrift zusetze: Dieser Wundarzt sey dem Kranken der glücklichste und gelegenste gewesen. Also, auch bey der Beschwerlichkeit, die, wie gesagt, diese Fledermäuse bringen, lehrt dies letzte Beyspiel hinlänglich, daß sie nicht so schädlich seyn, als es ehedem die Uhuhe (Striges) der Griechen waren, von denen Ovid**) sagt:

Sie fliegen zu Nachts zu den von den Ammen verlassenen Kindern,
Entreissen der Wiege sie, und entstellen die zärtlichen Körper:
Die mit Milch gefüllten Gedärme zersetzet ihr Schnabel. (so sagt man.)
Sie tragen die Brust mit getrunkenem Blute gefüllt,

woher denn auch die Hexen diesen Namen (Striges) bekommen haben.

Die amerikanischen Bienen sind von den unsrigen verschieden: sie gleichen eher den kleinen schwarzen Mücken, die uns den Sommer hindurch plagen, und bauen ihre

---

*) Santa fé. Anm. des Uebers.

**) Lib. VI. Fast.
Nocte volane, puerosque petant nutricis egentes,
Et vitiant cunis corpora rapta suis.
Carpere dicuntur lactentia viscera rostris,
Et pleaum poto sanguine guttur habent.

ihre Zellen in hohle Bäume. Die Barbarn wissen den
Honig und das Wachs zu sammlen. Beyde zusammen
heissen Æra Æetik: denn Æra heißt Honig, und Æetik
Wachs. Den abgesonderten Honig essen sie, wie wir;
das Wachs aber, das hier so schwarz wie Pech ist,
heben sie auf, nachdem sie zuvor Armsdicke Klumpen
daraus gemacht haben. Nicht aber, um Kerzen oder
Fackeln daraus zu verfertigen: denn sie kennen kein an,
deres Licht zu ihrem Gebrauche, als ein gewisses Holz,
welches eine sehr helle Flamme von sich giebt: sondern
sie bedienen sich vorzüglich dieses Wachses, die grossen
Röhre zu verkleben, in welche sie ihre Federn stecken, da,
mit sie von den Papillionen nicht zerfressen werden,
die ich auch hier beschreiben werde.

Die Barbarn nennen sie Araveren: (Aravers:)
sie sind so groß als Grillen, kommen auch, wie diese,
haufenweise an den Herd: was sie anfressen, zernagen
sie; besonders aber zerfressen sie lederne Wamms und
Schuhe so, daß sie die ganze Oberfläche fortnehmen.
Hatten wir aber Hühner oder sonst Speisen etwas nach,
läßig weggestellt, so fanden wir Morgens die blossen
Knochen ohne Fleisch.

Die Barbarn plagt noch ferner eine kleine Art
Insekten, welches sie Tong (Ton) nennen. Es wird
im Staube erzeugt, und hat die Grösse einer Floh.
Hat es sich einmal zwischen die Nägel der Hände und
Füsse gearbeitet, so spürt man gleich ein Jucken, wie
von der Krätze. Nimmt man es dann nicht bald her,
aus, so wird es so dick als eine Erbse, und kann dann
ohne grosse Schmerzen nicht mehr heraus gezogen wer,
den. Jedoch haben nicht allein die Barbarn, welche
am ganzen Leibe nackt herumlaufen, viel von ihm aus,
zustehen; sondern selbst auch wir, die wir gut bekleidet
waren, mußten von ihm leiden. Ich für meinen Theil,

wie

wiewohl ich mich aufs sorgfältigste vor ihnen in Acht
nahm, war doch so unglücklich, an einem Tage über
zwanzig aus verschiedenen Theilen meines Körpers her-
ausziehen lassen zu müssen. Ich habe auch einige gesehen, welche sich nicht gut vorsahen, die ihrer nicht nur
an Händen und Füssen hatten, sondern deren Achseln
und übrige weicheren Theile des Leibes voller Geschwüre
von dergleichen Insekten waren.

Ich halte es für dasselbe Thierchen, welches der
Verfasser der allgemeinen Geschichte von Indien *)
Nigua nennt, und auch auf der Insel Kleinspanien
(Hispaniola) gefunden wird. Er beschreibt es mit folgenden Worten: Die Nigua gleicht einem kleinen
Floh, ist gern im Staube, stellt nur den Füssen
der Menschen nach, wo sie zwischen Haut und
Fleisch eindringt. Hier legt sie nun gleich Eyer
in grösserer Menge, als man von ihrer Kleinheit
erwarten sollte; aus diesen werden andere ge-
zeugt, die alsbald wieder neue hervorbringen: so
daß sie, wenn man nicht bey Zeiten hilft, nur
mit Feuer und Eisen können vertrieben werden:
sieht man sie aber bey guter Zeit heraus, so gehts
mit weniger Schmerzen her. **) Er setzt hinzu, einige Spanier haben so viel von ihnen zu leiden gehabt,
daß viele ihre Zehen, einige ihre Füsse verloren hätten.

Wider diese Ungemächlichkeiten bedienen sich die
Barbarn folgenden Mittels. Die Theile, welche den-
selben ausgesetzt sind, beschmieren sie mit einem dicken
Oel von rother Farbe, aus den Früchten, welche sie

Kurok

---

*) Lib. I. Cap. 30.

**) Anm. des Uebers. Pulex penetrans, Linn. Chique, der Franz.
— S. auch nebst dem oben angeführten Gomara hist. gen. de las
Ind. — noch Labat Reise nach Westindien, Th. II. (deutsche
Uebers.) S. 179.

Kurok (Couroq) nennen. Daſſelbe Mittel brauchten auch wir Franzoſen. Das Oel iſt auch zur Heilung von Wunden, und andern üblen Zufällen des menſchlichen Körpers ſo gut, daß es bey den Barbarn in keinem geringern Werthe ſteht, als bey uns das ſogenannte heilige Oel. Unſer Wundarzt hatte auf ſeiner Rückreiſe zwölf groſſe Gefäſſe dieſes Oels, und eben ſo viele Gefäſſe Menſchenfett, welches die Amerikaner beym Braten ihrer Feinde aufgeleſen hatten, mit genommen.

Die amerikaniſche Luft erzeugt weiter eine Art ſehr ſubtiler Schnecken, welche die Barbarn Yeteng (Yetin) nennen. Es richtet dieſe Schnecke ſogar diejenigen, welche leicht angezogen ſind, ſo zu, daß man glaubt, man würde mit Nadeln geſtochen. Man kann daher leicht denken, was unſere Barbarn für eine lächerliche Figur machen, wenn ſie von dieſen Schnecken geplagt werden: denn dann ſchlagen ſie mit ihren Händen ſo auf ihre Beine, Arme und Hintern, daß es wie eine Kutſcherpeitſche knallt.

Im Staube und unter den Steinen liegen in Amerika auch Skorpionen verborgen. Sie ſind kleiner als die in der Provence; allein, wie ich durch die Erfahrung bin belehret worden, iſt ihr Stich nicht weniger giftig und tödlich.*) Dies Inſekt liebt die Reinlichkeit. Ich ließ mein Hängbette reinigen, und hängte es, wie gewöhnlich, wieder auf: allein da war ſchon ein Skorpion in einer Falte, der mir, da ich mich beym Schlafengehen nicht vorſah, den Daumen der linken Hand verwundete. Die Hand ſchwoll mir den Augenblik zum Bewundern auf, und ich glaube, das Gift würde ſich bald in den ganzen Körper verbreitet haben,

---

*) Anm. des Ueberſ. „Der Stich iſt leicht zu heilen, und gar „nicht tödlich;" ſagt *Piſo* l. c. p. 257.

Eilftes Hauptstück.

, wenn nicht ein Apotheker bey der Hand gewesen
re, zu dem ich gleich ging. Der legte mir nun ei-
 todten Skorpion, welcher er in einer Flasche Oel
rere aufbewahrte, auf die Wunde. Wiewohl dies
ttel von allen fürs zuverläßigste gehalten wird, war
 die Gewalt des Giftes so stark, daß ich vier und
nzig Stunden durch die größten Schmerzen litt.
 Barbarn gebrauchen dasselbe Mittel: wenn sie
r nämlich habhaft werden können, so zerdrücken sie
ige, und legen sie auf die Wunde.

Ich habe schon einmal gesagt, daß die Barbarn
serst rachgierig sind. Ja, ich mögte beynahe sagen, sie
 auf jedes, was ihnen nur schadet, wüthend. Wenn
 durch ihre Unvorsichtigkeit an einen Stein stossen, so
sen sie wie wüthende Hunde in denselben: alle und
 ihnen schädliche Thiere suchen sie emsig auf, und
rder sie, wenn sie könnten, gänzlich vertilgen.

Amerika hat auch Landkrebse, und bey den Tutti-
sambolsiern heissen sie Ussa. (Oussa.) Schaa-
weis, wie Heuschrecken, kommen sie an das Ufer
 Meeres und an sumpfigte Oerter. Kömmt einer
 dergleichen Oerter, so wird er sie da und dort hin-
hen sehen. Sie begeben sich dann in die Stämme
 Wurzeln der Bäume, wo man sie nicht sicher weg-
mmen kann: denn sie klemmen die Finger und Hände
jenigen, die sie nehmen wollen, mit ihren Scheren.
ie sind viel magerer als die Seekrebse; weil sie aber
ch Wacholderwurzeln riechen, so haben sie gar keinen
 genehmen Geschmack.*)

Zwölftes

---

*) Anm. des Uebers. *Piso l. c. p. 76.* redet doch von einer Ussa,
die von einem so guten Geschmacke sey, daß er zwischen ihr und
dem Seekrebse keinen Unterschied gefunden habe. — Der Geschmack ist indessen verschieden. De gustibus non est disputandum.

Zwölftes Hauptstück.
Von einigen bey den Amerikanern sehr gemeinen Fischen und ihrem Fange.

Um nicht dasselbe mehrmal wiederholen zu müssen, was ich so viel möglich vermeiden will, verweise ich den Leser sowohl auf das dritte, vierte, fünfte und siebente Hauptstück dieser Reise, als auf andere Stellen, wo von den Wallfischen, Seeungeheuren, fliegenden Fischen, und mehreren andern Arten, gehandelt wurde, zurück. In diesem Hauptstücke will ich nur diejenigen beschreiben, die bey unsern Brasilianern die gemeinsten sind, von denen bis hieher noch keine Meldung geschehen.

Die Fische überhaupt heissen bey den Barbarn Pira. Meerbarben (Mullorum) haben sie zwo Arten: Kurema (Curema) und Parati.*) Beyde sind, gesotten sowohl als gebraten, vom besten Geschmacke. Weil die Barben schaarenweis umherziehen, (was man vor noch nicht langer Zeit im Loar (Ligure) **) und andern Flüssen bemerkt hat, ***) so schiessen die Barbarn, wenn sie selbige sehen, mit Pfeilen nach ihnen, und das zuweilen in so sicherer Richtung, daß sie zween bis drey in einem Schusse schiessen. Sind sie getroffen, so suchen selbige die Barbarn; denn nun müssen sie immerfort schwimmen, und können nicht auf den Boden gehen. Das Fleisch dieser Fische ist sehr mürbe: daher die Barbarn selbige denn auch, wenn sie eine

grosse

---

*) Anm. des Uebers. Curema und Parati, *Pison* und *Marcgrav.*

**) Anm. des Uebers. Loire, ein Fluß in Frankreich.

***) Anm des Uebers. Aristoteles schon setzt die Barben unter die schaarenweis zusammenlebenden. *Arist. de hist. Animal.* L. IX. C. 2.

Zwölftes Hauptstück.

[...g]rosse Anzahl fangen, auf dem Bukang dörren, und [ei]n recht gutes Mehl daraus machen.

Kamurupuy-uassu (Camouroupouy - ouassou) [ist] ein sehr grosser Fisch: (denn Uassu (ouassou) heißt [in] der amerikanischen Sprache so viel als groß. *) [V]on diesem geschieht in den Tänzen und Liedern der [T]upinambolsier oft Meldung. Sie sagen diese [W]orte auf folgende Art:

[I]m Essen ist er sehr gut.

Ausser diesem haben sie noch zwo Arten, die den [ih]r ähnlich sehen, und die Namen Uara (Ouara) [un]d Akara-uassu haben; übertreffen ihn jedoch am [G]eschmacke: ja, ich getraue mir zu behaupten, daß [di]e Uara unsrer Forelle (Salari) nicht das geringste nach[ge]bt.

Akarapep **) ist ein platter Fisch: unter dem Ko[pf]en läßt er ein gelblichtes Fett von sich, das ihnen zum [S]chmelzen dient. Er hat sehr gutes Fleisch.

Aka-

---

*) Anm. des Uebers. Vermuthlich Camaripuguaçu, Pifon. Erwachsen hat er die Länge und Dicke eines Mannes, und ist sehr fett. — Die Jungen sind die besten, und auch dann muß er lange kochen. Fängt er einmal an alt zu werden, so wird sein Fleisch zähe. Pif. de Ind. utr. re nat. et med. L. III. p. 65.

**) Anm. des Uebers. Acarpeba, Pif. Er gleicht sehr unsern Brachsem, und ist oft anderthalb Schuhe lang.

Akarabutang (Acarabouten) ist schmierigt, v
Leder, oder röthlicher Farbe; weicht den obigen an G
te und am Geschmacke. *)

Pira-yposchi (Pira-ypochi) ist lang, wie e
Aal; kann aber nicht gegessen werden: welches au
schon das amerikanische Wort yposchi anzeigt.

Die Rochen, welche im Jenner-Meerbus
und dem benachbarten Meere gefangen werden, si
nicht nur von denen, welche bey der Normandie u
Bretagne gefangen werden, und den übrigen unser
an Grösse verschieden; sondern sie haben auch noch b
Besondere, daß sie zwey länglichte Hörner, und nebstde
auf dem Bauch fünf oder sechs Einschnitte haben, d
man nicht von Natur, sondern durch Kunst hingeschni
ten zu seyn glauben sollte. Ihr Schweif ist länglic
und dünn, dabey aber sehr vergiftet. **) Ich habe d
von selbst ein Beyspiel gehabt. Wir hatten einen g
fangen, und in den Kahn gezogen: dieser aber sta
bald darauf einem der Unsrigen ins Bein, worauf di
ses sogleich aufschwoll, und inflammirt wurde.

Dies hatte ich in wenigen Worten von den amerik
nischen Seefischen zu sagen, deren Menge jedoch unen
lich ist.

Nebst diesen geben die süssen Wasserflüsse mitte
mäßige und kleine Fische im Ueberflusse: die Barbar
nennen dieselben in ihrer Sprache Pura-miri und Ak
ramiri. Denn Miri heißt in ihrer Sprache klei
Von diesen will ich zwo der abentheuerlichsten Gattunge
kurz durchgehen.   Ein

*) Anm. des Uebers. Vermuthlich Acarapilanga, *Piſ.*

**) Anm. des Uebers. Gehören vermuthlich zu der Raja pastinac
Linn.

Zwölftes Hauptstück.

Eine heißt bey den Barbarn **Tamuata** (Tamoua-
...). *) Der Fisch ist eine Spanne lang, hat einen sehr
...ossen und abentheuerlichen Kopf, in Vergleich mit dem
...rigen Körper: unter den Ohren hat er zwo Floßfedern,
...ne Zähne sind schärfer, als die unsres Hechtes, seine
...räte ebenfalls sehr spitz, und seine Schuppen sehr
...rt, so, daß (wie ich schon vom Tatu gesagt habe,)
...mit keinem Säbel durchgehauen werden kann. Sein
...eisch ist recht gut, und hat einen sehr angenehmen Ge-
...mack.

Der andere heißt **Pana-pana,** **) er ist von
...ittelmäßiger Grösse, und hat folgende Gestalt: Seine
...aut ist, wie die eines Hayfisches, (Requienis,) rauh,
...m er auch dem Schwanze und Leibe nach gleich sieht;
...in Kopf ist platt und sehr ungestaltet; wenn er ihn aus
...m Wasser hebt, so legt er ihn in zween Theile,
..., daß man keinen abscheulichern und monströsern
...ischkopf sehen kann.

Was den Fischfang der Barbarn angeht, so muß
...r allem, sowohl zu dem, was ich von den Barbarn,
...elche sie mit Pfeilen durchschiessen, gesagt habe, (was
...ch von den übrigen Fischen zu verstehen ist, die sie im
...Wasser treffen können,) bemerkt werden, daß nicht nur
...änner und Weiber, sondern auch die Kinder vortreff-
...ch schwimmen können. Diese holen die Beute schwim-
...end mitten im Wasser, wie die Pudelhunde, (more
...arbatulorum canum.) Sobald sie nur gehen können,
...erfen sie sich in die Flüsse und ins Meer, nahe am Ufer,
...nd schwimmen, wie Enten, im Wasser herum. Zum
Zeug-

---

*) Anm. des Uebers. Tamarta, Pis. Adeo fugit aquam salsam,
sagt Piso l. c. p. 71. ut tempore aestivo et sicco per terram abeat
dulcem aquam quaeritans.

**) Anm. des Uebers. Papana, Pis.

Zeugnisse dessen, will ich mit wenigen Worten ein Beispiel erzählen.

An einem Sonntage Morgen gingen wir auf einem Vorwerke unseres Fortes spatzieren, als wir ein Kahn von Baumrinden, (der zu seiner Zeit auch beschrieben werden soll,) in welchem über dreyßig Personen, Männer, Weiber und Kinder, uns zu besuchen gefahren kamen, mitten im Meere umschlagen sahe: Wir bestiegen sogleich ein Fahrzeug, und eilten ihnen zu Hülfe; allein wir trafen sie alle schwimmend und lachen an. Einer derselben fragte uns: Wohin wollt ihr so eilig Mair? (so nennen sie die Franzosen,) zu euch sagten wir, um euch zu Hülfe zu kommen. Schöne Dank, erwiederte er: glaubt ihr dann, daß wir in Lebensgefahr gewesen, wiewohl wir ins Meer gefallen? Wir würden eher acht Tage so im Wasser bleiben, als untersinken: wir fürchten uns mehr, daß uns irgend grosse Fische zu Boden ziehen. Die übrigen aber, die, wie Fische, ganz ruhig daher schwammen, als sie die Ursache gehört, aus welcher wir zu ihnen gekommen, verspotteten sie uns und wir sahen, wie sie vor allzu vielem Lachen gleich den Meerschweinen bliesen. Und würklich, wiewohl wir fünfhundert Schritte von unserm Forte entfernt waren, bestiegen doch nur wenige unser Fahrzeug; und die es thaten, thaten es mehr um zu schwätzen, als weil sie irgend eine Gefahr befürchteten. Ich bemerkte auch, daß sie uns zuweilen vor, nach Willkühr bald geschwind, bald langsam schwammen, und so oft es ihnen beliebte auf der Oberfläche des Wassers ruhten. Der untergesunkene Kahn aber mit einigen baumwollenen Betten, Speisen, und einigen andern Sachen, die sie uns bringen wollten, machte ihnen nicht mehr Kummer, als wenn wir einen Apfel verlören. Denn, sagten sie, sind denn auf dem Lande keine andre mehr?

Ehe

Zwölftes Hauptstück.

Ehe ich die Rede vom Fischfange schliesse, will ich doch nicht eine Geschichte vorbeylassen, die ich von einem Barbarn gehört habe. Als ich, sagte er, einst mit noch einigen andern bey der größten Meeresstille in einem Kahne fuhr, ergriff ein grosser Fisch mit der Hand den Rand des Fahrzeuges, und wollte selbiges, meines Erachtens, entweder umwerfen, oder besteigen. Sobald ich dies sah, hieb ich ihm sogleich mit einer Sichel, die ich bey mir hatte, die Hand ab, welche in den Kahn fiel. Dieselbe hatte fünf Finger, die den unsrigen sehr ähnlich waren. Als er hierauf vor Schmerz den Kopf ein wenig aus dem Wasser hervorsteckte, der einem menschlichen sehr gleich sah, gab er einen Ton von sich. (aliquantulum concrepuit.)

Ich überlasse das Urtheil dem Leser, ob (nach der Meynung des gemeinen Volkes, als seyn in dem Meere alle Arten Thiere, wie auf der Erde, besonders mit Rücksicht auf dasjenige, was einige von den Tritonen und Sirenen geschrieben haben,) sage ich, die Hand, die der Tuupinambolsier hier abgehauen hatte, die Hand eines Tritons oder eines Seeaffen gewesen. Ich für meinen Theil gestehe jedoch, (das soll aber keineswegs dem einen Abbruch thun, was man über diese Sache anführen kann,) daß ich auf meiner neun monatlichen Seereise, wo ich nicht selten an den Küsten herum gefahren bin, bey der grossen Menge so vieler Arten Fische, welche wir gefangen haben, nie einen gesehen, der einer menschlichen Gestalt so nahe gekommen wäre.

Um endlich einmal dem Schreiben über den Fischfang der Amerikaner ein Ende zu machen, so machen sie, nebst der Art, die Fische mit Pfeilen zu durchbohren, davon ich oben sprach, nach ihrer alten Weise Dörner

zu Angeln, und verfertigen sich von einem Kraute, welches sie **Tukong** (Toucon) *) nennen, Fäden. **)
Hiemit fischen sie nicht nur am Ufer, sondern fahren auch mitten auf die See und in Flüsse, auf Flössen welche sie Piperis nennen, und auf folgende Art verfertigen. Sie binden fünf bis sechs runde, armsdicke Stäbe mit hölzernen Binden zusammen, auf diesen fahren sie mit ausgestreckten Schenkeln, auf den Beinen sitzend, statt eines Ruders ein plattes Stück Holz, hin und her, wo es ihnen beliebt. Da aber diese Flösse die Länge einer Elle und die Breite von zweyen Schuhen nicht überschreiten, so können sie weder Wellen ertragen, noch mehr als einen Mann fassen. Bey stillem Meere also nur fahren unsre Barbarn einzeln auf denselben sitzend aus: fahren sie so den Sonnenstrahlen gegen über, so sehen sie schier grade wie Affen aus, oder in der Ferne vielmehr wie Frösche. Weil jedoch diese Flösse sehr geschwinde verfertiget werden, und nie versinken können, so würden sie, wenn sie bey uns im Gebrauche wären, sehr gemächlich seyn, meines Erachtens

wenig-

---

*) Anm. des Uebers. Wenn Lery nicht das Wort Kraut (herba) brauchte, so würde man geneigt zu glauben, er rede hier von der Palmart Tucum, Pis. von welcher *Piso de Ind. re nat. et med. L. IV. C. XI. p. 125.* bezeugt, daß die Brasilianer aus ihren Blättern einen Faden verfertigten, „der sehr fein und sehr stark sey, und „rother Seide gleich sehe.„ – Ob er vielleicht die Aloeart Caraguata secunda, *Pis.* darunter versteht, aus deren Blättern auch ein Faden gezogen wird, (*Pise. l. c. C. 36. p. 192.* Labat Reise nach Westindien, Th. V. (der deutschen Uebers.) S. 253. denn Labats Strillianne (Ebendas. Th. IV. S. 207.) (Bejuco bey den Maynos, Veigl *l. c. p. 24.*) ist wohl nicht so dünn, daß sie statt einer Sehne am Bogen dienen könnte.

**) Anm. des Uebers. Nach *Maregrav tract. cit. C. VI. p. 16.* haben sie noch zwo andere Arten, Fische zu fangen, mit gewissen Sieben (vebris) nämlich, welche sie Uropema nennen, und aus einem sichern Rohr verfertigen: und dadurch, daß sie die Fische mittelst verschiedener Kräuter, Früchte und Wurzeln trunken machen; über welche letztere Art man unter andern auch noch Labat *l. c.* Th. IV. nachsehen kann. — Bey ihren Angeln übrigens bedienen sie sich zum Köder kleiner Fische, grosser Regenwürmer, kleiner Krebse und Krabben, *Maregr. l. c.*

nst fliessende Ströme sowohl als Seen und
rfahren, wo man oft nicht wenig in Ver-
enn man drüber muß.

tten unsere Barbarn nicht nur eine wun-
an unsern Netzen, mit welchen wir in
r fischten, sondern sie halfen uns auch
en sogar sehr geschickt, wenn wir es ihnen
ie nennen dieselben in ihrer Sprache
(Puissa-ouassou.) Nebst diesem aber
anzosen noch vorzüglich deswegen, daß
rn Vortheilen, so sie von ihren Waaren
t mehr, wie sonst, Dörner zum Fischen
u binden brauchen, sondern durch sie der
in hinlänglicher Menge haben, welche
tauglich zum Fischfangen loben. Und
e Kinder (wie schon oben gesagt worden?)
ichtet, von den Ankömmlingen mit diesen
zu erbitten: *De agatorang, amabe peng-
em, amabe pinda,*) das ist: **Du bist ja
Angeln.** Denn **Agatorang** heißt in
gut. **Amabe:** gieb mir. **Pengda**
Erhalten sie abschlägige Antwort, so
opf, und sagen sogleich: *De augschäpa
gaipa aiouca,*) das ist: **Du bist ein
mußt umgebracht werden.**

also einer bey den Eltern und Kindern
so darf er ihnen nichts abschlagen. Sie
ar, besonders die Alten. Wenn man am
benken sollte, so erinnern sie sich an ein
eschenk, und pflegen etwas dafür zu ge-
das bemerkt: muntere, lustige und frey-
d bey ihnen in gutem Kredit; traurige
rische, stille, geitzige, und die, welche
eben, verabscheuen sie so, daß ich der-

O gleichen

gleichen Leuten rathe, zu unsern Barbarn nicht
gehen.

Dreyzehntes Hauptstück.

Von den Bäumen, Pflanzen, Wurzeln und au
gesuchtesten Früchten, welche der amerikanische Boden hervorbringt.

Weil ich in den vorhergehenden Hauptstücken v
den vierfüssigen Thieren, von den Vögeln, den Fische
kriechenden, endlich von allen Thieren Amerikas
handelt habe, scheint es mir nothwendig zu seyn,
ich zur Religion, dem Kriege, der bürgerlichen Einri
tung, (Politeian,) und andern Sitten der Barbarn, üb
gehe, etwas von den Bäumen, Kräutern, Pflanze
Früchten, Wurzeln und allem Uebrigen, was eine ve
tirende Seele hat, zu sagen.

Weil der Brasilienbaum (von welchem auch d
Land seinen Namen erhalten,) *) der berühmteste ist,
sonders wegen der Farbe, welche unsere Färber aus i
machen, so will ich den hier zuerst beschreiben.
Baum führt also bey den Barbarn den Namen Arab
tang, (Araboutan,) **) und kömmt unsern Eichen
der Grösse und Menge der Aeste bey. Man findet eini
ber

---

*) Anm. des Uebers. Anfangs hieß es: heil. Kreuzland, n
Peter Alvar Capral bey seiner Besitznehmung desselben am Kreu
findungstage für Portugall der Gewohnheit nach ein Kreuz auf
Küste errichtet hatte. Dieser Name dauerte aber nur ein p
Jahre, und es erhielt von dem rothen Holze den Namen Bra
lien. *Maffei hist. Ind. L. II. p. 30. (Colon. 1589.) — Vita*
Anchietae, L. I. p. 34.

**) Anm. des Uebers. Ibirapitanga, sive lignum rubrum,
Pao do Brasil. *Lusit.*

Dreyzehntes Hauptstück.

...ren Stamm kaum drey Menschen umfassen können. ...er Verfasser der Geschichte Westindiens erzählt,*) ...an habe in diesen Gegenden zween Bäume ge-...hen, deren einer über acht, der andre sechzehn Ellen ... Umfange gehabt, so, daß auf dem Gipfel des erstern, ...r höher war, als man mit einem Steine werfen konnte, ...n Kassike sich, wie ein Storch, ein Hüttchen erbauet ...tte: ein lächerliches Schauspiel für die Spanier. ...ben so erzählt er, was noch wunderbarer ist, in der ...rovinz Nikaragua wachse ein Baum solcher Dicke, ...ß, um seinen Stamm zu umfassen, funfzehn Männer ...fordert würden. — Um aber wieder auf unsern ...rasilienbaum zu kommen: seine Blätter gleichen sehr ...n Blättern der Buchsbäume. Er trägt keine Früchte.

Wie er aber in die Schiffe transportirt zu werden ...legt, will ich hier sagen. Vor allem muß man bemer-...n: wenn die Kaufleute keine Hülfe von den Eingebor-...n hätten, so würden sie kaum in einem Jahre eine La-...ng des Holzes haben, sowohl wegen seiner Härte und ...r daher entstehenden Beschwerlichkeit des Schneidens, ...s vorzüglich weil das Land gar keine Lastthiere hat, ...d das Holz auf menschlichen Schultern fortgeschleppt ...erden muß. Die Barbarn also werden durch Klei-...ngsstücke, durch Hemden, Hüte, Messer und andern ...aaren gedungen, und so schneiden, spalten und rün-...en sie nicht nur dies Holz mit Aexten und Keilen, son-...ern tragen es auch auf ihren nackten Schultern in die ...chiffe, zuweilen über die übelsten Wege drey- bis vier-...usend Schritte vom Strande, wenn der Wald so weit ent-

---

*) C. 61. 85. 204. — Anm. des Uebers. Wider *Gomara* hist. gen. de las Ind. — C. 61. erzählt er von einem Baume, den acht Menschen kaum umfassen konnten. C. 85. finde ich keine Meldung von Bäumen. C. 205. (bey mir) ist die Rede von dem andern Baume, den funfzehn Menschen nicht umfassen könten. Auf dem ersten hatte ein Kassike sein Haus. — Von solchen ungeheuren Bäumen thun mehrere Naturalisten Meldung. — Ob aber das Haus keine Aufschneiderey ist?

entfernt liegt. Von der Zeit an, als die Portugie[sen]
und Franzosen zu ihnen gekommen, schneiden u[nd]
hauen die Barbarn ihre Brasilienbäume erst un[d]
denn, wie ich von den Aeltesten gehört habe, so wuß[ten]
sie vor der Zeit von keiner andern Art, sie umzuwerfe[n,]
als daß sie Feuer anlegten, und sie abbrannten. [Ich]
habe mit Vorbedacht zugesetzt, daß die Barbarn [die]
Stücke Holz rundeten, um sie leichter fortbringen [zu]
können, weil ich weiß, daß einige glauben, es sey d[ies]
die Dicke der Bäume, wie sie zu uns gebracht werd[en.]

Nebst dem habe ich die kurze Zeit durch, die ich [in]
Amerika zugebracht, und bey einem starken Feuer [die]
Güte dieses Holzes genossen, bemerkt, daß diese[s]
Holz gar nicht feucht sey, wie es bey den mehrsten [an-]
dern Holzarten der Fall ist; sondern daß es vielmehr v[on]
Natur trocken sey, und wenn es angezündet ist, s[o]
wenig Rauch mache. Der egyptische wilde Feigenba[um]
(Sycomörus) hingegen, wie Matthiolus sagt,*) [hat]
vor andern Holzarten das Besondere, daß er auch [ab-]
gehauen seine Feuchtigkeit beybehält, und nicht austr[ock-]
net, es sey dann, daß man ihn ins Wasser wirft.

Noch etwas will ich hier anführen. Es wollte ei[ne]
von uns unsere Hemden waschen, und hatte aus Unv[or-]
sichtigkeit Asche von dem Brasilienholze in die Lau[ge]
gethan; allein hievon wurden selbige so fest roth, d[aß]
wir die Farbe nie im geringsten wegbringen konnten, [wir]
mogten sie waschen wie wir wollten, wir mußten sie daf[ür]
so anziehen. Wollen aber die Zärtlinge, welche i[n]
we[...]

---

*) Anm. des Uebers. Comment. sup. libr. Dioscor. Lib. I. C. [?]
wo er den Theophrast hist. plant L. IV. C. 2. anführt, welch[er]
l. c also sagt: „Er scheint das Besondere zu haben, daß er a[uch]
„abgehauen immer grün bleibt. Er trocknet aber im Wasser.
„wird daher in tiefe Gruben und Teiche geworfen, und so trock[net]
„er naß auf den Boden; ist er völlig trocken, so kömmt er herau[s]
„und schwimmt.„ —

eiß Zeug zum Waschen und Bleichen in die Niederlande
hicken, diesem keinen Glauben beymessen, so mögen sie
einethalben nicht allein die Probe machen, sondern auch,
enn sie wollen, ihren ganzen grossen Vorrath grün
rben.

Uebrigens wundern sich unsre Tuupinambolsier
icht wenig, daß die Franzosen und andre Fremdlinge
us weit entfernten Ländern kommen, und sich so viele
Mühe geben, um mit ihrem Arabutang (das ist Bra-
ilienholz) beladene Schiffe mitzuführen. Es fragte mich
nst einer der Barbarn, ein alter Mann, über diese
ache folgendermassen, „Wie ist das,„ sagte er, „daß
r Mär und Peros„ (das ist: Franzosen und
ortugiesen) „so weit her kommen, um Holz zu nehmen? Giebt es in eurem Lande kein Holz, Feuer
damit anzumachen?„ — Ja wohl, versetzte ich,
aben wir desselben, und zwar in Menge: allein
icht von eurer Art Bäume: besonders wegen dem
brasilienholz mußt du nicht glauben, als wenn
e das zum Verbrennen ausführten; nein, das
ird zum Färben gebrauche, wie ihr ja auch euch
lbst und eure baumwollenen Stricke und eure Fe-
ern färbe. „Aber„ sagte er sogleich hierauf, „habt
ihr denn dazu eine solche Menge Holz nöthig?„
Gewiß, antwortete ich: denn (um seine Seele zur
Berwunderung zu spannen,) bey uns besitzt ein Kauf-
mann mehr rothe Tücher, mehr Messern und
Scheeren, (bekannte Beyspiele für ihn) mehr Spie-
eln, als ihrer je zu euch gebracht worden sind.
r allein kann alles Brasilienholz aufkaufen, wenn
uch noch so viele Schiffe voll von hier wegge-
ommen würden. „Ah, erwiederte der Barbar,
was du sagst!„ — Bald aber fiel ihm wieder ein,
as ich ihm gesagt hatte, und er fuhr fort zu fragen:
Aber stirbt denn der reiche Mann nicht, von dem

„dir

„du erzählt hast? — Gewiß stirbt er, antwortet ich, wie andere Menschen." Er (wie denn diese Barbarn gern disputiren, und eine angefangene Unterredung ohne Nebensprünge sehr geschickt bis zu Ende fortführen,) fragte mich weiter: „Wer erbt denn „diese Güter, die er sterbend hinterläßt?" — Seine Kinder, war meine Antwort, wenn er ihrer hat; und hat er keine, seine Brüder, Schwestern oder nächste Anverwandten.

Als ich dies gesagt hatte, redete mich dieser gewiß nicht ungeschickte Alte mit folgenden Worten an: „Ich „sehe hieraus leicht, daß ihr Mair (Mair, das heißt: Franzosen,) „rechte Narren seyd. Denn „was habt ihr nöthig, euch mit der Ueberschif„fung des Meeres abzugeben, und da (wie ihr „uns wenigstens sagt, wenn ihr bey uns landet,) „so viel Ungemach auszustehen? — um eurer „Kindern, und denen, welche euch überleben, vie„le Sachen zu verschaffen? Wird denn das Land, „was uns ernährt hat, nicht auch sie ernähren? „Wir haben auch Kinder und Anverwandte, und „lieben sie, wie du siehst, zärtlich: allein weil wir „hoffen, nach unserm Tode werde das Land, das „uns erhalten hat, auch sie erhalten, so macht „uns das keinen Kummer."

Und in der That antwortete hierüber vortrefflich einst Sokrates einem, der ihm heftig zuredete, sich seinen kleinen Kindern gesund zu erhalten: Meine Kinder wird Gott besorgen, der sie mir gegeben. — Agesilaus, König der Lacedämonier, ermahnte seine Freunde, nicht sich so sehr zu befleißigen, an Geld reich zu werden, als an Tapferkeit und Tugend: denn einem der keine wahren Herzensgüter besitze, seyn auch Reichthümer unnütz. Sentenzen, die, von Heyden gesprochen gewiß nicht wenig Bewunderung verdienen. Denn die erste kömmt mit dem überein, was geschrieben steht: Ich will dein Gott seyn, und der Gott deiner Nachkommenschaft. Die andere gleicht dem Spruche Christi: Sorget nicht so viel für die Speise, die zu Grunde geht, als für die, so zum ewigen Leben bleibt, welche euch des Menschen Sohn geben wird.

Bis hiehin habe ich kurz aber getreu das Raisonnement des amerikanischen Barbarn, wie ers sagte, erzählt. Es lacht daher dieses Volk, welches wir für so wild halten, nicht nur tüchtig über diejenigen, welche mit grosser Gefahr, Brasilienholz zu nehmen, und damit mit Vortheil zu handeln, über Meer seeglen, sondern es wird auch, wiewohl verblindet, (indem es der Natur und der Fruchtbarkeit des Bodens mehr giebt, als wir der Macht und der Vorsehung Gottes,) einst mit den Räubern im Gerichte aufstehen, welche blos den christlichen Namen tragen, von welchen Europa so voll, als Brasilien leer ist, was die Eingebornen betrifft. Möchten daher nur alle Geitzhälse, die nie satt werden können, und daher das Mark und Blut der Armen aussaugen, in diese Länder, wo, wie ich schon gesagt habe, die Tuupinambolfier den tödtlichsten Haß gegen Geitzige hegen, verbannt werden, um von diesen Furien der Teufeln itzt schon geplagt zu werden. Zu unserer eigenen größten Schande mußte ich der Barbarn wegen dies berühren, welche die zeitlichen Güter so sehr verachten. Nicht am unrechten Orte steht, meines Erachtens, hier eine Erzählung aus der allgemeinen Geschichte von Indien*) von einem wilden Volke in Peru. Als diese die Spanier zum ersten male in ihrem Lande herumschweifen sahen, theils weil sie barbarisch zu Werke gingen, vorzüglich aber, weil sie dem Luxus fröhnten,

fürch-

*) Lib. IV. C. 108.

fürchteten sie, sie mögten selbst von ihnen verderben we=
den, und ihre alten Sitten ablegen müssen. Bey ihres
Abzuge fuhren sie daher gegen die Spanier aus mit di=
sen Worten: **Schaum des Meeres, Leute ohn**
Väter, Unruhige, die nirgend bleiben können
um zu arbeiten, und sich ihren Unterhalt zu ver
dienen. *) — —

Ich komme wieder zur Beschreibung der amerikan
schen Bäume. Es finden sich hier vier bis fünf Arte
Palmbäume, unter welchen die gemeinsten diejenige
sind, welche sie **Schero**, (Gerau,) und andere, so f
Nri nennen. Ich glaube nicht, daß sie eine Fruch
hervorbringen; wenigstens habe ich keine gesehen. D
Nri trägt zwar eine runde Frucht, nach Art Schleher
die bald wie eine grosse Traube aussieht, und so schw
ist, daß sie kaum mit einer Hand aufgehoben werde
kann; allein davon ist blos der Kern, so dick als ein K
sche, eßbar. Die Palmen haben jedoch an der Spit
einen weissen jungen Ausschuß (turio albus,) **), b
wir abschnitten, und assen. Philipp, der die Hämorrho
den hatte, behauptete, dieser Ausschuß sey ein Mi
tel gegen dies Uebel: ich überlasse das den Aerzten.

Ein anderer Baum, von den Barbarn Ai
(Ayri) ***) genannt, hat schier eben solche Blätte
als die Palmen; allein sein Stamm ist rundum ga
mit Dornen bewaffnet, die das Ansehen und die spit
ge Schärfe wie Nadeln haben. Seine Früchte si
mittelmäßig dick, und haben inwendig einen schneeweiss
Ker

*) Anm. des Uebers. Gomara sagt: Plamando los hyos de
espuma de mar, sobre que andavan, o que no tenian padre
Hombres desterrados, o haraganes, que no paravan en cabo ni
guno a cultivar la tierra para tener que comer etc.

**) Anm. des Uebers. Es ist dies der sogenannte Palmkäs.

***) Anm. des Uebers. Airi, Pis.

an jedoch nicht essen kann. Ich halte ihn
Ebenbaum: (hebeni:) denn nebstdem,
 schwarz und so hart, daß die Barbarn
zur Verfertigung ihrer Keulen und zum
Pfeile zu bedienen pflegen, (wie ich noch
h von ihren Kriegen handle, weitläufiger
ist es sehr hart und glänzend, und endlich so
s ins Wasser geworfen, sogleich untersinkt.

:ben auch viele Arten Holzes von aller=
in Amerika erzeugt, deren Namen ich
her zu nennen weiß. Ich habe einiges
hes wie Buchsbaumholz gelb aussah; an=
et, von welchem ich auch einige Stücke mit
 gebracht habe; anderes war wieder weiß,
 roth, verschieden von dem des Brasilien=
welchem die Barbarn auch zuweilen ihre
:n; ein anderes nennen sie Kopo: (Co=
Baum gleicht viel einem welschen Nußbau=
uglandi;) er hat jedoch keine Nüsse; das
 es verarbeitet ist, hat dieselben Flecken,
nholz. Endlich findet man einiges, dessen
ck, als ein Livres; anderes, dessen Blät=
 Schuhe breit sind; und so von mehrern
ille einzeln her zu zählen viel zu langweilig

vächst in diesem Lande ein Baum von vor=
önheit, und, was das Beste ist, von so an=
eruche, daß die Späne, so beym Behauen
 abfielen, mit einer der wohlriechendsten
en Rang streiten konnten. Im Gegentheil
 einen andern, die Barbarn nennen ihn
ou-ai,) von seinem abscheulichen Gestan=
beym Zerhauen oder Verbrennen niemand
in: seine Blätter gleichen denen unserer

Apfel=

Apfelbäume, seine Früchte aber, die bald wie ein Ige
aussehen, und vorzüglich der Kern, sind so giftig, daß
man die Wirkungen davon sogleich spürt, wenn man
sie nur gegessen hat. Weil nichts destoweniger di
Barbarn ihre Schellchen davon machen, schätzen si
selbige sehr hoch. Hier muß man auch bemerken, daß
Brasilien, wie wir bald sagen werden, sehr gute
Obst von allerley Gattungen hervorbringe; daß es abe
auch die Menge Bäume habe, welche zwar sehr schön
Früchte hervorbringen; allein Früchte, die nicht zu es
sen sind. Besonders stehen auf der Küste viele Baum
wäldchen, deren Früchte unsern Mispeln sehr nah
kommen, die aber nicht ohne Gefahr gegessen werden
Wenn daher die Barbarn Franzosen oder andre Frem
de hingehen sehen, dergleichen Obst zu sammlen, so er
mahnen sie selbige mit ihrem Yposchi, (Ypochi,) daß
sie ihnen mehrmal zurufen, sich derselben zu enthalten.

Hivurae (Hiuouraé) hat eine Schale, welche
einen halben Finger dick, und von einem angenehmen
Geschmack ist, besonders frisch vom Baume abgeschält.
Es ist eine Art Franzosenholz, *) wie ich von eini
gen Apothekern vernommen, die mit uns über Meer ge
fahren waren. Die Barbarn bedienen sich derselben
gegen die Krankheit, welche sie Piangs nennen, die,
wie ich nachher sagen werde, bey ihnen eben solchen
Schaden anrichtet, als bey uns die venerische Krank
heit. **)

Der Baum Schoane (Choyne) von den Bar
barn genannt, ist von mittelmäßiger Höhe: seinen Blä
tern, seiner Form und Grüne nach kömmt er einem
Lor

---

*) Anm. des Uebers. Guaiacum officinale, Linn. Ibirafe, Pif.

**) Anm. des Uebers. Man erinnere sich, daß Lery im sechzehn
ten Jahrhunderte schrieb, wo die venerische Krankheit noch ungleich
mehrere Verwüstungen anrichtete als izt.

orbeerbaum gleich; seine Früchte aber, die wie Straus=
eneyer aussehen, und so dick wie Kinderköpfe sind, kön=
en nicht gegessen werden. Aus diesen machen die Tu=
inamboisier wegen der Härte ihrer Schale ihre **Mio-
aka**, (wovon schon oben Meldung geschehen, und un=
en noch mehr geschehen wird,) wenn sie selbige der Län=
e und Breite nach durchbohren: zuweilen verfertigen
e auch aus denselben Kelche und andere kleinere Ge=
hirre; und zu diesem Gebrauche schneiden sie selbige
urch, und höhlen sie aus.

Unter die brasilianischen Bäume gehört auch der
Sabocáe. (Sabaucaid.) *) Er trägt einen Apfel, der
ehr als zwo Fäuste dick ist, und wie ein Kelch aussieht;
uf dem Boden hat derselbe einige kleine Kerne, welche
en Mandeln gleichen, und auch schier denselben Ge=
chmack haben. Da übrigens die Schale dieses Apfels
ehr vortreflich ist, Geschirre daraus zu verfertigen, hal=
e ich sie für dieselbe mit denen, welche wir gemeinig=
ich mit dem Namen **indianische Nüsse** benennen,
der doch für eine Art derselben. Denn **Matthiolus**
hat in seinem Kommentar über den **Dioskorides** **)
on andern indianischen Nüssen Meldung, welche rund
ind, und gleich grossen Melonen vom Baume herab
angen: von denen ich in jenen Gegenden, wie sie von
hm abgezeichnet und beschrieben sind, Schalen gesehen
abe, welche auf der Drehbank abgeschliffen hier von
en Unsrigen in Silber gefaßt zu werden pflegen. Ue=
rigens hat auch während unserm Aufenthalte in **Bra-
ilien** ein **Peter Bordon**, ein sehr geschickter Drechs=
er, verschiedene sehr schöne Gefässe, sowohl aus den
Früchten des **Sabocáe** als andern farbigtem Holze, ge=
arbeitet, wovon er einen Theil dem **Villegagnon** gab,
der

*) Anm. des Uebers. Allem Anscheine nach der Jaçapucaia *Pif*.
**) Anm. des Uebers. *Lib. I. C. 41.* unter der Rubrik: *Nucae
Indicae.*

der sie sehr hoch schäzte. Allein nicht lange dara[uf]
erhielt dieser Bordon die schändlichste Belohnung dafü[r]
denn er war einer von denen, (wie ich zu seiner Ze[it]
sagen werde,) die Villegagnon wegen Bekennu[ng]
des Evangeliums ersäufen ließ.

Weiter bringt das Land hier einen Baum he[r]
vor, *) der an Grösse unserm Speierlingbaume **)
(Sorbi) gleich kömmt. Seine Frucht nennen die Ba[r]
barn Akaschu. (Acajou.) Sie ist so dick als ei[n]
Hühnerey, auch eben so geformt. Wenn sie zeiti[g]
ist, so erhält sie hier eine Goldfarbe, wie ein Qui[t]
tenapfel, und ist dann nicht allein gut zu essen
sondern ihr etwas säuerlicher und dem Gaumen sehr a[n]
genehmer Saft, den sie von sich giebt, kühlt in de[r]
grossen Hitze auf die lieblichste Art. Weil aber die[se]
Frucht mit grosser Beschwerlichkeit von den sehr hohe[n]
Bäumen ***) herunter geschlagen wird, hatten wir kein[e]
als die, so die Meerkatzen, welche derselben essen, he[r]
ab schüttelten.

Pako-är (Paco-aire) †) ist eine Staude zeh[n]
bis zwölf Schuhe hoch, mit einem Stengel, der of[t]
die Dicke eines Schenkels erreicht, allein dabey jedoc[h]
so zart ist, daß man ihn mit einem Säbelhiebe durc[h]
hauen kann. Die Frucht, Pako von den Barbaren ge[nannt]
nannt

---

*) Anm. des Uebers. Acaiaiba, Pis. Anacardium, Linn.

**) Anm. des Uebers. Sorbus domestica, Linn.

***) Anm. des Uebers. „Er steigt nicht so sehr in die Höhe,„ sag[t]
Piso de Ind. utr. re nat. etc. L. IV. C. 6. p. 120. „sondern, da e[r]
„ein wirklicher Apfelbaum ist, krümmt er sich auf allerley Art,
„und so hängen seine Aeste gegen den Boden herab.„ Laba[t]
Th. VII. (der deutschen Uebers.) bestätigt jedoch zum Thei[l]
Lerys Aussage, und erzählt noch ferner, daß man auf den An[ti]
tillen sie zu Zwergbäumen zieht, um die Herabnehmung der Fruch[t]
sich zu erleichtern.

†) Anm. des Uebers. Musa paradisiaca, Linn. Banana, der Span[ier]
Fique d'Amerique, Labat. Bananiera, Pis.

Dreyzehntes Hauptſtück. 221

nannt, iſt eine Spanne lang, und gleicht der Geſtalt
nach nicht übel einer Gurke, deren Farbe ſie auch hat,
wenn ſie zeitig iſt. Dieſer Frucht oder Aepfel wachſen
gewöhnlich zwanzig bis 25 zuſammen an einzelnen Stie-
en, welche die Barbarn ſo zuſammen in ihre Häuſer
tragen: ſie ſind ſo ſchwer, daß ſie kaum mit einer Hand
getragen werden können. Was die Güte dieſes Obſtes
betrifft, ſo ſcheint es, wenn man ihr zeitig, wie einer
friſchen Feige, die Schale abgezogen, klumpicht: man
glaubt auch Feigen zu eſſen, wenn man ſie im Munde
hat, wie wir ſelbige denn auch Feigen nannten; am
Geſchmacke aber müſſen ihr die beſten marſilienſiſchen
Feigen nachſtehen; ſo, daß ſie unter die beſten Früchte
dieſes Landes mit gröſtem Rechte gezählt werden könne.
Es iſt zwar in der Geſchichte aufgezeichnet, Cato habe
bey ſeiner Zurückkunft von Carthago nach Rom Feigen von beſonderer Gröſſe mitgebracht: allein weil die
Alten von dieſen hier keine Meldung gethan haben,
glaube ich, daß ſie von einer andern Art geweſen,
als diejenigen, welche ich hier beſchreibe. Die Blätter
des Paka-är gleichen nicht uneben den Blättern des
Waſſerſauerampfers: allein ſie ſind von ſolcher Gröſſe,
daß ſie gewöhnlich an ſechs Fuß lang, und über zween
breit ſind: ich kann daher auch auf keine Weiſe glauben, daß in Europa, Aſien und Afrika ſo lange und
breite Blätter zu finden ſeyn. Denn ob ich ſchon einen
Apotheker habe behaupten hören, er habe ein Blatt an
einem Peſtilenzkraute (Petaſitis) *) geſehen, welches
fünfviertel Ellen breit war, das heißt, weil dieſe Pflanze runde Blätter hatte, deren Umfang an vier Ellen
hielt: ſo kam doch dies Blatt mit ſeiner Gröſſe einem
unſeres Pako-är nicht bey. Es iſt zwar wahr, die
Dicke dieſer Blätter iſt ihrer Länge gar nicht angemeſ-
ſen: ja ſie ſeyn überaus dünn; jedoch ſtehen ſie immer aufrecht in die Höhe, ſo, daß bey einem etwas

heftig

*) Anm. des Ueberſ. Tuſſilago Petaſitis, Linn.

heftigen Winde (woran denn dies Land gar keine
Mangel hat,) blos die mittlere Rippe seiner Gewa
widerstehen kann, und das übrige so zerrissen wird, da
die Gesträuche, von weitem besehen, mit Straussenf
dern besteckt zu seyn scheinen.

Matthiolus in seinem Kommentar über den
Dioskorides, wo er von der Palme und den Dattel
handelt,*) schreibt, in Egypten und Zypern wachs
eine Pflanze, welche die daher kommenden Veneziane
mit ihrer Frucht Musa nennen, und die er da rech
gut abgezeichnet hat. Ich will ihre Beschreibung, wei
sie unserm Pako=ár nahe kömmt, hier einrücken
„Diese Pflanze, sagt er, wächst fünf bis sechs Schuh
„hoch, aus den fortgesetzten Nebenausschüssen.**) Sei
„ne Blätter sind wie Rohrblätter; jedoch sehr lang
„und breit, so daß sie zuweilen über drey Schuhe i
„der Länge, und anderthalb in der Breite halten; durc
„die Mitte läuft eine breite und dicke Rippe. Im Som
„mer trocknen die Blätter, ihrer Natur gemäß, ode
„vielleicht auch wegen der Sonnenhitze, so, daß in
„September ihre Rippen ganz nackt da stehen, und a
„les übrige Blatt, welches sehr dünn ist, abgefallen ist
„Der Stamm erhält von den abgefallenen Blättern ei
„ne schuppichte Haut, wie Palmen und Rohr. Si
„ha

*) Anm. des Uebers. L. I. C. 125.

**) Anm. des Uebers. Allem Anschein und der Abbildung de
Matthiolus nach ist diese Pflanze keine andere, als die bekannt
Pisang, und die, so Labat Bananas, oder die, so er amerikani
sche Feigen nennt, Musa paradisiaca, Linn. Diese brauchen, nac
Labat, nie nachgesetzt zu werden, sondern die Ausschüsse komme
rund um den Hauptstamm hervor, und so läßt man sie wachsen
Labat Reise nach Westindien, B. IV. S. 281. 290. (der deut
schen Uebers.) — Die Stelle Labats schadet jedoch der Be
schreibung des Matthiolus nichts: denn wiewohl sie von selbst
Ausschüsse bekommen, welche auch von selbst fortwachsen, so wer
den sie doch zum bessern Fortkommen versetzt. Man sehe Vergl
Nachricht über die Mamas, in Murr Reisen einiger Miss
der G. J. in Amerika, Nürnb. 1758.

Dreyzehntes Hauptstück.

..at keine Aeste, sondern blos einen Stamm. Aus
..er Spitze treibt sie einen Sproß von einer weichen
Materie, schier einen Schuh lang, aus welchem von
..nten bis oben an, in einer Entfernung von drey bis
..ier Finger, neue hervorkommen, woran die Früchte
..undum hervorkommen. Diese Früchte haben die
..rösse einer kleinen Gurke, und werden, wenn sie
..eitigen, etwas gelblicht; ihre Schale ist wie eine Fei-
..enschale, wird auch so mit den Fingern abgezogen.
Die Substanz ihres Fleisches ist wie von Melonen,
..hne Kern und Saamen. Wenn man sie zum er-
..tenmale ißt, so kommen sie einem etwas ungeschmack
..or, und gefallen nicht; allein gewöhnt man sich ein-
..nal dran, so schmeckt sie täglich besser, und man
..ird durch eine verborgene Süßigkeit des Geschmacks
..ereitzt; (die erst mit der Zeit dem Gaumen angenehm
..ird;) so bildet man sich ein, ihrer nie satt. So ha-
..en mir die Musa die Reisenden aus Egypten und
..ypern beschrieben. Was den Alten die Musa für ei-
..e Pflanze gewesen, weiß ich nicht. „Dies führt er
..n mit den Zeugnissen Theophrasts und Serapions
..itläufiger aus, wie jeder nachsehen kann. Anderst-
.. handelt er zwar von der indianischen Feige, (Osta,)
..ren Abbildung, so er beyfügt, einen Baum von der
..entheuerlichsten Figur zeigt. *) Weil ich aber mei-
..n Leser zu ermüden befürchte, (besonders da sie mit
..serm Pako-är keine Gleichheit hat,) will ich den
..aden meiner Geschichte wieder anknüpfen. Will je-
..ch einer mehr davon wissen, so verweise ich ihn auf
..s hundert fünf und vierzigste Kapitel des er-
..en Buchs.

Was

*) Anm. des Uebers. Es ist nach des Matthiolus Beschreibung,
die unter dem Namen: Raket- oder Cochenillenpflanze bekannte
Staude, die man izt in Miniatur auch in unsern Gärten findet.
Cactus cochinillifer, Linn.

Dreyzehntes Hauptstück.

Was die Baumwollenstauden angeht, welc[he] mittelmäßig hoch werden, so giebt es deren in Bra[si]lien eine Menge. Sie treiben Blumen gleichsam w[ie] gelbe Glöckchen. Die ausgebildete Frucht aber ist nic[ht] nur ohngefähr so dick, als eine Buchennuß, so[n]dern theilt sich auch, wenn sie zeitig ist, von selb[st] in vier Theile; und so fällt die Baumwolle w[ie] ein Ball zusammengewickelt heraus. Die Barbar[n] nennen selbige Amamischu. (Amenijou.) In d[er] Mitte dieses Kneuls findet man etliche schwarze Körn[er] zusammen gepackt, die, wie Menschennieren niede[r] gepreßt sind. Zusammen gelegt aber machen sie kau[m] die Grösse einer Bohne. Die Weiber der Barbarn wi[s]sen sehr gut mit der Einsammlung und der Verarbeitun[g] dieser Baumwolle umzugehen: denn sie machen ihr[e] Hängbetten davon auf die Art, wie ich noch sage[n] werde.

Wiewohl übrigens, wie ich gehört habe, in Ame[rika] ehemals keine Pomeranzen und Zitronen wuch[sen], so giebt es doch itzt sehr viele: denn die Portugie[se]sen haben auf der Küste, welche sie bewohnen, viel[e] gepflanzt; und so werden sie nicht nur täglich mehr ausge[breitet], sondern das Land bringt auch sehr süsse Pome[ranzen], welche von den Barbarn Margu-ia (Ma[r]gouia) genennt werden, so dick, wie zwo Fäuste, und noch dickere, und viel mehrere Zitronen hervor.*)

Auch Zuckerrohr kömmt hier gut fort, und wächst in Menge. Weil wir Franzosen aber noch nicht mit Menschen und Maschinen, den Zucker zu verfertigen,

ver-

---
*) Anm. des Uebers. „Nebst den gewöhnlichen Zitronen,„ sagt P. Eckart l. c. p. 356. giebt es allda eine Art, so sehr klein, aber „voll Saftes ist. — Der vierte Theil von dieser so kleinen Frucht „ist schon im Stande, einer ganzen Schüssel die nothwendige „Säurung mitzutheilen. Da der Eßig in diesem Lande sehr theuer „ist, so wird sehr stark der Saft von solchen kleinen Zitronen zu „den Speisen gebraucht.„ —

Dreyzehntes Hauptstück.

rsehen waren, wie die Portugiesen es sind in den Stri‍
en, wo sie sich unter den Barbarn niedergelassen ha‍
n, liessen wir nur die Rohre im Wasser weichen, da‍
it selbiges den Geschmack davon erhielte, wie schon
en im neunten Hauptstück gesagt worden, als vom
etränke der Barbarn die Rede war. Andere saugten
ch das Mark und den Saft derselben aus. Hiehin
hört auch noch eine vielen vielleicht wunderbare Sache.
weilen liessen wir dergleichen Rohr schimmlicht wer‍
n, und dann ward desselben Süssigkeit, die, wie be‍
nnt, die größte ist, in solche Schärfe verändert, daß
r dies Wasser statt Essig brauchten.

Gleichfalls wachsen in Wäldern zuweilen Rohre, *)
dick als ein Mannsschenkel; die aber, wie ich schon
en vom Pokoär gesagt habe, so zart sind, daß sie, so
age sie noch im Boden stehen, mit einem Säbelhiebe
rchgehauen werden können: sind sie jedoch getrocknet,
werden sie so hart, daß die Barbarn aus ihren Späh‍
n, welche sie wie Lanzetten schnitzeln, ihre Pfeile so
waffnen, daß sie in einem Schusse ein Wild hin‍
ecken.

Weil ich hier von den Rohren rede, so will ich nur
merken, daß Chalcondiles in der Geschichte vom
rkischen Kriege *) schreibt, in Ostindien gäbe es
Rohr

*) Anm. des Uebers. Paco-Caatinga, Pis.

*) L. III. C. 12. Anm. des Uebers. Ich habe ihn nur in der Krau‍
seritschen lateinischen Uebersetzung in Corp. hist. Byzant.; das 1538.
zu Frankfurt am Main in Folio herauskam, und unter einem an‍
dern Titel: Historia Imp. Rom. a Constant. M. ebenfalls zu Frank‍
furt 1578. In beyden steht die hier angeführte Stelle fo 22. a
„col. a. „Dies Land trägt, so geht das Gerüchte, ein Rohr von
„solcher Grösse, daß aus ihm Schiffe gebaut werden, die vierzig
„griechische Medamnen füllen. Allein da uns diese Leute wenig
„bekannt sind, so geschieht es auch, daß der größte Theil von dem,
„was

Dreyzehntes Hauptstück.

Rohr von solcher Grösse und Dicke, daß es statt ein[es] Schiffes diene, nicht nur über Flüsse zu setzen, sonder[n] auch so groß, daß sie vierzig Medimnen, jeden Medin[nus zu sechs griechischen Scheffeln, hielten. Au[ch] Matthiolus sagt in seinem Kommentar über de[n] Dioskorides, in Italien wachse ein Rohr in gros[ser] Menge an zehn Fuß hoch, von der Dicke und derselbe[n] Stärke, als eine Lanze: die Italiener brauchen es au[ch] zu Pfählen in Weinbergen.

Auch wächst hier in unserm Amerika in den G[e]büschen Mastir,*) der mit andern schier unendliche[n] wohlriechenden Kräutern und Blumen das Land m[it] dem süssesten Dufte erfüllt.

Wiewohl aber das, so wir bewohnten, welch[es] nämlich unter dem Wendekreise des Steinbocks lieg[t,] von schrecklichem Donner (welchen die Barbarn Tupan nennen,) den heftigsten Platzregen und reissendsten W[in]den nicht frey ist; so ist doch nichts desto weniger e[in] ewiger Sommer dort: denn weil man allda nie Kält[e,] Schnee oder Hagel sieht, und daher die Bäume nie ihr[es] Grüns beraubt werden, indem sie keine Kälte berühr[t,] so hat alles das ganze Jahr hindurch das Ansehen, w[ie] bey uns im May.

Weil ich übrigens einmal diesen Punkt berüh[rt] habe, so will ich auch noch dies bemerken. Im Dezem ber, wo bey uns nicht nur die kürzesten Tage sind, so[n]dern wir auch in die vor Kälte erstarrten Hände hauche[n,]
un[d

„was von ihnen erzählt wird, bey uns keinen Glauben findet
„f. w.„ Chalcondil sagt daher nicht, daß so ein Rohrstam[m]
statt eines Schiffes dienen könne, wie Lery ihn verstanden zu hab[en]
scheint: ut navigii vicem praestent: Chalcondil sagt nur: ut
ea aedificentur naves, quae u. s. w. Und dies ist wahr: denn v[iele]
Bambusrohr werden Kähne verfertiget.

*) Anm. des Ueberf. Pistacia Lentiscus, Linn.

d uns das Eis an der Nase hängt, haben die Ameri-
ner die längsten Tage, und eine solche Hitze, daß ich
d meine Gefährten den 25ſten Dezember uns in den
üſſen gegen dieſelbe ſchützen mußten. Jedoch das wird
en, die mit der Sphäre bekannt ſind, nichts Unbe-
iſtliches ſeyn, da zwiſchen den Wendekreiſen die Tage
ſo lang, und nie ſo kurz werden können, als bey uns,
d daher die Einwohner auch eine viel gleichmäßigere
t haben müſſen.

Das hatte ich von den amerikaniſchen Bäumen zu
en.

Bey der Abhandlung der Pflanzen und Kräuter
l ich mit denen den Anfang machen, die entweder in
ſehung ihrer Früchte oder anderer Effekte, meiner Ein-
t nach, einen Vorzug verdienen. Hier kömmt nun vor-
lich die Pflanze, welche die Ananas erzeugt, bald
Form einer blauen Silge (Iris) hat, mit krummen
ättern, welche ſich rund ausbreiten, bald wie Aloe
ſſehen, und völlig die Geſtalt wie die einer großen
ſtel haben. Das Obſt aber, oder die Frucht, iſt ſo
, als eine mittelmäßige Melone, ſieht aus, wie eine
hte, und wächſt, ohne ſich auf eine Seite zu neigen,
unſere Artiſchocken, nicht in die Höhe.

Uebrigens ſind dieſe Ananas, wenn ſie völlig zei-
ſind, goldblau, riechen wie Himbeeren, (Idei rubi,)
daß wir ſie auf unſerm Herumſtreichen durch Wäl-
und andre Gegenden, wo ſie wachſen, durch unſern
ruch leicht entdecken konnten; und ſchmecken ſo ange-
m, daß ſie keinem unſerer Gewächſe nachſtehen müſ-
. Ich halte ſie aus dieſer Urſache für die beſte ameri-
iſche Frucht. Ich preßte einmal eine aus, und erhielt
einen Becher voll Saft, der, meines Erachtens,
n Malvaſierwein nicht im geringſten zu weichen

P 2 brauch-

brauchte.*) Die amerikanischen Weiber brachten d‍
selben ganze Körbe voll (welche sie Panakus (Panacou
nennen, mit den Pakos, wovon ich kurz vorher sprac‍
und andern Früchten zu uns: denen wir für jeden *‍
einen Kamm oder Spiegel gaben.

Unter den Arzneymitteln, welche in Amerika wa‍
sen, ist eines, so unsere Tuupinambolsier Petún‍
(Petumé) nennen. Dies Kraut wächst, wie unser gr‍
ser Sauerampfer, (Lapathum majus,) jedoch etw‍
höher: seine Blätter sehen auch bald so aus, wiewohl‍
der Schmerwurz (Consolida major) doch etwas näh‍
kommen. Wegen seiner vorzüglichen Kraft steht es b‍
den Barbarn in grossem Ansehen. Die Art, wie sie si‍
desselben bedienen, ist folgende. Sie sammlen selbige‍
hängen es in Büscheln in ihren Hütten auf, und tro‍
nen es. Hierauf wickeln sie vier bis fünf Blätter in e‍
grösseres zusammen, zünden es an, stecken es in d‍
Mund, und ziehen so den Dampf an sich, durch welch‍
sie, wiewohl er ihnen zu den durchlöcherten Lippen u‍
der Nase wieder heraus kömmt, so gestärkt werden, b‍
sie von demselben, wenn sie in den Krieg ziehen, ob‍
sonst eine nothwendige Arbeit haben, sich drey bis vi‍
Tage erhalten. Auch Benzo schreibt in seiner G‍
schichte der neuen Welt, ***) die Peruaner nähm‍
auf ihre Reisen ein Kraut (bey ihnen hieß es Koka,
als ein allgemeines Arzneymittel in dem Munde mi‍
denn mit demselben können sie ohne Hunger und Du‍
einen ganzen Tag marschieren. Auch Matthiolu‍
schreib

---

*) Anm. des Uebers. Die Portugiesen essen sie zuweilen zu‍
Rindfleisch, wie wir den Rettig; und das soll sehr gut schm‍
den. P. Eckart l. c. p. 334.

**) Anm. des Uebers. oder jede, denn singul. kann sich sowohl a‍
die Früchte (Fructus) als die Körbe (Canistros) beziehen. Letz‍
res scheint mir jedoch wahrscheinlicher aus der ganzen Stelle z‍
sammengenommen.

***) L. III. C. 20.

schreibt, nach Theophrast, die Skyten könnten ohne
Speise und Trank zehn Tage hindurch leben, wenn sie
nur Süßholz (Glycyrrhiza) hätten. Dies alles kömmt
mit dem Petume unserer Barbarn sehr überein.

Sie brauchen diese Pflanzen auch noch zu einem
andern Zwecke: denn weil sie die überflüßigen Feuchtig-
keiten aus dem Gehirne zieht, so wird man kaum einen
Barbarn finden, der nicht einen Büschel dieses Krautes am Halse hangen hätte, woran sie immer fort rauchen, auch wenn sie mit ihren Freunden reden. Der
Dampf aber (wie ich schon oben gesagt habe,) kömmt
ihnen dabey zur Nase und zu den durchbohrten Lippen,
wie aus einem Rauchfasse, heraus: der Geruch davon
ist aber nicht im geringsten lästig. Benzos Uebersetzer *)
irrt daher sehr, wenn er glaubt, es sey dies dasselbe
Kraut, welches die Mexikaner Tabacco, (Tabak,)
die Einwohner der Insel Kleinspanien (Hispaniolae)
Kosobba nennen: denn Benzo behauptet, der Geruch
dieses Krautes sey scharf und garstig, ja sogar teuflisch.
Beyder habe ich nie das Kraut, wovon hier die Rede
ist, rauchen sehen: die Ursache davon weiß ich nicht:
doch das behaupte ich aus der Erfahrung, daß sein
Dampf den Hunger nicht wenig stille.

Uebrigens ist der Tabak (Nicotiana, seu Reginae
herba,) wiewohl er bey uns Petum heißt, nicht die
Pflanze, wovon ich hier rede: ja diese zwo Pflanzen
kommen weder in ihrer Gestalt noch ihren Kräften mit
einander überein. Nikotiana wird der Tabak genennt,
weil ihn ein gewisser Nikot zuerst aus Portugall
brachte,

---

*) Anm. des Uebers. Urban Calveto übersetzte ihn aus dem
Italienischen ins Lateinische. Die Ausgabe von 1581. welche ich
vor mir habe, hat diese Behauptung nicht: er mag daher auf die
Belehrung von Lery, welchen er L. I. C. 27. n. 1. seinen Freund
nennt, ausgelassen haben. Wenigstens kann ich es in seinen Anmerkungen nicht finden.

brachte, wohin er von Florida her (welches zweymal
hundert Millionen Schritte von Amerika entfernt liegt
denn die ganze heisse Zone ist dazwischen,) gekommen
war. Nebst dem habe ich in den mehresten Gärten
deren Herren sich rühmten, den wahren Petum zu haben,
mit allem Fleisse nachgesehen, allein ihn bis auf dies
Stunde in Frankreich noch nicht antreffen können
Damit aber Thevet, der vor noch nicht langer Zei
sich mit seiner Angolisime so sehr brüstet, und s
für den wahren Petum ausgiebt, nicht glaube
als sey mir dies unbekannt, so fälle ich über die
selbe eben das Urtheil, das ich schon über den Taba
gesprochen habe, wenn die Abbildung in seiner Kos
mographie getreu ist. Und so gebe ich ihm das nich
zu, was er sich herausnimmt, den ersten Saamen de
ächten Petum in Frankreich gebracht zu haben. I
glaube vielmehr, daß er in unserm Klima schwerli
fortkommen würde. *)

Ich habe auch eine Art Kohl (Brassica) gesehen
so die Barbarn Kaschu-a (Cajou-a) nennen, mit d
nen sie zuweilen eine Brühe würzen. Seine Blätt
kommen in der Breite und Gestalt der Haarwurz (N
nafur) nahe.

Was die Wurzeln angeht, haben sie, ausser der
Maniot und Aipi (Aypi), von denen die Weibe
der Barbarn, wie ich oben im neunten Hauptstück g
sagt habe, ihr Mehl machen, noch andere, welche s
Hetisc

---

*) Anm. des Uebers. Und doch ist der Tabak und der Petume d
Brasilianer einerley. S. nur Piso de Ind. re nat. et med. L. II
C. 43. p. 106. Levy scheint die verschiedenen Gattungen des T
baks zu verschiedenen Arten von Pflanzen gemacht zu haben; wo
vielleicht Thevet was beygetragen haben mag. — Lerys Araume
von der Verschiedenheit des Geruches sieht jeder leicht ein, daß
keinen Heller werth sey, indem diese Empfindung relativ ist. —

Dreyzehntes Hauptstück. 231

Zetisch (Hetich)*) heissen. Dies Hetisch ist in Brasilien nicht allein eben so häufig, als in Limosin und Savoyen der Rettig; sondern die Wurzeln sind auch zwo Fäuste dick, und an anderthalb Schuhe lang; je nachdem es kömmt, als länger oder kürzer.

Wiewohl dieselbe, wenn sie aus der Erde kommen, beym ersten Anblicke von einer Gattung zu seyn scheinen; weil sie jedoch unter dem Kochen, die eine violet wie Pastinaken, die andere goldgelb wie Quitten, und die dritte endlich weiß werden, so halte ich sie für drey verschiedene Gattungen. Dem sey aber nun wie ihm wolle, so kann ich mit Wahrheit sagen, daß diese Wurzeln, besonders die hochgelben, in Asche gebraten, unsern besten Birnen an Güte nicht weichen. Ihre Blätter, die wie Gundelreben (Hedera terrestris) auf dem Boden kriechen, sind den Gurkenblättern oder denen des breitesten Spinats sehr ähnlich; haben jedoch eine andere Farbe, die denen eines weissen Traubenstockes nahe kömmt. Weil sie übrigens keinen Saamen haben, so säen die Weiber der Barbarn, denen diese Besorgung obliegt, mit der leichtesten Mühe (eine im Ackerbaue unerhörte Sache,) selbige stückweise: denn sie schneiden sie in so kleine Stückchen, wie man Pastinaken in Salat schneidet. Diese Stückchen bringen nun nach kurzer Zeit eben so viele dicke Hetischwurzeln hervor, als ihrer in die Erde geworfen worden waren. Weil doch diese Wurzel eine vorzügliche Speise dieses Landes ist, und dem Wanderer überall aufstößt, glaube ich auch, daß sie wild wächst.

Die Barbarn haben auch noch eine Art Früchte, welche sie den Namen **Manobi** gegeben, die knollenweise in der Erde wachsen, und an sehr dünnen Fäden

unter

---

*) Anm. des Uebers. Jetica vulgo Batata, *Pif.* Convolvulus Batatas, *Linn.*

232 Dreyzehntes Hauptstück.

unter einander zusammen hängen. Sie haben einen Kern an der Dicke und dem Geschmacke einer Haselnuß, von aschgrauer Farbe, mit jedoch keiner dickern Schale als die Hülse einer Erbse. Ob diese Frucht Blätter und Saamen hervorbringe, habe ich mir, wiewohl ich sie oft gegessen, nicht so bemerkt, daß es mir itzt wieder einfallen sollte. *)

Matthiolus thut einiger indianischen Haselnüsse Meldung, welche, sagt er, vom Serapion Kaufel genennt werden, und den Muskatennüssen gleichen. Sie wachsen in einer Hülse, bald wie Baumwollenhülsen, und werden unter anderm Gewürze oft aus Indien gebracht.

Nebst diesen giebt es hier indianischen Pfeffer in Menge, der nicht (wie ich sehr unwahr, betrogen von normandischen Seeleuten, in meinen ersten Ausgaben geschrieben hatte,) länglicht, sondern in mehreren krummen Aufschüssen wächst. Einige nennen ihn (sagt Matthiolus, der ihn auch sehr gut abgezeichnet hat,) Heidnischwundkraut, (Siliquastrum,) weil er einen sehr scharfen, beissenden Geschmack hat. Seine Blätter sind, wie derselbe sagt, denen des Garten-Nachtschatten (hortense Solanum) gleich, allein etwas grösser; seine Elle hoher Stengel ist grün-weißlicht, und voller Knoten. Seine Blüten sind weißlich, die Frucht länglicht, wie ein Hörnchen gestaltet, so beym Aufgehen grün

---

*) Anm. des Ueberſ. Mundubi, Piſ. der Span. Mani. Ibimani. — der Peru. Inriſchik Antſchik. — — „Sie geht aus den Saamen „in ein Stäudlein, gleicht der Feldbohne, mit etwas ähnlicher „Blüte: die Frucht aber ist unter der Erde an Wurzeln, in ge- „wissen daran klebenden Hülsen (in der Gestalt ganz kleiner Gur- „ken; sie sind zerbrechlich, und knacken beym Zerbrechen;),. (Piſo de Ind. re nat. etc. L. IV. C. 46. p. 256.) „in denen vier oder fünf „gleichsam kleine Haselnüsse verschlossen sind.„ Veigl Nachr. von den Maynas, bey Murr l. c. S. 152. — „Jede Hülse enthält „drey Kerne, von starker Purpurfarbe, mit einem weissen Flei- „sche ꝛc. Piſo l. c.

Dreyzehntes Hauptstück.

[r]ün ist; mit der Zeitigung aber so braun, eben, und [g]länzend wird, daß sie wie eine Koralle aussieht. [I]n dieser Frucht liegt ein kleiner Saamen eingeschlossen, [d]er eine zusammengepreßte Form, wie Linsen, und ei[n]e solche Schärfe hat, besonders ehe er ausgetrocknet ist, [d]aß man sogleich Blattern bekömmt, wenn man mit der [H]and, mit welcher man ihn berührt hat, sich nachher [i]n den Mund oder sonst einen Theil des Körpers fährt: [i]ch habe dies selbst erfahren. Unsre Kaufleute brauchen [i]hn daher auch nur zum Färben. Die Barbarn aber [z]erstoßen diesen Pfeffer mit Salz, welches sie vortrefflich [zu] machen wissen, indem sie Wasser dazu in Gräben [a]ufbewahren. Diese Mischung nennen sie Schongke, [(S]onquet,) und brauchen selbige, wie wir das Salz, [zu]r Würzung der Speisen; nicht aber, als wenn sie den [S]chongke zuerst auf den Bissen legten, ehe sie ihn in [d]en Mund steckten: nein, sondern sie legen den Bissen [z]uerst, und nachher den Schongke mit den Fingerspitzen [in] den Mund, um der Speise einen Geschmack zu ge[b]en.

Endlich wachsen noch im Lande da eine Art Boh[n]en, die einen Daumen dick sind, bey den Barbarn [K]ommangda-uassu, (Commenda-ouassou,) eine [Ar]t weisser und grauer Erbsen, welche sie Kommang[d]a-miri, (Commanda-miri,) und runder kleiner [O]rangen, die sie Morang (Mauron) nennen. Lau[te]r sehr angenehme Speisen.

Dies wäre denn nun, nicht was überhaupt von [d]en Bäumen, Pflanzen und Früchten in Amerika ge[s]agt werden könne,*) sondern was ich während mei[n]es jährigen Aufenthalts allda bemerkt habe.

Wie

---

*) Anm. des Ueberſ. Natürlich! Denn was haben nicht andre nach ihm gethan! —

Wie ich endlich schon gesagt habe, daß kein vier
füßiges Thier, kein Vogel, kein Fisch, überhaupt kei
Thier, vollkommen mit denen in Europa überein kom
me: so behaupte ich auch hier, so viel ich bey meinen
Streifen durch Feld und Wald bemerken konnte, da
es keinen Baum, keine Pflanze, keine Frucht gebe
die von den unsrigen nicht verschieden wäre, ausser de
dreyen Pflanzen: Portulak, Basilien (Ocymum
und Farnkraut, (Filis,) die an einigen Orten wach
sen. So oft mir daher das Bild dieser neuen Welt, ih
Klima, die Menge der Thiere, Verschiedenheit der Vö
gel, Schönheit der Bäume und Pflanzen, und endlic
die Güte ihrer Früchte vor Augen schwebt, kömm
mir auch die Ausrufung im 104ten Psalm in de
Sinn:

Wie groß, wie viel sind deine Werke, Herr!

Alle hast du sie mit Weisheit angeordnet;

Die Erd ist voll von deinen Gütern.

Wie glücklich würde ich also nicht die Barbar
dieses Landes preisen, wenn sie den wahren Schöpfe
aller dieser Sachen kennten. Allein ich komme itzt dar
an, zu beschreiben, wie weit sie davon entfernt sind.

Vierzehntes Hauptstück.

**Von dem Kriege, den Schlachten, der Tapfer
keit und den Waffen der Barbarn.**

Wiewohl unsere Tuupinambolsier Tuupi
nangkeng (Tououpinambaultii Toupinenquin) wi
der alle benachbarte Völker, nach Art aller übrigen
Barbarn in diesem vierten Welttheile, von der magel-
lani-

lanischen Meerenge an bis Neuland, (Terreneuve,) an vier Millionen Schritte in der Breite, in einem ewigen, unsterblichen Kriege leben, so sind doch ihre nächsten und heftigsten Feinde die Margäaten (Margaiates) und ihre Bundesgenossen, die Portugiesen, (bey den Tuupinambolsiern Tuupinangkeng: Peres) wie im Gegentheil die Tuupinambolsier und ihre Bundesgenossen, die Franzosen, die ärgsten Todfeinde der Margäaten sind. Man muß sich jedoch nicht vorstellen, als wenn diese Barbarn um Vergrösserung ihres Landes stritten: denn desselben haben sie mehr, als sie brauchen; oder als wenn sie an reiche Beute, Einlösung und Waffen der Ueberwundenen dächten. Dies alles, sage ich, kümmert sie nicht im geringsten. Denn, wie sie alle gestehen, so haben sie keinen andern Beweggrund, als den Tod ihrer ehemals gefangenen, und von den Feinden auf die unten zu erzählende Art gefressenen Anverwandten und Freunde auf die grausamste Art zu rächen. Welches sie denn auch pünktlich erfüllen, daß einer der Feinde, welcher ihnen in die Hände fällt, dieselbe Strafe ganz sicher zu erwarten hat: nämlich geschlachtet und gefressen zu werden. Wenn nebstdem unter einigen von diesen Völkern sich nur ein Krieg entsponnen hat, so kommen gleich alle darinn überein, zu denken, der Feind, dem ein Unbild widerfahren, werde ewig drauf sinnen, dieselbe zu rächen, und daher würden sies für Feigheit halten, einen derselben, welchen sie in ihre Gewalt bekommen, ungestraft leben zu lassen: und auf diese Art müssen ihre Feindschaften so einwurzeln, daß sie nie zu Freunden werden können.

Wir können also mit Recht sagen, daß Machiavelli und seine Schüler, von denen heut zu Tage Frankreich zu seinem grossen Unglücke wimmelt, den wilden Handlungen dieser Barbarn nachahmen. Denn da die-

se

236 Vierzehntes Hauptstück.

se Gottesläugner gegen die christliche Lehre lehren *) u[nd]
in Ausübung bringen: alte Unbilden dürfe man n[icht]
neuen Wohlthaten nicht auslöschen, das heißt, Teufe[l und]
gleiche Menschen dürfen einander nie schonen: zeig[et sich]
diese nicht klar, daß ihre Seelen wilder sind, als T[hie]
gerseelen?

Die Bewegursache aber unserer Tuupinambolsie[r]
in den Krieg zu ziehen, und dazu zusammen zu komme[n]
ist, so viel ich bemerken konnte, folgende. Wiewohl [sie]
keinen König oder Fürsten unter sich haben, sondern a[lle]
so zu sagen in gleicher Achtung stehen, so haben sie do[ch]
das von der Natur, was auch die Lazedämonier vor Z[ei]
ten streng beobachteten, daß sie die Alten, welche [sie]
Peorerú-pischech (Peoreru-picheh) nennen, weg[en]
ihrer Erfahrung anhören und beobachten. **) In all[en]
Dörfern gehorcht man ihnen daher nicht wenig. B[ei]
guter Gelegenheit reden diese die übrigen entweder i[m]
Gehen oder in ihren baumwollenen Hängebetten sitze[nd]
mit diesen oder ähnlichen Worten an:

W[ir]

---

*) Anm. des Ueberſ. Machiavelli Libro del principe. Er ſa[gt]
dies zwar nie ausdrücklich; allein Stellen, die ohngefähr daſſel[be]
ſchlieſſen laſſen, (wenn man Machiavelli ſo nehmen muß, wie
da liegt, in welche kritiſche Frage ich mich nicht einlaſſe, ſind
B. Cap. 3. 1. jedoch in dem böſen Sinne nicht, wie hier, wiewo[hl]
es immer auch in einem ſehr verderblichen da ſteht.

**) Anm. des Ueberſ. Einige andere Völker ſcheinen doch Vo[r]
ſteher in einem andern Sinne gehabt zu haben. Das Cap. XI[.]
in *Maregrav tract. meteor. et topogr. Braſ.* De Tapuiyarum mor[ti]
bus etc. è *Relatione Jac. Rabbi.* thut an vielen Stellen ihrer Me[di]
duna. Vorzüglich aber gehört hieher die Stelle in Eckarts J[ufi]
ſätzen ꝛc. bey Murr *l. c.* S. 583. „Die von einem Cauiguen od[er]
„Regenten abſtammen, bevrathen auch keine andere, als von ſo[lchem]
„dem Geſchlechte. In Cádeté befand ſich eine noch junge Wittw[e]
„von einem adelichen Herkommen, die ſie nennen cunha moaca[ra]
„(Kunga moakara), eine adeliche Frau oder Matrone. Da ſ[ie]
„von dem Vater befragt wurde, warum ſie keinen andern Man[n]
„nähme, ſo antwortete ſie: Nitde abá. Das iſt: Es iſt kei[n]
„Mann da, nämlich für mich aus einem Prinzipalengeſchlechte.[“]
— Noch deutlicher widerſpricht demſelben jedoch Lery im Haupt[ſt.]
XX. im braſilianiſchen Geſpräche.

Vierzehntes Hauptstück.

Waren denn also (so reden sie wechselsweise, ohne aufzuhören,) unsre Voreltern, die so viele Feinde nicht nur bekriegt, sondern auch überwunden, geschlachtet und gefressen haben, uns ein Beyspiel, ewig zu Hause zu hocken? Soll denn unser Volk, welches ehedem allen andern ein Schrecken war, so, daß sie seinen Anblick nicht aushalten konnten, sollen wir zugeben, daß dies unser Volk, zu unserer größten Schande, so beschimpft wird, daß wir in unsern eigenen Wohnungen von den Feinden angegriffen werden? Sollen wir durch unsere Trägheit zulassen, daß die Margáaten und Peros-angápa (enaipa) (d. h. diese nichtswürdigen Margáaten und Portugiesen,) den ersten Angriff auf uns wagen? — Hierauf schlägt sich der Redner mit seinen Händen auf Schultern und Hindern, und setzt schreyend hinzu: Erima, Erima, Touupinambolts, Konomiuassu Lang Tang. (Erima, Erima, Tououpinambaults, Conomiouassou, Tan Tan.) u. s. f. das heißt: Nein! Nein! meine Landesleute, so müssen wir nicht handeln, tapfere junge Leute: vielmehr müssen wir uns zum Streite bereiten, und uns dem Tode und Schlachten weihen, wenn wir nicht die Unsrigen ungerochen lassen wollen.

Diese Reden der Alten, welche zuweilen an sechs Stunden dauren, geben den Zuhörern, die mit der größten Achtsamkeit aufmerken, so, daß ihnen keine Sylbe entfällt, neuen Muth und neue Kräfte. Nun treiben sie in allen Dörfern sich selbst unter einander an, und kommen in möglichster Eile und grosser Anzahl an dem bestimmten Orte zusammen. Ehe wir jedoch unsre Tuupinambolsier zur Schlacht führen, müssen wir vorher ihre Waffen sehen.

Hier

Vierzehntes Hauptstück.

Hier kömmt nun zuerst ihr Takap, das ist ihre Keule oder ihr Schwerdt, von rothem oder schwarzen Holze. *) Sie sind gewöhnlich fünf bis sechs Schuh lang, am äussersten Ende rund oder ovalförmig, einen Schuh breit, und in der Mitte einen Daumen dick, gegen die Enden zu wird dieses Stück aber sehr scharf, und giebt der Schneide einer sehr guten Art wenig nach; denn sie werden aus sehr schwerem Holze, wie Bupbaumholz, verfertigt. Und ich glaube gar leicht, daß ein Tuupinambolsier mit einer solchen Keule bewaffnet und in Wuth gebracht, zween unserer Schwerdtfechter genug zu thun machen würde.

Ueberdem haben sie Bogen, welche sie Orapat nennen, aus demselben rothen oder schwarzen Holze gearbeitet. Selbige übertreffen aber die unsrigen so an Grösse und Dicke, daß sie keiner von uns weder ausdehnen noch spannen kann: ja man hat alle seine Kräfte nöthig, den eines zehnjährigen Knaben zu krümmen. Zur Sehne brauchen sie ein Kraut, welches sie Tokong (Tocon)**) nennen, und welches, wiewohl es sehr zart ist, jedoch eine solche Festigkeit hat, daß es einen Pferdszug aushält. Ihre Pfeile sind eine Elle lang, und bestehen aus dreyen Stücken: das mittlere ist von Rohr, die beyden äussern aber von schwarzem Holze.***) Sie binden diese Stücke mit etlichen Baumrinden so schön zusammen, daß sie nicht fester zusammen geleimt werden könnten: sie machen auch noch zwo fußlange Federn mit baumwöllenen Fäden dran, weil kein Leim bey ihnen im Gebrauche ist. An die Spitze heften sie sehr

spitzige

---

*) Anm. des Uebers. S. oben Hauptst. XIII.

**) Anm. des Uebers. S. oben Hauptst. XII, wo er es Toucon (Tukona) nennt. Nach *Marcgrav tract. cit.* C. VIII. p. 19. machen sie die Sehnen wohl auch von Baumwolle.

***) Anm. des Uebers. Nach *Piso* l. c. p. 128. ist es eine Art Palme, Tucum, *Pis*.

Vierzehntes Hauptstück.

ſitzige Knochen, oder ein Stück trocknes Rohr, eine
Spanne lang, wie ein Meſſer zugeſpitzt, zuweilen auch
das Ende eines Rochen-(Rajae)ſchwanzes, der, wie ich
anderstwo geſagt habe, ſehr giftig iſt. Von der Zeit
an jedoch, als die Franzoſen und Portugieſen dieſe Länder beſuchen, haben die Barbarn in der Gewohnheit,
nach derſelben Gebrauch ihre Pfeile mit eiſernen Sta-
cheln, oder wenigſtens mit ſpitzigen Nägeln, zu be-
waffnen. *)

Ich habe ſchon geſagt, wie geſchickt und fertig
ſie mit ihren Keulen umzugehen wiſſen: was aber ihre
Bogen angeht, ſo getraue ich mir behaupten zu können, (und alle, die ſie ſähen, würden meine Behauptung beſtätigen müſſen,) ſie ſchieſſen mit bloſſen Armen ſo geſchwind und gewiß, daß ſie (mit Erlaubniß
der Engländer will ich dies geſagt wiſſen, ſo für die er-
fahrenſten Bogenſchützen gehalten werden,) wenn ſie
die Pfeile auf die Hand legen, in welcher ſie den Bogen
halten, eher zwölf abſchieſſen, als die Engländer ſechs.

Endlich haben ſie noch Schilde aus den Fellen der
Tapiruſſu, wovon ich ſchon oben Meldung gethan habe, die groß, flach und rund ſind, auf die Art, wie eine teutſche Klocke. Mit dieſen bedecken ſie ſich nicht im
Geſichte, wie unſere Soldaten, ſondern ſie fangen mit
denſelben während dem Streiten die Pfeile der Feinde
auf.

Dies ſind alle Waffen der Amerikaner: mit einer
andern Bedeckung verſehen ſie ihren Leib nicht; ja im
Gegentheile würden ſie, wenn ſie, (auſſer den Federhü-
ten,

---

*) Anm. des Ueberſ. „Ihre Pfeile haben zuweilen eine, zuwei-
„len mehrere Spitzen; einige Spitzen ſind gezähnt, andere ſind
„wie Sägen; ſie heften wohl auch Fiſchzähne dran.„ *Marcgrav*
tract. cit. C. VIII. p. 19.

ten, Armbändern, und andern kurzen Kleidungsſt
cken, mit welchen ſie, wie oben geſagt worden, ihr
Leib auszieren,) nur mit einem Hembde bekleidet wäre
ſelbiges ſogleich von ſich werfen, wenn ſie in den Kri
ziehen ſollten, aus Furcht ſolches möchte ſie hindern.

Um jedoch mit der Abhandlung über die Waff
der Barbarn zu Ende zu kommen, ſo will ich noch ein
und das andere anmerken. Wenn ſie irgend eiſerne D
gen von uns bekamen, wie ich denn einem Muſſak
einen von den meinigen gegeben habe, ſo warfen ſ
die Scheiden ſogleich weg; daſſelbe thaten ſie mit d
Meſſern,) denn ihr Blinken gefiel ihnen zu gut: ſ
hielten ſelbige aber nützlicher, Baumäſte abzuhauen
als im Gefechte zu gebrauchen. Und in der That, we
ſie, wie ich ſchon geſagt habe, mit den ihrigen gut um
zugehen wiſſen, ſo ſind ſelbige ihnen auch gemächliche
Uebrigens hatten wir etliche ſehr geringe Kanönche
(Tormenta) mitgenommen, deren jedes drey Barbar
losſchoſſen; einer legte es auf die Hand gegen da
Ziel zu, wonach ſie ſchieſſen wollten, der zweyte zielte
und der dritte legte das Feuer an. Sie füllten dabe
das Rohr bis an die Mündung an, und es würden da
her die Kanönchen zu ihrer groſſen Gefahr zerſprunge
ſeyn, wenn wir keine zerſtoſſene Kohlen unter das Pul
ver gemiſcht hätten.

Hier will ich nicht übergehen, daß die Barbarn,
als ſie den Knall des groſſen und kleinen Geſchützes zuerſt
hörten, etwas erſchrocken ſeyn, beſonders als ſie einige
der Unſrigen einen Vogel vom Baume herunterſchieſ
ſen, und ein Wild mit einer bleyernen Kugel, die ihnen
nicht in die Augen fiel, erlegen ſahen: ſobald ſie aber
das Kunſtſtück einmal wußten, fürchteten ſie ſich nicht
mehr: denn ſie, ſagten ſie, könnten geſchwinder ſechs
Pfeile losſchieſſen, als wir eine Flinte ladeten. Sagt
aber

er einer hierauf, eine Flinte treibe viel stärker, so antorte ich, daß weder ein Brustwamms von Ochsenfellen,
och ein geflochtener Panzer einen Pfeilschuß der Barrn aufhalten können; sondern von diesem eben so,
e von einer Flintenkugel durchbohret werden. Weil
 jedoch hievon an einem andern Orte, nämlich wo
 an die Schlachten der Barbarn komme, gemächlicher
den kann, will ich ißt, der Deutlichkeit halben, und
n alle Verwirrung zu vermeiden, ihre Truppen ins
ld führen.

Sind auf oben beschriebene Art acht - bis zehnsend Männer, nebst vielen Weibern (letztere zwar
ht zum Streiten, sondern zur Nachschleppung des
päckes und der Lebensmittel,) im Lager zusammen
kommen, so werden aus den Aeltesten die, so die
sten Feinde getödtet und gefressen haben, der
mee vorgesetzt: unter deren Anführung sich nun
es zum Marsche anschickt. Wiewohl sie aber ohne alle
dnung und haufenweise fortziehen, so sind doch die
ärksten immer voran; und es ist zu bewundern, wie
 diese ganze Menge ohne Tribun und Adjutanten
ensor) so schön zu fügen weiß; so daß sie beym ersten
ichen in größter Eil in Schlachtordnung steht.

Uebrigens giebt es dann auch noch einige unter ihn, welche mit Hörnern (sie nennen dieselben Jnùbia:
bige sind aber anderthalb Ellen lang, durchaus so dick,
 unsere Spiesse, am Ende sind sie aber eine Spanne
eit;) wie mit einer Trompete, die Soldaten zusammen
sen, sowohl wenn sie aus ihrem Vaterlande ziehen,
 wenn sie aus ihrem Lager aufbrechen. Etliche haben
ch Pfeifen aus den Knochen ihrer ehemals geschlachteund gefressenen Feinde bey sich, auf welchen sie
ährend der Reise immerfort pfeifen, um ihren Gefähr
 Muth zu machen, und ihre Begierde, ihre Feinde

Q. auf

auf gleiche Art zu schlachten, anzufeuren. Wollen
aber, was nicht selten geschieht, die Expedition auf d[ie]
Feinde in Fahrzeugen machen, so bestreichen sie nur d[ie]
Küste; wagen sich aber nie auf die hohe See. Ih[re]
Fahrzeuge, welche sie Ygat nennen, bestehen jedes a[us]
der abgezogenen Rinde eines Baumes, der ihnen [zu]
diesem Gebrauche dient; sie sind jedoch so groß, d[aß]
jedes funfzig Menschen fassen kann. In selbigen steh[en]
sie nach ihrer Gewohnheit, und treiben sie mit Ruder[n]
welche an beyden Enden platt sind, und welche sie [in]
der Mitte anfassen, fort. Weil übrigens diese Käh[ne]
flach sind, so kostet das wenige Mühe. Auf der hoh[en]
See jedoch, und bey einem Sturme, dienen sie zu nicht[s].
Bey der größten Meerstille, wenn die Barbarn da[mit]
ins Feld ziehen, kann man eine Flotte von sechzig de[r]
gleichen Fahrzeugen sehen. Es gehet aber mit denselb[en]
so geschwind, daß man sie bald aus den Augen verlier[t.]
— Dies sind die Heere der Tupinangkeng (Toupine[m-]
quin) zu Wasser und zu Lande.

Auf diese Art gerüstet marschieren sie zuweil[en]
funfzigtausend Schritte in Feindesland. Hier bedien[en]
sie sich nun zuerst folgende Kriegslist. Die Tapferste[n]
aus ihnen machen sich in eine oder zwo Tagereisen v[or]
ihren übrigen Gefährten, Weibern und Bagage (Imp[e-]
dimentis) *) voraus, rücken in größter Stille an, b[e-]
setzen die Wälder, und legen sich da in Hinterhalt, wora[uf]
sie so erpicht sind, daß sie sich auf diese Art vier un[d]
zwanzig Stunden verborgen halten können. Ueberfall[en]
sie ihre Feinde nun auf diese Art plötzlich, so wird alle[s]
was ihnen in die Hände kömmt, Männer, Weiber un[d]
Kinder, nicht allein fortgeschleppt, sondern auch, wen[n]
man nachher wieder in sein Vaterland kömmt, geschlac[h-]
tet, stückweise auf den Bukang (Boucan) gelegt, u[m]
zule[tzt]

---

*) Anm. des Uebers. Die Weiber müssen alles nachschlepp[en]
Marcgrav l. c. C. VI. p. 16.

zuletzt gefressen. Sie können ihren Feinden auch noch aus der Ursache um so viel leichter auf den Hals kommen, weil ihre Dörfer (denn Städte haben sie gar nicht,) keine Mauren um sich haben, und obendrein noch ihre Hütten (welche sich achtzig bis hundert Schritte weit in der Länge ausdehnen,) keine Thüren, sondern statt derselben Palmzweige oder einen Stengel von dem Kraute Pengdo (Pindo) an der Oeffnung der Thüre angelehnt haben. Einige Dörfer jedoch, welche an den Grenzen der Feinde liegen, haben es gelernt, sich mit sechs Fuß langen Pfählen von Palmen einzuschliessen und zu verschanzen, und nebstdem noch den Eingang um selbige mit sehr spitzigen Hölzern statt spanischer Reuter (muricum loco) zu bewahren. Wollen also ihre Feinde diese Dörfer zu Nachts angreifen, was sie denn oft zu thun pflegen, so fallen die Einwohner ganz sicher gegen sie aus; und so können ihre Feinde, sie mögen nun die Flucht oder das Fechten wählen, nie alle so entgehen, daß nicht einige vor Schmerz an ihren verwundeten Füssen niederfallen; welche dann sogleich von den Einwohnern des Dorfes gebraten und verzehrt werden.

Wollen sie aber öffentlich fechten, so ist es kaum glaublich, wie wild und schrecklich eine Schlacht zwischen beyden Theilen ist. Weil ich selbst ein Augenzeuge von einer derselben gewesen bin, so kann ich die Wahrheit derselben am besten berichten. Ich wollte mit noch einem andern Franzosen, aus blosser Neugierde (wiewohl mit nicht geringer Gefahr von unserer Seite: denn wenn wir von den Margaaten gefangen oder verwundet worden wären, so wären wir sicher gefressen worden,) unsre Barbarn auf ihrem Feldzuge begleiten. Ihrer viertausend Köpfe fochten mit ihren Feinden am Strande mit solcher Wildheit, daß sie alle Wuth und Raserey übertrafen.

So bald die Tuupinambolſier ihre Feinde zu Ge[ſicht] bekamen, erhoben ſie ein ſolches lautes Geheul[,] daß das Geheul derjenigen, welche bey uns auf di[e] Wolfsjagd gehen, mit dem ihrigen gar nicht in Vergleic[h] gezogen werden kann: dies Geſchrey aber erfüllte di[e] Luft, ſo daß man kaum einen Donner gehört habe[n] würde. Als ſie näher zu einander kamen, ward da[s] Geſchrey verdoppelt, in die Hörner geblaſen, auf de[n] Pfeifen geſpielt: beyde Feinde drohten einander, zeigte[n] die Gebeine ihrer todten Feinde mit Stolz: eben ſ[o] zeigten ſie die Zähne derſelben, welche einige über zw[o] Ellen lang in eine Schnur gereiht am Halſe trugen[:] letzlich ſuchten ſie auch einander durch Gebärde[n] Schrecken einzujagen. Wie ſie aber einmal handge[-] mein wurden, ging der Tanz erſt recht an. Von bey[-] den Seiten ward eine ſolche Pfeilwolke abgeſchoſſen[,] daß ſie wie Mücken, ſo häufig, in der Luft herum[-] flogen. Die Verwundeten aber, deren nicht wenig[e] waren, riſſen die Pfeile herzhaft aus ihrem Leibe, zer[-] biſſen ſelbige wie wütende Hunde, ohne jedoch mit dem Fechten aufzuhören. Denn dieſes Volk iſt ſo wild un[d] blutgierig, daß ſie, ſo lange ſie nur die geringſte[n] Kräfte haben, unaufhörlich ſtreiten, und nie die Fluch[t] ergreifen. Dies iſt ihnen, wie ich glaube, natürlich[;] denn ich habe von einem vornehmen franzöſiſchen Sol[-] daten gehört, zur Zeit unſrer bürgerlichen Kriege ſeyn zween amerikaniſche Soldaten im franzöſiſchen Heere ge[-] weſen, die ſich ſehr tapfer gehalten, und daher von ih[-] ren Hauptleuten ſehr hochgeſchätzt worden. Ich will die[s] jedoch dahin nicht verſtanden haben, als ob ich be[-] hauptete, es können gar keine unter ihnen gefunden wer[-] den, welche die Trägheit der Aſiater, und die Weichlich[-] keit der Europäer oder Afrikaner nachkämen: denn die anhaltende Uebung macht den tapfern Soldaten. Dem ſey jedoch, wie ihm wolle: als die Tuupinambolſier einmal mit ihren Feinden handgemein geworden, ſo ſchlu[-]

gen

Vierzehntes Hauptstück.

en Keulen von beyden Seiten so tapfer
nicht allein jeden, der ihnen vorkam,
r einen Ochsen, auf den Boden warfen,
inzlich todtschlugen.

muthigen schönen Pferden sitzen, brauche
zen: denn ich glaube, der Leser wird sich
was ich oben gesagt habe, daß die Bar-
Pferde oder andre Lastthiere haben, und
uß gehen müssen. Oft hatte ich mir ein
t, um es den Barbarn zu zeigen, (nie
n grösseres Verlangen, auf dem besten zu
al, um mich aus der augenscheinlichsten
zureissen,) denn es ist mir sehr wahr-
die Barbarn, wenn sie einen unsrer ge-
ldaten auf einem schönen muthigen
hier das Feuer der Kanone, dort das
b sehen sollten, glauben würden, der
:uan,) das ist, der böse Geist, (Cacadae-

Es erzählt jedoch ein Schriftsteller *),
iig von Peru, Attabalipa, habe, wie
ie ein Pferd gesehen, eine solche Seelen
daß ihn Pizarro, (welcher, sowohl um
en, als die um den Attabalipa herum
ner zu erschrecken, sein Pferd in kurzen
fort auf den Boden stampfen ließ,) ob-
n König so näherte, daß der Schaum
ins Gesicht fuhr, hiemit nicht im ge-
habe; ja daß er diejenigen, welche vor
hrocken und geflohen, mit dem Tode ha-
n. Dies, sagt der Geschichtschreiber,
arn in Schrecken, die Unsrigen aber
ung.

Jedoch

─────────
*eschichte von Indien, B. IV. S. 113. — Anm.
  Es war nicht Pizarro, sondern Soto, Gesandter
  Gomara (mir) C. 112.

Jedoch ich knüpfe den Faden meiner Erzählung wieder an. Es könnte mich einer fragen: was thatest du und dein Gefährte während dem Gefechte? strittet ihr nicht mit den Barbarn? Ich gestehe es aufrichtig, daß wir, nachdem wir so unklug gewesen waren, die Barbarn zu begleiten, doch nicht noch diese neue Unklugheit drauf setzen wollten, sondern zufrieden waren, in einer Entfernung von dem Schauspiele Zuschauer abzugeben. Ich bezeuge unterdessen, daß mir, der ich hier ungeheure Heere Reuter und Füsser zum Streite gerüstet, mehrmal gesehen habe, der Anblick von Legionen Füsser mit blinkenden Waffen nie so viel Vergnügen gemacht habe, als damal das Gefecht der Tuupinambolsier. Denn nebstdem, daß sie pfeifend, tanzend, und sich mit der größten Geschicklichkeit und Gelenkigkeit auf Haufen versammelnd schon das unterhaltendeste Ansehen gewährten, so kam dazu noch die dicke Wolke von Pfeilen, deren Federn von rother, blauer, grüner, rosenfarber und mehreren andern dergleichen Farben in der Sonne glänzten; und überdies die Kleider, Hüte, Armbänder und übrige Putzstücke aus Federn, was alles zusammen prächtig in die Augen blitzte.

Nachdem das Treffen auf diese Art drey Stunden gedauert hatte, und von beyden Seiten viele gefallen und verwundet waren, trugen unsre Tuupinambolsier den Sieg davon, und brachten an Gefangenen beyderley Geschlechts dreyßig ohngefähr nach Hause. Wir aber, wiewohl wir ihnen weiter nichts gethan, kamen dadurch, daß wir mit gezogenen Degen ihrem Gefechte zugesehen, und zuweilen, um ihnen Muth zu machen, unsere Flinten losgeschossen hatten, (denn es geschieht ihnen ein angenehmer Dienst damit, wenn Fremde mit ihnen ins Feld ziehen,) bey ihnen in solche Achtung, daß uns die Alten von der Zeit an besonders lieb und werth hielten.

Die

Vierzehntes Hauptstück.

Die Gefangenen wurden indessen mitten in den Haufen gesteckt, nachdem vorher einige der stärksten mit Stricken gebunden worden waren, und wir traten unsere Rückreise nach dem Jenner-Meerbusen an, von welchem wir ohngefähr vier und zwanzig Tausend Schritte entfernt waren. Von allen Seiten her kamen uns viele der Bundesgenossen unserer Tuupinambolet springend, tanzend und jauchzend entgegen, um uns Glück zu wünschen. Als wir gegen unsre Insel näher gekommen waren, bestiegen ich und mein Gelehrte einen Kahn, und fuhren nach unserm Fort: die Barbarn hingegen begaben sich jeder in sein Dorf auf dem festen Lande.

Nach einigen Tagen kamen einige der Barbarn, welche die Gefangenen bey sich hatten, in unser Fort: wir baten sie durch die Dollmetscher, einige derselben an Villegagnon zu verkaufen, und erretteten auf diese Art einen grossen Theil der Gefangenen aus den Klauen der Barbarn; jedoch nicht ohne Beschwerniß und Widerwillen von Seiten der letztern, wovon ich nachher die deutlichsten Beweise hatte. Ich hatte kaum zwo Personen, ein Weib mit ihrem Knaben, vor einige Waaren, deren Werth ohngefähr drey Livres betragen mogten, gekauft, als mein Verkäufer sich mit folgenden Worten beklagte: Ich weiß nicht, was das noch in der Zukunft geben soll, von der Zeit an, daß der Paykola (Payla) (diesen Namen gaben sie dem Villegagnon,) hier angekommen ist, essen wir kaum den halben Theil unserer Gefangenen mehr. Ich hätte den Knaben sehr gern für mich behalten; allein Villegagnon gab mir meine Waaren zurück, und nahm mir Mutter und Kind. Ich sagte der Mutter zuweilen, wann ich einmal über die See führe, würde ich den Knaben mit mir nehmen. Sie aber (so sehr herrscht in der Seele dieses Volks die Rachbegierde,) antwortete mir, sie wolle lieber, daß er von den Tuupinanbolsiern gefressen, als daß er in so entfernte Lände verführt würde: sie hoffe, er werde, wenn er einmal grösser geworden, auf irgend eine Art entwischen, wieder zu seinen Landsleuten kommen, und den Tod seiner Anverwandten rächen. Nichts desto weniger wurden (wie ich oben schön gesagt habe,) von den vierzig bis funfzig Sklaven, deren wir uns bey Befestigung des Forts bedienten, zehn Knaben ausgelesen, welche wir Heinrich dem zweyten, damaligen Könige von Frankreich, schickten.

Funfzehntes Hauptstück.

Wie die Barbarn ihre Gefangenen behandlen, was sie für Gebräuche und Zerimonien bey dem Schlachten und Fressen derselben beobachten.

Nun ist noch übrig, daß ich auch von der Behandlungsart der Gefangenen bey den Siegern rede. Sobald sie in das Land ihrer Sieger gekommen, giebt man ihnen nicht nur die ausgesuchtesten Speisen, sondern die Männer erhalten auch Weiber. (die Weiber aber bekommen keine Männer.) Ja es wird sich einer, der einen Gefangenen bey sich hat, kein Bedenken daraus machen, demselben seine Tochter oder Schwester zur Frau zu geben, die ihn denn aufs fleißigste bedient. Wiewohl übrigens keine bestimmte Zeit zum Schlachten festgesetzt ist, sondern die Gefangenen bald eher bald später befördert werden; nachdem sie mehr oder weni

niger Nutzen bringen, die Männer bey der Jagd,
ym Vogel- und Fischfange; die Weiber bey Bebau-
g der Gärten und Einsammlung von Muscheln;
werden doch alle nach ihrer Art gemästet, endlich
schlachtet, und mit folgenden Zerimonien gefressen.

Zuerst wird ein solches Fest allen Nachbarn
gesagt; worauf sich denn Männer, Weiber
d Kinder an dem Orte versammlen, wo das
chlachten vor sich gehen soll. Hier wird den ganzen
orgen gezecht, während der Zeit der Gefangene, wel-
r wohl weiß, daß das alles auf ihn losgehe, mit
dern geputzt, nicht nur den Tod nicht scheut, son-
rn sogar lebhafter und mehr tanzt, trinkt, lacht,
die andern. Nachdem er auf solche Art sechs bis
ben Stunden durch mit den Uebrigen getanzt hat, er-
eifen ihn zween oder drey der Stärksten, und bin-
n ihn mit einem Stricke aus Baumwolle, oder der
inde eines Baumes, welchen sie Juir (Yuire) nen-
n, und der einer Linde sehr ähnlich sieht, mitten um
n Leib, (er sträubt sich gegen dies alles gar nicht,
wohl er beyde Arme frey hat,) und führen ihn
nn, gleichsam im Triumph, durch das Dorf. Ob er
hl itzt den Kopf hängen lassen wird, wie bey uns ein
mer Sünder, der zum Tode geführt wird? Beylei-
nicht! vielmehr erhebt er bey denen, welche ihn ge-
inden halten, seine Thaten mit unglaublicher Keckheit
folgenden Worten: Ich, ich tapferer Mann,
h habe ehmals eure Verwandten eben so ge-
unden. Dann steigt er in seinem Lobe immer mehr,
endet sich bald auf diese, bald auf jene Seite, und re-
t wieder einen andern so an: He! du! deinen Va-
r habe ich gefressen. Einen andern: O du
eber Mann, deine Brüder habe ich geschlach-
t und bukanirt. Ich habe so viele Männer,
Weiber und Kinder von euch Tuupinambolsier

im

im Kriege gefangen und gefressen, daß ich ga[r]
die Zahl nicht weiß. Uebrigens wisset, daß me[i]
ne Landsleute, die Margåaten, alle die, so si[e]
nur von euch in ihre Gewalt bekommen können[,]
schlachten, und auf diese Art meinen Tod räche[n]
werden.

Wenn er endlich aller Augen genug ausgesetzt g[e]
wesen, so gehen die zween, so ihn gebunden halten, a[uf]
drey Ellen von ihm weg, und ziehen den Strick in gle[i]
cher Länge beyde stark an, damit der Gefangene [so]
gerad stehen bleiben muß, und keinen Schritt hinte[r]
sich oder vor sich treten kann. Dann werden dem Ge[-]
fangenen Steine oder zerbrochene Scherben gebrach[t.]
Ist dies geschehen, so bedecken sich die beyden, die ih[n]
festhalten, mit Schildern aus dem Rückenfelle der Tapi[-]
russu, wovon oben Meldung geschehen, und reden ih[n]
mit diesen Worten an: Räche deinen Tod noch vo[r]
deinem Ende. Der Gefangene wirft nun alsbald m[it]
größter Heftigkeit Steine auf die Umstehenden, dere[n]
Anzahl sich oft auf viertausend erstreckt. Hier ist nu[n]
gar nicht zu fragen, wie viele von diesen verwunde[t]
werden. Ich selbst habe in einem Dorfe, das Sári[-]
goa (Sarigoy) heißt, einen dergleichen Gefangene[n]
mit solcher Stärke ein Bein eines Weibes treffen sehe[n,]
daß ich glaubte es sey zerbrochen.

Hat er auf diese Art alles, was er habhaft werde[n]
konnte, weggeworfen, so kömmt der, so ihn zu schlach[-]
ten hat, und welcher den ganzen Tag durch verborge[n]
gewesen, zum Vorschein. Derselbe hat eine mit Fe[-]
dern gezierte hölzerne Keule in den Händen, ist über[-]
haupt in seinem Federhute und sonst in seinem völlige[n]
Federputze, geht nahe zu dem Gefangenen, und rede[t]
ihn so an: Bist du nicht aus dem Volke der Mar[-]
gåaten, die uns so sehr feind sind? Hast du
nicht

Funfzehntes Hauptstück.

icht selbst mehrere unserer Anverwandten und reunde geschlachtet und gefressen? Hierauf antortet der Gefangene mit grösserer Gegenwart des eistes als vorher (die Sprache der Margaaten ist n der der Tuupinambolsier nicht verschieden,) in iner Sprache: Pa, sche tang tang aschuka atuoe, (Pa, che tan tan ajouea atou paue,) das heißt: a gewiß! ich bin der Tapferste, und habe der urigen sehr viele geschlachtet und gefressen. ierauf legt er, um seine Feinde noch mehr in Harsch zu bringen, beyde Hände auf dem Kopf, und icht in folgende Worte aus: O wie tapfer habe b mich dabey betragen! O wie fleißig habe ich ie Eurigen bekrieget, gefangen, und wie unzählie schier gefressen ꝛc. und das geht so in dem Tone ch weiter fort. Der Schlächter setzt hinzu: Deswegen wirst auch du, der du in unserer Gewalt ist, von mir bald geschlachtet, auf dem Buing gebraten, und von uns gefressen werden. — Was soll denn das? (antwortet jener nicht erhrockener, bereit, für sein Volk sich dem Schlachten u unterwerfen, als jener Regulus einst für die römihe Republik sich dem Tode unterzog.) Auch meine nverwandte werden meinen Tod rächen.

Um zu zeigen, daß sie den Tod, vor dem sie sich doch äusserst fürchten, gänzlich verachten, weil sie urch diese öffentliche und feyerliche Hinrichtung selig zu erden (beari) glauben, will ich hier nur ein Beyspiel nführen. Ich kam einst von ohngefähr in ein Dorf er grossen Insel, welche Piroi=schu (Piraui-jou) eißt, und traf allda ein Weib, welches eben auf diese eit sterben sollte. Ich gehe näher zu ihr, ermahne sie, ch dem Tupang (Toupan) (ich mußte meine Rede ach ihren Begriffen einrichten. Tupang aber heißt icht Gott, sondern Donner,) zu empfehlen, und,

wie

wie ich sie lehrte, zu ihm zu beten. Sie nickte mit de[m] Kopfe, lachte mich aus, und sagte: Was willst d[u] mir denn geben, wenn ich deinem Willen nac[h] komme? — Armseliges Weib, antwortete ich, bal[d] wirst du alle diese Dinge nicht mehr brauche[n] können: denke daher ernstlich an deine Seele welche du ja unsterblich glaubst. (dies thun d[ie] Barbarn, wie ich im gleich folgenden Hauptstück s[a]gen werde.) Hierauf lachte sie mich von neuem aus und ward dann geschlachtet.

Ich komme wieder auf unsre Sache. Nach ve[r]schiedenen Wortwechseln von beyden Seiten, zuweile[n] unter dem Reden, hebt d[e]r Schlächter, der in der Nä[he] steht, die hölzerne Keule mit beyden Händen in di[e] Höhe, und schlägt mit der äussersten Rundung mit alle[n] Kräften auf des Gefangenen Haupt, so daß nach Ver[]giessung von sehr wenigem Blute ein zweyter Hieb nic[ht] nöthig ist. *) Daher das Sprichwort, welches scho[n] bey den Franzosen in Umlauf war: Ich will dir de[n] Kopf zerschlagen, statt daß sonst die Soldaten i[m] Zanke zu ihrem Gegner sagen: Ich durchbohre dich[.]

War der auf diese Art Geschlachtete verheyrathet (denn, wie ich schon gesagt habe, bekommen sie zuwei[]len Weiber,) so hängt sich sein Weib an seinen Leich[]nam, und beweint ihn eine kleine Zeitlang. Ich sag[e] eine kleine Zeitlang: denn sie macht es wie ein Krokodil, das, ehe es einen durch ihn getödteten Menschen ver[]zehrt, weinen soll. Eben so ist sie, wenn sie durc[h] ihre mit Gewalt herausgepreßte Thränen ihr verstell[]tes Leyd bezeigt hat, vor allen zuerst von dem Fleisch[e] ihre[s]

---

*) Anm. des Uebers. Also doch viel' menschlicher, als die Kana[]denser, Irokesen und nördliche Menschenfresser. S. Charlevoix, Le-Beau, La-Houtan ec. — Etwas verschieden und ceremo[]nieuser beschreibt Osorius das Schlachten des Gefangenen: Osor. de rebus Emmanuelis Lusit, Regis, L. II. fol. 51. (Colon. 1568.)

res Mannes, wenn ihr nicht ein anderer zuvorkömmt. Ist das Gesagte alles vorbey, so treten die übrigen Weiber (besonders aber die alten, die sehr auf Menschenfleisch erpicht sind,*) und daher den jüngern, welche Gefangene bey sich haben, immer an den Ohren liegen, dieselbe geschwinde zum Tode zu befördern,) mit heissem Wasser zu dem todten Leichname, reiben denselben, waschen und begiessen ihn mit heissem Wasser, so, daß er die Haut verliehrt, und so weiß wird, wie ein zum Braten fertiges junges Spanferkel.

Itzt schneidet der Herr des Gefangenen mit so viel Gehülfen, als ihm nothwendig dünkt, den Leichnam entzwey, und zerlegt ihn mit solcher Geschwindigkeit in Stücke, daß kaum ein Metzger bey uns mit einem Hammel geschwinder fertig seyn würde. Gleichwie nebstdem die Jäger bey uns das Eingeweide eines erhaschten Hirschen den Jagdhunden vorwerfen, so bestreichen die Barbarn mit dem Blute ihrer geschlachteten Feinde ihre Kinder, um denselben zur Wildheit und Grausamkeit Muth zu machen.

Diese unmenschliche Grausamkeit, welche bey den Barbarn in der That nichts seltenes ist, ist zwar an sich verabscheuungswürdig: allein noch viel scheußlicher scheint das Betragen der Juden, (welche doch menschlicher

*) Anm. des Uebers. Diese Bemerkung Lerys bestätigt die Anekdote, welche *Maffeius hist. Ind. L. XV. fol. 197.* (Colon. 1589. — p. 428. Anverp. 1605.) erzählt. Die Missionarien hatten den Brasilianern einen geschlachteten Gefangenen weggenommen. Die Männer schwiegen still dazu, und blieben ruhig; „die Weiber hingegen blieben nicht so gedultig. Einige alte „Weiber von besonderer Grausamkeit und Rachgierde gegen die „Feinde stunden dabey. Diese sahen nun die unvorhergesehene „Entreissung der Beute aus ihren Klauen nicht anders als mit „dem größten Unwillen an, liefen mit Geschrey und Murren zusammen, munterten die Jungen auf, eine solche schreckliche Unbild zu rächen 2c.„

cher als alle übrige Völker seyn müßten, da ihnen Go[tt]
alles Blutes verboten hatte.) Diese waren, wie die G[e]schichte lehrt, sehr geneigt, Aufruhre zu erregen, un[d]
sponnen würklich zu den Zeiten Trajans so fürchterlich[e]
Rebellionen an, und trieben es in der Grausamkeit un[d]
Unmenschlichkeit so weit, daß sie nach einer Niederm[e]tzelung von vierzig tausend Menschen in Egypten, Cir[e]ne und Zypern, derselben Fleisch essen, und ihr Gesi[cht]
mit derselben Blut beschmieren konnten. Ja sie durch[bohrten viele von der Scheitel an, und gingen sogar
mit den abgezogenen Häuten derselben bekleidet umhe[r.]
Benimmt diese Geschichte der Grausamkeit der Amer[i]kaner nicht alles Schreckliche, so wird sie es doch ve[r]mindern. Uebrigens seitdem sie von Christen besuch[t]
werden, zerschneiden sie die Körper der Geschlachteten[,]
wie überhaupt alle Thiere und übrige Speisen, mit Me[s]sern, statt daß sie sich zuvor, wie ich von den Aelteste[n]
gehört habe, sehr scharfer Steine bedienten, welche si[e]
zu diesem Geschäfte brauchbar machten.

Ist das oben Erzählte alles geschehen, so werde[n]
alle einzelne Stücke des Leichnams, sogar die Eingewei[de, (welche sie auch waschen und reinigen,) auf de[n]
Bukang gelegt. Während diese Stücke braten, gehe[n]
die alten Weiber immerfort um den Bukang herum[,]
und fangen das an den Stäben des Bukangs herab[fliessende Fett auf; so bewundernswürdig gelüstet den[selben nach Menschenfleisch. Es muß ihnen auch vor[zuglich gut schmecken; denn sie muntern die Jüngling[e]
immerfort auf, Feinde zu fangen, um ihnen derglei[chen Speise zu verschaffen. Wenn sie aber Fett von ih[ren Fingern lecken, so schreyen sie ihr Ygatu, (Ygua[tou,) das ist: der ist gut, darzu. Sie sehen also
hier, meine Leser, so viel ich erfahren konnte, die
Art, wie die amerikanischen Barbarn ihre Gefangenen
braten,

Funfzehntes Hauptstück. 255

raten, die bey uns ganz unbekannt ist: *) durch bu=
aniren nämlich.

Ich habe schon oben im zehnten Hauptstücke, wo
ich von dem Tapirussu handelte, den Bukang weit=
läufig beschrieben: ich verweise daher dem Leser darauf
zurück, um nicht dasselbe zweymal zu sagen. Indessen
muß ich doch den Fehler derjenigen widerlegen, welche
auf ihren Charten unsere Barbarn, wie wir einen Ham=
melsschlägel, Menschenfleisch an Spiessen bratend ab=
gezeichnet, und fälschlich zween derselben das Fleisch mit
grossen eisernen Messern entzwey schneiden, und zur Schau
aushängen liessen, wie hier die Metzger das Fleisch zum
Verkaufen aushängen. Dies ist so wahr, als was
Rabelais vom fabelhaften Panurg erzählt, daß er mit
einem Spiesse durchstochen, und halb gebraten zuletzt doch
noch entkommen sey; und zeugt von der größten Unwissen=
heit der Verfasser dieser Charten. Um dies zu bestäti=
gen, setze ich hinzu, daß die Brasilianer nicht nur eine
von der unsrigen ganz verschiedene Art zu braten haben,
sondern daß ihnen auch unsere Art, selbst als wir uns
bey ihnen aufhielten, gänzlich unbekannt war. **) Denn
als ich und einer meiner Gefährten einst in einem Dorfe
ein welsches Huhn nebst einigem andern Geflügel an ei=
nem hölzernen Spiesse, den wir beym Feuer umdrehten,
brieten, hatten die Barbarn ihr Gespötte darüber, und
wollten nicht eher glauben, daß das Fleisch beym be=
ständigen Umdrehen durchgebraten werden könnte, bis
sie es selbst versuchten.

Ich komme wieder auf meine Erzählung. Haben
sie auf die erzählte Weise das Fleisch von einem oder
mehrern

*) Anm. des Uebers. Unsere Roste sind doch eine Art Bukan,
wiewohl mit einiger Verschiedenheit; und selbige sind doch älter als
die Entdeckungen von Amerika.

**) Anm. des Uebers. Auch noch zu Marcgravs Zeiten brauchten
sie nie einen Spieß. S. *Marcgr. tract. cit.* C. *VII. p. 17.*

mehrern Gefangenen (denn zuweilen
zween, zuweilen auch drey an einem Tag
so tanzt der ganze Trupp, welcher bey d
zugegen war, um den Bukang herum,
bratenden Glieder der Feinde mit trotzig
Hierauf packt jeder, wiewohl mehrere an
sind, ein Glied an. Dies alles geschie
als wenn sie selbige als eine Speise betr
einer nicht ohne Grund vermuthen könnte:
sie ohnstreitig Menschenfleisch als sehr r
angeben, so essen sie ihre Feinde doch me
als zur Nahrung: die alten Weiber neh
aus, die, wie ich schon gesagt habe, a
sehr begierig sind. Ihr Endzweck geht ab
Todten bis auf die Knochen zu zermetzeln
noch Lebenden Schrecken einzujagen. D
grausame wilde Seelen zu sättigen, ist a
namen kein Theilchen, von den äussersten
bis zur Nase, den Ohren und dem Sch
sie (das Hirn ausgenommen,) nicht essen

Unmenschlicher war daher die Wildh
maus Lathurius, Königs von Egypten,
erzogen, nichts desto weniger so grausa
dreyßigtausend Juden zu ermorden, und bi
zu zwingen, derselben Fleisch zu essen.

Uebrigens bewahren unsre Tuupin
jedem Dorfe die Schädel der Geschlachtet
Haufen auf, wie es bey uns auf den
geschehen pflegt: den Franzosen aber, wel
kommen, erheben sie mit der grösten Weit
Thaten, und zeigen denselben gesagte Schä
Trophäen und Urkunden ihrer Tapferkeit.
verwerfen sie die grössern Knochen der Bei
nicht, sondern machen aus denselben, wie i

Funfzehntes Hauptstück.

sagt habe, Pfeifen: gleichfalls reissen sie den Köpfen
 Zähne aus, reihen sie an Fäden, und tragen sie um
 n Hals.

Der Verfasser der allgemeinen Geschichte von
 ndien erzählt *) von den bösen Einwohnern von Zam-
n, sie hängten die Köpfe ihrer geschlachteten Feinde
 die Thüre ihrer Tempel, und trügen die Zähne der-
ben zur Schau am Halse.

Die Schlächter aber rechnen sich diese Handlung
 : grössten Ehre: denn haben sie diese prächtige Helden-
 t zu Ende gebracht, so begeben sie sich weg, und
 chen Schnitte in ihre Brust, Arme, Beine, Schen-
, und übrige Theile des Körpers: diese Schnitte, um
 ewig in der Haut zu erhalten, beschmieren sie mit
 weiß nicht was für einer Salbe, und bestreuen sie
 einem schwarzen Pulver, den keine Länge der Zeit
 zuzulöschen im Stande ist. Je mehr dergleichen Ein-
nitte aber einer hat, desto mehr Feinde muß er, ihrer
 eynung nach, geschlachtet haben, und desto tapferer
 ß er, wie sie glauben, seyn.

Ich eile jedoch mit diesem schrecklichen Trauerspiele
 Ende. Sind die Weiber, welche die Gefangenen
 alten haben, von ihnen beschwängert worden, so
 sten die Barbarn (schrecklich zu sagen, und erstau-
 swürdiger zu sehen,) dieselben zuweilen, wenn sie
 n erst geboren sind; selten aber, wenn sie etwas äl-
 geworden. Zur Ursache hievon geben sie an, diese
 der seyn aus dem Saamen ihrer Feinde erzeugt.

Die Barbarn verlangen nicht allein sehr, ihre
 nde, mit denen sie immerwährend Krieg führen,
gänzlich

*) Lib. II. C. 71.

gänzlich auszurotten, (denn dieselbe Grausamkeiten
gehen auch die Margáaten gegen die Tupinamb
sier,) sondern sie haben auch ein besonderes Wohl
fallen daran, wenn sie sehen, daß ihre Gäste von d
selben Gesinnung sind. Und so oft wir das Mensch
fleisch, welches sie uns vorsetzten, nicht essen wollte
(wie dann ich und die mehrsten der Unsrigen jeder
gethan haben: denn wir waren durch die Gnade G
tes nie so unmenschlich geworden, daß wir es ni
für eine Sünde gehalten hätten, es nur anzurühren
glaubten sie, wir meynten es nicht recht gut mit
nen. Zu meinem größten Schmerze muß ich jedoch h
berichten, daß einige neuchatelsche Dollmetscher, wel
neun Jahre durch bey den Barbarn zugebracht,
sich in letzterer Lebensart zu fügen, wie Gottesläug
lebten, und sich nicht nur oft mit den wilden Weib
leuten vermischten, so, daß einer drey Kinder aus f
cher Hurerey erzeugt hatte; sondern auch alles M
schengefühl abgelegt hatten, und sich, um die B
barn noch an Unmenschlichkeit zu übertreffen, rühmte
sehr viele Margáaten geschlachtet und gefressen
haben.

Um in der Beschreibung der Grausamkeit der Tu
pinambolsier gegen ihre Feinde fortzufahren, will i
noch einige Fälle erzählen.

In der Zeit, als wir uns bey ihnen aufhielten
hatten sie auf ein Dorf der grossen Insel gedacht. D
selbe ward von einigen Margáaten bewohnt, welc
jedoch beym Ausbruche eines Krieges der Tupinan
bolsier mit den Margáaten in die Gewalt der erster
gekommen waren, und nun schon zwanzig volle Jah
in Frieden unter ihnen gelebt hatten. Allein endlic
als sie sich unter dem Kauiren (Saufgelage) einand
aufmunterten und anfrischten, beschlossen sie, alle Ei
wo

Funfzehntes Hauptſtück.

ohner dieſes Dorfes umzubringen. Die Ausführung
des Entſchluſſes ließen ſie nicht lange anſtehen, ſondern überfielen die Margaaten zu Nachts unverſehens,
lermten auf ſie ein, als ſie halb im Schlafe waren,
, daß man das Geſchrey und Heulen nicht ohne Er-
ermen hören konnte. Als die Franzoſen dies hörten,
ten ſie um Mitternacht bewaffnet dahin: denn das
orf lag von unſerm Fort nicht über zehntauſend Schrit-
entfernt. Allein ehe ſie hinkamen, hatten die Barrn ſchon, voller Wuth und Begierde nach Beute, al-
, was ſie angetroffen hatten, ermordet, die Hütten
gezündet, um die, ſo ſich in ſelbige verſteckt hatten,
rauszutreiben; ſo, daß die Unſrigen ſehr wenig mehr
n Leben antrafen. Ja einige der Unſrigen verſicherten,
cht nur zerſtückelte Erwachſene, ſondern auch ganze
duglinge auf dem Butkang liegend geſehen zu haben.
inige Erwachſene hatten ſich jedoch ins Meer gewor-
n, waren unter dem Schutze der Nacht ihren Feinden
rch Schwimmen entwiſcht, und in unſer Fort gekom-
en. Dies konnten die Barbarn, als es ihnen zu Oh-
n gekommen war, nicht geduldig ertragen; ja ſie
urrten ſehr, und klagten, daß wir ihre Feinde bey
is behielten. Endlich aber ließen ſie ſich doch durch
nige Waaren beſänftigen, und ließen unſre Klienten
m Villegagnon als Sklaven.

Einige Tage drauf ging ich mit noch einigen an-
rn Franzoſen in einem Dorfe, von den Eingebornen
roiſchu (Piraui-jou) genannt, auf der groſſen In-
zu unſerm Vergnügen ſpatzieren, als wir wider Ver-
ſſen einen gefangenen jungen Menſchen, von ſchöner
ildung und Wuchſe, in eiſernen Banden, welche die
-arbarn von Chriſten empfangen hatten, geſchloſſen an-
ufen. Dieſer redete uns in portugieſiſcher Sprache
: (zween der Unſrigen, die Spaniſch konnten,
=ſtanden ihn, was er ſagte,) er ſey in Portugall

gall gewesen, sey ein Christ, getauft, und heiß Anton. Wiewohl er von Geburt aus ein Margáa war, hatte er doch durch den öftern Umgang mit den Portugiesen seine Wildheit zum Theil abgelegt, un gab uns daher zu verstehen: er wünsche sehr, wenn e auf irgend eine Art möglich wäre, aus den Händen sei ner Feinde zu entfliehen. Wiewohl es ohnedem scho unsere Pflicht war, so viele wir nur konnten, aus de Rachen der Barbarn zu reissen, so wurden wir doc durch die Worte Christ und Anton viel heftiger bewegt und zum Erbarmen bestimmt. Einer von den Unsrigen der Spanisch verstand, welcher ein Schmidt war, nahn es daher über sich, ihm den folgenden Tag eine Feil zu bringen, um sich seine Bande durchzufeilen: er prägt ihm dabey ein, sich, so bald er los sey, (denn niemand beobachtete ihn,) in den Gebüschen bey der Küste zu verbergen, während wir die Barbarn im Gespräche un terhielten: von da würden wir ihn mit einem Fahrzeuge in unser Fort nehmen: hätten wir ihn einmal dort, so würden wir seine Befreyung bey den Barbarn bald er= handelt haben. Dies richtete ihn nicht wenig auf: er dankte uns, und versprach uns, alles aufs genaueste zu erfüllen.

Allein die Barbarn, wiewohl sie unser Gespräch= nicht verstanden hatten, mußten doch etwas geargwohnt haben: denn sobald wir das Dorf verlassen hatten, riefen sie die Nachbarschaft in aller Eile zusammen, und schlachteten den armen Anton. Den folgenden Tag begaben wir uns mit der Feile ins Dorf, unter dem Vorwande, Mehl und andere Eßwaaren einzuhandlen und fragten die Barbarn, wo der Gefangne sey, den wir den Tag zuvor gesehen hatten. Statt der Antwort führten sie uns in die nächste Hütte, und zeigten uns hier die Stücke Antons auf dem Bukang. Weil sie

aber

Funfzehntes Hauptstück.

aber sahen, daß wir uns von ihnen betrogen glaubten, zeigten sie uns spottweise seinen Kopf, und lachten uns aus.

Nicht lange drauf fingen auch unsere Barbarn zween Portugiesen in einem leimenen Hüttchen mitten im Walde, nicht weit von ihrem Fort Morpion, wo sie selbige unversehens überfallen hatten. Die Portugiesen hatten zwar den ganzen Tag durch den Anfall der Barbarn tapfer ausgehalten; allein wie ihnen endlich Pfeile und andere Vertheidigungswaffen zu fehlen anfingen, thaten sie mit den grossen Schwerdten, welche man mit zwoen Händen führen muß, einen Ausfall auf die Barbarn, erlegten die mehrsten, und verwundeten viele: Die Barbarn thaten indessen tapfern Widerstand, und wollten lieber alle sterben, als ohne erhaltenen Sieg weichen. Auf diese Art nahmen sie endlich die Portugiesen gefangen, und führten sie weg: und ich selbst habe von einem Barbarn die erbeuteten Kleider von Ochsenfellen gekauft. Einer unserer Dollmetscher kaufte auch eine silberne Lanze, welche die Barbarn unter vielen andern Sachen in der Hütte erbeutet hatten, um zwey kleine Messer: denn die Barbarn kannten ihren Werth nicht. Als die Barbarn in ihre Dörfer zurück gekommen waren, rupften sie den Portugiesen zum Spott die Bärte aus, lachten sie aus, als sie den Schmerz nicht ertragen konnten, und schalten sie mit diesen Worten: Wie? ihr, die ihr neulich unsern Anfall so tapfer ausgehalten habt, wollt euch nun weibisch betragen, da ihr muthig sterben müßtet? Endlich jedoch schlachteten sie selbige, wie gewöhnlich, auf ihre grausame Art, und frassen sie.

Ich könnte zwar noch viele andre Beyspiele von den Barbarn anführen, wenn ich nicht glaubte, daß
die

die angeführten hinlänglich wären, jedem Entsetzen einzujagen. *)

Sechzehntes Hauptstück.

Was die amerikanischen Barbarn unter dem Worte Religion verstehen: Irrthümer, in welche sie durch die Betrüger, welche sie Caraiben nennen, geführt werden: Unwissenheit von einem Gotte.

Wiewohl jener Spruch Ciceros, **) es gebe kein Volk so wild und unkultivirt, welches nicht wisse, daß es einen Gott geben müsse, wiewohl es ihm unbekannt seyn könne, wie und wer dieser Gott sey? allgemein als ein sicheres feststehendes Axiom angenommen wird, so weiß ich doch nicht, wie es damit bey unsern Tuupinambolsiern stehe. Denn den wahren Gott kennen sie einmal nicht. Eben so wenig wissen sie von falschen, sowohl himmlischen als Erdengottheiten, geschweige daß sie derselben ehren sollten: sie haben daher auch keinen öffentlichen Ort, wo sie der Religion halber zusammen kämen:

*) Anm. des Uebers. Lery führt hier, damit, wie er sagt, die, so diese Greuel als bey den Barbarn gebräuchlich, lesen, ebenfalls wissen, daß viele nicht weniger abscheuliche Sachen auch anderswo getrieben werden, allerhand grausame Geschichten aus Chalcondil, von dem wir oben geredet haben, wie auch aus der damaligen französischen Reformazionsgeschichte an, und vergleicht unsere Wucherer mit den Brasilianern. Ich würde dies alles, da es mit einer männlichen Beredtsamkeit geschrieben ist, nicht überschlagen haben, wenn es nicht eilf volle Blätter im Original ausfüllte.

**) Lib. I. de legibus.

men: ganz wider die Gewohnheit der alten Heyden, und selbst der Abgötterer unserer Zeit, und besonders der Peruaner, welche an das Land der Tuupinamboller stossen, *) und von ihnen zehnmal hunderttausend Schritte entfernt sind, die der Sonne und dem Monde opfern. Auch von Erschaffung der Welt wissen sie nichts, unterscheiden die Tage nicht durch Namen, heben keine besonders aus, bemerken keine Wochen, Monate und Jahre: die Zeit messen sie nach den Abwechslungen des Mondes. **) Sie wissen nicht nur von keiner Schrift, sie sey gleich heilig, oder nicht, gänzlich etwas; sondern haben auch gar keine Zeichen, wodurch sie ihre Gedanken aufzeichnen (sinnlich machen) könnten. Bey meiner ersten Ankunft in diese Länder schrieb ich mir einige Worte und Sentenzen auf, um mich an ihre Reden zu gewöhnen, die ich dann nachher ihnen vorlas. Sie hielten dies für Hexerey, und redeten unter einander: Ist es nicht Wunder! Gestern wußte er noch kein Wort von unserer Sprache, und heute spricht er mit Hülfe dieses Papiers, welches ihn unsere Wörter lehrt, so fertig, daß wir ihn verstehn. Die Barbarn, so die Insel Kleinspanien (Hispaniolam) bewohnten, dachten dasselbe von den Spaniern, welche zuerst zu ihnen kamen. Die Worte des Geschichtschreibers sind folgende: „Als die Indianer bemerkten, daß die Spanier auch abwesend durch Briefe mit einander sprachen, glaubten sie, die Spanier müßten entweder einen prophetischen Geist haben, oder die Buchstaben selbst müßten sprechen. Aus dieser Ursache hielten sich die Barbarn, weil sie fürchteten, ihre Sünden möchten bekannt werden, so in der
„Ord

---

*) Anm. des Uebers. So glaubte man damals, und noch lange nachher, bis in neuern Zeiten noch grosse Völkerschaften zwischen beyden entdeckt wurden. S. J. B. *Osorius de reb. Emman.* L. II. p. 44. (Colon. 1568.)

**) Anm. des Uebers. Vergleiche meine ersten Anmerkungen zum achten Hauptstück.

„Ordnung, daß sie von der Zeit an nicht so kühn waren
„zu lügen, oder den Spaniern was zu stehlen.„

Wollte einer diese Materie weitläufiger ausführen
so stünde ihm hier das weitläufigste Feld offen, sowohl
die Schreibkunst zu loben, als zu zeigen, welche Wohl=
that uns Europäern, Asiatern und Afrikanern vor den
Barbarn, so den vierten Welttheil bewohnen, Gott er=
zeigt. Denn diese können ihre Gedanken nicht anderst,
als durch gesprochene Worte an Tag legen; wir aber
können durch Hülfe der Schrift die Geheimnisse anderer
erfahren, und uns auch mit den Entferntesten unter=
halten. Und würklich muß man den schönen Künsten,
welche wir aus den Büchern erlernen, (und welche den
Barbarn unbekannt sind,) selbst die Schreibkunst an
sich, unter die vornehmsten Geschenke zählen, womit
uns Gott überhäuft hat.

Ueber Sokrates halte ich mich hier gar nicht auf,
der (wie Plutarch erzählt,) sagte: Die Buchstaben,
welche man gewöhnlich und allgemein erfunden
zu seyn glaubte, um dem Gedächtnisse zu hel=
fen, schadeten ihm vielmehr sehr stark: denn vor=
mals hätten die Menschen, wenn sie was Wis=
senswerthes gehört, selbiges nicht in Bücher, son=
dern in ihr Herz geschrieben, und auf solche Art
hätten sie ihr Gedächtniß gestärkt, folglich auch
leicht behalten, was sie gewollt, und jeder hätte,
was er gewußt, gleich bey der Hand gehabt.
Nach erfundenem Gebrauche der Buchstaben aber,
weil man sich zu sehr auf die Bücher verlasse, sey
man nicht so sehr darauf bedacht, das Gelernte
sich in die Seele zu schreiben. So sey durch Ver=
nachläßigung der Bildung des Gedächtnisses die
Sachkenntniß weniger lebhaft geworden, und je=
der wisse weniger; indem man nur so viel wisse,
als

Sechzehntes Hauptstück.

s man im Gedächtnisse habe. Diese Sentenz halt ich, besonders bey einem Philosophen und griechischen Weisen, tadelnswürdig. Denn Cicero, und andere Gelehrte nach ihm, behaupteten, daß die Geschichte, welche doch ohne Büchergebrauch nicht wohl gefertigt werden kann, eine Mutter der Zeiten sey. Es ist zwar wahr, daß die Väter vor Moses, dem ersten Schriftsteller, sehr viele, und zwar vortrefliche Sachen, welche sie nicht in Schriften, *) sondern im Gedächtnisse ihren Nachkommen aufbewahrten, von Hand zu Hand überlieferten. Allein das ging doch alles, nachdem die Buchstabenschrift in Umlauf gekommen, viel sicherer.

Ich komme wieder zu unsern Tuupinambolsiern. So oft wir mit ihnen sprachen, und die Rede auf Gott kam, sagten wir: wir glaubten an einen Gott, den Schöpfer Himmels und der Erde, der, wie er die Erde, und alles was auf ihr ist, geschaffen habe, alles nach seiner Willkühr regiere. Wenn sie dies hörten, sahen sie sich einander an, und brachen in ihr gewöhnliches Verwunderungswort Tech (Teh) aus, und blieben starr und erstaunt stehen. Weil sie nebstdem, wie wir zu seiner Zeit sagen werden, von dem Gebrülle des Donners, welchen sie Tupang (Toupan) nennen, heftig erschreckt werden, so bedienten wir uns, um uns nach ihrer Rohheit zu richten, dieser Gelegenheiten, sie zu belehren, und ihnen zu sagen, der Gott, von welchem wir zu ihnen redeten, sey es, der, um seine Macht zu zeigen, Himmel und Erde auf diese Art erschütterte. **) Allein dagegen wandten sie ein, ein

Gott,

*) Anm. des Uebers. Das sollte wohl noch eine Frage seyn, obschon in keiner Buchstabenschrift.

**) Anm. des Uebers. Vermutlich hat es also darum seinen Grund, daß sie ist, wo sie unterwiesen werden, Gott Tupan, und den Donner nur Tupa nennen, wie P. Eckart sagt l. c. S. 584.

Gott, dar sie so erschrecke, sey ein schlechter Kerl.
so erbärmlichen Umständen leben diese Menschen!

Aber, möchte hier vielleicht einer fragen, wie
es denn möglich, daß die Amerikaner gleich dem
den Viehe ohne Religion leben? — Ich antwor
wie ich es schon oben berührt habe, daß sehr we
daran fehle; und daß ich nicht glaube, daß
Volk auf dem ganzen Erdenrunde von Religion we
entfernt sey.*) Um jedoch auch zu zeigen, wie
Licht ich unter den dickesten Finsternissen, in welc
sie liegen, bemerkt habe, muß ich sagen, daß sie n
blos eine Unsterblichkeit der Seele glauben, sond
auch als eine Gewißheit haben, die Seelen der verst
benen Tugendhaften (die Tugend freylich bestimmen
nach ihrer Art, nämlich: an den Feinden Rache n
men, und viele fressen,) flögen hinter (post) die hö
sten Berge, kämen zu den Seelen ihrer Väter und V
eltern, und lebten da in den angenehmsten Gärten, u
ewigen Vergnügungen und Tänzen, ein frohes Leb
(das ist die lange Reise des **Sokrates**, und die
säischen Felder der Dichter:) die Seelen der Trägen a
welche, ohne sich um die Vertheidigung des Vaterlan
zu bekümmern, unrühmlich gelebt haben, würden
dem **Ainjang** (Aygnan) (so nennen sie den bösen Gei
gen

---

524. Eben daher mag es auch kommen, daß sie, wie P. E
ebendas. berichtet, den Donner zuweilen auch Tupana poror
Gottesgeröse, Gottesgeräusche nennen, und die Eltern i
Kindern mit dem Finger gegen den Himmel zeigen, und sprech
Tupana, der Donnernde, „unter welchem Worte schon
„dessen von den alten Heiden der Gott des Donners verstan
„wurde,„ setzt P. Eckart hinzu; allein dem widerspricht
offenbar; wir müßten denn die Brasilianer nach Lery nehmen

*) Anm. des Uebers. Nicht mehr, oder doch nicht viel m
ja in einigen Sachen noch weniger, wußten und wissen zum T
noch die Californier. S. Begert Nachrichten von der e
rikanischen Halbinsel Californien, Mannheim 1772. Th
§. 9. et passim. — und *Noticias de la California y de ju co
stes por P. Venegas* etc. Madrid 1757. P. I. §. 7. et passim.

Sechzehntes Hauptstück.

ommen, und müßten mit demselben unter ewigen
alen leben. *)

Es ist auch bekannt, daß die Essener es ehemals
 den Griechen hielten, und glaubten, die guten See-
 wohnten, wenn sie aus dem Kerker des Fleisches be-
get seyn, hinter dem Ozean. (was denn, wenn man
ser unsinnigen Meynung Glauben beymessen sollte,
asilien wäre.) **) Hier sey ein Land, welches weder
gen, noch Schnee, noch Hitze beschwerte, sondern
 einem leichten Zephir angenehm gekühlet würde.
n bösen Seelen, behaupteten, oder vielmehr träum-
 sie, seyn ungestüme Winterörter bestimmt: voll
mmer und Seufzen über ewig zu leidende Strafen. ***)

Uebrigens werden unsre armseligen Barbarn auch
diesem Leben erbärmlich von dem bösen Geiste gequält,
 sie sonst auch wohl Kaascherre (Kaagerre) nen-
. †) Ich habe sie selbst zuweilen, während sie mit
uns

) Anm. des Uebers. Dies bestätigen *Marcgrav tract. cit.* C. IX.
et *ibidem Lact.* — Nur *Piso* widerspricht zum Theil. Nach ihm
glauben sie zwar eine Unsterblichkeit der Seele; allein keine Belohnung oder Strafe nach dem Tode.

*) Anm. des Uebers. Ob *Lery* scherzen wollte?

**) Anm. des Uebers. Ueber diesen Glauben der Essener kann
man sehen: *Josephi de Bello Judaico,* L. II. C. 7.

†) Anm. des Uebers. In den Benennungen der sogenannten bösen
Geister, die sie quälen, kommen die Reisenden nicht überein.
Marcgrav l. c. C. IX. sagt: „Sie nennen den Teufel Anhanga,
„Jurupari, Curupari, Taguaiba, Temoti, Taubimama. — *Lact
„ibid.* p. 20. Die bösen Geister fürchten sie sehr; sie nennen
„selbe: Curipira, Taguai, Macachera, Jurupari, Marangigoana;
„allein unter verschiedenen Bedeutungen: denn Curipira bedeutet
„einen Geist der Vernunft, Macachera einen Geist der Wege,
„der vor dem Wanderer hergeht. Perigares machen sie zum Be-
„gleiter von guten Nachrichten. Tupiguaros hingegen und Caryos
„zum Arzte und Feinde des menschlichen Heils. Juripari und
„Anhanga heißt schlechtweg Teufel. Marangigoana heißt nicht
„Geist, sondern die vom Körper getrennte Seele, oder was an-
„derst,

268   Sechzehntes Hauptstück.

uns sprachen, plötzlich gleich denen, so die fallende Su
haben, schreyen hören: Weh! weh! helft uns! d
Aingang schlägt uns! Ja sie behaupteten, sie säh
den bösen Geist bald als ein wildes Thier, bald als ein
Vogel, bald in einer andern scheußlichen Gestalt. Ueb
gens wunderten sie sich sehr, daß wir vom bösen Gei

ni
„derst, was den nahen Tod ankündigt, was die Brasilianer se
„nicht recht kennen; jedoch so fürchten, daß sie zuweilen von d
„sem eingebildeten und eitlen Schrecken entseelt werden."
Merkwürdiger ist hier die Stelle P. Eckarts in seinen Zusätzen
bey Murr I. c. S. 53. „Der gemeine Name solcher Geister
„Anhanga. Die besondern sind folgende drey: Jurupari, Tag
„ha oder Taguaiha und Gurupira. — Dieses Wort Jurupari kom
„wahrscheinlich her von Joru, ein Maul, und apara krumm. S
„che Wahrscheinlichkeit kann bekräftiget werden aus dem, was i
„mit einem jungen Indianer in der Mission Abacaxis, der t
„Nation nach ein Comandai gewesen, zugetragen. Er sah auf d
„Altare das Bildniß des heiligen Johannes des Täufers, so sa
„er, es wäre der Jurupari, der böse Geist, (wenn er nic
„bloß gesagt hätte, er hat ein krummes Maul! d. Ueber
„und als er gefragt wurde, warum? so war seine Antwort,
„habe ja ein krummes Maul, wie auch das Bild in der Ki
„hatte. — Jurupari ist der eigentliche Name des Waldteufel
„welcher, wie man sagt, denen noch in ihrer Wildniß wohnend
„Indianern öfters erscheint. Ein Principal von dem landöbrig
„Geschlechte Ariquena erzählte mir wenigstens in Trecano,
„Fabelhaftes von demselben. Er sagte, daß die ältern Tepune
„so ihn schon kennen, und mehrmal gesehen, wenn er ankäm
„stille stehen blieben; die jüngern aber nähmen die Flucht. Sein
„Aufzug und Kleidung beschrieb er folgendermaßen: Erstlich ist e
„den Kopf allein ausgenommen, völlig mit Haare überzogen; se
„Hauptzierde ist der amerikanische Bund, aus schönen Federn ve
„fertiget. Eben daraus bestehet der Halskragen, die Armbänd
„und das Schürzlein „ (was die Neubekehrten zu trage
„pflegen, d. Uebers.) „In einer Hand trägt er Bogen und Pf
„le, in der andern einen Stock von dem kostbaren Holze Yby
„pinima. Wenn er kommt, sagte dieser Principal weiter, so fra
„er die Umstehenden, ob sie etwas zu essen hätten; wenn sie an
„worten, daß nichts vorhanden, so schießt er einen Pfeil ab, un
„alsobald lieget ein Hirsch oder wildes Schwein zu seinen Füssen
„Die Zähne des Waldteufels sind schneeweiß, von denen er zuwei
„len einen herausnimmt, und damit die Augen eines oder ander
„Indianers berühret. Alsdann spricht er zu denselben, sie solle
„auf einen gewissen Ort, denen er ihnen zeiget, hinsehen; da s
„hinschauten, sahen sie in der ganzen Gegend von ferne bis i
„alle Höhe hinaufsteigen Flammen stehen. Es geschieht auch, fu
„der Principal fort, daß der Gurupira einen von den selbst Ver
„sammelten mit sich hinwegführet; und als ich fragte, wohin e

„ih

icht gequält wurden. Wenn wir ihnen nun sagten,
er Gott, von dem wir ihnen so oft predigten, befreye
ns von diesen Qualen: denn er sey weit über den Ain=
ang erhaben, und verhindere denselben, uns je beschwer=
ch zu fallen; so geschah es nicht selten, daß sie bey
ringender Gefahr an Gott zu glauben versprachen;
allein

„ihn dann führe, antwortete er: cerame, in sein Vaterland, in
„seine Heimath.„ (das wäre also ein guter Geist, d. Uebers.) —
„In Trocano hörte ich noch einen andern Teufelsnamen, welcher
„an dem Gestade und in den Feldern herumzuziehen pflegt. Die
„Trocaneser brachten eine halbtodte Person in das Dorf, welche,
„wie sie sagten, von diesem bösen Geiste wäre geschlagen worden.„
So weit P. Eckart über diesen Punkt. „Selten jedoch, sagt Laet
l. c. erscheinen ihnen diese Geister sichtbar, wiewohl viele anders
„erzählt haben.„ — Die Erscheinungen der bösen Geister und
Plagen bey den Brasilianern mögen wohl eine Art fallender Sucht
seyn, oder eine andere Krankheit der Nerven, die von verdorbenem
Blute beseitet wird, was den Einbildungen von Erscheinungen ei=
nes Teufels Nahrung giebt, welche aus vorhergegangenen Begriffen
veranlaßt wurden, die aus den Betrügereyen eines oder mehrerer
ihrer Vorfahren entsprungen waren; was die oben angezogene Stel=
le P. Eckarts ziemlich bestätigt.

Hieher gehört noch diese Stelle Laets l. c. „Sie verehren selbe
„jedoch mit keinen Zeremonien und unter keinem Bilde; wiewohl
„sie zuweilen doch einige Pfähle in die Erde schlagen, und Geschenke
„dabey legen, und so diese Geister zu besänftigen suchen;„ und
diese: Eckarts l. c. S. 588. „Ich erinnere mich doch, in den
„Briefen des grossen Misionairs P. Anton Vieyra gelesen zu
„haben, daß zu seiner Zeit ein lebendiges Bild verehret worden.
„P. Vieyra schreibt 1661. in diesem Briefe aus Pará an den Kö=
„nig von Portugall unter andern also: — Vida do apostolico Padre
„Antonio Vieyra, da C. de J. chamado por antonamasia o Grande,
„pelo P. André de Barros, S. J. Em. Lisbon 1746. p. 576. Zu der=
„selben Absicht kann ich nicht unterlassen, Ew. Maj. weil es das
„neueste Beyspiel ist, etwas zu berichten, welches sich verwichene
„Tage in den Wohnungen am St. Franziscusflusse, 150 Meilen
„von dieser Stadt (Pará) zutrug, allwo zween Glaubensprediger
„verschiedene Nationen neuer Tapuyer belehren, die noch viel
„weniger gesittet sind, als diese. — Von den Barbarn entschlossen
„sich einige, einen andern Gott zu machen, der sie befreye. Hie=
„zu suchten sie unter sich einen aus, der das beste Ansehen und die
„grösste Statur hatte. Dazu bestimmten sie ihn zur Gottheit,
„beräucherten ihn mit Tabak, den er mit offenem Munde ein=
„nahm, und errichteten ihm sogleich nach Art der
„unsrigen aus Palmzweigen.„ — Soviel hatten die Wilden schon
profitirt, die noch nicht unterwiesen waren! — Man wird übri=
gens bemerken, daß ich die portugiesische Stelle aus P. Vieyra
etwas anders als Herr von Murr übersetzt habe.

allein waren sie einmal von dem Uebel befreyt, so dachten sie an dies ihr Versprechen nicht mehr.

Die Qualen, mit welchen sie heimgesucht werden müssen in der That auch kein Spielwerk seyn: denn ich habe oft gesehen, daß sie bey Erinnerung dieses Uebels so erschreckt wurden, daß sie vor Angst schwitzten, mit den Händen auf die Lenden schlugen, und sich gegen uns mit diesen Worten beklagten: Már Aturassap, Asekeiei Ainjang Atupoe, (Mair Atourassap, Acequeiey Aygnan Atoupauè,) das heißt: Mein Narr, mein Bundesgenosse, ich schrecke mich vor dem bösen Geiste mehr, als vor allen übrigen Uebeln. Antwortete ihm aber einer der Unsrigen hierauf: Nasekiey Ainjang, (Nacequiey Aygnan,) das heißt: Ich fürchte den bösen Geist nicht; so beweinten sie ihr Schicksal, und riefen: Ach! wie glücklich wären wir, wenn wir, so wie ihr, vor ihm sicher wären. Wir erwiederten hierauf: Sie sollten also an den glauben, der über den Ainjang wäre. Allein, wie ich schon gesagt habe, obschon sie während der Gefahr dies zu thun versprachen, kehrten sie bald wieder zu ihren alten Gesinnungen zurück.

Ehe ich weiter fortgehe, will ich zu dem, was ich von dem Glauben der Barbarn an Unsterblichkeit der Seele gesagt habe, noch hinzu setzen, was der Verfasser der allgemeinen Geschichte von Indien *) hierüber von den Einwohnern der Stadt Kusko erzählt, daß sie nämlich nicht nur Unsterblichkeit der Seele, sondern auch (gegen das Axiom der Theologen: Alle Philosophen und übrige Heyden und Barbarn hätten nicht allein von der Auferstehung der Körper nichts gewußt, sondern selbige sogar geläugnet,) Auferstehung der Leiber glauben. Was er mit diesem Beyspiele

*) Lib. IV. C. 124.

Sechzehntes Hauptstück. 271

iele bestätigt: „Als die Indianer', sagt er, bemerk-
en, daß die Spanier bey Eröffnung der Gräber,
im Gold und andre Preziosen zu erhalten, die Knochen wegwarfen, und zerstreuten, baten sie selbige,
sie mögten die Gebeine nicht so zerstreuen, damit es
der Auferstehung nicht schadete: denn sie glaubten eine
Auferstehung der Körper und die Unsterblichkeit der
Seele." — Auch ein anderer profaner Schriftsteller*)
hauptet, ein wildes und heydnisches Volk sey so
eit gekommen, die Auferstehung zu glauben Seine
Worte sind folgende: „Nachher besiegte Cäsar den
Ehrenvest (Ariovistum) und die Deutschen; Leute
von ungewöhnlicher körperlicher Größe und nicht ge-
ringerer Tapferkeit: denn weil sie eine Wiederaufer-
stehung glaubten, stritten sie tapfer, und verachteten
den Tod."

Ich bemerke dies alles aus der Ursache, damit alle
issen, daß die Gottesläugner,**) wovon itzt alles voll
, wenn sie das mit den Tuupinambolsiern gemein
iben, daß sie sich, und zwar noch abentheuerlicher als
ne, selbst überreden, es gebe keinen Gott, von eben
nselben wenigstens lernen, daß es böse Geister gebe,
elche diejenigen, so Gott und seine Macht läugnen,
ich schon hier in diesem Leben peinigen. Wollen sie
ngegen (wie einige thun) einwenden, die bösen Gei-
r seyn nichts anders, als die bösen Affekte der Men-
hen, und es bildeten sich daher die Barbarn als offenbare
horen Sachen ein, die nicht da wären; so antworte
h: Wenn man, was ich der strengsten Wahrheit ge-
äß erzählt habe, betrachtet, daß nämlich die Ameri-
aner sichtbar und würklich von dem bösen Geiste ge-
agt werden, so werde daraus klar genug, wie unschicklich

*) Appianus de bello Celtico, Cap. 1.
**) Anm. des Ueberf. In Polemik lasse ich mich gar nicht ein.

Sechzehntes Hauptstück.

ich diese Plagen den menschlichen Affekten zugemessen werden. Denn wie ist es möglich, daß die Menschen so von ihnen gepeinigt werden sollten, und wenn sie auch noch so stark wären? — Ich übergehe, was die tägliche Erfahrung lehrt. Ja ich könnte auch noch die vom Teufel besessenen Geheilten, deren die evangelische Geschichte Meldung thut, hier anführen, wenn das nicht die Perlen vor die Schweine geworfen wäre.

Weil ferner diese Gottesläugner der Anführung der klaren Texte aus der heiligen Schrift nicht würdig sind, will ich ihnen unsre Barbarn von neuem vorstellen, von denen, wiewohl selbige mit der größten Blindheit geschlagen sind, sie lernen werden, daß die Menschen eine Seele haben, welche nicht nur niemal untergeht, sondern auch vom Körper getrennt entweder ewig glückselig oder verdammt wird.

Was drittens die Auferstehung des Fleisches angeht, so setze ich diesen Hunden, weil sie glauben, ein einmal gestorbener Körper würde nie mehr belebt werden, die Peruaner entgegen, welche, wiewohl in einer falschen Religion unterrichtet, ja keinen andern, als den Naturtrieb haben, mit diesen Gottlosen dennoch einst zum Gerichte aufstehen werden. Weil sie jedoch schlimmer als selbst die bösen Geister sind, welche nach dem Zeugnisse des Apostels*) den einzigen Gott glauben und fürchten, gebe ich ihnen mehr, als ihnen gebührt, wenn ich ihnen die amerikanischen Barbarn zu Lehrern gebe. Ich will daher auch inskünftige von diesen Verdorbenen gar keine Meldung mehr thun, sondern ich verweise sie itzt schon in die Hölle, wo sie den verdienten Lohn für ihre monströse Fehler erhalten werden.

Ich

---

*) Jakobs Briefe, K. 2. V. 19.

Sechzehntes Hauptstück.   273

Ich komme wieder zu meiner Sache zurück, näm[lich], was man bey den Barbarn unter dem Namen [R]eligion begreifen kann. Wenn man das, was ich [sch]on oben berührt habe, reiflich überlegt, nämlich, daß [sie], wiewohl sie sonst von allen Beunruhigungen gänz[lich] frey sind, beym Donner jedoch unwillkührlich er[zit]tern, aus Furcht vor irgend einer Macht, der sie [au]f keine Weise widerstehen können: so ist die Schluß[fol]ge gar leicht, daß nicht nur die Sentenz Ciceros, [vo]n welcher ich zu Anfange dieses Hauptstückes sprach, [be]y ihnen Platz greife, *) sondern auch, daß diese [Fur]cht der Macht Gottes, den sie nicht erkennen wollen, [sie] strafbar machen werde. Und in der That erhellet [au]s den Worten des Apostels **) (daß Gott, der vor[ma]ls alle Völker ihren eigenen Weg gehen ließ, jedoch [Ze]ugniß genug von sich selbst gegeben habe, dadurch, [daß] er ihnen Gutes erzeigte, vom Himmel herab Regen [ga]b, und Wetter, daß die Früchte gedeihen konnten,) [hin]länglich, die blosse Bosheit der Menschen trage die [S]chuld, wenn sie nicht zur Erkenntniß ihres Schöpfers [ko]mmen. — An einem andern Orte ***) heißt es, das [un]sichtbare Gottes werde aus der Erschaffung der Welt [si]chtbar.

Wiewohl also unsre Amerikaner Gott nicht mit [de]m Munde bekennen, bey sich selbst jedoch überwiesen [we]rden, daß es eine Gottheit geben müsse, so mache ich [den] Schluß, daß sie weder zu entschuldigen seyn, noch [mi]t Recht den Vorwand der Unwissenheit für sich haben [we]rden. Jedoch nebstdem, was ich von der Unsterblichkeit

*) Anm. des Uebers. Hat denn auch das milde sowohl als zahme Vieh eine Erkenntniß Gottes? — Wir können das zwar nicht wissen, allein schreckt uns nicht jeder ausserordentlicher Eindruck?

**) Apostelgesch. K. 14. V. 17.

***) Röm. K. 1, V. 20.

keit der Seele, welche sie glauben, von dem Donner
welchen sie fürchten, und von den bösen Geistern, vo
welchen sie gequält werden, gesagt habe, (welche dre
Sachen man sich vor allem einmal merken muß,) wi
ich noch das vierte hinzusetzen, woraus ganz klar werde
wird, daß die überdicken Finsternisse, in welchen sie b
graben liegen, die Aufquellung dieses Saamens vo
Religion (wenn nur dieser so erhabene Name einer
schlechten Sache zukommen kann,) nicht verhindere
geschweige daß sie selbigen ersticken sollte.

Um jedoch einmal mit der Erzählung selbst anzufar
gen, so muß man zuerst wissen, daß es Propheten ode
gewisse Priester bey ihnen gebe, welche sie Karaiben *
ner

*) Anm. des Uebers. Nach Laet l. c. heißt Caraiba bey ihnen
viel, als: die Kraft, Wunder zu thun, oder einer, der die Kra
hat, Wunder zu thun: woher sie auch die Portugiesen Caraibe
nennten, weil sie vieles thaten, was sie nicht begreifen konnte
Würklich heissen heut zu Tage noch alle Europäer bey ihnen Ca
raiben, (welche Erklärung mir viel besser gefällt, als die P
Eckart l. c. S. 572. daß es von Amongaraib (ich weihe ein) he
komme, weil sie von den Portugiesen eingeweiht, und zum christ
chen Glauben befördert werden.) Würklich wären diese Sachen
wenn sie selbige thäten, hinlängliche Ursache, ihnen den Name
Caraiba zu geben. — Diese ihre Priester (oder vielmehr Gaukeler
heissen sonst auch bey ihnen Page, wie Laet l. c. will, oder Pa
P. Eckart l. c. S. 590. „Eine Art Zauberer ist bey ihnen i
„grosser Achtung, welche sie auch in zweifelhaften Fällen zu Rath
„ziehen. Sie nennen sie Pages. Selbige tragen an der Spitze e
„nes Pfeiles eine Gurke, wie ein Menschengesicht gestaltet. S
„oft es ihnen beliebt, legen sie Feuer in die Gurke, und mache
„aus Kräutern einen Dampf, fangen denselben mit der Nase auf
„so lange, bis sie so toll werden, daß sie wanken, hinfallen, u
„ganz von sich kommen. — Dann knirschen sie mit den Zähnen
„kriegen Schaum vor dem Mund, verdrehen die Augen, drohen vie
„len mit dem Tode, schrecken die Umstehenden mit stürmisch
„wüthenden Gebärden. Denn es vermuthet niemand, daß sie ohn
„Eingebung einer Gottheit so entsetzlich schreyen. Begegnet eine
„von denen, welchen ein solcher Wahnsinniger was Böses vorge
„sagt hat, ein Unglück, so nehmen sie keinen Anstand zu glauber
„daß es sich auf die Vorhersagung beziehe. Wohin sie kommen
„werden sie mit allgemeinem Jauchzen aufgenommen. Die Wo
„werden besetzt, (munimeta,) Lieder werden nach Landesgebrau
„zu Pfeifen gesungen, Tänze werden gehalten, schöne Jungfrau
„de

Sechzehntes Hauptstück.

[...]nnen, die von Dorf zu Dorf herumziehen, und die [a]rmseligen überreden, sie könnten, ihres Umganges mit [de]n Geistern wegen, nicht allein allen nach ihrem Wohlgefallen Tapferkeit geben, womit sie im Kriege die Feinde überwinden würden, sondern durch ihr Zuthun wüchsen auch alle die Früchte und dicken Wurzeln, welche [de]r amerikanische Boden hervorbringt, wie wir oben gezeigt haben.

Nebstdem ist es (so viel ich von den neuschatelschen Dollmetschern, welche viele Jahre hindurch in diesem [La]nde gelebt hatten, gehört habe,) bey den Tuupinambolsiern Gebrauch, daß sie alle drey bis vier Jahre [se]hr häufig zusammen kommen. Eine dieser Zusammenkünfte habe ich selbst unvermuthet beygewohnet, wovon [ich] Folgendes zu berichten habe.

Ich machte mit einem Franzosen, Namens Jacob Rouge, und einem neuschatelschen Dollmetscher [di]e Reise. Wir blieben in einem Dorfe über Nacht. [A]n folgenden Tage machten wir uns gleich bey Tagesanbruch zur Reise fertig, als wir die Nachbarn von [all]en Seiten herzuströmen sahen. Die Einwohner des [D]orfes aber, in welchem wir waren, stiessen zu den Ankömmlingen; und so sahen wir in kurzer Zeit sechshundert [au]f einer Fläche versammlet. Wir fragten nach der Ursache [di]eses Zusammenlaufes, blieben stehen, und sahen während [de]n Fragen den Haufen sich in drey Theile theilen. Alle [M]änner begaben sich in ein Haus, in ein anderes die Weiber, in ein drittes die Kinder. Weil ich unter den Männern

„oder Weiber, sie mögen gehören wem sie wollen, werden ihnen „zugebracht: denn die Armseligen glauben, sie würden lauter Glück „haben, wenn sie diese zu Freunden hätten.„ sagt O*sorius de reb.* „*Emman. L. II. fol. 50.* (Colon. 1586.) — „Einer, der mit seinen „Zaubereyen die Leute umbringet, nennen sie Pije alba.„ P. Eckart am ang. Orte. — — Nach Lery sind Kap. XIX. Pagus und Karaiben doch ganz verschiedens Leute.

nern einige Karaiben gesehen hatte, hoffte ich irgend w
Ungewöhnliches zu erblicken, und bat daher meine G
fährten, mit mir zurück zu bleiben, und den Verlauf
ganzen Sache zu beobachten; was ich denn auch von
nen erhielt.

Ehe die Karaiben die Weiber und Kinder entli
sen, verboten sie mit der größten Sorgfalt, nicht a
ihren Hütten zu gehen, sondern befahlen ihnen an, fleiß
auf den Gesang Acht zu geben, und hießen uns ebenfa
in der nämlichen Hütte mit den Weibern uns verborg
halten. Wie wir mit unserm Frühstück beschäftigt w
ren, und nichts von dem wußten, was sie vornehm
würden, hörten wir aus der Hütte, in welcher die Mä
ner gegangen waren, ein dumpfes Gemurmel hervo
brechen. (sie war von der unsrigen, in welcher w
uns befanden, ohngefähr dreyßig Schritte entfernt.
Die Weiber, deren zweyhundert waren, und die aufrec
standen, und fleißig aufhorchten, liefen auf einen Hau
fen zusammen. Während dem erhoben die Männe
allgemach ihre Stimme, so, daß wir ihre Wörter, wo
durch sie sich aufmunterten, deutlich vernehmen konnter
wobey sie dieses Zwischenwort oft wiederholten:

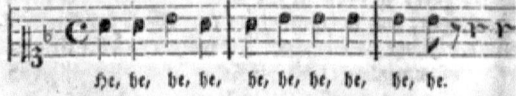

He, he, he, he, he, he, he, he, he, he.

Bald darauf hörten wir auch die Weiber eben die
ses Zwischenwort mit zitternder Stimme sagen: He, he
he u. s. w. Ihre Stimmen erhoben sie aber mit solche
Anstrengung, und das zwar eine ganze Viertelstund
durch, daß sie uns Zuschauer in Verwunderung setzten
Und in der That heulten sie nicht allein schrecklich, son
dern sprangen auch mit dem größten Ungestüme vor, zer
schlugen ihre Brüste, und hatten Schaum vor dem
Mund

Stunde; ja einige fielen, gleich denen, so die fallende Sucht haben, sinnlos hin. Aus diesen Ursachen glaube ich auch, daß der böse Geist in ihre Leiber gefahren sey, und sie plötzlich vom Teufel Besessene geworden. Wenn ich beynebenst in Erwägung ziehe, was Bodinus von den Verzuckungen der Hexen erzählt,*) die allen Zauberern, so mit dem Teufel ein ausdrückliches Bündniß geschlossen, nach seiner Behauptung gemein seyn soll, welche zuweilen nur dem Geiste nach, wobey der Leib ganz sinnlos wird, zuweilen auch dem Geiste und Körper zugleich nach, fortgerissen werden. „Nie, sagt er,**) kommen sie zusammen, ohne Tänze zu halten, unter welchen, so viel man aus dem Bekenntnisse einiger Hexen bringen konnte, alle rufen: Har, har„ (was mit dem He, he unserer Amerikanerinnen übereinkommt,) „Teufel, tanz hier, tanz da; andere antworteten: Sabbath! Sabbath! das ist: Ein festlicher Tag, oder ein Ruhetag; wobey sie die Hände und Besen, welche sie in Händen haben, in die Höhe heben, zum sichersten Zeichen ihrer Freude und ihres herzlichen Dienstes gegen den bösen Geist; so, daß sie „sogar

───

) Bodini Daemonomania, Lib. III. C. 3. Anm. des Übers. *J. Bodin de la Demonomanie des Sorciers, L. II. Ch. 4. 5.* (nicht L. III, Ch. 3. wie Lery anführt.) Im *Ch. 4.* hatte er viele Beyspiele von ihren Extasen und Festen angeführt; und schut dann *Ch. 5.* so an: *Ce que vous avons dict du transport des Sorciers en corps et ame, et les experiences si frequentes, et si memorables etc.*

*) Am angef. Orte, L. II. C. 3. L. II. C. 1. Anm. des Uebers. *Bodin l. c. L. II, C. 4.* (Paris 1582. f. 87. b.) sagt: *Il faict bien à noter que il ne se faict point d'assemblée, où l'on ne danse, et par la confession des Sorcieres de Longny elles disoient en dansant, har, har, Diable, Diablo, Saute icy, Saute là, ioué là, ioué là: Et les autres disoient Sabath, Sabath, c'est à dire la feste et iour de repos; en haussant les mains et ballets en haut, pour testifier et donner un certain tesmoignage d'allegresse, et que de bon coeur ils servent et adorent le Diable, et aussi pour contrefaire l' adoration que est deuë à Dieu etc.* — Ich L. III. C. 1. f. 126. b. *Ou les Sorciers confesser, qu'en dansant avec les Diables, levant en haut leurs ramons disoient, har, har, Sabath, Sabath etc.* — Uebrigens wird diese Stelle und Lerys für unsere Zeit keiner Anmerkung bedürfen. —

„sogar die Gott allein gebührende Anbetung nachahmen
„denn in dem göttlichen Gesetze war den Israeliten vorge
„schrieben, zu Gott ihre Hände zu erheben, und si[ch]
„vor ihm zu erfreuen.„ Ziehe ich dies in Erwägung
so folgre ich, daß der Satan über beyde Herr sey, da[ß]
beyde von demselben Geiste getrieben werden, und da[ß]
die Entfernung der Oerter kein Hinderniß sey, daß diese[r]
Vater der Lügen hier und da nicht auf jene würken sollte
die ihm von Gott, seiner Gerechtigkeit gemäß, übergebe[n]
werden. *)

Hierauf fingen auch die Kinder zu schreyen an
und nun kann ich sagen, daß mir etwas bange geworde[n]
wiewohl ich schon ein halbes Jahr mit den Barbar[n]
umgegangen, und schier an ihre Sitten gewöhnt war
besonders da ich nicht wußte, was die Sache noch fü[r]
einen Ausgang nehmen würde.

Als endlich das Geschrey ein Ende genommen
die Männer etwas stiller geworden, die Weiber un[d]
Kinder aber gänzlich geschwiegen hatten, fingen d[ie]
Männer einen so süssen und harmonischen Gesang an
daß ich ein besonderes Verlangen in mir spürte, sie z[u]
sehen. Als ich aber aus der Hütte gehen wollte, hie[l]
ten mich die Weiber zurück, und der Dollmetscher r[e]
dete mir zu, er habe sich in den sechs Jahren, welch[e]
er schon bey den Barbarn zugebracht, nie erkühnt, de[r]
gleichen Feyerlichkeiten beyzuwohnen: wenn ich hingeh[en]
wollte, so wäre das nicht sehr klug von mir. Er brach[te]
es durch diese seine Reden auch dahin, daß ich aus Furc[ht]
der Gefahr eine Zeitlang Anstand nahm; weil er ab[er]
jedoch keine glaubwürdige Ursache vorbringen konnt[e]
ging ich endlich mit einigem Widerstande der Weiber u[nd]

———
*) Anm. des Uebers. Ueber diese Erklärung Lerys brauche
   wohl nichts zu sagen, als daß sie im sechzehnten Jahrhunde[rt]
   geschrieben wurde.

Sechzehntes Hauptstück. 279

es Dollmetschers heraus, getrost auf die Freundschaft
einiger alten Einwohner dieses Dorfes. Ich näherte
mich nun dem Orte, wo ich dies Konzert hörte, und
durchbohrte mir, um gemächlicher zu sehen, was inner=
halb vorging, mit der Hand das Dach der Hütte:
denn ihre Hütten gleichen unsern Gartenlauben, sind
länglicht rund, und von oben bis unten mit Reisern be=
deckt.*) — Von hier winkte ich meinen Gefähr=
ten mit dem Finger, herbey zu kommen, und so
gingen wir endlich zusammen in die Hütte. Als wir
sahen, daß die Barbarn sich über unsre Gegenwart
gar nicht beunruhigten, (wie der Dollmetscher vermuthet
hatte,) sondern ihre Ordnung aufs beste behielten, und
ihre Lieder fortsangen, begaben wir uns in einen Win=
kel, und sahen ihnen gemächlich zu. Hier ist nun der
Ort, mein Versprechen, die andre Art Tänze zu beschrei=
ben, zu erfüllen.

Sie waren in einem geschlossenen Kreise, hielten
sich jedoch nicht mit den Händen. Sie standen mit etwas
vorgebogenem Leibe vor sich gebückt, warfen nur das eine
(das rechte nämlich,) Bein in die Höhe, hatten die rechte
Hand auf dem Hintern liegen, die linke vorn herab hän=
gen, und tanzten und sangen in dieser Stellung. Die
ganze Gesellschaft bildete der Kreise drey: in der Mitte eines
jeden aber waren drey oder vier Karaiben, in ihrem
Puth=, Kleider= und federnen Armbänderputze. Jeder
derselben hatte einen Maraka in beyden Händen; (von
diesem Maraka haben wir schon oben geredet: es ist
nämlich jene Schelle aus der mehr als ein Straussenen
grossen Frucht,) wie sie sagten, in der Absicht, damit
der Geist aus ihnen redete. Um es aber dazu recht ein=
zuweihen, schlugen sie immerfort auf selbiges. Die
Barbarn in dieser Stellung kann ich am besten mit
jenen

---

*) Anm. des Uebers. In der Vorrede, wo er diese Stelle anführt,
hatte er noch dazu gesetzt: und niedrig.

jenen papistischen Landstreichern vergleichen, welche erlogene Reliquien des heil. Anton und des heil. Bernard, nebst andern Werkzeugen der Abgötterey, herumtragen, und das arme Volk betrügen.

Diese tanzenden Karaiben gingen bald vor, bald rückwärts, und blieben nicht immerfort, wie die übrigen, auf demselben Platze stehen. Nebstdem bemerkte ich, daß sie sich mit einem langen Rohre, auf welches sie ein angezündetes Petumkraut*) gesteckt hatten, hin und her wandten, und den Rauch dieser Pflanze auf die Umstehenden zubliesen, mit folgenden Worten: Nehmet alle hier den Geist der Tapferkeit, mit welchem ihr eure Feinde besieget. Diese Zeremonie wiederholten die Karaiben oft. Die ganze Feyerlichkeit dauerte zwo Stunden, während welcher Zeit die Männer immerfort tanzten und sangen. Ihr Konzert aber war so angenehm, daß es einen, der es nicht gehört hat, kaum glaublich seyn wird, wie harmonisch die Symphonie gewesen; besonders da die Barbarn gar nichts von künstlicher Musik wissen. Ich wenigstens, wiewohl ich, wie ich oben sagte, anfänglich etwas furchtsam gewesen, ward nicht nur damals so froh, daß ich ganz ausser mich kam; sondern wenn ich noch itzt dran denke, so hüpft mir das Herz, und glaube ich noch immer den Gesang zu hören: besonders ergötzte meinen Ohren der Endreim, den sie nach jeder Strophe so sangen:

Hö hö-ra hö-ra hö-ra hö-ra hö-ra hö-ra hö-ra wesch.

(Heu, heura etc. ouech.) Wie sie diesem Gesange ein Ende machen wollten, stampften sie heftiger als vorhin
auf

*) Anm. des Uebers. Man sehe hierüber oben das dreyzehnte Hauptstück.

uf den Boden, spieen alle aus, und sangen einhellig
lle mit heischerer Stimme zu wiederholtenmalen folgen-
en Vers:

He he hú-a he hú-a hú-a hú-a.

Weil ich ihre Sprache noch nicht vollkommen
rstand, und folglich vieles, was gesprochen wurde, nicht
erstand, fragte ich dem Dollmetscher um Erklärung,
elcher mir bedeutete: zuerst hätten sie ihre tapfersten
erstorbenen Vorfahren beklagt, endlich sich aber daraus
tröstet, daß sie hofften, endlich hinter den Bergen
ihnen zu kommen, und allda mit ihnen zu tanzen,
nd sich lustig zu machen. Nebstdem hätten sie die
letakater (Ouetacates) (nicht weit von ihnen ent-
rnte Völker, mit denen sie in beständiger Feindschaft
ben, und die sie nie bezwingen konnten,) schrecklich
edroht, und vorgesagt, sie würden selbige bald fan-
en und fressen, wie ihre Karaiben geweissagt hätten;
berdies hätten sie, ich weiß nicht was, in ihren Ge-
ingen von einer Wasserfluth gehabt: das Wasser näm-
ch sey vor Zeiten einmal so angeschwollen, daß es die
anze Erde bedeckt habe; wodurch denn alle Menschen zu
Grunde gegangen, ihre Vorfahren ausgenommen, wel-
e sich auf sehr hohe Bäume gerettet hätten. *) Dieses
tztere kömmt sehr mit der heiligen Geschichte überein;
nd ich habe das sonst auch mehrmal von ihnen gehört.
s ist aber wahrscheinlich, daß sie von der Sündfluth
Noahs Zeiten was gehört, und nachher (wie denn
die

---

*) Anm. des Uebers. Laet setzt l. c. noch den Umstand hiezu: „es
„sey nur einer mit seiner Schwester übrig geblieben, die schon
„schwanger gewesen: von diesen habe sodann ihr Geschlecht seinen
„Anfang und Zuwachs wieder erhalten.„ — Merkwürdig bleibt
es indessen immer, daß viele amerikanische Völker einen dunkeln
Begriff und schwankende Tradizion einer allgemeinen Wasserüber-
schwemmung hatten.

die Menschen sehr dazu geneigt sind, die Wahrheit zu
verdunkeln: wozu noch kömmt, wie ich schon oben be=
merkt habe, daß sie gar keine Schrift haben, und es
folglich schwer ist, alte Begebenheiten von Lügen rein
zu erhalten,) diese Fabel erdacht haben, ihre Vorel=
tern hätten sich dadurch vom Tode gerettet, daß sie auf
hohe Bäume gestiegen.

Aber ich komme wieder zu unsern Karaiben.
Selbige wurden an diesem Tage von den Barbarn
prächtig behandelt: denn sie wurden mit den ausge=
suchtesten Speisen, und überflüßigem Kaueng (Caouin)
traktirt. Auch wir, wiewohl wir diesem Feste ganz un=
vermuthet beygewohnt hatten, wurden von unsern Muß=
sakat, (Moussacat,) (das ist, unsern Hausvätern,
welche die Fremden bewirthen,) sehr herrlich aufgenom=
men. *)

Nebstdem, was ich schon gesagt habe, gehen die
Karaiben, nachdem diese Tage (welche bey den Tuu=
pinambolsiern alle drey Jahre gefeyert werden,) her=
um sind, zuweilen auch ehe sie anfangen, von Dorf
zu Dorf umher, und lassen drey oder vier der Schellen,
welche sie Maraka nennen, in allen einzelnen Familien
mit den vortrefflichsten Federn zieren, stecken dann den
längern Theil des Stabes, welcher durch sie gesteckt ist,
in den Boden, und lassen ihnen Speise und Trank vor=
setzen. Die armen Leute glauben nun, durch die Betrü=
ger überredet, diese ausgehöhlten, auf diese Art geputz=
ten Früchte verzehrten die Speisen; woher denn auch
alle

---

*) Anm. des Uebers. Etwas ähnliches erzählt P. Eckart l. c. S.
381. „Es erzählte mir P. Petrus Tedoldi, der mit P. Gabriel
„Malagrida eine Zeitlang in einem Walde bey solchen Tapuyern
„in der Gegend von Maranhao sich aufgehalten, daß er vermerkt,
„daß sie in ihrer verwilderten Heimath eine grosse und tiefe Grube
„gehabt, allwo sie bey anbrechendem Tage sich versammelten, da
„sie dann um diese Grube getanzet, und mit grossem Geschrey
„herumgesprungen.„

se Mussakat ihnen nicht allein Mehl, Fleisch und Fische, sondern auch Kaueng fleißig vorsetzen: ja sie bedienen diese so in die Erde gesteckten Marakas ganze funfzehn Tage hindurch mit der größten Emsigkeit. Hierauf bekommen diese Armseligen von diesen Marakas (welche sie beständig in Händen tragen,) eine so hohe Meynung, daß sie ihnen eine Heiligkeit zumessen, und behaupten, wenn sie dieselben schlügen, so redete aus denselben ein Geist mit ihnen. Sie waren aber so in diese Kinderereyen vernarrt, daß sie, wenn wir auf unsre Reisen bey Erblickung köstlicherer den Marakas vorgesetzter Speisen selbige für uns zu essen wegnahmen, (was wir denn oft thaten,) glaubten, nun käme ein großes Unglück über sie, und nicht weniger Aergerniß nahmen, als die Abergläubigen und Nachfolger der Priester Balaams, wenn sie die ihren Götzen gebrachten Opfer wegnehmen sehen, womit doch zur Beschimpfung Gottes sie sich, ihre Huren und Kinder ernähren.

Wenn wir ferner hieraus Gelegenheit nahmen, ihnen ihre Fehler zu zeigen, und zu beweisen, daß sie von den Karaiben betrogen würden; (nicht nur damit, daß selbige lehrten, die Marakas essen und tränken, sondern besonders, daß sie fälschlich sich rühmten, durch ihr Bemühen wachsen die Früchte und dicken Wurzeln, die sie essen;) alles, was wir besäßen, hätten wir Gott zu verdanken; so war das eben so viel, als ob hier einer gegen den Pabst spräche, oder zu Paris läugnete, die Reliquie der heil. Genovefa brächte Regen. Allein wegen diesen unsern Bemühungen haßten uns diese Betrüger, die Karaiben, nicht weniger, als einst die falschen Propheten Baals den Elias, als er ihre Betrügereyen aufdeckte, und flohen unsern Anblick.

Uebrigens ehren unsre Tuupinambolsier, wie ich schon am Anfange dieses Hauptstücks gesagt habe, weder

der ihre Karaiben, noch ihre Marakas, noch sonst eine Sache durch irgend ein äusserliches Zeichen, ja nicht einmal durch eine Kniebeugung, geschweige daß sie irgend eine Sache anbeten oder anrufen sollten. *)

Was ich jedoch einst von Religionsüberbleibseln bey ihnen bemerkt habe, will ich hieher setzen. Als ich mich einst mit etlichen andern Franzosen in einem Dorfe (Okarangteng (Ocarentim) genannt) aufhielt, und wir unter freyem Himmel zu Nacht speisten, kamen die Einwohner dieses Dorfes, besonders die Alten, uns zu betrachten, nicht mit uns zu essen, (denn es ist bey ihnen Sitte, mit denen, welche sie sehr hoch schätzen, nie zu speisen,) und standen mit vielen Zeichen von Wohlgewogenheit wie unsre Trabanten um uns herum. Mit einem drey bis vier Fuß langem Beine, welches die Nase eines gewissen Fisches **) ist, und die Gestalt einer Säge hat, in der Hand, jagten sie die Kinder von uns mit diesen Worten: Weg, weg, ihr Spitzbuben: denn „ihr seyd nicht würdig zu diesem Männern zu „gehen.„ Weiter aber sprachen sie kein Wort, sondern sahen uns still und aufmerksam an. Weil sie jedoch bemerkt hatten, daß wir vor und nach dem Essen beteten, trat nach geendigter Mahlzeit ein Alter zu uns, und sprach: „Was will diese Zeremonie, die ihr itzt „beobachtetet, daß ihr alle die Hüte abzoget, und „bis auf einen, der allein sprach, alle still schwie„get? An wen war die Rede gerichtet, welche „er hielt? An einen der Eurigen, der gegenwärtig, „oder an einen, der abwesend war?„

Hier ergriff ich nun die günstige Gelegenheit, mit ihnen von der wahren Gottesverehrung zu reden. Weil ich

---

*) Anm. des Uebers. Auch hieher gehört die oben angeführte Stelle aus dem Briefe des P. Vieyra.

**) Anm. des Uebers. Es ist dies vermuthlich der Sägefisch, (Squaeus pristis, Linn.) wovon oben schon Hauptst. V. die Rede ist.

ch neben der Grösse und der Menge der Einwohner des Dorfes die Barbarn auch achtsamer als gewöhnlich sind, bat ich unsern Dollmetscher, ihnen meine Rede nach ihren Begriffen mit ihren Wörtern begreiflich zu machen. Dann fing ich mit der Frage des Alten an, und antwortete ihm, unsre Gebete seyn an Gott gerichtet gewesen: derselbe habe, obschon er (der Alte) ihn nicht sehen könnte, nicht nur alles genau gehört, sondern wisse auch auf ein Haar alle Geheimnisse unsres Herzens. Von da kam ich auf die Erschaffung der Welt: hier bemühete ich mich nun besonders ihm zu zeigen, daß der Mensch das vornehmste Geschöpf Gottes sey, um ihn desto mehr zur Beförderung der Ehre seines Schöpfers anzufeuren. Wir seyn dadurch, daß wir ihn verehrten, durch ihn aus unendlichen Gefahren der langwierigsten Reise auf dem so weitschichtigen Meere gerissen worden, und seyn, getrost auf seine Hülfe, von aller Furcht vor dem Sinjang, sowohl in diesem als dem andern zukünftigen Leben, frey. Wollten sie daher die Betrügereyen ihrer Karaiben und den wilden Gebrauch, Menschenfleisch zu essen, verlassen, so würden sie dieselben Gaben Gottes erhalten, welche sie bey uns sähen. Ferner setzte ich vieles von dem Falle und der Zerrüttung des menschlichen Geschlechtes, um ihre Seelen zu Christo vorzubereiten, mit Gründen und Beyspielen hinzu, die ihren Begriffen angemessen waren, (wie wir von Paulus und Barnabas lesen, welche, als sie die Listrenser von der Abgötterey zur Verehrung des wahren Gottes bringen wollten, selbige lehrten, sich von den Eitelkeiten, welchen sie ergeben waren, zum lebendigen Gott zu wenden, der Himmel und Erde, und alles auf und in selbigen gemacht,) was ich hier nicht weitläufiger ausführen will.

Nachdem sie uns mit ausserordentlicher Verwunderung und der grössten Aufmerksamkeit über zwo Stun-

Sechzehntes Hauptstück.

den zugehört hatten, redete einer aus ihnen, ein ansehnlicher alter Mann, auf folgende Art: Ihr habt uns nun bewundernswürdige, sehr schöne Sachen erzählt, wovon wir noch niemals gehört hatten. Eure Rede jedoch hat mir ins Gedächtniß gebracht, was wir oft unsre Großväter erzählen hörten. Vor alten Zeiten nämlich schon, und vor so vielen Monden, daß wir uns derselben nicht mehr besinnen können, (sie bestimmen die Zeit nach der Anzahl der Monde oder Mondswechselungen, nicht nach Monaten oder Jahren,) sey ein gewisser Mär (Mair) (das ist ein Franzos, oder jeder andre Fremdling aus einem entfernten Lande,) auf eure Art gekleidet und gebärdet, hieher gekommen: derselbe habe, um sie unter den Gehorsam eures Gottes zu bringen, dieselbe Rede bey ihnen gehalten, die ihr heute zu uns gesprochen; sie hätten jedoch, (so ist unsre mündliche Ueberlieferung,) seinen Worten keinen Glauben beymessen wollen. Es sey daher bald darauf ein anderer gekommen, der ihnen einen Degen, ein Zeichen des Fluches, gegeben. Von der Zeit an haben wir immerwährende Kriege unter uns gehabt, und noch nie aufgehört uns zu morden. Nachdem wir uns aber nun durch den langen Gebrauch daran gewöhnt haben, würden wir den benachbarten Völkern zum Spott und Gelächter werden, wenn wir unsern alten Gebrauch auf einmal verliessen.

Hier eiferten wir nun sehr, sie dürften sich durch das Gespötte ihrer Nachbarn nicht irre machen lassen; ja sie würden, wenn sie jenen höchsten Schöpfer Himmels und der Erde ernstlich verehrten, alle die, so ihnen deswegen beschwerlich fielen, besiegen. Gott machte auch endlich unsre Worte so würksam, daß viele Barbarn nicht nur versprachen, ihr Leben inskünftige

nach

ach dem Gesetze, so sie von uns gelernt, einzurichten, und kein Fleisch ihrer getödteten Feinde mehr zu essen, sondern auch nach diesem Gespräche sich niederlieten, und mit uns Gott Dank sagten. Dies Gebet, welches einer von uns mitten unter ihnen mit lauter Stimme zu Gott sprach, ward ihnen sogleich durch den Dollmetscher erklärt. Hierauf wurden wir von ihnen in baumwollene hangende Betten schlafen geführt: allein noch schliefen wir nicht, als wir sie singen und schreyen hörten: Man müsse an den Feinden Rache üben, und derselben mehrere, als sonst geschehen, essen.

So unbeständig ist dies armselige Volk, und giebt so ein trauriges Beyspiel der menschlichen Natur! — Inzwischen glaube ich doch, wenn Villegagnon die wahre Religion nicht verlassen hätte, und wir länger da geblieben wären, daß einige doch noch zu Christo gebracht worden wären.

Von dieser Zeit an liegt mir oft im Sinne, was der Alte von der Ueberlieferung ihrer Voreltern sagte, es sey ein Mär, das ist, einer der Unsrigen, (ob dies nun ein Franzos, oder ein Deutscher gewesen, ist mir gleichgültig,) zu ihnen gekommen, der ihnen den wahren Gott verkündigt habe. Oft entstand die Frage bey mir, ob dies nicht auf einen der Apostel passen sollte? Und in der That, wiewohl ich für meinen Theil jene Bücher nicht gutheissen will, die neben dem Worte Gottes Wunderzeichen von den Aposteln erzählen, so schreibt doch Nicephorus von dem heil. Matthäus, *) er habe das Evangelium bey den Kannibalen verkündigt, welche auch Menschenfresser sind, und nicht weit von den Tuupinambolsiern entfernt liegen. Noch mehr aber bewegt mich die

Stelle

*) Niceph. L. II. C. 41.

Stelle des heil. Paul, **) welche er aus dem neun[zehnten] Psalm genommen: Ihre Stimme ging [in] alle Welt aus, und ihre Worte bis ans End[e] des Erdballs; welche von einigen gelehrten Schrif[t]auslegern auf die Apostel angewendet wird. Un[d] würklich, weil es bekannt ist, daß die Apostel bis [in] die entferntesten Theile der Erde gedrungen, was e[r]wüchse daraus für ein Schade, wenn wir behaupte[n], einer oder mehrere Apostel seyn in Amerika g[e]reist? Dies käme auch der allgemeinsten Auslegun[g] einiger des Spruchs Christi: das Evangelium würd[e] in der ganzen Welt verkündiget werden, **) wohl z[u] Statten: was ich jedoch präzies von den Zeiten d[er] Apostel nicht behaupten will. Das bestätige ich aber hi[e]mit, (wie ich auch schon zu Anfange gesagt habe,) da[ß] ich zu meiner Zeit das Evangelium bey den Gegenfüßer[n] verkündigen gehört und gesehen. Hiedurch wird auc[h] dem Einwurfe begegnet, so der angeführten Stelle ge[macht] zu werden pflegte, nnd die Barbarn werden a[m] jüngsten Tage desto weniger zu entschuldigen (αναπολογη[-]τοι) seyn.

Was das Uebrige der Rede des Amerikaners an[be]geht, ihren Voreltern sey, als sie dem, welcher sie rech[t] lehrte, nicht gehorchen wollten, ein Schwerdt gegebe[n] worden, mit welchem sie sich noch unter einander ermor[-]den: so scheint nicht sehr davon abzuweichen, was i[n] der geheimen Offenbarung gesagt wird: demjenigen, s[o] auf dem rothen Pferde gesessen, sey der Auftrag gegebe[n] worden, den Frieden von der Erde zu nehmen, daß sic[h] die Menschen unter einander schlachteten, und er habe[n] hiezu ein grosses Schwerdt erhalten. ***) So spricht der heil. Johann, welches nach dem Buchstaben ganz na[-]

*) Römer X. 18.
**) Matth. 24, 14.
***) Apocal. VI, 4.

mit den Reden unsrer Tuupinambolsier überein
mmt. Um jedoch nicht den Anschein zu haben, als
ich den Sinn verdrehen, oder etwas weit herholen
ollte, so überlasse ich es andern, diese Stelle, wozu es
nen beliebt, anzuwenden. *)

Indessen fällt mir ein anderes Beyspiel ein, wor‐
s erhellet, daß die Brasilianer, wenn sie nur fleißig
terrichtet werden, gelehrig genug seyn, zur Kenntniß
s wahren Gottes zu gelangen. Ich wills hier ein‐
cken.

Ich fuhr einst, Lebensmittel einzukaufen, mit
ey Barbarn, zween Tuupinambolsiern und einen
eanang, (Oueanen,) (ein mit den Tuupinam‐
olsiern verbündetes Volk,) der mit seinem Weibe
ne Freunde besucht hatte, und damals wieder nach
ause reiste, aufs feste Land. Während ich mit
esen dreyen durch einen Wald kam, ward ich
rch den Anblick von neuen Bäumen und Pflanzen,
d den harmonischen Gesang der Vögel zum Lobe Got‐
s aufgemuntert, und sang daher den ganzen hundert
d vierten Psalm mit heller Stimme. Meine drey Be‐
iter hatten an dem Gesange (denn die Wörter ver‐
nden sie nicht,) eine solche Freude, daß der Uea‐
ng nach geendigtem Psalme mich mit einem äusserst
undlichen Gesichte also anredete: Du hast in der
hat sehr schön gesungen; und eben dein Gesang
t mir die Musik eines Volkes, welches unser
achbar und mit uns verbündet ist, ins Ge‐
chtniß gerufen, was mir nicht wenig Freude
chte. Allein ihre Worte verstehen wir, deine
er nicht: erkläre uns also, was du gesungen
hast.

) Anm. des Uebers. Das Klügste, was er thun konnte; denn
wer kann sich in solcher Nacht herausfinden? —

haft. Auf diese Frage erklärte ich ihnen nun so weitläufig, als mir möglich war, (denn ich war dam‍ der einzige Franzos bey ihnen, und zween andere warteten mich im nächsten Dorfe,) überhaupt habe i‍ Gott wegen der Schönheit der erschaffenen Wesen u‍ ihrer Regierung gepriesen: besonders aber habe ich ih‍ zugeeignet, daß allein er die Menschen und andere Th‍ re ernähre, und daß die Bäume und Pflanzen in d‍ ganzen Welt durch seine Macht und Gewalt hervorspr‍ sen. Ferner sey dies Lied schon ehmals vor zehntause‍ Monden (die einzige Art bey ihnen, die Zeiten zu besti‍ men,)*) von dem Geiste dieses meines Gottes einge‍ ben, und dem größten Propheten der Unsrigen gesu‍ gen, und den Nachkommen zu demselbem Gebrauc‍ hinterlassen worden. Hierauf brachen die Barbar‍ (wie sie denn auf alles, was gesagt wird, äusserst a‍ merksam sind, und eine angefangene Rede nie abbr‍ chen,) nachdem sie diese meine Rede, welche über ei‍ halbe Stunde gedauert hatte, mit der größten Begier verschlungen hatten, mit der größten Verwunderung diesen Ausruf aus: Tche! (The) wie glücklich se‍ ihr Mär, (so nennen sie die Franzosen,) daß ihr viele Geheimnisse wisset, welche uns Armselig‍ verborgen sind! Nach diesem schenkte mir einer a‍ ihnen, um sich mir dankbar zu bezeigen, ein Aguti*‍ (Agouti) welches er in der Hand trug, mit dies‍ Worten: Da! weil du so schön gesungen hast.

Ich habe diesen Nebensprung ohne Anstand h‍ gemacht, um zu zeigen, daß die amerikanischen B‍ barn, wiewohl sie gegen ihre Feinde sehr grausam si‍ jedoch nicht so ungebildet seyn, daß sie das, was
hören

*) Anm. des Uebers. Vergl. die erste Anmerkung zum ach‍ Hauptstücke.

**) Man sehe das zehnte Hauptstück.

hören, mit Klugheit nicht zu unterscheiden fähig seyn sollten. Ja, ich glaube mir zu behaupten, daß sie geschickter sind, eine Rede zu führen, als unsre Bauren; ja, daß es sehr viele unter ihnen gebe, die hoch von sich denken.

Itzt ist noch übrig, die Frage zu erledigen, woher die amerikanischen Barbarn stammen? — Zuerst zwar behaupte ich, daß sie von einem der Söhne Noahs ihren Ursprung haben, von welchem aber, ist nicht so bekannt*); weil es weder aus der heiligen noch weltlichen Geschichte belegt werden kann. Es ist zwar bekannt, daß Moses, wo er von den Nachkommen Japhets spricht, sie zu Bewohnern der Inseln macht; allein da alle übereinkommen, Moses bezeichne durch diese Inseln Griechenland, Frankreich und Italien, weil ein Meer dazwischen liege, so wäre das ungereimt, diese Stelle auf Amerika anzuwenden. Ich glaube auch nicht, daß mir einer beypflichten würde, wenn ich sagte, sie stammten vom Sem, dem Stammvater der Juden und des gesegneten Saamens: wiewohl auch sie so verdorben waren, daß sie endlich Gott mit größtem Rechte verwarf. Weil sie also von den Sachen des ewigen Heils, welches wir in Christo erlangt haben, gar nichts wissen, und, wenn je ein Volk von Gott verflucht und verlassen war, sie es sind; (wiewohl sie in Ansehung dieses Lebens, wie ich schon gezeigt habe, und noch nachher zeigen werde, um diese zerfälligen Sachen sich wenig kümmern, und daher ein frohes und schier ganz sorgenfreyes Leben führen: ganz wider die Gewohnheit nicht weniger von uns, die so auf dies Zeitliche erpicht sind, daß sie mehr krank als lebendig zu seyn scheinen,) so ist es wahrscheinlicher, daß sie ihren Ursprung vom Cham haben.

*) Anm. des Uebers. Vielleicht ist das erstere nicht so sicher.

Sechzehntes Hauptſtück.

Dieſe Sentenz wird aus folgender Vermuthun[g] wahrſcheinlich. Als Joſua, gemäß denen den Patriarche[n] gemachten Verheiſſungen und dem ihm beſonders gege[-] benen Auftrage, in das Land Kanaan trat, bezeuget di[e] Schrift, habe die Einwohner dieſes Landes ein ſolche[r] Schrecken überfallen, daß ſie aus Furcht vor den Iſrae[-] liten alle entflohen. Nun konnte es auch geſchehen (was ich mit anderer Erlaubniß ſage,) daß die Vorel[-] tern unſrer Amerikaner auf der Flucht vor dem Anblick der Iſraeliten ſich aufs Meer begeben, und endlich i[n] Amerika gelandet ſeyn. — Auch Gomara, de[r] Verfaſſer der Geſchichte von Indien,[*] ei[n] gelehrter Mann, glaubt, die Peruenſer, (deren Lan[d] mit Amerika zuſammenſtößt,) ſtammten vom Cham, und ſeyn Erben des göttlichen Fluches über denſelben was mir auch ſchon ſechzehn Jahre zuvor, ehe ich di[e] Schriften Gomaras geſehen, eingefallen war, und ic[h] geſchrieben hatte. — Ferner ſcheint dieſer Sentenz zu begünſtigen, was im Buche der Weisheit geſchrieben ſteht,[**]) die alten Bewohner des heiligen Landes hätten die Eingeweide menſchlicher Körper gegeſſen.

Weil jedoch ſich vieles hierwider anführen läßt, wie ich denn weiß, daß viele an Einwürfen gearbeitet haben, ſo glaube ich, hier nichts Entſcheidendes vorbrin= gen zu müſſen: jeder alſo behalte ſeine Meynung. Denn ſey jedoch wie ihm wolle, ſo weiß ich für meinen Theil ganz ſicher, daß ſie Menſchen ſind aus dem verdorbe= nen Saamen Adams. Und weit entfernt, daß bey Er= blickung ihrer Stumpfheit ($\alpha\nu\alpha\iota\sigma\vartheta\eta\sigma\iota\alpha$) in göttlichen Sachen mein Glaube, welcher mit der Gnade Gottes anderswoher geſtärkt wird, erſchüttert oder wankend ge=
macht

---

[*] Anm. des Ueberſ. Hiſtoria general de las Indias etc. por Fran- ciſco Lopez de Gomara Clerico, C. 218.

[**] Sapient. XII. 4. 5.

macht worden wäre; vielweniger, daß ich daher, nach Art der Gottesläugner oder Epikuräer, den Schluß gemacht hätte, es gäbe entweder gar keinen Gott, oder, wenn es einen gäbe, so kümmre er sich um die Menschen nicht: ward ich vielmehr bey der Erkenntniß des grossen Unterschiedes zwischen denjenigen, welche von dem heiligen Geiste und dem Lichte der heil. Schrift erleuchtet sind, und den andern, welche in ihrer Blindheit und Gottlosigkeit sind, mehr und mehr gestärkt, die göttliche Wahrheit anzunehmen.

Siebenzehntes Hauptstück.
Von den Heyrathen, der Vielweiberey, den unter den Barbarn beobachteten Graden der Blutsfreundschaft und der Kinderzucht bey ihnen.

Was das Heyrathen angeht, so werden nur folgende Grade der Blutsfreundschaft beobachtet: Keiner nimmt seine Mutter, Schwester oder Tochter zum Weibe; übrigens geht alles unter einander: der Oheim heyrathet seine Nichte, und so fort. Niemand kann jedoch (wie ich noch unten in einem amerikanischen Gespräche sagen werde,) die Tochter oder Schwester seines Aturassap (Atourassap) zum Weibe holen. Ein Aturassap aber eines Brasilianers ist, der mit ihm in so hohem Grade der Freundschaft steht, daß sie alles das Ihrige gemein haben.

Zeremonien aber haben sie keine. Will einer ein Mädchen oder eine Wittwe haben, und sie ist es zufrieden,

ben, so geht er zu ihren Eltern, oder hat sie deren keine mehr, zu ihren nächsten Anverwandten, und fragt selbige, ob sie ihm ihre Tochter geben wollten? Sagen diese ja, so nimmt er sie sogleich mit sich nach Hause, ohne ein Instrument drüber zu fertigen; (denn die Barbarn wissen von keinen Notarien etwas,) und so ist sie sein rechtmäßiges Weib; beköммt er aber einen Korb, so läßt er die ganze Sache, ohne sich den geringsten Kummer drüber zu machen, liegen. Allein hier ist zu bemerken, daß die Vielweiberey bey ihnen im Gebrauche sey, und daher jeder Mann so viele Weiber nehmen dürfe, als er will, ja daß einer für desto stärker und herzhafter gehalten werde, je mehrere er hat. Unter andern habe ich einen gesehen, welcher ihrer acht zu Hause hatte, und von denselben nicht selten vieles zu seinem Lobe ausposaunte. Zu bewundern ist jedoch hiebey aufs höchste, daß in einer solchen Menge Weiber, wiewohl der Mann eine vor den andern liebt, *) die übrigen dies nie übel aufnehmen, oder eifersüchtig werden, oder öffentlich murren. Sie leben daher sehr ruhig, und weben ihre baumwollene Betten, besorgen die Haushaltung, bauen die Gärten, und pflanzen Wurzeln in der größten Einigkeit.

Es mögen aber alle selbst urtheilen, ob unter unsern Weibern (wenn die Vielweiberey auch von Gott nicht verboten wäre,) eine solche Verträglichkeit Statt finden könnte? Jeder würde in der That besser auf der Galeere dran seyn, als in solchem Gezänke. Ein Zeuge hievon ist die Angst des heil. Patriarchen Jakob, nachdem er die Lea und Rachel, wiewohl zwo Schwestern, geheyrathet hatte. Wie wäre es aber möglich, daß unsrer Weiber
mehr

---

*) Anm. des Uebers. Noch bestimmter drückt sich hier P. Eckart l. c. S. 192 aus: „Wiewohl sie in den Wäldern mit mehrern „Weibern zu thun haben, so erkennen sie doch eine, welche vor „andern den Vorzug hat „

mehr als eine zusammen leben sollten, da diese eine, welche dem Manne von Gott zur Gehülfinn gegeben ist, ihn nicht selten wie ein böser Hausgeist quält? — Ich sage dies jedoch nicht, um auch die anzuklagen, welche ihre Pflicht thun, das ist, ihren Männern den schuldigen Gehorsam, und die ihnen schuldige Ehrerbietung zeigen: vielmehr glaube ich, daß sie, wiewohl sie immer alles Lob verdienen, noch um desto mehr zu loben sind, je mehr die andern getadelt werden müssen.

Um wieder auf unsre angefangne Rede von den Heyrathen der Amerikaner zurück zu kommen, so ist zu wissen, daß die Barbarn ehebrecherische Weiber so verabscheuen, daß sie, blos von dem natürlichen Gesetze geleitet, das als ein Gesetz beobachten, es stehe in der Willkühr und Macht des Mannes, die Ehebrecherinn entweder zu schlachten, oder wenigstens mit der größten Schande und Beschimpfung zu entlassen. Es ist zwar wahr, daß sie auf die Erhaltung der Keuschheit von Unverheyratheten nicht sehr wachen, ja sie gar leicht einem jeden preis geben, so, daß ich, (wie ich oben gesagt habe,) in verschiedenen Dörfern sehr viele von neuschatelschen Dollmetschern beschwängert gesehen, ohne daß eine daher das geringste an ihrer Ehre gelitten hätte: allein das ist auch nicht minder wahr, daß sich die Verheyratheten sehr in Acht nehmen, in dieser Materie einen Fehltritt zu thun, wenn sie nicht mit Abschlachtung oder einer schimpflichen Entlassung bestraft seyn wollen. *)

Ferner habe ich bemerkt, daß die jungen Leute bey-

*) Anm. des Uebers. „Die im Ehebruche ertappten Weiber bringen sie alle um, oder verkaufen sie als Sklaven." sagt Osorius L. X. f. 50. An wen verkaufen sie selbe? An die Europäer? — Allein an wen thaten sie es, ehe die Europäer da waren? An ihre Freunde gewiß nicht. An Leute aus ihrem Volke? — —

beyderley Geschlechtes, wiewohl sie ein heisses Land bewohnen, ganz wider die Gewohnheit der Orientaler, (wie es gewöhnlich heißt,) der Wollust nicht sehr ergeben sind. Und wollte Gott, daß man sich bey uns in diesem Stücke eben so mäßigte! Um ihnen jedoch nicht mehr zu geben als ihnen zukömmt, so erinnere ich mich, daß sie unter dem Streite zuweilen das Schimpfwort Tyuire, das ist Knabenschänder, (αρσενοκοιται,) sich einander zuzuwerfen pflegten: woraus sich dann schliessen läßt, (denn ich weiß es nicht gewiß, und will es auch nicht für gewiß behaupten,) daß dies Laster bey ihnen bekannt sey. *)

Die Weiber enthalten sich während ihrer Schwangerschaft blos der schwereren Arbeiten; übrigens thun si alles, wie gewöhnlich. Und würklich arbeiten die Weiber viel mehr, als die Männer: denn die Männer bringen alle Zeit mit dem Kriege, der Jagd, dem Fischfange der Verfertigung hölzerner Keulen, Bogen, Pfeile un anderer dergleichen Sachen hin, wenn sie nicht zuweile am Morgen, (denn gegen den Mittag thun sie dies nie, etliche Bäume zur Pflanzung eines Gartens aushauer (collucant.)

Was die Geburt der Weiber angeht, so erzähle i hier nicht was ich gehört, sondern was ich gesehen. Ic und noch ein anderer Franzos waren in einem Dorfe ei gekehrt. Gegen Mitternacht hörten wir ein entsetzliche Weibsgeheul: wir standen auf, in der Meynung, s sey von einem Schanguare (Jan-ouare) **) ergriffe worden, und liefen herbey; allein nun fanden wir ei
Wei

*) Anm. des Uebers. Wo kämen sie sonst an dies Wort? — A
einer andern Sprache? Allein auch dann müßten sie doch die B
deutung wissen. ꝛc.

**) Anm. des Uebers. Siehe das zehnte Hauptstück.

Siebenzehntes Hauptstück.

Weib in Geburtsnöthen, der ihr Mann die Dienste einer Wehmutter vertrat. So bald das Kind geboren war, nahm es der Vater auf die Arme, biß die Nabelschnur mit den Zähnen ab, und drückte ihm die Nase platt. (denn sie setzen die Schönheit der Kinder in Affengesichter, da unsre Hebammen im Gegentheile den Kindern die Nasen, um sie zu verschönern, mehr hervorziehen.) Hierauf wird das neugeborne Kind (so geschieht es überall) gewaschen, von seinem Vater mit rother und schwarzer Farbe bemalt, und so blos, ohne Windeln, in ein baumwollenes hangendes Bett gelegt. Ist es ein Knabe, so wird der Vater sogleich von seiner Geburt an schon einen kleinen hölzernen Säbel, einen kleinen Bogen und kleine Pfeile zu ihm ins Bette legen, das Knäbchen küssen, und mit folgenden Worten anreden: **Mein Sohn, wenn du erwachsen bist, so sey tapfer, um an deinen Feinden Rache auszuüben.**

In Betreff der Namengebung erinnere ich mich, daß derjenige, von welchem ich geredet habe, von seinem Vater **Orapasang** (Orapacen) genennt worden sey. Orapasang aber heißt Bogenschnur: denn es ist aus **Orapat** (Bogen) und **Sang** (Cen) (Sehne) zusammengesetzt. Auf dieselbe Art gehts mit andern: sie geben ihren Kindern ohne Auswahl Namen von ihnen bekannten Sachen, wie wir bey den Hunden oder andern Thieren thun. Z. B. nennen sie: **Sarigoa** (Sarigoy) ein vierfüßiges Thier: **Atinjang** (Arignan) Henne: **Arabutang** (Arabouten) Brasilienbaum: **Pengdo** (Pindo) eine sehr grosse Pflanze: und so fort.

Die Nahrungsmittel der Kinder sind, nebst der Muttermilch, geweichtes (marsa) Mehl, und alle sonstige zarte Speisen. Die Kindbetterinn legt sich nur
zween

zween, höchstens drey Tage; *) nachdem setzt sie da‍[s]
Kind in ein baumwollenes breites Band,**) und geht i[n]
den Garten oder zu ihren sonstigen Geschäften.

Ich sage dies hier nicht, um der Gewohnheit unsere[r]
Weiber etwas abzuziehen, welche wegen der Witterun[g]
zum wenigsten zwanzig Tage in dem Bette liegen bleiben[,]
welche dabey so delikat sind, daß sie ganz ohne Noth ih[-]
re Kinder gleich nach der Geburt von sich entfernen, [so]
daß sie entweder, ohne daß sie was davon wissen, ster[-]
ben, oder doch schon erwachsen seyn müssen, um sie m[it]
Spielen erlustigen zu können, ehe sie ins mütterliche Hau[s]
aufgenommen werden. **) Wollten jedoch einige diese[r]
de[r]

---

*) Anm. des Uebers. „Die mehresten Kindbetterinnen,„ sa[gt]
Piso de Ind. re nat. et med. L. I. p. 13. (Amstelod. 1688.) „stehe[n]
„gleich nach der Geburt auf, eilen zum nächsten Flusse, den Le[ib]
„zu waschen, und geben sich dann völlig wieder an Betreibun[g]
„der Hausgeschäfte.„ Von denen innerhalb des Londes, de[n]
Tapuyern, erzählt derselbe Piso l. c. p. 14. und nach ihm mehre[re]
andre, von den Brasilianern überhaupt, daß sich der Mann eini[ge]
Tage nach der Geburt zu Hause halte, und gut bedienen lasse[,]
„um die Nothwendigkeit zu zeigen,„ setzt er hinzu, „die verlo[r-]
„nen Kräfte wieder herzustellen.„ — Der Ausdruck Pisonis hell[e-]
ri‍[s] et epulis fruitur möchte wohl, ohne nähere Bestimmunge[n]
der Mennuna des Herrn Meiners (Gött. hist. Magazin, B.
N. 2.) fürs Allgemeine nicht sehr günstig seyn, wiewohl sie a[uf]
alle da angeführte Beyspiele paßt. — Schon vor Piso erzählt da‍[s-]
selbe überhaupt von den Brasilianern Maffeias hist. Ind. L. II. l.
„Sie gebähren mit nicht so grossen Schmerzen. Nach der Gebu[rt]
„steht sie sogleich auf, und übernimmt die Hausgeschäfte wied[er]
„unverdrossen. Statt ihrer, (was kaum zu glauben ist,) legt si[ch]
„der Mann einige Tage hindurch als krank nieder. Diesen bes[u-]
„chen dann pflichtmäßig Freunde und Nachbarn; ihm werden z[ur]
„Erholung Leckerbissen vorgesetzt; ihm werden nach Landesbrau[ch]
„niedliche Sachen zum Geschenke gebracht.„ — Allein Ler[i]
war individueller Augenzeuge, und er sagt nichts von einer solche[n]
Gewohnheit; sollte ers wohl unterlassen haben, wenn er so we[nn]
gesehen hätte? Ja, sollte er das Gegentheil gesagt haben, daß si[ch]
die Frau ein Paar Tage niederlege? —

*) Anm. des Uebers. Das ihr über der Schulter hänget, und wori[n]
sie das Kind vor sich trägt. Siehe das achte Hauptstück.

**) Anm. des Uebers. Diese beissende Bemerkung geht vorzügli[ch]
auf den Gebrauch der vornehmern Franzosen, die ihre Kind[er]
gleich nach der Geburt aufs Land zu erziehen geben, ohne sich b[...]

drüber beklagen, ich fügte ihnen
sie mit den wilden Weibern ver-
bes Wesen, wie sie sagen wer-
lichkeit nichts gemein hat: so
erung dieser bittern Anmerkung
n verweisen, welche sie, selbst
ausgenommen, alle *) mit ein-
sagen, lehren werden, daß die
hiergeschlechte den Trieb gegeben
ng ihrer Kinder Sorge zu tragen.
würfen im voraus zu begegnen,
er dieses Gelichters, ob sie denn
, als eine Königinn von Frank-
rfahren, ihr Kind habe an einem
n, aus mütterlichem Eifer so ent-
. daß sie nicht eher Ruhe gehabt,
fremde Milch ausgebrochen.

ey uns die Meynung, die Kinder
t fleißig in Windeln gewickelt und
nachher krumme Beine bekommen.
ch die Barbarn darum gar nicht
lbige legen die Kinder gleich nach
e das geringste Gebinde, in die
: und doch gehen ihre Kinder so
ohlgewachsene Menschen. Ich ge-
n dieser Gewohnheit das Klima
) gebe daher zu, daß unsre Kinder
einzuwickeln, und mit Binden in
den

r (was oft bis zur Mannbarkeit verschoben
mern; das, Gott sey Dank! so viel wir
und nie so sehr bekannt war; wiewohl ich
sehen habe, daß Mütter ihre Kinder Stun-
ben, und so gegeben haben, daß die Kinder
n Jahren kein dutzendmal zu sehen bekamen.

Man könnte vielleicht besser sagen: schier
en mit einigen andern überlassen ihre Eyer
; ob sie jedoch nicht auch ihre Jungen bemerkt?

den Wiegen einzubinden seyn, weil sie sonst die Kä[l]
nicht würden ertragen können. Im Sommer aber
und den gemäßigten Jahrszeiten, besonders wo es ni[cht]
sehr kalt ist, dächte ich, (jedoch ohne einer ander[en]
Meynung Abbruch zu thun,) so viel ich durch die E[r]
fahrung bemerken konnte, sollte man die kleinen Kind[er]
von den Banden befreyen, und sie ihrer Freyheit übe[r]
lassen, jedoch in einem besonders dazu erdachtem Bette
wo sie nicht herausfallen könnten. Und ich glaub[e]
würklich, die ausserordentlich grosse Hitze, in welcher d[ie]
Kinder zur Sommerszeit in den Windeln eingebunde[n]
bey uns gleichsam durchkocht werden, schade ihnen nic[ht]
wenig. Um jedoch dem Einwurfe zu entgehen, als o[b]
ich hier mehr sagte, als mir zukomme, überlasse ich di[e]
Auferziehung unsrer Kinder den Aeltern und Säugamme[rn.]

Weil aber die amerikanischen Weiber kein Leinen
zeug haben, und sich der Blätter (welche sich jedoch i[n]
grosser Menge finden,) zu dieser Arbeit nicht bedienen
so reinigen sie mit Stückchen Holz den Hintern de[r]
kleinen Kinder so fleißig, daß sie im Augenblicke vo[n]
allem Kothe sauber sind. Dieser Art, mit dem Hölz
chen den Hintern zu putzen, bedienen sich auch die Er
wachsenen. Hier will ich auch noch etwas weiter i[n]
dieser schmutzigen Materie gehen, und bemerken, da[ß]
die Erwachsenen zwar in ihren Hütten ihr Wasser ab
zuschlagen pflegen, wovon jedoch gar kein Gestank ent
steht; (wiewohl sie hier immerfort Feuer in denselber
haben, und sie mit Sand bestreut sind;) allein wenn
sie ihre Nothdurft zu verrichten haben, pflegen sie wei[t]
von ihren Wohnungen zu gehen.

Wiewohl übrigens die Barbarn für alle ihre Kin
der besorgt sind, deren in jeder Familie eine gute An
zahl ist; (jedoch hat ein Vater nie sechshundert, wi[e]
der Verfasser der allgemeinen Geschichte von In
die[r]

ien *) versichert, einen König gesehen zu haben, as mit Recht unter die Wunder der Natur gehört,) haben sie doch vorzüglich die Knaben lieb, weil sie llein zum Kriege tauglich, und begierig sind, an hren Feinden Rache zu üben.

Fragt mich ferner einer, in was für einer Wissenschaft sie ihre Kinder von Jugend an unterweisen, so ntworte ich: aus dem, was ich im achten, vierzehnten und funfzehnten Hauptstücke von ihrem Genie, ihren Kriegen, und ihrer Art, die Feinde zu essen, gesagt habe, könne man leicht schliessen, daß e selbige in den schönen Wissenschaften gewiß nicht unterrichten, indem ihnen Schulen dem Namen oder dem ufe nach nicht einmal bekannt sind; und daß sie daher ie wahre Nachkommen Lamechs, Nimrods und Esaus nicht nur Jäger und Krieger, sondern auch Menschenschlächter und Fresser seyn.

Wenn ich übrigens fortfahren soll, von der Ehe er Tuupinambolsier, so viel es Scham erlaubt, zu eben, so behaupte ich, (gegen die Erdichtung einiger,) aß die Männer, der natürlichen Schamhaftigkeit zufolge, mit ihren Weibern nie öffentlich zusammen gehen. Worinn sie denn nicht nur jenem Kyniker vorzuziehen nd, der, als man ihn im Beyschlafe ertappte, mit er größten Unverschämtheit antwortete, er pflanze einen

Mens

---

*) Hauptst. 96. — Anm. des Uebers. Daß er diesen König gesehen habe, sagt *Gomara* nicht, sondern er erzählt es bey Gelegenheit der Reise Magelhans und des Schiffes Viktoria: Zu Tidore sey ein König zu den Spaniern gekommen, der sechshundert Kinder gehabt. „Wenn, sezt er hinzu, man sich nicht um eine „Null verrechnet; wiewohl es bey ihren vielen Weibern (ein „Freund von diesem hatte 400.) nicht viel wäre." — *Pigafetta* (viaggio atorno il mundo bey *Ramusio* navig. et viag. T. I. f. 366.) ein Reisegefährte Magelhans ꝛc. hat gar „6000 figliuoli „tra maschi et femine, l'altro (Re aveva) 650." — Ob das erste hier nicht ein Druckfehler ist? — besonders da Gomara nur 600 hat?

Menschen: sondern auch unsern stinkenden Böcke(n) welche zu allen ihren schändlichen Handlungen den A(n) blick der Menschen nicht im geringsten fliehen.

Nebst dem schon Gesagten ist noch vorzüglich zu b(e) merken, daß wir während unserm jährigen Aufenthal(t) in diesem Lande niemal ein Weib gesehen, welche ih(re) monatliche Reinigung gehabt hätte. Ich wollte wol(l) glauben, daß sie diesen Fluß auf eine uns unbekann(te) Art vertreiben. Denn ich habe Mädchen von zwö(lf) Jahren gesehen, denen ihre Mütter die Seiten von de(r) Achsel an bis zum Knie mit einem sehr spitzigen Zahn eines gewissen Thieres aufritzten; bey welcher Operazio(n) die Mädchen vor grausamen Schmerzen knirschten, un(d) sehr vieles Blut vergossen. Dies ist, meiner Vermu(t)thung nach, ihr Mittel, der monatlichen Reinigung vo(r)zubeugen. Wollten mir hier die Aerzte, oder andre i(n) dergleichen Sachen Erfahrne einwenden, das hinge m(it) dem, was ich oben von der grossen Fruchtbarkeit de(r) amerikanischen Weiber gesagt habe, schlecht zusammen indem bey Aufhörung der monatlichen Reinigung di(e) Weiber nicht mehr empfangen und gebähren könnten so antworte ich, daß ich nicht gesonnen bin, wede(r) diese Frage zu beantworten, noch mehr von dergleiche(n) Sachen zuzusetzen.

Zu Ende des achten Hauptstücks haben wir scho(n) den Irrthum derjenigen widerlegt, welche entweder ge(-)schrieben oder heimlich geglaubt haben, die Männe(r) würden durch die Nacktheit der Weiber zur Wollust ge(-)reizt. Auch von der Erziehung der barbarischen Knabe(n) haben wir da einiges gesagt. Ich bitte daher dem Leser es allda nachzusehen, und hier anzuschliessen.

Acht

Achtzehntes Hauptstück.

Was man bey den Brasilianern Gesetze und Polizey nennen könne? Wie höflich sie die Fremden aufnehmen: Von den Thränen und Reden, mit welchen die Fremden sogleich beym Eintritte von den Weibern empfangen werden.

Was die Polizey der Barbarn angeht, so ist es kaum zu glauben, wie schön einig sie von dem einzigen Lichte der Natur geleitet leben: was nicht erzählt werden kann, ohne zur größten Schande derjenigen, welche in den göttlichen und menschlichen Gesetzen unterwiesen sind. Dies ist jedoch blos von denen einer Nation, oder den Verbündeten zu verstehen: denn wie sie sich gegen ihre Feinde betragen, haben wir schon gezeigt. Entsteht jedoch bey ihnen ein Streit unter etlichen, (was aber sehr selten geschieht: denn das ganze Jahr hindurch, welches ich unter ihnen zugebracht, habe ich nur zweymal Streit gesehen,) so kümmern sich die Zuschauer gar nicht darum, den Streit beyzulegen: sondern lassen die Streitenden ruhig nach Gefallen handlen, und sollten sie auch einander die Augen ausschlagen. Verwundet jedoch einer den andern, und man kann seiner habhaft werden, so wird ihm von den Anverwandten des Verwundeten an demselben Theile des Körpers eine Wunde beygebracht: ja wenn vielleicht auf die Wunde der Tod folgen sollte, so wird der Mörder von den Verwandten des Erschlagenen aus dem Wege geschafft. Sie bezahlen also Leben mit Leben, Aug mit Aug, Zahn mit Zahn. Jedoch der Fall kömmt, wie gesagt, sehr selten bey ihnen vor.

Unbe-

Unbewegliche Güter sind bey ihnen Hütten und Felder, die viel grösser sind, als die Einwohner brauchen. In Ansehung der Hütten ist zu bemerken, daß jedes Dorf sechshundert Menschen fasse; und daher mehrere in einem Hause wohnen müssen. Weil jedoch jede Familie ihren besondern Platz hat, (ohne Unterbrechung; denn es steht ihnen nichts im Wege, daß die Häuser nicht von einem Ende zum andern größtentheils an sechzig Schritte lang seyn sollten,) so hat jeder Hausvater seine Weiber und Kinder besonders. Hiebey ist zu bemerken, (was in der That zu bewundern ist,) daß die Amerikaner nicht über fünf bis sechs Monate an demselben Orte wohnen bleiben; sondern mit den Materialien und dem Kraute Pengdo, (Pindo,) woraus ihre Häuser bestehen, fortwandern, und so die Dörfer häufig versetzen, welche jedoch immer dieselben Benennungen behalten. Ich selbst habe einige Dörfer über funfzig Schritte fortrücken sehen. *)

Hier-

---

*) Anm. des Uebers. Bey solchen, wie bey allen Wanderungen, müssen die Weiber alles fortschleppen. Graphisch beschreibt das *Marcgrav tract. cit. C. VI. p. 16.* „Reiset der Mann, so folgt ihm „sein Weib immer, er gehe wohin er wolle, in den Krieg oder „anders wohin, nahe oder ferne. Er trägt nichts, als seine Waf„sen; das Weib aber ist wie ein Maulesel belastet. Denn nebst „dem, daß ihr vom Kopfe herab ein Korb auf dem Rücken an ei„ner Schnur hängt, (die Schnur geht aber nicht um den Hals, „sondern um die Stirne, wenn sie den Korb trägt;) hat sie auch „auf dem Kopfe noch einen andern Korb mit ihren Mobilien, „oder eine grosse Gurke voll Mehl. Nebstdem hat sie an den „Seiten herab noch kleinere Gurken hängen, mit welchen sie sich „Wasser zum Trinken schöpfen. Jedoch hiemit ist sie noch nicht „genug belastet, sie muß auch noch ihr Kind tragen, welches auf „einer Windel sitzt, welche von der rechten Schulter herabkömmt. „Das Kind sitzt aber mit ausgebreiteten Beinen, eines an dem „Bauche, das andre an dem Rücken der Mutter, und legt seinen „Bauch an die rechte Seite der Mutter. Ueberdies alles trägt sie „noch auf der einen Hand einen Papagay oder Kagut, und führt „mit der andern einen Hund am Seile nach. So gehen sie ohne „Sorgen, ohne Beutel voll Geld, sondern blos einer Gurke voll „Mehl, kümmern sich um keine Herberge, keinen getreuen oder „ungetreuen Wirth; denn ihnen genügen Wälder und Fluren, so

„ihnen

Achtzehntes Hauptstück.

Hieraus wird nun klar, daß bey unsern Amerikanern nicht nur keine ungeheure Palläste aufgeführt wern, (wie einer von den Peruanern geschrieben,*) diesben hätten so prächtige hölzerne Häuser, daß Zimmern hundert funfzig Fuß in der Länge und achtzig in der reite darinn seyn,) sondern daß auch keiner eine Hütte baue, welche er vervollkommneren könne, ja welche er n Lebenlang nicht über zwanzigmal abreissen und wieder ufbauen müsse, wenn er nur die gewöhnliche Zeit eines annes lebt. Fragt man sie um die Ursache dieser ihrer wiederholten Veränderung ihrer Wohnplätze, so sind gleich mit der Antwort fertig: die Veränderung der ift trage vieles zur Gesundheit bey, und wenn sie von r Gewohnheit ihrer Voreltern abgingen, würden sie gleich sterben.

Was die Felder betrifft, so hat zwar jeder Mussa- t einige besondere, welche er nach Wohlgefallen, wo will, sich zur Anlegung von Gärten auswählt; überssen aber die ängstliche Sorge der Abtheilung der Felder,

„ihnen Speise, Flüsse, Seen, Quellen, oder die Pflanze Kara-
„guada (Aloë: der Uebers.) die immer zwischen ihren Blättern
„Regenwasser hat,) so ihnen Trank umsonst geben. — Kommt
„der Abend, und sie wollen bleiben, so binden sie ihre Netze oder
„Hangebatten in Bäume, oder an zu diesem Ende in die Erde
„geschlagene Pfähle, machen Feuer in die Nähe, bereiten ihr
„Essen, nehmen ihr Trinken, essen und trinken. Fürchten sie Re-
„gen, so giebts Palmen, da werden Aeste abgehauen, zween Stäbe
„in die Erde geschlagen, andere quer drüber, wie Balken, mit
„Bindweiden festgebunden, Blätter der Palme Cynas drüber ge-
„legt, so wird ein Dach, so wird ein vollkommenes gemaltes
„Haus, denn die Blätter glänzen von natürlichem Grün, die an-
„genehmste Farbe für die Augen, und die Wände verderben, mit
„Kalch überstreichen, mit ihrer Weisse das Auge nicht. Dies Haus
„schützt vor dem Regen und dem nächtlichen Winde, indem es ge-
„gen die Seite gekehrt wird, wo der Wind herkommt — — Sie
„wandern haufenweise, in einfacher Ordnung, und unter bewun-
„dernswürdigem Stillschweigen, das Weib voran, der Mann hinten
„nach. „ sagt *Maffeius hist. Ind. l. c.* —

*) Allgem. Geschichte von Indien, B. II. K. 3.

U

der, Setzung der Gränzsteine und genauer Bestimmu[ng]
derselben unsern Geitzhälsen und Scharrern.

Von ihrem Hausrathe habe ich schon mehrmal[s]
oben geredet. Um jedoch nichts zu übergehen, was d[ie]
Oekonomie der Barbarn betrifft, will ich hier die Kun[st]
der amerikanischen Weiber im Baumwollespinnen
(deren sie sich sowohl zu Stricken, als ihren Hängbette[n]
häufig bedienen,) erzählen.

Wenn sie aus den Hülsen genommen ist, rupfen f[ie]
sie, statt allen Blähungen, mit den Fingern etwas au[s]
einander, und werfen sie in einem Haufen auf der Erd[e]
(denn sie wissen nichts vom Gebrauche der Spinnwock[en.)]
Statt der Spindel haben sie einen fingerdicken und fu[ß]
langen Stab, welchen sie durch eine durchbohrte hölzer[ne]
Kugel stecken: hierauf befestigen sie die Baumwolle obe[n]
an die Spitze des Stabes, drehen das ganze Instr[u]
ment alsdann unten, (wie unsre Weiber die Spindeln[)]
und lassen es aus der Hand fahren. Diese Kugel ro[llt]
nun in den Häusern und Strassen wie ein Kräusel u[m]
her, und so bringen sie einen Faden zu Stande, d[er]
nicht nur zur Verfertigung der Hängbetten taugt, (
welchen dicke Fäden gebraucht werden,) sondern auch vo[n]
der feinsten Art ist. Von dem letztern habe ich in Fran[k]
reich mitgebracht, und ein Brustlatz aus weissem G[e]
spinnste auszieren lassen; und würklich war er so fein[,]
daß er von allen für die ausgesuchteste Seide gehalte[n]
wurde.

Ihre baumwollene Betten heissen sie Inis. D[ie]
Weiber, deren Geschäft es ist, sie zu verfertigen, habe[n]
hiezu Weberstühle, welche ein wenig anders, als d[ie]
unsrigen sind: denn sie liegen nicht in der Länge, si[nd]
auch nicht aus so vielen Maschinen zusammen gesetz[t]
sondern sie stehen so hoch als die Weiber selbst sind, [und]

di[e]

e Höhe: und so fangen sie auf ihre Art an von unten
rauf zu weben. Einige machen sie wie Netze, andere
er dichter, wie das lockerste Leinenzeug. Sie sind fünf
s sechs Schuhe lang, und eine Elle breit: an jedes
nde werden baumwollene Spangen (Fibulae) gemacht,
welche Stricke befestigt werden, um sie an die zu die=
m Gebrauche angebrachten Balken in den Hütten auf=
hängen. Sind sie im Lager, im Walde, auf der Jagd,
er auf der Küste auf dem Fischfange, so hängen sie
lbige an Bäume auf.*)

    Sind diese Betten (damit ich nichts übergehe) von
m menschlichen Schweisse, oder wegen dem immerfort
ennenden Feuer vom Rauche schmutzig geworden, so
erden sie auf folgende Art gewaschen. Die Weiber
mmlen in den Wäldern eine Frucht, die von einer
atten Gurke (Cucurbita plana) in der Gestalt nicht sehr
rschieden, allein viel grösser ist, so, daß man kaum
ne in einer Hand tragen kann. Diese Früchte schnei=
n sie in Stücke, werfen sie in ein sehr grosses irdenes
eschirr, und befeuchten sie mit Wasser; rühren sie
nn mit einem Stocke stark um, und bringen aus ihnen
f diese Art einen Schaum zu Stande, dessen sie sich
tt der Seife bedienen, und ihre Betten so reinigen,

daß

---

*) Anm. des Uebers. „Die Tapuyer in dem innern eigentlichen
„Brasilien," sagt P. Eckart l. c. S. 578. 579. „richten sich eine
„Bettstatt auf, gleich einem Roste, aus groben Hölzern, 5 oder
„6 Schuhe hoch, füllen sie mit Blättern aus, und schlafen darauf
„so sanft, als wenn sie auf dem weichsten Federbette lägen. Eini=
„ge legen sich in einen tiefen Sand, vergraben sich darinn bis an
„den Hals, und schlafen ganz herrlich. Zu diesen gehören jene
„nicht weit von Maranhao in der Gegend Tornoya, allwo auch die
„Jesuiten ehemals eine Residenz gehabt haben. Allda ist einige
„Tage lang daurender Sandboden, und also für die dahin Reisen=
„den sehr beschwerlich. Man erzählt von einem solchen Amerika=
„ner, der in dem Sande pflegte seine Tag= und Nachtruhe zu
„nehmen, als er nahe am Tode gewesen, und der Missionarius
„ihm zusprach, und von dem Himmel redete, so fragte der Ster=
„bende, ob auch im Himmel Sand wäre? worauf der Vater ge=
„antwortet, daß er allda alles hätte, was er nur verlangte. Und
„so schied er ganz zufrieden und voll Trost aus dieser Welt." —

daß sie an Weiſſe dem Schnee oder den Färberſtüchen gleich kommen.

Uebrigens überlaſſe ich es der Beurtheilung derjenigen, ſo es erfahren, ob es ſich, beſonders zur Sommerszeit, in dergleichen Betten nicht angenehmer ſchlafen laſſe, als in unſern gewöhnlichen? und ob ich in meiner Geſchichte von Sancerre *) ohne Grund behauptet habe, der Gebrauch dergleichen Betten ſey auf der Wache viel gemächlicher, als unſre gewöhnliche Pritſchen, worauf ſich unſre Soldaten herumwälzen müſſen denn erſtlich werden die Kleider beſchmutzt, und ſäuberhen gezogen; und zweytens, was noch mehr iſt wenn ſie zum Gefechte aufſtehen ſollen, ſo iſt der Leib von den Waffen, welche immer am Leibe kleben, gleichſam zerquetſcht, wie wir bey der Belagerung der Stadt Sancerre im Ernſte erfahren haben: denn der Feind blieb ein ganzes Jahr vor unſern Mauern.

Den übrigen Hausrath der Amerikaner ziehe ich in der Kürze zuſammen. Die Weiber (denen überhaupt die Beſorgung des Hausweſens obliegt,) bereiten ungeheure Röhre, und verfertigen ſehr groſſe irdene Geſchirre, um in denſelben ihren Kaueng (Caouin) aufzubewahren: Ferner machen ſie Töpfe von verſchiedener Form, kleine und mittelmäßige Waſchbecken, (Pelves,) Schüſſeln, (Paropſides,) und dergleichen Geſchirre mehrere, welche von auſſen nicht im geringſten polirt, inwendig aber ſo geglättet, weiß, und, ich weiß nicht von welchem Anſtriche, welcher im Augenblicke hart wird, bekleiſtert ſind, daß dieſe Weiber unſern Töpfern an Kunſt nichts nachgeben

Nebſt=

---

*) Anm. des Ueberſ. Hiſtoire de l'aſſiege de la Ville de Sancerre et de la cruele faim etc. compoſée par *Jean de Lery*. — Die Stadt war von den Reformirten beſetzt, Klaudius de la Chatre, Gouverneur von Berry, belagerte ſie aber, und erhielt ſie 1573. dem 25ſten Auguſt, nachdem die Belagerten in die äuſſerſte Hungersnoth verſetzt worden waren; worauf er die Veſtungswerke ſchleifen ließ.

nebstdem feuchten sie, ich weiß nicht was für eine gold-
lbe Farbe mit Wasser an, mit welcher sie allerhand
iswärts auf ihre Gefässe malen; besonders jedoch auf
e, worinn sie ihr Mehl und andre Speisen aufbewah-
n. Sie sind daher sehr niedlich zum Gebrauche, und
el besser, als die hölzernen Gefässe, deren sich hier
cht wenige bedienen. Die Malerinnen haben jedoch
n Fehler, daß sie ihre Pinselarbeiten, worinn sie denn
les nach ihrem Wohlgefallen machen, nicht wieder-
len können; weil sie kein andres Original als ihre
hantasie vor sich haben. Daher kömmt es denn auch,
ß man kaum zwo ähnliche dergleichen Malereyen an-
ssen wird.

Ueberdies haben (wie ich schon anderwärts gesagt
be,) die Barbarn Gurken und andere Fruchtarten,
lche sie von einander schneiden, aushöhlen, und statt
echer (welche sie Kui (Coui) nennen,) und andrer
rschiedener Geschirre brauchen. Sie haben auch grosse
d kleinere Körbe, und sogar Henkelkörbe (Canistros)
n Binsen oder gelblichten Pflanzen, die dem Waitzen-
oh nicht unähnlich sehen, sehr schön geflochten. Diese
issen sie Panakong, (Panacon,) und legen in selbige
ehl und sonstige Sachen. — Von den Waffen,
berkleidern, und dem Maraka ist schon Meldung ge-
ehen: ich sage also Kürze halber hier nichts mehr davon.

Wir haben nun die Häuser der Barbarn erbaut,
d mit Geräthe ausgerüstet gesehen: itzt müssen wir
 darinn selbst besuchen. Dies müssen wir aber etwas
iter herholen.

Wiewohl die Tuupinambolsier ihre Gäste äusserst
flich empfangen,*) so werden doch die Franzosen und
andre

---

*) Anm. des Ueberf. Von der Behandlung jener, die sie nicht
kennen, sagt P. Eckart l. c. S. 575. „Auf der Reise habe ich in
„Obacht

andre Fremde, die ihrer Sprache noch nicht kundig sind, anfänglich über ihre ungewöhnliche Gebräuche erstaunen. Als ich das erstemal unter sie kam, (welches ohngefähr den zwanzigsten Tag nach unsrer Ankunft im Fort des Coligny geschah,) führte mich ein Dollmetscher in etlich Dörfer auf dem festen Lande. Das erste, welches mir zu Gesichte kam, heißt in der Sprache der Eingebornen Yburaſi, (Ybouraci,) bey den Franzosen aber Pepeng (Pepin,) von einem Schiffer, der einst hier ein Schif befrachtet hatte; und liegt nur viertausend Schritte vor unserm Fort.

Bey meinem Eintritte kamen eine Menge Barbar um mich herum, und redeten mich mit diesen Worter an: Marape derere? Marape derere? das ist: W heissest du? Dies waren mir nun ganz unbekannt Worte. Einer von ihnen nahm mir meinen Hut (Galerum,) und setzte ihn auf seinen Kopf, ei anderer band meinen Gürtel und Degen um seiner blossen Leib, ein dritter zog mein Unterkleid (Tuni cam) an: alle machten mich mit ihrem Geschrey hall taub, und liefen mit der Beute von mir hin und her In diesen Umständen glaubte ich alle meine Sachen ver loren zu haben, und wußte nicht, wie sicher ich bey ih nen sey. Allein, wie ich nachher selbst erfahren, die Furcht war von der Unwissenheit ihrer Gebräuche ent standen: denn sie pflegen dies alles jedem Fremden, be sonders jenen, welche sie noch nie gesehen haben, z thun; sind sie aber zu ihrem Vergnügen eine Zeitlang i dieser Tracht umher gegangen, so bringen sie alles mi der größten Genauigkeit zurück.

Nac

„Obacht genommen, daß wenn drey oder vier mit einander ih
„Mittagmahl nehmen, sie zwar keinen andern, der etwa wenige
„zu essen hat, dazu einladen; dennoch wenn er sich ihnen zugese
„let, so reden sie kein Wort, und lassen ihn, was sie haben, m
„verzehren.„

Nach diesem bedeutete mir der Dollmetscher, sie wünschten sehnlich, meinen Namen zu wissen; in der Angebung desselben aber dürfte ich unsre Art nicht gebrauchen: denn sie könnten unsre Namen nicht einmal aussprechen; statt Johann (Jean) sagten sie Niang, Nian,) geschweige denn behalten; man müsse daher ihnen eine Sache nennen, welche sie kennten. Es ging mit meinem Namen auch sehr glücklich von statten: denn, wie mich der Dollmetscher versicherte, der in der brasilianischen Sprache sehr erfahren war, (denn ich habe das nicht durch feine Untersuchung erdichtet, wie Chevet unverschämt behauptet, wo er, in seinem Buche über berühmte Männer, vom Quoniambek auf die lächerlichste Weise handelt,) bedeutete mein Name Lery eine Muschel. Ich antwortete ihnen daher, ich hieße Lery ussu. (Lery-oussou,) Sie lobten das, wiederholten ihr Verwunderungs-Zwischenwort Tech (Teh) zum öftern, und sagten zu mir: In der That ein vortrefflicher Name! Nie haben wir einen Mar (Mair) angetroffen, der einen solchen Namen gehabt hätte. Und in der That hat auch Circe nie einen Menschen in eine solche Muschel verwandelt, die mit dem Ulysses so fleißig geredet hätte, als ich von der Zeit an mit den Barbarn. — Hier kann man auch noch beyläufig bemerken, daß sie ein starkes Gedächtniß haben, daß sie eines Namen, welchen sie einmal gehört haben, nie wieder vergessen.

Die übrigen Gebräuche bey Empfangung der Gäste werde ich nachher erzählen; itzt will ich nur noch erklären, was mir bey meinem ersten Aufenthalte unter den Barbarn begegnete.

Ich ging mit dem Dollmetscher an diesem Tage noch weiter, und kehrte in dem Dorfe Oeramiri, (Euamiri, in der Landessprache, bey den Franzosen aber
Goset,

Goset, von dem Namen eines Dollmetschers, welcher eine Zeitlang drinn gewohnt hatte,) ein. Wir kamen beym Untergange der Sonne an, und trafen die Barbarn beym Tanzen und Kauiren, wegen einen Gefangenen, welchen sie an dem Tage geschlachtet hatten. Man kann sich leicht vorstellen, was mich für ein Schrecken befallen habe, als ich die Stücke Fleisch noch auf dem Bukang liegen sah. Jedoch das war alles noch nichts in Vergleichung mit der Furcht, von der ich nachher heimgesucht wurde.

Wir gehen in eine Hütte, setzen uns, dem hergebrachten Gebrauche gemäß, auf die Hängbetten, die Weiber weinen auf die weiter unten zu erklärende Art, der Hausvater nimmt uns mit freundlichen Worten auf. Der Dollmetscher, der an dies alles gewöhnt war, und an ihren Saufgelagen grosses Vergnügen fand, ließ mich, der ich von allen diesem nichts wußte, ganz allein, und mischte sich unter die Tänzer und Säufer. Ich aber schlummerte vor Mattigkeit, nachdem ich mich mit Mehl und einigen andern uns vorgesetzten Speisen erquickt hatte, in dem Bette ein. Jedoch ward ich durch den Lärm der tanzenden und saufenden Barbarn, die den Gefangenen frassen, aufgeweckt; besonders aber durch einen, der mit einem gebratenen Fusse in der Hand zu mir trat, und mich, (wie ich nachher hörte; denn damals verstand ich ihn nicht,) fragte, ob ich nichts davon essen wollte, so in Furcht gesetzt, daß mir meine Schläfrigkeit völlig verging. Und würklich glaubte ich, durch dieses Betragen, welches ich mir auf die böse Seite auslegte, wolle mir der Barbar anzeigen, bald würde mein Fleisch eben so verzehrt werden. Nebst dem (wie denn Furcht Argwohn erzeugt,) kam mir sogleich in den Sinn, der Dollmetscher habe mich verrathen, und den Barbarn in die Hände geliefert. Ich würde daher ohne Anstand aufs schleunigste die Flucht ergriffen haben,
wenn

wenn ich nur einen Weg dazu offen gefunden hätte; allein die Barbarn, deren Absicht ich nicht wußte, (denn sie hatten gar nichts Böses mit mir vor,) standen auf allen Seiten um mich herum. Hierdurch ward ich noch in meiner Furcht bestärkt, und glaubte immerfort, itzt sey der Augenblick da, daß ich geschlachtet würde: ich betete daher die ganze Nacht durch zu Gott. Leser, welche ernstlich über meine Erzählung nachdenken, mögen es überlegen, ob mir diese Nacht ohne Grund lang geworden sey? —

Beym Anbruche des Tages kam der Dollmetscher, welcher sich die ganze Nacht unter den Barbarn lustig gemacht hatte, zu mir zurück, und fand mich bleich, und vom Fieber ergriffen. Er fragte mich, ob ich mich nicht wohl befände, ob ich nicht sanft geschlafen hätte? Ich schalt ihn heftig, daß er mich unter den Barbarn allein gelassen, deren Rede ich nicht verstände: kurz, als ich meine Furcht nicht ablegen konnte, bat ich ihn inständigst, hier weg zu gehen. Er hieß mich hingegen gutes Muths seyn, und bedeutete mir, daß die Barbarn gar nicht übel auf uns gesinnet seyn: hierauf erzählt er diesen die ganze Sache, welche die ganze Nacht um mich herum gestanden hatten, um mir zu meiner Ankunft Glück zu wünschen. Sie bedeuteten uns, daß sie etwas davon gemerkt hätten, dabey aber sehr bedauerten, daß ich die Nacht in solcher Furcht vor ihnen habe zubringen müssen: endlich brachen sie in ein Gelächter aus, zum Troste für diese meine Furcht.

Von da gingen wir noch zu einigen andern Dörfern: allein das da sey genug von meinem ersten Irrthume unter den Barbarn. Zum übrigen!

Die Zeremonien der Barbarn bey Aufnehmung der Fremden sind folgende:

Zu=

Zuerst muß der Fremde, so bald er in das Haus des Mussakat, den er sich zum Wirthe gewählt hat, (dies muß man in jedem Dorfe thun; und man darf ja zu keinem andern gehn, wenn man nicht bey dem erstern in Ungnade kommen will,) sich auf ein baumwollenes Hängbette setzen, und eine Zeitlang still so sitzen bleiben. Kaum ist er da, so kommen die Weiber, umgeben das Bette, setzen sich auf die Erde, legen die Hände auf ihre Augen, beweinen so die glückliche Ankunft ihres Gastes, und bringen unzähliges zu seinem Lobe vor. Z. B. Du hast so viele Mühe auf dich genommen, um zu uns zu kommen? Du bist ein guter, ein tapferer Mann. Ist der Fremde ein Franzos, so setzen sie hinzu: Du hast uns sehr viele vortreffliche Waaren gebracht, die uns hier fehlen. Kurz, wie ich gesagt habe, empfangen die Weiber mit Thränen und schmeichelhaften Reden ihre Gäste. Will der Gast, der in dem baumwollenen Bette sitzt, seinem Wirthe gefällig seyn, so muß er, wenn er nicht in der That weint, (wie ich denn einige der Unsrigen gesehen, die von dem Geheule dieser Weiber so weich wurden, daß sie würkliche Zähren vergossen,) mit einem dazu gestellten Gesichte, wenigstens etwas antworten, seufzen, und so ein Weinen erkünstlen.

Nachdem dieser artige Gruß der Weiber zu Ende ist, tritt endlich der Mussakat, (Moussacat,) der während der Zeit mit dem größten Eifer an irgend etwas gearbeitet, und, gleichsam als ob er seinen Gast nicht bemerkte, die Augen nicht einmal auf ihn gewendet, (Schmeicheleyen, die von unsern Umarmungen ganz verschieden sind,) zu seinem Gaste, und fängt mit ihm zu reden an: Ere schube? (Ere joubé?) Bist du gekommen? Wie befindest du dich? Was suchst du? u. s. f. Die Antworten auf diese Fragen werde ich unten im amerikanischen Gespräche anführen. Nachgehends fragt
er,

Achtzehntes Hauptstück.

er, ob man hungere? Sagt man ja, so läßt er gleich allerley Speisen, als: Mehl, was ihnen statt des Brodtes dient, Wildpret, Geflügel, Fischwerk, und andre dergleichen Sachen, in irdenen Geschirren vorsetzen: weil sie jedoch den Gebrauch von Tischen und Bänken nicht kennen, wird das alles auf dem Boden vorgetragen. Ist man durstig, und will Kaueng, (Caouin,) so erhält man desselben gleich, wenn es nur da ist.

Sind die Weiber endlich mit der Beweinung der Ankunft der Gäste zu Ende, so bringen sie letztern Früchte und andere Geschenke, und fordern auf diese Art stillschweigend Kämme, Spiegel und Glaskorallen um sie um ihre Arme zu wicklen.

Will man ferner in dem Dorfe übernachten, so läßt der Mussakat ein sehr reines Bett aufhängen, um selbiges herum kleine Feuer anzünden, und letzteres die Nacht durch mehrmal aufhelfen mit Hülsen, welche sie Tatapekua (Tatapecoua) nennen, und den Feuerschirmen nicht unähnlich sehen, womit bey uns die zärtlichen Weiber das Feuer vom Gesichte abhalten. Dies geschieht aber alles nicht der Kälte halber, sondern wegen der Feuchtigkeit der Nächte, besonders aber, weil es so Gebrauch bey ihnen ist.

Weil wir aber auf die Rede vom Feuer gekommen sind, welches sie Tata, den Rauch aber Tatateng (Tatatin) nennen, halte ich es der Mühe werth, die vortreffliche Art, es zu erwecken, hier zu erklären. Sie verdient nicht weniger Bewunderung, als der skotische Stein, der (wie ein Untersucher der Seltenheiten dieses Reiches erzählt,) mit Werg oder Stroh umwickelt von sich selbst Feuer hervorbringt. Die Barbarn lieben das Feuer sehr, und vermissen selbiges daher ungern; sie mögen nun zu Hause, oder auf der Jagd in den Wäl-

bern,

dern, oder auf dem Fischfange an der Küste seyn, besonders zur Nachtszeit: denn sie fürchten sich entsetzlich, unvorgesehen von dem Aynjang (Aypnan) überfallen zu werden, von dem sie, wie gesagt, zum öftern geschlagen und geplagt werden. Selbiges aber zu erwecken bedienen sie sich statt des bey uns gebräuchlichen Steins und Stahls, welche bey ihnen unbekannt sind, zwo Gattungen Holzes, wovon eins ganz weich, das andre hingegen sehr hart ist. Sie spitzen eine schuhlange Ruthe aus dem harten Holze an einem Ende wie eine Spindel zu, stecken diese Spitze in ein Stück des weichen Holzes, welches sie auf der Erde oder einen Stumpf eines Baums gelegt haben, und drehen dann die harte Ruthe mit der größten Geschwindigkeit in den Händen herum, gleichsam als ob sie das untergelegte Stück Holz durchbohren wollten. Durch diese so geschwinde und gewaltsame Reibung wird nicht nur ein Rauch hervorgebracht, sondern auch Feuer erzeugt, welches mit Baumwolle oder trocknen Blättern (statt unsers Zunders (Fomes) leicht aufgefangen wird. Ich habe das selbst probirt.

Hiedurch will ich jedoch nicht bestätigen, was Thevet *) geschrieben, die amerikanischen Barbarn hätten vor dem Gebrauche des Feuers die Gewohnheit gehabt, ihre Speisen beym Rauche auszudörren: denn wie ich das philosophische Axiom, was auch zum Sprüchworte geworden, für sehr wahr halte, daß Feuer ohne Rauch nicht seyn könne, so achte ich den für einen ungeschickten Physiker, der uns überreden will, es gäbe Rauch ohne Feuer. Unter dem Rauche verstehe ich hier einen Rauch, wobey man Speisen durchbraten kann, wie ihn Thevet haben will: denn wollte er sich aus diesem Labyrinthe dadurch helfen, daß er sagte, er verstünde das von den Ausdünstungen; so antworte ich: auch zugegeben, daß diese

* Singul. de la Franc. Ant. Chap. 53.

diese warm seyn, so folgt daraus doch noch nicht, daß
sie Speisen ausdörren und braten können; ja sie würden
vielmehr Fleisch und Fische noch feuchter machen. —
Was heißt nun, um Gottes willen! die Leser betrügen,
wenn das nicht betrogen ist? Wenn sich also Thever
sowohl in seiner Kosmographie als sonst so sehr über
jene beklagt, die seine Erzählungen nicht nach seiner
Willkühr auslegen, und ihnen den Vorwurf macht, sie
seyn in seinen Schriften nicht hinlänglich bewandert: so
bitte ich den Leser, daß er diese Stelle von dem neuen
warmen eingebildeten Rauche, welchen ich zu seinem
windigten Gehirne zurück schicke, reiflich überlege.

Wir wollen nun zur Besorgung der Aufnahme der
Gäste zurück kehren. Nachdem die Gäste auf die angezeigte Art Speise zu sich genommen, und sich gelegt haben, so geben sie, wenn sie freygebig sind, den Männern Messer, Scheeren und kleine Zangen, (Volsellas,)
den Bart auszurupfen: den Weibern Kämme und Spiegel, den Kindern aber Angeln. Hat der Gast Lebensmitteln nöthig, so werden ihm selbige, so bald man
über den Preis einig geworden, herbey gebracht

Weil ferner Lastthiere unbekannte Sachen sind,
muß alles zu Fusse reisen! Ist jedoch ein Ankömmling er-
müdet, und bietet einen Barbarn ein Messer an, so
wird ihm dieser auch sogleich (denn sie sind sehr dankbar,) seine Dienste anbieten, und den Ermüdeten tragen. Ich selbst habe mich während meinem Aufenthalte
mehr als einmal, und zwar über zweytausend Schritte
weit, auf den Schultern fortschleppen lassen. Ermahnten wir unsre Träger, ein wenig zu ruhen, so lachten
sie uns mit folgenden Worten aus: Wie? haltet ihr
uns für so weibisch und schwach, daß wir der
Last unterliegen sollten? Ich wollte dich vielmehr den ganzen Tag unausgesetzt tragen. Wir
be-

bewunderten unsre lachenden zweybeinigten Träger mit ihren gleichen Tritten, sprachen ihnen Muth zu, und sagten: Wohlan denn! weiter!

Die natürliche Liebe üben sie unter einander im Uebermaaſſe aus: denn es schenkt einer dem andern täglich Fische, Wildpret, Früchte und andre Sachen, ja sie würden nicht wenigen Schmerzen empfinden, wenn sie ihren Nachbarn an Sachen Mangel leiden sähen, welche sie selbst haben. Eben so freygebig sind sie gegen Fremde. Es wird hinlänglich seyn, hier nur ein Beyspiel anzuführen.

Von der Gefahr, welcher ich und zween andre Franzosen einst entgiengen, wo uns nämlich von einer ungeheuren Eidexe, die uns begegnete, der Tod drohete, habe ich im zehnten Hauptstücke dieses Buches geredet. Wir waren damals mitten im Walde zween Tage durch vom Wege abgekommen, und hatten nicht wenig Hunger gelitten; endlich jedoch kamen wir zu einem Dorfe, Javo mit Namen, wo wir schon vorher eingekehrt waren. Die Barbarn hier nahmen uns aufs freundschaftlichste auf. Als sie von unsern ausgestandenen Unfällen, und besonders der äuſſersten Gefahr hörten, von den wilden Thieren verschlungen, oder, was noch mehr ist, von den Morgäaten, unsern gemeinschaftlichen Feinden, geschlachtet zu werden, deren Lande wir uns aus Unvorsichtigkeit genähert hatten; als sie ferner das Ungemach sahen, welches wir von den Dörnern erlitten, die unsre Haut erbärmlich zugerichtet hatten, nahmen sie sich unser Unglück so sehr zu Herzen, daß ich mit Wahrheit behaupten kann, die erdichteten Schmeicheleyen, womit man bey uns in Europa die Unglücklichen zu trösten pflegt, seyn noch sehr weit von der aufrichtigen Höflichkeit dieses Volkes entfernt, welches wir wild, barbarisch nennen. Denn

sie

Achtzehntes Hauptstück.

sie wuschen uns unsre Füsse mit klarem Wasser, (was mir den Gebrauch der Alten ins Gedächtniß brachte,) wobey jeder von uns in einem besondern Hängbette saß. Hierauf liessen die Hausväter, welche schon für die Zubereitung der Speisen gesorgt, und frisches Mehl, welches, wie ich schon anderwärts gesagt habe, der Krumen des weissen Brodtes an Güte nicht im geringsten weicht, hatten reiben lassen, nachdem wir uns ein wenig erholt hatten, sogleich die besten Speisen, als Wildpret, Geflügel, Fische, die ausgesuchtesten Früchte, woran sie immer einen Ueberfluß haben, uns vorsetzen.

Beym Einbruche der Nacht schaffte der Mussakat, unser Wirth, alle Kinder von uns, damit wir desto ruhiger schlafen sollten. Am folgenden Tage aber trat er gleich frühe zu uns: *Nun wie ist es, Aturassap,* (Atourassap,) (das ist: *innigst Verbündete,*) *habt ihr diese Nacht sanft geruht?* — Sehr sanft, antworteten wir. *Nun gut,* erwiederte er, *ruhet noch ferner, meine Kinder, denn ich habe bemerkt, daß ihr gestern sehr abgemattet waret.* Ueberhaupt kann ich es mit Worten nicht ausdrücken, wie höflich und artig wir von den Barbarn aufgenommen worden, welche uns nicht weniger liebreich behandelten, als die *Maltheser Barbarn* den *Paulus* und den übrigen Schiffbrüchigen, von welchen *Lukas* in den Geschichten der *Apostel* [*]) redet.

Uebrigens reiseten wir nie ohne einen Sack voll Waaren, welche uns bey diesen Barbarn statt Geldes dienten. Bey unsrer Abreise von hier also gaben wir unsern Wirthen nach unsrer Willkühr: nämlich, Messer, Scheeren, Zängelchen den Männern; Kämme, Spiegel, Armbänder und Glaskorallen den Weibern; den Kindern aber Fischangeln.

Hier

[*]) Apostelgesch. 28, 1. 2.

Hier will ich noch einen Vorfall erzählen, den ich einst mit ihnen gehabt, damit meine Leser sehen mögen, wie sehr sie dergleichen Sachen schätzen. Ich war einst in einem Dorfe eingekehrt, wo mich mein Mussakat bat, ihm zu zeigen, was ich in meinem Sacke habe, und mir ein grosses irdenes Geschirr vorstellen ließ, meine Sachen drein zu legen. Ich nahm alles heraus, und legte es nach der Ordnung hin. Er erstaunte hierüber, rufte die übrigen Barbarn herbey, und sagte: Seht doch her, ihr guten Leute, was ich für einen Mann bey mir aufgenommen habe! Ist es nicht sonnenklar, daß er überreich ist, da er so viele und schätzbare Güter bey sich führt? Und diese Waaren, (wie ich meinem französischen Begleiter lächlend bedeutete,) welche der Barbar so hoch schätzte, nämlich: sechs Messer mit allerley Stielen, eben so viele Kämme, drey Spiegel, und andre wenige Sachen von schier gar keinem Werthe, hätten zu Paris kaum zween Livres gekostet. Weil sie, wie ich schon gesagt habe, freygebige Leute sehr lieb haben, gab ich meinem Mussakat damals, um mir Ansehen und Liebe bey ihnen zu erwerben, im Beyseyn aller mein schönstes Messer, welches er eben so hoch schätzte, als bey uns einer eine goldene Halskette vom größten Werthe, wenn sie ihm geschenkt würde.

Fragt man itzt, ob wir sicher bey ihnen wohnen könnten, so antworte ich, daß sie, so sehr sie die Feinde hassen, daß sie selbige sogar, wenn sie sie gefangen bekommen, schlachten und fressen, im Gegentheile ihre Freunde (in deren Anzahl wir waren,) so sehr lieben, daß sie vielmehr alles zu ihrem Schutze unternehmen, als daß sie leiden würden, daß ihnen etwas Ungemach zustoßen sollte. Nachdem ich also einmal ihre Treue erfahren, traute ich ihnen damals schon vollkommen, und traute ihnen itzt noch viel eher, als den mehrsten ungetreuen Franzosen, die von der Redlichkeit ihrer Voreltern

Achtzehntes Hauptſtück. 321

ſtern abgewichen. Ich nenne aus Vorbedacht die von
er Redlichkeit ihrer Voreltern Abgewichenen: denn ich
will den Guten, woran Frankreich durch die Gnade
Gottes noch keinen gänzlichen Abgang hat, auf keine
Weiſe etwas abgezogen haben.

Um jedoch nichts zu übergehen, was ihre Sitten
betrifft, will ich hier noch eine Sache erzählen, die mir
dem Anſehen nach äuſſerſt gefährlich ſchien.

Von ohngefähr trafen ſechs unſrer Franzoſen uns in
dem Dorfe Okarangteng, (Ocarantin,) von dem ſchon
öfters Meldung geſchehen. Weil wir nun hier übernachten wollten, ſchoſſen unſrer drey mit Bogen nach einem
Ziele, unter der Bedingniß, derjenige, ſo am ſchlech-
teſten ſchöſſe, ſollte welſche Hühner und andere Speiſen
zum Tiſche hergeben. Weil ich von meinen Gefährten
übertroffen worden war, ging ich herum, zu ſehen, wo ich
der Hühner zu kaufen bekäme. Einer von den Knaben,
welche, wie ich ſchon oben ſagte, in dem Schiffe der
Roſe zur Erlernung der amerikaniſchen Sprache hieher
gebracht worden waren, lief mir entgegen, und ſagte:
Sehen Sie, hier iſt eine ſehr fette indianiſche
Ente: tödten Sie ſelbige: nachher können Sie ſie
bezahlen. Ich gehorchte ihm, und das um deſto leichter, weil wir ſchon öfters in andern Dörfern Hühner
geſchlachtet hatten, welche wir nachher mit gutem Willen der Barbarn mit einigen Meſſern erkauften. Als
ſie todt war, nehme ich ſie in die Hand, gehe damit
in ein Haus, worinn die Barbarn häufig zum Saufen
zuſammen gekommen waren, und frage, wem die Ente
ſey, ich wolle ſie bezahlen. Es tritt ein alter Mann
hervor mit einer gerunzelten Stirne, und ſagt, ſie ſey
ſein. Ich frage ihn, was er dafür haben wolle. Ein
Meſſer, ſagte er. Ich gebe ihm eins ohne Anſtand.
Er wendete ein, er wollte ein beſſeres. Ich biete ihm

X   ein

ein besseres an. Auch das gefiele ihm nicht, sagte e[r]
Was willst du denn von mir? fragte ich ihn. Ein[e]
Sichel, antwortete er. Wie ich nun sah, daß ma[n]
einen unerhörten Preis von mir verlange, und ich gra[de]
damals keine Sichel bey mir hatte, bedeutete ich ihm[,]
er sollte mit dem Messer zufrieden seyn; ich würde ih[m]
nichts mehr geben. Der Dollmetscher, welcher di[e]
Sitten der Barbarn kannte, (wiewohl er sich hier, w[ie]
ich bald sagen werde, betrog,) bedeutete mir, der Bar[-]
bar sey sehr zornig; es müsse daher mit was immer fü[r]
einem Preise eine Sichel aufgetrieben, und ihm bezah[lt]
werden. Ich erhalte daher noch eine von dem Knaben[,]
von welchem ich oben sprach, geliehen, und gebe s[ie]
dem Barbarn. Er will sie nicht annehmen. Ich frag[e]
ihn etwas böse zum drittenmale, was er denn haber
wolle? Mit der größten Frechheit antwortete er: Ich
will dich tödten, wie du meine Ente getödtet hast:
denn sie gehörte ehmals meinem Bruder, und des=
wegen schätzte ich sie vor meinen übrigen allen.
Hierauf geht dieser alberne Kerl nach Hause, und kömm[t]
mit einer sechs Fuß langen ungeheuren hölzernen Keul[e]
zu mir zurück, und droht mir von neuem mit dem Tode.
Ich erschrack hierüber zwar heftig, verbarg aber meine
Furcht mit der größten Sorgfalt. Der Dollmetscher er=
mahnte mich aus dem Hängbette, das zwischen mir und
meinem Gegner war, zu rechter Zeit, was ich zu thu[n]
habe. „Ziehen Sie ihren Degen, und zeigen Sie
ihm ihren Bogen und Pfeile, und sagen zu ihm:
Womit er glaube, daß er zu thun habe? Sie
seyn muthig und tapfer, und würden sich nicht un=
gestraft den Tod drohen lassen. Endlich, nach lan=
gem Wortwechsel, während welchem sich kein Mensch
drum kümmerte unsrer Uneinigkeit ein Ende zu machen,
ging mein trunkener Barbar, der den ganzen Tag mit
Saufen zugebracht, ohne sich etwas von seiner wahren
Gesinnung merken zu lassen, nach Hause schlafen.

Auch

Achtzehntes Hauptstück.

auch ich begab mich mit dem Dollmetscher zu unsern Gefährten, so von meinem Streite keine Sylbe wußten, um zu essen.

Der ganze Hergang war aber von meinem Barbarn blos zum Spaße gemacht worden. Denn sie wißen, daß sie, weil sie mit den **Portugiesen** in unsterblicher Feindschaft leben, gar keine Waaren mehr bekommen würden, wenn sie nur einen Franzosen umbringen sollten. Und würklich ließ er mir bald darauf, als er aufwachte, durch einen Barbarn sagen, ich sey sein Sohn, und was er gethan, sey nur geschehen, damit er einmal versuchte, wie tapfer ich mich im Kriege gegen die Portugiesen und **Margäaten** verhalten würde. Ich aber antwortete ihm: (um ihm alle Lust zu benehmen, hinführo dergleichen mehr gegen mich oder andere vorzunehmen; zumal, da niemand an dergleichen Spielen Vergnügen zu finden pflegt:) Einen solchen Vater, der mit ausgezogenem Schwerdte seine Kinder prüfte, könnte ich leicht entbehren. Ja ich ging den folgenden Tag, um ihm erstlich zu zeigen, wie übel ich seine Behandlung aufgenommen habe, in ein Haus, worinn auch er war, und beschenkte in seiner Gegenwart die Umstehenden mit Messerchen und Angeln, ihn aber ließ ich unbeschenkt stehen.

Aus diesem Beyspiele aber, und dem oben angeführten, von der Gefahr, in welcher ich bey meinem ersten Aufenthalte unter ihnen zu scheinen glaubte, erhellet klar, was ich schon gesagt habe, daß sie ihren Freunden sehr getreu seyn.

Obenhin ist auch noch zu bemerken, daß die Alten, welche ehedem keine Aexte, Sicheln und Messer hatten, deren sie doch zum Holzschneiden, Bogen- und Pfeilenmachen sich itzt mit so vieler Gemächlichkeit bedienen,

X 2 nicht

nicht nur die Franzosen sehr höflich aufnehmen, s[o]
dern auch die Jüngern fleißig ermahnen, dasselbe in [Zu]
kunft fort zu thun.

Neunzehntes Hauptstück.

Wie die Barbarn ihre Kranken behandeln. V[on]
ihren Begräbnissen und Leichenbegängnissen,
und ihrer unsinnigen Trauer über
die Todten.

Um endlich mit der Abhandlung von den ame[ri]
kanischen Barbarn zu Ende zu kommen, müssen wir h[ier]
noch etwas von ihrer Besorgung in Krankheiten u[nd]
dem Tode sehen.

Fällt irgend einer in eine Krankheit, und er [hat]
den schmerzhaften Theil angezeigt, so saugt ein V[er]
trauter des Kranken an selbigem mit dem Munde: [zu]
weilen wird ihm dieser Dienst auch von einigen Betr[ü]
gern, welche sie Paschen, (Pagés,) das heißt: Aer[z]
te oder Wundärzte, nennen, geleistet. Diese P[a]
schen sind von den Karaiben, von welchen oben M[el]
dung geschehen, ganz verschiedene Leute. Selbige sag[en]
auch, sie zögen die Schmerzen heraus, und brächten [sel]
ben hervor. *)

---

*) Anm. des Uebers. „Einen, der mit seinen Zaubereyen die Leu[te]
„umbringet, nennen sie Pagé aiba. (Pasche aiba.) Vor d[en]
„Zauberern (den Betrügern, von welchen hier Lery sagt,) hatt[en]
„die Neubekehrten eine große Furcht, und wenn sie eine Kran[k]
„heit befiel, so vermeinten viele, solche wäre ihnen durch Zaube[r]
„kunst auf den Hals gekommen.„ P. Eckart l. c. S. 590. –
Ich kann mich nicht enthalten, noch folgende Stelle aus Ja[n]
Rabbi Bericht (bey Marcgrav tract. cit. C. XII. p. 26.) von [ei]
T[...]

Neunzehntes Hauptstück.

Zuweilen werden sie von Fiebern und andern gemeinen Krankheiten befallen; allein nicht so oft, als wir. Nebst diesen aber haben sie mit einer unheilbaren Krankheit zu thun, welche sie Pians (Pians) nennen. Sie kömmt größtentheils von der Wollust her: ich habe jedoch auch Kinder gesehen, die damit angesteckt waren, wie bey uns mit den Blattern. (Variolis.) Diese ansteckende Krankheit geht endlich in Geschwüre über, welche mehr als Daumen dick sind, und den ganzen Leib, ja sogar selbst das Gesicht angreifen. Es werden also denjenigen, so mit dieser Krankheit behaftet sind, eben solche merkbare Zeichen ihrer Unreinigkeit eingebrennt, als bey uns denen, welche die Lustseuche haben. Ein Beyspiel hievon war ein neuschatelscher Dollmetscher, der häufig mit Weibern und Mädchen der Barbarn zu thun gehabt: dafür aber auch seinen völlig verdienten Lohn erhielt: denn sein ganzer Leib, und sogar sein Gesicht wurden so abscheulich entstellt, daß er einem, der die Elephantenkrätze (morbus elephantiacus) hatte, gleich sah: er behielt auch an den Geschwüren so kenntbare Maale, daß sie nie ausgingen. Sie halten daher auch diese Krankheit für die schädlichste unter allen.

Je-

Tapuyern hier anzuführen, besonders da sie zeigt, wie sehr die Heilart dieser Betrüger mit jenen andern übereinkomme. J. B. der Californier: Begert: Notic. de la Calif. Kanadenser: Charlevoix, Le Beau, La Hontan. Hottentotten. Sparrmann u. s. w. Rabbi sagt so: „Es wurden drey Aerzte genommen. Der erste „überhaupte den ganzen Leib des kranken Königleins mit Toback; „drauf nahm er desselben Knien, und sog so an ihnen, als ob er „sie fressen wollte; nachdem er hierauf wie ein Stier gebrüllt hatte, „spuckte er erstlich eine grosse Menge Speichel in seine Hand, „und dann mit demselben ein halblebendiges Thier, wie ein kleiner Aal, welches, wie er behauptete, das Königlein also gequält „hätte. Nachdem der zweyte an dem Bauche des Kranken eben so „gesogen, und wie ein wildes Thier gebrüllt hatte, erbrach er einen „weissen Stein, der bald wie eine Rose aussah. Eben so sog er „an den Seiten, und brachte etwas, was einer Wurzel glich, aus „dem Halse hervor. So machen sies immer, und gelten beym „leichtgläubigen Volke für grosse Aerzte." —

Jedoch zur Sache. Sie geben denen Kranken nie zu essen, wenn er es nicht ausdrücklich begehrt, obschon er für Hunger sterben sollte. Ist ferner auch die Krankheit gleich sehr schwer, so hören deswegen die Gesunden nicht auf, nach ihrer Gewohnheit zu tanzen, zu singen und zu trinken, und so den armen Kranken durch den Lärm ganz abzustumpfen. Der Kranke klagt auch darüber nicht, weil er weiß, daß er doch nichts ausrichten würde.*)

Stirbt er aber, so ändert sich, besonders wenn der Verstorbene ein Hausvater war, der Gesang alsbald in Thränen, und es wird alsdann so geheult, daß wir, wenn wir von ohngefähr zur Zeit einer solchen Trauer in einem Dorfe einkehrten, entweder uns anderswo hinwenden, oder die Nacht schlaflos hinbringen mußten. Vorzüglich aber hört man nicht ohne Bewunderung die Weiber, welche so rufen und schreyen, daß man glauben sollte, es sey ein Wolfs- oder Hundsgeheul, nicht menschliche Stimmen. Mit zitternder Stimme stossen sie folgende Klagen aus: **Er ist gestorben, jener tapfre Mann, der uns ehmals so viele Gefangene zu fressen gab.** Dann fahren die übrigen fort: **O den trefflichen Jäger, oder herrlichen Fischer! O den tapfern Schlächter der Portugiesen und Margaaten!** Kurz, die Weiber ermuntern einander zur Trauer, umfangen einander mit den Armen, und hören mit diesen Trauerbezeugungen und Lobsprüchen nicht eher auf, als bis der Leichnam aufgehoben ist. Endlich beklagen diese barbarischen Weiber noch ihre verstorbenen Männer, so viel ich gehört habe, mit folgenden Worten: **La mi amu, la mi amu: Kara ridang, oil desplangdu: Kama lösche, be dang-sadu:**

---

*) Anm. des Uebers. „Oder weil er glaubt, dadurch würde ihm „geholfen?" –

adu: lo me balang, lo m' eburba: mati depe:
or tard kuga. (La mi amou, la mi amou: Cara
ident, oeil desplendou: Cama leugè, bet dansa-
lou: Lo mé balen, lo m' esburbat: mati depes:
ort tard cougat. *) Das ist: Mein Freund!
mein Freund mit einem heitern Gesichte, glän-
zenden Augen, geschwinden ausdauernden Beinen;
zertlicher Tänzer, tapfer und muthig, der du
im frühen Morgen aufstandest, und bis in die
späte Nacht wach liegen bliebst. Ferner setzen die
Weiber noch zu den schon angeführten Klagen oft diesen
Schlußvers: Er ist gestorben, er ist gestorben,
en wir beklagen. Dann fallen die Männer ein:
Weh! weh! er ist gestorben, und wir sehen ihn nicht
wieder, bis wir hinter den Bergen, nach der Lehre unser Karaiben, mit ihm tanzen werden.

Dies Geheul dauert an sechs Stunden, denn
länger pflegen sie ihre Todten nicht unbegraben liegen zu
lassen. Hierauf wird der Leichnam in eine nicht länglichte, wie bey uns, sondern runde Grube, wie ein
großes Faß, aufrecht begraben. Ist der Verstorbene
ein Hausvater, so wird er in ein baumwollenes Bett gewickelt, mitten ins Haus verscharrt, und ihm Blumen nebst andern Sachen, woran er bey seinen Lebzeiten einen Gefallen gehabt, mit ins Grab gegeben.

Man könnte hier sehr viele Beyspiele der Alten
anführen, bey denen eben dies gebräuchlich war. Hieher gehört was Josephus **) von den in Davids Grab
zurückgelegten Geldern erzählt: was auch die weltliche
Ge-

---

*) Anm. des Uebers. Ich weiß nicht, was ich zu den hier ange-
führten brasilianischen Wörtern sagen soll, denn jeder Leser sieht
gleich beym ersten Anblicke, daß sie schier französisch sind, bis auf
die Endung.

**) Jüd. Alterth. B. VII. H. 12.

Geschichte von berühmten Männern bezeuget, welche nach ihrem Tode in ihrem besten Putze begraben worden. *) Ja wir brauchen nicht einmal weit von unsern Amerikanern zu gehen; so werfen die Peruaner, wenn sie ihre Könige und Kaßiken begraben, vieles Gold und Silber, und viele Edelsteine zu ihnen ins Grab, von welchen die Spanier, als sie selbige aufsuchten, grosse Reichthümer zogen. **) Welchen reissend gierigen Menschen sehr wohl zukömmt, was Plutarch von der Semiramis erzählt. Die Königinn Semiramis nämlich, welche Babylon erbauet haben soll, hatte auf ihr Grab, welches sie sich selbst errichtet, diese Inschrift gesetzt: Welcher König Geld braucht, eröffne dies Grab, und nehme sich, so viel er will. Nachdem Darius sich der Stadt bemächtigt hatte, wollte er im Zutrauen auf die Ueberschrift die Schätze haben; er hatte aber kaum einen grossen Stein, welcher das Grab schloß, aufgehoben, als er statt gehofften Geldes auf der untern Seite des Steines folgende Inschrift fand: Wenn du kein böser und mit Geld unersättlicher Mann wäreſt, so würdeſt du die Behältniſſe der Verstorbenen nicht beunruhigen. ***) — Jedoch wieder zu unsern Tuupinambolsiern.

Seitdem die Franzosen angefangen zu ihnen zu kommen, haben sie aufgehört, Kostbarkeiten in die Gräber niederzulegen; dabey aber einen unerhörten, und in der That teuflischen Aberglauben beybehalten. Die erste Nacht nach dem Begräbnisse setzen die Barbarn, die fest überzeugt sind, der Aynjang würde, wenn er keine andre Speisen bereitet fände, den Leichnam ausgraben, und

---

*) Anm. des Ueberſ. Auch bey unſern deutſchen Vorfahren war dieſ Sitte. Man ſehe: *Cluverii German. antiq.* L. I. C. 13. und die da angeführten lateiniſchen Schriftſteller.

**) Man ſehe: Benzo Geſch. der neuen Welt, B. III. S. 20.

***) Anm. des Ueberſ. *Plutarchus Dictinn. memorab. Regum Princ.* etc. bald am Anfange.

d verzehren, nicht wenige Geschirre mit Mehl, Fi-
en, Fleisch, und andren wohl zubereiteten Speisen,
ost Kauertg, um das Grab herum. Diese Libazion
ederholen sie so lange alle Nacht, bis sie glauben,
ß der Leichnam völlig verzehrt sey. Von diesem Irr-
ume waren sie um desto beschwerlicher abzubringen,
il einige neuschatelsche Dollmetscher, nach dem Bey-
ele der Priester Baals, vor unsrer Ankunft mehr als
mal diese Speisen heimlich weggestohlen hatten.
erdurch wurden die Barbarn in ihrem Irrthum bers
ssen bestärkt, daß wir mit grosser Mühe kaum einige
von brachten, wiewohl wir ihnen zeigten, daß die
ends hingesetzten Speisen am Morgen noch da
ren.

Dieser Traum der Barbarn ist nicht sehr verschie-
n von der Erdichtung der Rabbiner, oder der Erzäh-
ng des Pausanias. Die Rabbiner schreiben,*) der
ichnam eines Menschen komme in die Gewalt eines
sen Geistes, den sie Zazel oder Azazel nennen, und
n dem sie behaupten, daß er im Buche Leviticus **)
r Fürst der Wüsteney genennt werde. Zur Bestäti-
ung dieses Irrthumes martern sie die Stellen der heili-
n Schrift,***) wo zu der Schlange gesagt wird: du
irst Staub essen dein Lebenlang, und machen den
chluß: Weil unser Leib aus Thon der Erde genommen
, was denn die Speise der Schlange seyn soll, so
uß er ihr unterworfen seyn, so lange, bis er in seine
istige Natur übergeht. — Pausanias berichtet, †)
e delphischen Orakel haben gelehrt, ein böser Geist,
n sie Eurinomus nennen, pflege das Fleisch der Ver-
stor-

*) Man sehe: Viret Phys. Papal. Dial. III. p. 210.
**) Lev. XVI. 8.
***) Genes. III. 14. Jesaias LXV. 24.
†) Anm. des Uebers. *Pausanias de veteris Graeciae Regionibus*
L. X. p. 291. 50. (Francof. 1583.)

storbenen zu verschlingen, und die blossen Knochen liegen zu lassen. — Diese beyden Irrthümer kommen nahe an die Träume der Amerikaner.

So oft endlich die Barbarn auf die oben angezeigte Art ihre Dörfer anderswohin tragen, setzen sie auf die Gräber der Verstorbenen eine Art Dächer von dem Kraute Pengdo. (Pindo.) Wanderer können daher eine Art von Kirchhof daran erkennen. Kommen sie zuweilen während ihren Herumschweifungen in den Wäldern an diese Oerter, und es fallen ihnen dabey die verstorbenen Männer bey, so erheben sie ein solches Geheul, daß mans weit herum hören kann. *) — Ich will sie jedoch ihre Verstorbenen beweinen lassen, bis sies selbst genug haben.

Ich habe nun die Barbarn bis in ihr Grab begleitet, und schliesse daher die Abhandlung von ihren Sitten. Der Leser kann jedoch nebst dem Gesagten noch etliches in dem hier folgenden Gespräche bemerken. Ich schrieb es noch in Amerika, mit Hülfe eines Dollmetschers, welcher in der amerikanischen Sprache sehr erfahren war, (denn er hatte sieben Jahre in dem Lande gelebt,) und auch die griechische Sprache, von welcher die Barbarn nicht wenige Wörter lehnen, sehr gut verstand.

*) Anm. des Uebers. Noch etwas zur Trauer der Brasilianer (in der Gegend von Trokano wenigstens,) hat P. Eckart l. c. S. 573. — „Dennoch habe ich beobachtet, daß, wenn einer aus „ihrer Freundschaft mit Tode abgehet, sie, um grösseres Leidwesen „zu bezeigen, ihre Haare zu scheeren pflegen.„ —

Zwanzigstes Hauptstück.

Gespräch, gleich beym Eintritte in Brasilien, zwischen den Eingebornen Tuupinambolsiern, Tuupinenkin, und Europäern. Brasilianisch und deutsch.

Tuupinambolsier.

Ere - schube? *) Bist du gekommen?

Europäer.

Pa - aschut.	Ja ich bin gekommen.
Tuup. Tech! osche, ny-po.	Wohl!
Mara - pe derere?	Wie heissest du?
Europ. Lery - ussu.	Grosse Muschel.
Tuup. Ere - schacasso piane?	Du hast also dein Vaterland verlassen, um künftig hier zu wohnen?
Europ. Pa!	Ja!
Tuup. Eori - decretani uani repiac.	So komm denn her, und besehe den Ort deines Aufenthaltes.
Europ. Osche - be.	Das ist schön.
Tuup. J-angde repiac aut Jangde repiac aut e eherare Tech Oueretè Tevoa Lery yme ang! —	Sieh also, mein Sohn, er hat an uns gedacht, und ist in dieses Land gekommen. Schön!

Ereru

Touonp. Ere - joubé? *Europ.* Pa - ajout. — *T.* Teh! ugé, ny - po. Mara - pé - déréré? — *E.* Lery - oussou. — *T.* Erè - jacasso piene? *E.* Pa. — *T.* Eori - decretani ouani epiac. *E.* Auge - bé. — *T.* J - endé rèpiac? aout J - endé rèpiac aout é éhéraire Teh! Oouèret é Teuoy Lery - oussou ymé en!

*) Anm. des Uebers. Ich habe das Brasilianische nach der deutschen Aussprache geschrieben. Zur bessern Einsicht habe ich indessen unten an jedem Blatte Lerys französische Ortographie beygefügt.

Ereru de caramamo?   Haſt du Koffern mitgebracht?
Europ. Pa arut.   Ja, ich habe ihrer mitgebracht.
Tuup. Mobuy?   Wie viele?

Wie viel man ihrer nun hat, ſagt man denn bis auf fünf mit folgenden Worten: Oſchepe eins, mocuelng zwey, moſſapüt drey, oaoacudic vier, ecoëngbo fünf. Geht es über dieſe Zahl, ſo muß man ſelbige mit eben ſo vielen ſeiner Finger, oder wenn dieſe nicht hinreichen, mit denen in der Nähe ſtehenden Nachbarn, bezeichnen; anders können ſie nicht zählen.

Tuup. Maë pererut, de   Aber was haſt du in den Kof-
  caramemo pupe?   fern mitgebracht?
Europ. A - ob.   Kleider.
Tuup. Mara - vaë.   Von was für Farbe.
Europ. Sobuy - ete.   Blau.
  Pirank.   Roth.
  Schup.   Gelb.
  Song.   Schwarz.
  Sobuy, maſſu.   Grün.
  Pirianglz.   Bunt.
  Pegaſſu - oë.   Grau.
  Teng.   Weiß. (Wird auch von
                           Hemden gebraucht.)
Tuup. Mae pamo?   Was mehr?
Europ Acang obé rupe.   Runde Hüte.
Tuup. Seta - pe?   Viele?
Europ. Icatupoë.   Unzählige.
Tuup. Ae pogno?   Iſt das alles?
Europ. Erimang.   O nein!
                                                 Tuup.

Eréroū dè caramémo? *E.* Pà atout. *T.* Mopouy? *E.* Augépé mocouein, moſſaput, oioicoudic, ecoinbo. *T.* Maë pèrèrout, dè caramèmo poupè? *E.* A - aub, *T.* Mara vaè? *E.* Sóbouyèré. - Pirenk. Joup. Son. Sobouy, maſſou. Pirienlz, Pegaſſou - auè. Tin. — *T.* Maè pàmo? *E.* Acang auhè - roupè. *T.* Seta - pè? *E.* Icatoupaué. *T.* Ai pogno? *E.* Erimen.

Zwanzigstes Hauptstück.

Tuup. Esse non bat. — So sage mir alles.
Europ. Coromo. — So warte ein wenig.
Tuup. Neeng. — Nun dann!
Europ. Mocap oder Morocap. — Kanonen und Geschütz aller Art. (Mocap bedeutet alle Art Geschützes, auch das grössere auf den Schiffen zur Vertheidigung gegen die Seeräuber. Zuweilen sprechen sies mit einem B (Bocap) aus, so, daß man im Schreiben, wenn es möglich wäre, einen Mittelbuchstaben zwischen B und M machen müßte.)

Mocap - cui. — Auch Pulver, (habe ich mitgebracht.)

Mocap - cuiuru. — Pulverhörner, (oder sonst andere Instrumente, das Pulver einzuschliessen.)

Tuup. Mara vaë. — Was sind es für welche?
Europ. Tapirussu - ak. — Von Ochsenhörnern.
Tuup. Osche - gatu - tege. — Schön! wohl gesagt.
Maë pe sepuyt rang? — Was willst du dafür haben?
Europ. Aruri. — Ich habe sie nur mitgebracht, (als wenn man sagte: ich will sie so geschwinde noch nicht verkaufen.)

Tuup. He! — (So sagen sie, wenn sie angeredet werden, als ob

T. Esse non bat. *E.* Coromo. *T.* Nein. *E.* Mocap, Mororocap, Mocap - coui, Mocap - couioutou. *T.* Mara vaë? *E.* Tapiroussou - ak. *T.* Augé - gatou - tegué. Mâe pê sepouyt rem? *E.* Arouri. *T.* He!

	ob sie gern antworten wollten, wo sie jedoch schweigen, um nicht ungestüm zu scheinen.
Europ. Arru-ita ygapang.	Ich habe auch eiserne Messer mitgebracht.
Tuup. Naoëpiac-ischo pang e?	Werde ich sie zu sehen bekommen?
Europ. Begoë irang.	Wenn wir Zeit haben.
Tuup. Nererupe güyapa?	Hast du nicht auch Sicheln mitgebracht?
Europ. Arru.	Ja, ich habe ihrer mitgebracht.
Tuup. Igatu-pe?	Sind sie schön?
Europ. Giapar ete.	Sie sind vortrefflich.
Tuup. Oa-pomogang?	Wer hat sie gemacht?
Europ. Page-uassu remymonjang.	Du kennst ihn sehr gut, er heißt so und so.
Tuup. Osche-terach.*)— Asepiati-mo-mang.	Das ist nun gut. —— Aber, ich möchte die Sachen doch gern sehen.
Europ. Karamussee.	Es wird zu einer andern Zeit geschehen.
Tuup. Tasepiach tosche.	Ich möchte sie itzt gleich sehen.
Europ. Eangbereenghe.	Warte nur noch.
Tuup. Ererupe itagse amo?	Hast du Messer mitgebracht?
Europ. Arrureta.	Ich habe viele mitgebracht.
	Tuup.

E. Arrou-ita ygapem. *T.* Naoepiac-icho pèn é? *E.* Bègoë irem. *T.* Nèrètoupè guya-pat? *E.* Arrout. *T.* Igatu-pé? *E.* Guiapar èté. *T.* Aua-pomoguen? *E.* Pagè-ouassou, remymognen. *T.* Augé-terah. Acèpiati-mo-mèn. *E.* Karamoussée. *T.* Tacèpiah taugé. *E.* Eémbereingué, *T,* Erèroupé itaxé amo? *E.* Arroureta.

*) Anm. des Uebers. Man vergleiche hier, um zu sehen, warum ich das h Lerys mit ch schrieb, das neunte Kapitel zu Ende, wo er Vhen schreibt, und sagt, es müsse ausgesprochen werden durch die Gurgel, das ist aber unser deutsches ch nach einem a, o, u.

Zwanzigstes Hauptstück. 335

Tuup. Secuaranteng vaë?	Haben die Messer allerhand Stiele?
Europ. Ang - ang.	Nein!
Ivteng.	Sie haben weisse Stiele.
Tagse miri.	Kleine Messer.
Pengda.	Angeln.
Mutangutong.	Ahlen.
Arrua.	Spiegeln.
Kuap.	Kämme.
Murobuye te.	Blaue Armbänder.
Sepiach yponesing.	Wie hier keine sind. Es sind die schönsten, welche ihr noch hieher bringen gesehen.
Tuup. Easo - seha voch de caramemo t'asepiach de maë.	Mache deinen Koffer auf, damit ich deine Güter sehe.
Europ. Aemossaënang. Asepiag - uca irang desüe.	Ich bin itzt beschäftigt. An einem andern Tage will ich zu dir kommen, und es dann öffnen.
Tuup. Narur ischo p'Iremmae desüe?	Soll ich dir nicht auch was bringen?
Europ. Maè! pereru pota?	Was willst du mir denn bringen?
Tuup. Ssech de — Maë perei potat.	Ich weiß nicht, was du — was willst du denn haben?
Europ. Soo.	Wild.
Ura.	Vögel.
Pira.	Fische.
Uy.	Mehl.
Yetic.	Rüben.

Com-

T. Secouarantin vaè? E. En - en. Ivetin. Taxe - miri. Pindi. Moutemouton. Arroua. Kuap. Moúrobouyé - te. Cepiah yponeum. T. Easo - ia voh de caramémo t'acepiah de maé. T. Aimossaénen. Acépiag - ouca iren desue. T. Nàrour icho p'Itémnaé desue? E. Maè! pererou potat? T. Sceh de, Maé peréi potat? Soô. Oura. Pira. Ouy. Yetie.

Commangda - uaſſu. Groſſe Bohnen.
Commanga - miri. Kleine Bohnen.
Morguia - uaſſu. Zitronen und Pomeranzen.
Maë tiruang. Alles oder viel was ich habe.
Tuup. Mara vaë ſoo ere- Was für ein Thier willſt du
  ſchuſſech.   eſſen?
Europ. Naſepiach Kevong Ich will von denen keine, die
  guaaer.   es hier giebt.
Tuup. Aaſſenong deſuoe. Ich will dir ſie einmal nennen.
Europ. Neeng. Nun dann!
Tuup. Tapiruſſu. Ein Wild, dem ſie dieſen Na-
    men geben.
Seuaſſu. Eine Art Hirſche oder Dam-
    hirſche.
Taeaſſu. Eber.
Aguti. Ein rothes Thierchen, ſo groß,
    als ein abgewöhntes Ferkel.
Page. Eben ſo groß, ſchwarz und
    weiß.
Tapiti. Eine Art Haſen.
Europ. Eſſe nong ooca Nenne mir die Vögel.
  yſcheſüe.
Tuup. Schacu. Ein Vogel von der Gröſſe ei-
    nes Pfauen; es giebt drey
    Arten, als: Schacuteng,
    Schacupang und Schacu-
    uaſſu. Sie ſind vor allen
    übrigen Vögeln von gutem
    Geſchmacke.

Mu-

Commenda - ouaſſou. Commenda - miri. Morgouis ouaſſou.
Maé tirouen. Mara - vaë ſóo éréiuſceh? E. Nacépiah quevon
gouaáire. T. Aaſſenon deſſuoe. E. Nein. T. Tapirouſſou.
Sé - ouaſſou. Taiaſſou. Agouti. Pague. Tapiti. E. Eſſe non
ooca ycheſüe. T. Jacou (Jacoutin, Jacoupem, Jacou-
ouaſſou).

Zwanzigstes Hauptstück.

Muton.	Waldpfau. Sie sind schwarz, und grau, so groß als die unsrigen; werden aber selten gefunden.
Mocacua.	Eine Art Rebhühner, so groß als Kapaunen.
Ynangbu - uassu.	Eine andere Art Rebhühner, so groß als die vorigen.
Ynangbu.	Eine Art Rebhühner, welche schier denen in Frankreich gleicht.
Pegassu.	Turteltaube.
Paecoc.	Andre kleinere Art Turteltauben.
Irop. Seta - pe pira senaë.	Giebt es auch viele gute Fische?
Iup. Nang.	So viele.
Kürema.	Barben.
Parati.	Eine bessere Art Barben.
Aaara - pep.	Ein platter Fisch, besser als die andre.
Atrara - butang.	Ein andrer schlechterer, von gelber Farbe.
Atrara - meri.	Die kleinsten Fische im süssen Wasser, vom besten Geschmacke.
Uara.	Ein grosser Fisch von gutem Geschmacke.
Kamurupuy - uassu.	Ein grosser Fisch.
Irop. Mamo - pe - deretang?	Wo wohnst du?

Tuup.

outon. Mocacoua. Ynembou - ouassou. Ynembou. Pessou. Paicouc. E. Seta - pe pira senaë? T. Nan. Kurema. rati. Aaara - pep. Atrara bouten. Atrara - miri. Ouara. amouroupouy - ouassou. E. Mamo - pe - dérétam?

Tuup. Karioch, ora-uaſſu-one, Schavö-ür aſſic, piracang, opang, Eiraea itanang, taracuir-apang, Sarapo-ü. —	Jn u. ſ. w. Die hier angegebenen Namen ſind Dörfer die im Jenner-Meerbuſen, wenn man herein kömmt, linker Hand liegen und ſich nicht gut erklären laſſen.
Keri-ü, Ahara-ü, Kurumure, Ita-och, Schoararuang. —	Jn u. ſ. w. Dörfer am Jennerfluſſe rechter Hand herauf.
Sacuarr-uſſu-tüüe, Ocarangteng, Sa popang, Nurucüüe, Araſa tüüe, Ueſü-potüüe.	Jn u. ſ. w. Groſſe Dörfer auf dem feſten Lande auf beyder Seiten.

Es giebt auch noch mehrere andere, welche man von denen hören kann, welche mit den Eingebornen Handel treiben, und von den Hausvätern, welche in dieſen Dörfern wohnen, und fälſchlich Könige genennt werden.

Europ. Mobuy-pe tupicha gatu hoeu?	Wie viele groſſe (tapfere) Männer giebt es hier im Lande?
Tuup. Seta-güe.	Viele.
Europ. Eſſenong oſche pekub yſcheſüe.	Nenne mir einen.
Tuup. Nang!	Nun dann! (wenn ſie einen aufmerkſam machen wollen.)

Eapira-

T. Kariauh, ora-ouaſſou-onée, Jaueu-ur aſſic, piracam opem, Eiraia itanem, Taracouir-apan, Sarapo-u. Keri-u, Ahára-u, Kouroumouré, Ita-auh, Joirarouem. Sacouarr-ouſſou-tuue. Occarentin, Sa popem. Nouroucuue. Araſa tuue. Uſu-potúue. E. Môbouy-pé toupicha gaton heuou. T. Séta-gué. E, Eſſenon-adge pequoube ycheſue, T. Nán.

Zwanzigstes Hauptstück. 339

Capira - ui schup.	Ein Name eines Mannes, der so viel bedeutet, als: Ein halb kahler Kopf mit sehr wenigen Haaren.
arop. Mamo pe setang?	Wo wohnt er?
Iup. Karioch - be.	In u. s. w. Ein Dorf, was so heißt. Es ist aber dieser Name der Name eines Flusses, von dem ihn das Dorf erhalten, welches dran liegt. — Der Name ist zusammengesetzt von Karios (Haus) und och (er wird seyn). — Be ist der Artikel des Nehmungsfalles (ablativi), und bedeutet auch einen jeden Ort, wohin man geht.*)
Mossang y Scherre.	Es bedeutet dies Wort einen, der Medizin bewahrt oder besitzt. Sie bedienen sich auch dieses Wortes, eine Hexe (mulierem veneficam) oder Besessene zu bezeichnen; denn Mossang heißt Medizin, und scherre Eigenthum.
Uroch ussu och arangteng.	Die größte Feder dieses Dorfes.
To - cuar - ussu - tülleguare.	Wo Schilf wie grosse Röhre gelesen werden.

U-
Capira - ui joup. *E.* Mamo pé se tam? *T.* Kariauh - bé. Mossen ygérre. Ourauh' oussou auh arentin. Tau - couassou - tuüe - gouare.

*) Anm. des Uebers. Es würde also so viel heissen, als: Wohnung, oder wörtlich: Es wird ein Haus seyn, wo man hingehen wird.

U - acang.	Der vorzüglichste Ort dieses Dorfes, d. i. ihr Haupt.
Souar - ussu.	Ein vom Baume gefallenes Blatt.
Morguia - uassu.	Eine große Zitrone.
Maë dû.	Feuerflamme.
Maraca - uassu.	Große Schelle.
Maë - usep.	Was halb aus der Erde oder sonst wo hervorsteht.
Kario piarre.	Weg, der zu den Kariern führt.

Das sind die vornehmsten, welche am Jennerflusse wohnen.

Sche - rorüp gatu, derur ari.	Ich freue mich recht sehr, daß du gekommen bist.
Neeng tereico, pae Nicolasirong.	Bleibe aber beym Herrn Nikolas, (so nannten sie den Villegagnon.*)
Nere rupe dere miseco.	Hast du ein Weib mitgebracht?
Europ. Arrut - irang - schereco oschernie.	Wenn meine Geschäfte zu Ende sind, so will ich mir eins nehmen.
Tuup. Marape derecurang?	Was hast denn du für Geschäfte?
Europ. Scher oc - uang.	Ich muß mir eine Wohnung bauen.
Tuup. Mara - vaë - och?	Was für eine Wohnung?
	Europ.

Ouacan. Soouar - oussou. Morgouia - ouassou. Maë du. Maraca - oussou. Maé - uocep. Kariau prarre. Che - rorupgarou, derour - ari. Nein téréico, pai Nicolas iron. Neré roupè dèrè miceço? E. Arrout - iran - chereco augernie. T. Marape derecouran? E. Cher auc - ouam. T. Mara - vaé - auh?

*) Anm. des Uebers. Oben hatte er gesagt, sie hätten ihn Paicola genennt.

Zwanzigstes Hauptstück.

Europ. Seth, Daëehereco-rang - euap - rangnje.   Ich weiß noch nicht, was ich machen soll.

Tuup. Meeng tereicuap derecorang.   Denke also darauf, was du thun sollst.

Europ. Peretang - repiach-iree.   Wenn ich einmal euer Land gesehen, und eine Zeitlang hier gewesen bin.

Tuup. Nereico - ischo pe deoang a irong.   Wirst du nicht bey den Deinigen wohnen?

Europ. Maravi - amo - pe?   Warum fragst du dies?

Tuup. Aepo - Ke.
Sche putupa - ge deri.   Ich habe meine Ursache.
Das gefällt mir nicht, (daß du mirs nicht sagen willst, als ob er sagte: ich möchte es gern wissen.)

Europ. Nenpe amotare-üng - pe orerubischech?   Hasset ihr unsern Oberen oder Alten?

Tuup. Erymang.
Serecogatu puyr eeng ete mo?   O nein!
Müßte ich es nicht sagen, da es eine so sehr wichtige Sache ist.

Europ. Secuaë apoo - e ôgat angaturem, yporere cogatu.   Ein guter Vater pflegt für das, was er liebt, fleißig zu sorgen.

Tuup. Neresco - ischo pirang uarivi?   Wirst du nicht nachher in den Krieg ziehen?

Europ. Asso irenûë.
Mara - pe peruascherre-rere?   Ja, mit der Zeit.
Wie heissen eure Feinde?

                                   Tuup.

. Seth, Daé - ehereco - rem - couap - rengné. *T.* Mein te-icouap derecorem. *E.* Peretam - repiah - iréé. *T.* Néréico-ho pe deauem a irom? *E.* Maravi - amo - pé? *T.* Aipo - que, he poutoupa - gue déri. *E.* Nén pè amotareum - pe orerou-cheh? *T.* Erymen. Serécogatou pouyr eim été mo? *E.* Sé-uaé apoau - e eugat engatouresme, yporere cogaru. *T.* Ne-sco - icho pirem ouarivé? *E.* Asso irénué. Mara - pé perous-irré - réré?

Zwanzigstes Hauptstück.

Tuup. Tüaeat, oder Margaeat.	Tuädt oder u. s. w. ein Volk, das mit ihnen einerley Sprache hat, bey welchen die Portugiesen wohnen.
Uetaca.	— Ein wahres wildes Volk, wohnt an dem Flusse Machhe und Pará.
Ueanang.	— Wilder als die andern, und lebt in den Wäldern und auf den Gebürgen umher.
Caraea.	— Diese sind edler; haben auch an Speisen und andern Lebensnothwendigkeiten vor den übrigen den Vorzug.
Kario.	— Ein Volk, das über Tudare am Siberflusse *) wohnt, und dieselbe Sprache mit den Tuupinambolsiern und Tuupinangkeng hat. Die andern oben benennten haben ein verschiedenes Idiom. **)
Tech - oaoach poeireca a paove, schangde - üe.	Eins sucht das andere, und das zu unserm grossen Nutzen. (Das Wort: schangde-üe ist die zweyte Zahl, deren sich die Griechen bedienen, wenn von zweenen die Rede ist.

Ty

T. Touaiat. Margaiat. Ouetaco. (Mach-he, parai.) Ouéaném. Caraia. Karios. (Touaire), Tch - oioah poeireca a paauué, jendéve.

*) Anm. des Uebers. Rio de la plata.

**) Anm. des Uebers. Oben Hauptst. XV. hatte Lery gesagt, die Sprache der Margäaten sey von der Tuupinambolsiern in nichts verschieden.

Zwanzigstes Hauptstück.

	Hier wirds mit uns (zu unserm Nutzen) aufgelöst.)
Ty ſcherob ach apoo ari!	Juchhe! das uns Menſchen beſuchen!
Apoa aẽ maẽ ſcherre, ſchangdeſüe.	Es ſind Leute, die auf unſern Nutzen bedacht ſind, da ſie uns ihre Güter geben.
Tyreco - gatu ſchangdeſüe.	Laßt uns wohl auf ſie Acht haben, (d. i. laßt uns ſie ſo aufnehmen, daß ſie zufrieden ſind.)
Iporangc ete - ang reco ſchangdeſüe.	Eine ſchöne Sache für uns.
Tymaran - gatu apoo ape.	Wir wollen uns dieſen Leuten ganz ergeben.
Tymomurru, me maẽ ſcherre ſchangdeſüe.	Wir dörfen ihnen nichts zu Leide thun, da ſie uns ihre Güter bringen.
Typoiſch apooẽ ſchangdeſüe.	Wir müſſen ihnen Lebensmittel geben.
Typoëraca apooẽ.	Wir müſſen für ſie jagen und fiſchen. (Das Wort *typoeraca* wird zwar vorzüglich vom Fiſchen gebraucht; allein es wird auch auf anderes Jagen ausgedehnt.)
Tyrru maẽ tyronang ani ape.	Wir müſſen ihnen bringen, was wir nur auftreiben können.

Tyrè

Ty jerob ah apóau ari. Apóau aé maé gérré. jendeſue. Tyréco - gatou jendeſue. Iporenc été - am reco jendeſue. Tymaran - gatou apóau - apé. Tymomourrou, mé maé gérré jendeſue. Typoich apóaué jendeſue. Typoeraça apoaué. Tyrrout maé tyronam ani apé.

Tyre congremoaſch-meſchangde-maē recuſſa-üe.	Wir dörfen ſie ja nicht! übel aufnehmen, da ſie uns ihre Güter zuführen.
Pe-peroengch oü-meſcharaeir uĕch.	Seyd nicht böſe, meine Kinder.
Ta pere coach maē.	Damit ihr Güter bekommt.
Toerecoach poraer amo.	Auch eure Kinder.
Nyrecoach ſchangderamueng maē puaer.	Von unſern Voreltern haben wir keine Güter.
Opap ſcheramuĕng maē puaer aetich.	Was mir meine Voreltern hinterlaſſen, habe ich alles weggeworfen.
Apoo maē ry oa ſcherobiach.	Weil ich die Güter, welche dieſe Leute da uns bringen, höher ſchätze.
Schangderamuĕng remiē piaē potatege au air.	Wenn ſelbige die Unſrigen geſehen hätten, würden ſie ſich ſelbige gewünſcht haben; allein ſie ſahen ſie nicht.
Tech! oap otarchete ſchangderamueng recochiare ete, ſchangdeſüe.	Pah! um wie viel beſſer iſt unſer Zuſtand vor dem unſerer Voreltern!
Schangde porro-uſſu vocare.	Das benimmt uns alle Traurigkeit.
Schangde-co uaſſuſcherre.	Das macht, daß wir groſſe Gärten haben.
Ang ſaſſi pirang, ſchangde memynong.	Unſere Kinder ſchreyen jetzt nicht mehr, wenn ſie geſchoren werden. Tyre

Tyre comvemoich-meiende-mae recouſſa-ue, Pé-peroinh auu-mecharaire oueh. Ta pérĕ coih mae. Toe recoih peraire amo. Nyrecoih jenderamouyn maé pouaire. Opap cheramouyn maé-pouaire aitih. Aposu mué ry oi ſerobiah, Jenderamouyn recohiare été, jendeſue. Jendé pourrau-ouſſou vocare. Schende-co-ouaſſou-gerre. En ſaſſi piram, jendere mĕmynun apĕ.

Zwanzigstes Hauptstück.

Tyre coach apuo, Schangdrua-fcherre ari.	Wir wollen sie mit uns gegen unsere Feinde nehmen.
Toëre coach mocap, o maë-aë.	Sie mögen ihre Kanonen mitnehmen, welche Waffen sie für sich haben.
Mara-mo sangtang gatu-öeng amo?	Warum sollen sie nicht tapfer seyn?
Meme-taë mererobiarang.	Es sind unerschrockene Leute.
Ty senange apuo, marang-schangd'-irong.	Wir wollen ihre Kräfte versuchen, so lange sie bey uns sind.
Mangre-taë moreroar rupiar.	Die werden die andern (Portugiesen) bekriegen.
Agne-he uëch.	Ja so ist es.
Neeng-tya-muëta changdere caſſariri.	Wir wollen von denen reden, die uns besuchen. (Man muß das im guten Sinne nehmen.)
urop. Neeng-sche aturaſſoëp.	Nun dann mein Bundesverwandter.
uup. Maë-reſſe, schangde muëta?	Wovon sollen wir reden?
urop. Sfech macruangreſſo.	Von vielen und verschiedenen Sachen.
uup. Mara-piang wachrere?	Was heißt Wach?
urop. Himmel.	
	Tuup.

yre coih apouau, jenderous-gerre sri. Toëre coih mocap, maé-aé. Mara-mo sentén gatou-euin-amo. Memé-taé orerobiarem. Ty senene apouau, maram-jende-iron. énré-taé moreroar roupiare. Agne-he oueh. Nein-tya-ouéta jéndéré caſſariri. *E.* Nein-che atour-aſſauep. *Γ.* aé-reſſe, jende mouéta? *E.* Sceh macrouem-reſſe. *T.* ara-pieng wah-rere?

Tuup. Sych-rangnje-tasſoeuch maëtiruang desüe.	
Europ. Oschebe.	Recht.
Tuup. Wach.	Himmel.
Cuaraſſi.	Sonne.
Schaſſe.	Mond.
Schaſſi tata uaſſu.	Morgens- und Abendstern.
Schaſſi tata miri.	Alle andere kleinere Sterne.
Ybui.	Erde.
Poaroang.	Meer.
Uchete.	Süſſes Waſſer.
Uch-cang.	Geſalzenes Waſſer.
Uch-cang büchk.	Schlammigtes, geſalzenes Waſſer.
Ita.	Stein. (eigentlich: allein es wird auch für jedes Metall, und für jede Stütze eines Hauſes gebraucht: wie: *asch ita:* Säule an einem Hauſe.)
Yapürr-ita.	Hausſpitze.
Schüra-ita.	Balken am Hauſe.
Igurach oder ybuirach.	Alle Arten Holz.
Urapat.	Bogen. (Iſt zuſammen geſetzt von *ybuirach* (Holz) und *apat* (krumm:) Sie verkürzen es aber in *Urapat*.
Arre.	Luft.
Arr-oep.	Böſe Luft.
	Regen.

Cyh-rengne-taſſeuouh maetirouem deſue. *E.* Augebé. *T.* Moh. Couaraſſi. Jasce. Jaſſi-tata-ouaſſou. Jaſſi-tara-miri. Ibouy. Poirauem. Uhete. Uh-ëen, Uh-ëen-buhk. Ita. (ach-ita,) Yapurr-ita. Jura-ita. Igourah (ybourah). Ourapat. Arre, arr-aip.

Zwanzigstes Hauptstück.

Amang. — Regen.
Amang poatu. — Ungestüme vor dem Regen.
Tup - ang. — Donner.
Tupang - verap. — Blitz.
Yory - hû. — Wolken oder Winter.
Ybnetûre. — Berge.
Keng. — Flaches Land ohne Berge.
Toë viri och. — Haus.
Uch - ecuap. — Strom.
Uch - pau. — Insel.
Kaa. — Alle Gattungen von Wald.
Kaa - pau. — Ein Wald mitten auf einer Fläche.
Kaa - uang. — Der in den Wäldern erzogen worden.
Kaa - scherre. — Der Teufel, der sie heftig plagt.
Ygat. — Kahn aus Baumrinde. (er faßt dreyßig bis vierzig Kriegsleute. Es wird auch für ein Schiff gebraucht: denn sie nennen solches: *ygerr - uaſſu.*

Püiſſa - uaſſu. — Fischernetz.
Engea. — Grosser Fischerkahn.
Engei. — Ein Diminutiv vom vorigen; ein Kahn bey Austretung der Flüsse gebräuchlich.

Europ. Nomoko, maë taſſe nomi deſue. — Ich bitte dich, laß es dabey.
Tuup. Emurbeu deretang ischeſue. — Nun rede von deinem Vaterlande und deiner Wohnung. Europ.

Amen. Amen - poytou. Toup - en. Toupen - Verap. Yory- hu. Ybneture. Quum. Taue viri auh. Uh - ecouap. Uh- paou. Kaa. Kaa - paou. Kaa - ouan. Kaa - gerre. Ygat (yguerrouſſou.) Puiſſa - ouaſſou. Inguéa. Inguéi. E. No- moquot, maé taſſe nomi déſue. T. Emourbéou deretam icheſue.

Europ. Oſchebe derange eporang dup.	Wohl: frage du alſo zuerſt.
Tuup. Scha ech marape deretang - rere?	Das will ich thun. Wie heißt dein Vaterland?
Europ. Rouen.	
Tuup. Tang - uſcu - pe- ung.	Iſt es ein groſſes Dorf? (Weil ſie keine Städte haben, ſo machen ſie zwiſchen ei- ner Stadt und einem Dorf keinen Unterſchied.)
Mobaa - pe - peruchi- ſchach gatu?	Wie viele Herren habt ihr?
Europ. Oſche - pe.	Einen.
Tuup. Mara - pe - ſere?	Wie heißt er?
Europ. Heinrich. (Unſere Reiſe ward unter Hein- rich II. unternommen.)	
Tuup. Tere - porrange.	Ein ſchöner Name.
Mara - pe - perubichang eta oeeng?	Warum habt ihr nicht mehrere Herren?
Europ. Moroëre - ſchich- ge:	Wir haben nicht mehrere.
Ore ramuëng - oë.	Von den Zeiten unſerer Vor- eltern her.
Tuup. Mara piangch - pee?	Und ihr aber?
Europ. Oroacoge.	Wir ſind damit zufrieden.
Ore - maë - ſcherré.	Wir werden gut behandelt.
Tuup. Epe - noëre, coach- perupiſchach - maë?	Hat euer Fürſt auch Güter?
Europ. Oërecuch.	Unendlich viele.

Ore-

E. Augêbé derengué eporen doup. *T.* Ja eh marape deretam- rere. = Tan ouſcou - pe - oum? — *E.* Pa. *T.* Moboy- pe - perouhichah gatou? *E.* Augé - pe. *T.* Mara - pe - ſere? — Tére - porrene. Mara - pé - perouhichah eta - eum? *E.* Moroété - chih - gue. Ore ramouim aue. *T.* Mara pienh - pee? *E.* Oroicôgué. Oréemaé - gérré. *T.* Epé noéré, coih - pé- roupichah - maë? *E.* Oerecouh.

Zwanzigstes Hauptstück.

Ore - maë - fcherre
achepe. Was wir haben, hängt von
seiner Willkühr ab.
uup. Ori ü y pe ofchepe? Zieht er auch in den Krieg.
urop. Pa. O ja!
uup. Mobuy - toë - pe-
fchuca ny maë? Wie viele Dörfer hat er?
urop. Seta - gatu. Mehr als ich sagen kann.
uup. Nireſſe nuïch- ifcho-
pen? Du wirst mir sie doch nennen?
urop. Ypo icopuy. Das würde zu lang werden.
uup. Yporrange pe - pe-
retani? Euer Geburtsort, ist er schön?
urop. Yporrang - gatu. Sehr schön.
uup. Oegaeia - pe - per-
oce? Gleichen eure Häuser den unsrigen?
urop. Oacoë - gatu. Bey weitem nicht.
uup. Mera - vaë? Wie sehen sie denn aus?
urop. Ita - schep. Sie sind ganz von Stein.
uup. Turuſſu - pe? Sind sie groß?
urop. Turuſſu - gatu? Sehr groß.
uup. Vate - gatu - pe? Sind sie sehr hoch?
urop. Machme. Sehr. (mit einem verwun-
dernden Tone.)
uup. Angaea - pe - pet-
angſyneng? Sehen sie inwendig, wie die
unsrigen aus?
urop. Erimang. O nein!
uup. Eſſe - nong - de - rete
renongdo eta - ifcheſue. Erzähle mir einmal die Theile
deines Leibes.
urop. Eſſangdup. Höre.

Tuup.

ë - maë - gerre a hépé. *T.* Oriuy pe ogépé? *E.* Pa. *T.*
obouy - taue - pe - jouca ny maë? *E.* Setà - gatou. *T.* Ni-
ſce nouih - ichopene? *E.* Ypo icopouy. *T.* Yporrenc pe-
retani? *E.* Yporren - gatou. *T.* Eugaya - pe - per - auce.
Oicoé - gatou. *T.* Mera - vaé? *E.* Ita - gepe. *T.* Tou-
aſſou pe? *E.* Touroussou - gatou. *T.* Vate - gatou - pe?
Mahme. *T.* Engaya - pe - pet - anc ynim? *E.* Erymen. *T.*
ſe - non - de - rete renomdau eta - ichefue. *E.* Efcendoup.

Zwanzigstes Hauptstück.

Tuup. J - ech.	Ich bin bereit.
Europ. Sche - acang.	Mein Kopf.
De - acang.	Dein Kopf.
Ycang.	Sein Kopf.
Ore - acang.	Unser Kopf.
Pe - acang.	Euer Kopf.
Ang atcang.	Ihr Kopf.

Zur bessern Einsicht dieser Vorwörter (Pronomina) will ich die Personen, der einfachen sowohl als vielfachen Zahl, erklären.

Sche ist die erste Person in der einfachen Zahl, welche überall in jeder Redensart, es sey die ursprüngliche (primitivus) oder abgeleitete (derivativus), besitzende (possessivus) oder jede andere.

Sche - oĕ.	Mein Kopf oder meine Haare.	Sche ape - eu.	Meine Zunge.
Sche - vua.	Mein Gesicht.	Sche - rang.	Meine Zähne.
Sche nangbi.	Meine Ohren.	Sche - aiooee.	Mein Hals oder meine Kehle.
Sche - fschüa.	Meine Stirne.		
Sche - ressa.	Meine Augen.	Sche - asseŏc.	Mein Schlund.
Sche - teng.	Meine Nase.	Sche - poca.	Meine Brust.
Sche schuru.	Mein Mund.	Sche - rocape.	Mein Vordertheil.
Sche - retupoĕ.	Meine Wangen.		
		Sche - atucupe.	Mein Hintertheil des Körpers.
Sche - redmiua.	Mein Kinn.		
Sche - redmiua - oĕ.	Mein Bart.	Sche puy - asoo.	Mein Rückgrad.

Sche-

T. J - eh. E. Ché - acan. De - acan, Ycan. Ore - acan, Pe - acan. An - acan. Ché aué. Che - voua. Che - nembi. Che - sshua. Ché - ressa Che - tin. Che - jourou, Cke retoupoue. Che - redmius. Che - redmiua - aué. Che - apecou. Che ram. Che - aioeué. Ché - asseoc. Che - poca. Che rocapé. Che - atoucoupé. Che - pouy - assóo.

Zwanzigstes Hauptstück. 351

Sche - rusbony. Meine Nieren.
Sche - roeire. Meine Arschbacken.
Sche - engüangpony. Meine Schultern.
Sche - engüa. Meine Arme.
Sche - papuy. Meine Faust.
Sche - po. Meine Hand.
Sche - ponoe. Meine Finger.
Sche - püyac. Mein Magen, meine Leber.
Sche - ugie. Mein Bauch.
Sche - puru - assoe. Mein Nabel.
Sche - cang. Meine Brüste.
Sche - up. Meine Hüften.
Sche - rodüponang. Meine Knie.
Sche - porace. Meine Ellbogen.
Sche - retmoe. Meine Beine.
Sche - puy. Meine Füsse.
Sche - püssengpe. Nägel an meinen Füssen.
Sche - ponangpe. Nägel an meinen Händen.
Sche - güy - angeg. Mein Herz und meine Lunge.
Sche - angeg. Meine Seele.
Sche - ange güer. Meine Seele, wenn sie den Körper verlassen hat.
Sche - rang - cuang.
Sche - remang - tiang. } Schaamtheile.
Sche - rapupi.

Kürze halber will ich es hieben lassen. Hier muß aber bemerkt werden, daß man eine Sache nicht benennen könne, wenn nicht das Vorwort: mein, dein, sein u. s. w. davor steht.

Um diese Wörter noch besser kennen zu lernen: so heißt:

    Che. Ich. — De. Du. — Ache. Er.
    Ore. Wir. — Pe. Ihr. — O - aë. Sie.

Was Che - rousbony, Che - reuiré, Che - inuanpony, Che - inua. Che - papouy, Che - po. Che - poneu. Che - puyac. Che - reguie, Che - pourou - asseu, Che - eam. Che - oup. Che - reduponam, Che porace, Che - retemeu. Che - pouy. Che - pussempé, Che - ponampé, Che - guy - eneg. Che - eneg. Che - enc - gouere, Che - rencouem, Che - rementien, Che - rapoupit.
    Che. De. Ahe. = Orée, Peé. Au - aé.

Was die dritte Person ache angeht, so ist zu bemerken, daß ache männlichen Geschlechts ist: im weiblichen und Mittelgeschlechte heißt es aĕ ohne das ch. In der vielfachen Zahl aber ist das O - aĕ für beyde Geschlechter.

Etwas von Haus = und Küchensachen.

Emiredü - tata. Zünde das Feuer an.
Emo - goëp - tata. Lösche das Feuer aus.
Erut - fche - tata - rang. Bring Feuerzeug, Feuer anzuzünden.
Emogi - pira. Koche die Fische.
Essessi. Dörre.
Emui. Siede.
Fa vesü - uy - amo. Mache Mehl.
Emofchip - caueng - amo. Mache Getränk zurecht.
Cočeng üpe. Geh zur Quelle.
Eru - tü - ifchesüe. Bring mir Wasser.
Sche - renni ofchepe. Gieb mir zu trinken.
Kere me fche - remyu - recoap. Komm, und gieb mir zu essen.
Toee - poëch. Ich muß meine Hände waschen.
Taĕ - fchuru - ech. Ich muß meinen Mund ausspülen.
Sche - angbuassi. Ich bin hungrig.
Nang fche fehuru - ech. Ich bin nicht hungrig.
Sche - üssech. Ich bin durstig.
Sche - reaec. Mir ist warm. Ich schwitze.
Sche - ru. Ich friere.
Sche - racup. Ich habe das Fieber.

Sche-

Emiredu - tata. Emo - goep - tata. Erout - ehe - tarerem. Emogi - pira. Essessir. Emoui. Fa vecu - ouy - amo. Emogip - caouin - amo. Coein upé. Erout - u - ichesue, Che - renni augepe, Quere me ché remyou - recoap, Taiepoeh. Tae joureu - eh. Ché - embouassi. Nam che jouroueh. Che - usseh, Che - reaic. Che - rou, Che - racoup.

Zwanzigstes Hauptstück.

Sche - caruc - aſſi. Ich bin traurig.
  Caruc heißt: Abend.
Aecotoe. Es plagt mich etwas.
Sche pura - uſſup. Man geht übel mit mir um.
Schero - angp. Ich bin munter, luſtig.
Aeco memuoſeh. Ich bin dem Geſpötte ausgeſetzt.
Aeco - gatu. Es geht mir nach Wunſch.
Sche - remiac - uſſu. Mein Sklave.
Schere miboy. Mein Diener.
Sche roſchac. Die weniger als ich, und zu meinem Dienſte geboten ſind.
Sche poracaſſar. Meine Fiſcher.
Sche maß. Meine Güter, Waaren, mein Hausgeräthe: alles was mein iſt.
Sche remiomonjang. Meinem Fleiß habe ichs zu verdanken.
Sche - rere - cuarre. Mein Wächter.
Sche - rubiſchac. Der höher iſt, als ich: wir nennen ihn König, Fürſt.
Muſſacat. Ein guter Hausvater, welcher fremde Reiſende aufnimmt.
Kerre - mucho. Mächtig im Kriege, und beſtändig, jede Sache durchzuſetzen.
Tangtang. Der im Kriege oder jeder andern Sache tapfer ſcheint.
Sche - rup. Mein Vater.
Sche - rekeit. Mein älterer Bruder.
Sche - rebür. Mein jüngerer Bruder.
Sche - renadir. Meine Schweſter.
Sche - roee. Der Sohn meiner Schweſter.

Sche-
che - caruc - aſſi. Aicotene. Che poura - ouſſoup. Che - romp. Aico - memouoch. Aico - gatou. Che - remiac - ouſſou. There - miboye. Che - roiac. Che - porracaſſare. Che - maé. che - rémigmognem. Che - rere - couarré. Che - roubichac. Mouſſacat. Querre mühau. Tenten. Che - roup. Che - reueyt. Che - rebure. Che - renadire. Che - reue.

B

Sche - tipe. Die Tochter meiner Schwester.
Sche oesch. Muhme von Vaters Seite.
Ae. Meine Mutter. = Sie sagen auch: Sche - si.
Meine Mutter, und das sehr oft, wenn sie von ihr reden.
Sche - sü. Meiner Mutter Gefährtinn, meines Vaters anderes Weib.
Sche - roe. Meine Tochter.
Sche - rememgnu. Söhne meiner Söhne und Töchter.

Ihren Oheim nennen sie mit den Namen ihres Vaters, und der Vater nennt seine Enkel Söhne und Töchter.

Was unsere Grammatiker ein Zeitwort (Verbum) nennen, heißt bey den Brasilianern Ganҫoē, und ist so viel, als Redensart. Um jedoch den Lesern auch davon einige Notiz zu geben, will ich ein oder das andere Beyspiel anführen.

Anzeigende Art.
Gegenwärtige Zeit.

Aeco. Ich bin.   **Oreico.** Wir sind.
Ereico. Du bist.   **Peico.** Ihr seyd.
Oaco. Er ist.   **Oraē oico.** Sie sind.

Die dritte der Person der einfachen Zahl gleicht der der vielfachen: jedoch mit dem Unterschiede, daß in der vielfachen Zahl das Vorwort Oraē (Auraè) (Sie) zugesetzt werden muß: wie auch in der verflossenen Zeit erhellt, was mit a Koëme (aquoèmé) (zu der Zeit) aufgelöst werden muß.

Halb

Che - tipet. Che - aiche. Ai. (Chè - si.) Che - sut. Cherayt. Che - rememynou.

Guengaue. = Aico. Ereico. Oico - Oreico. Peico. Auraé - oico.

Zwanzigstes Hauptstück.

Halb verflossene Zeit.

Aeco - a Koëme. Damal Oreico - a Koëme. Da-
war ich. mal waren wir.
Ereico - a Koëme. Damal Peico - a Koëme. Damal
warst du. waret ihr.
Oaco - a Koëme. Damal Oraë - Oaco - a Koëme.
war er. Damal waren sie.

Völlig und längst verflossene Zeit.

Hierzu nimmt man das Zeitwort Aeco, wie oben, mit dem Zusatze: a Koë - mene: und das gilt für beyde Zeiten.

Z. B. Assoussu - gatu - a Koëmene. Damal hatte ich ihn vollkommen lieb gehabt. — Ko - üenang - gatu- tangnje. Nun aber gar nicht mehr. Als ob man sagte: Er hätte meine Freundschaft schätzen müssen, als ich ihn liebte.

Zukünftige Zeit.

Ist wieder Aeco, mit dem Zusatze irang, (iren,) ins Künftige: und dann gehts fort, wie oben in der gegenwärtigen Zeit.

Gebietende Art.

Gegenwärtige Zeit.

Oaco. Sey du. Toroaco. Seyn wir.
Toaco. Sey er. Tapeico. Seyd ihr.
Oraë Toaco. Seyn sie.

Auo - aquoémé. — Aico - aquoéméné. (Assauoussou- gatou - aquoéméné; Quo - uénén - gatou - tégné.) — Aico- :en. = Oico, Toico, Toroico, Tapeico, Auraë - toico, —

Soll die Sache gleich geschehen, so wird Tosche (Tauge) zugesetzt.

Zukünftige Zeit.

Eben, wie die gegenwärtige Zeit, mit dem Zusatze irang. (iren.)

Wünschende Art.

Aeco - mo - mang (Aico - mo - men.) Wie gern wollte ich seyn! und dann das Aeco wieder fort, wie in der anzeigenden Art.

Verbindende Art.

Aeco mit Irong: (Iron:) Aeco - irong ich sey: ereicoirong u. s. w. Z. B. Taeco - de - irong. Ich sey mit dir.

Theilungsart.

Schere - corure. — Seynd (wenn ich so sagen darf) oder wer ist. Dies Partizip kann aber, wenn nicht das Fürwort de, ahe, und aë zugesetzt wird: und in der vielfachen Zahl: Ore, pe, oaë.

Die unbestimmte Art (Infinitivus) brauchen sie selten: brauchen sie ihn, so setzen sie das Zeitwort simpel hin.

Ab-

Oico - iren. — Oico - tauge. = Aico - mo - men. = Aico - iron. = Chéré - coruré. (de - ahe, aë. — Orée, pée, auraé.)

Zwanzigstes Hauptstück.

Abwandlung des Zeitwortes (Aſchu) (ajout.)
Anzeigende Art.
Gegenwärtige Zeit.

Aſchu. Ich komme.   Ore - ſchu. Wir kommen.
Ere - ſchu. Du kömmſt.   Pe - ſchu. Ihr kommt.
O - u. Er kömmt.   Oraë - ſchu. Sie kommen.

Nun geht es mit den übrigen Arten und Zeiten, wie ſchon oben beym Aeco geſagt worden, und in allen übrigen Zeitwörtern gilt. —

Halbvergangene Zeit. Aſchu - aguĕme. Damal kam ich. Ere - ſchu. Damal kamſt du u. ſ. w.

Vergangene und längſt vergangene Zeit. Aſchu - aguĕmene. Ich bin, oder ich war gekommen; — oder auch: Aſchu - dimaë - ne. Es iſt ſchon lange her, daß ich gekommen war.

Dieſe Zeiten ſind jedoch vielmehr für unbeſtimmte zu halten.

Zukünftige Zeit. Aſchu - irang. Ich werde kommen; oder auch: Aſchu - irang - ne. Ich werde kommen.

Gebietende Art. Eori. Komme. — (Man kann in dieſer Sprache der dritten Perſon nicht befehlen, welche man nicht ſieht. Man kann jedoch ſagen:

Emo - u. Mache, daß er komme.) (Emo - out.) Pe - ori, Peio (Peiot), und Eyo (Eyot) kommt.

Ejo

Ajout. Ere - jout. O - out. — Ore - jout. Pe - jout. Aure - jout. = Eori. Eyot. Emoout. — Peiori. Peiot. =

Eyo und peio hat dieselbige Bedeutung. Eyo ist jedoch unter Menschen ehrbarer: denn zu den Thieren und Vögeln, welche sie zu Hause ziehen, sagen sie Pe - io.

Wünschende Art. Aschu-mo. Wie gern käme ich u. s. f.

Diese Art hat auch eine zukünftige Zeit, mit dem Zusatze des Zuwortes: Irang nämlich.

Verbindende Art. Ta - schu. Ich komme u. s. f.

Unbestimmte Art. Tuüme. Kommend.

Z. B. Sche - Tuüme - assua - niteng, sche rangierco puër. Als ich kam, fand ich, was ich vorhin verloren hatte. Senoa - pe, eine Schwalbe. Inúbia, ein hölzernes Horn, auf welchem die Barbarn blasen. *)

Ende des Gespräches.

Um denen sowohl, welche mit mir die Reise hin und her gemacht haben, als auch denen allen, welche mich entweder in Amerika gesehen, (deren meinen Glauben nach noch viele beym Leben seyn müssen,) oder sonst nur eine kleine Zeit im Jenner=Meerbusen unter dem Wendekreise des Steinbocks gewohnt haben, und selbst den Seeleuten das Urtheil über diese meine Reise zu erleichtern, will ich diesem Gespräche das Register von zwey

Ta - jour. = Touume.
Chè - rourmé - Assoua - nitin. Chè - remièreco pouère. Senoyt - pe. Inuby - a.

*) Anm. des Uebers. Eine vollständige Grammatik der brasilianischen Sprache mit den verschiedenen Dialekten derselben schrieb schon um das Jahr 1555. 1556. der Jesuit Joseph Anchieta, ein Portugiese, die nachher auch in Portugall gedruckt wurde. Er verfertigte nachher auch ein brasilianisches Wörterbuch, und mehrere Werkchen in brasilianischer Sprache. Vita R. P. *Josephi Anchietas* S. J. Sacerdot. in Brasil. defuncti à Seb. Beretario descripta, Col. 1617. L. I, p. 73.

Zwanzigstes Hauptstück.

zwey und zwanzig Dörfern anhängen, welche ich mehr als einmal durchwandert bin.

Wenn man in dem Meerbusen kömmt, so liegen rechter Hand:

1) Kariok (Cariauc).

2) Raborasi. — Die Franzosen nennen dieses Pepeng, (Pepin,) von einem Kapitain, der bey diesem Dorfe ehmal seine Ladung eingenommen hatte.

3) *Oeramiri* (Euramyri.). — Von den Franzosen Gosse (Gosset) genannt, von dem Namen eines Dollmetschers, der eine Zeitlang da gewohnt hatte.

4) Pira - uassu. (Pira - ouassou.)

5) Sapopang. (Sapopem.)

6) Okarangteng, (Ocarentin,) ein sehr schönes Dorf.

7) Ura - uassu - ue. (Oura - ouassu - ude.)

8) *Tangtimang.* (Tentimen.)

9) Kotiua. (Cotiua.)

10) Poo. (Pauo.)

11) Sarigoa. (Sarigoy.)

12) Stein (Pierre) nennen eines die Franzosen, wegen einem kleinen Felsen, der einer Mühle nicht unähnlich sieht, und wenn man durch den Wald geht, den Weg nach dem Dorfe zeigt.

13) Ein anderes nennen die Franzosen Uepek, (Upec), von den welschen Hühnern, welche bey den Barbarn den Namen führen.

14)

14) Pfeildorf hiessen wir ein anderes, weil wir auf unserer ersten Reise dahin beym Eintritte in den Wald viele Pfeile nach der Spitze eines sehr hohen verfaulten Baumes abgeschossen hatten, um uns so fürs Künftige einen Wegweiser zu machen.

15) Keri-ú. (Keri-u.)

16) Akara-ú. (Acara-u.)

17) Morguia-uassu (Morgouia-oussou.)

Auf der grossen Insel liegen:

18) Pungdo-ussu. (Pindo-oussou.)

19) Koruk. (Corougue.)

20) Piroyu. (Pirauyou.)

21) Ein anderes, dessen Namen mir entfallen ist, zwischen Pengdo-ussu und Piroyu, wo ich einige Gefangene kaufte.

22) Noch ein anderes zwischen Koruk und Pengdo-ussu, auf dessen Namen ich mich ebenfalls nicht besinnen kann.

Das Ansehen der Dörfer sowohl, als Wohnungen habe ich anderswo gezeigt.

Ein und zwanzigstes Hauptstück.

Abreise von Amerika. Schiffbruch und andere nicht kleine Gefahren, denen wir zuerst bey unserer Rückreise entgingen.

Wenn jemand die wahre Ursache unsrer Abreise aus Amerika wissen will, so muß er sich ins Gedächtniß zurück rufen, was ich oben am Ende des sechsten Hauptstücks gesagt habe, daß wir nämlich nach einem Aufenthalt von acht Monaten auf der Insel, welche Villegagnon besetzt hatte, von ihm nach seinem Abfalle von der wahren Religion vertrieben worden seyn, weil er uns nicht mit Gewalt zur Abgötterey bringen konnte. Wir begaben uns also aufs feste Land, auf die linke Seite des Jenner-Meerbusens, wenn man hinein fährt, und hielten uns an dem Orte auf, welchen wir die Ziegelhütte (la briqueterie) nennen, und der von dem Forte des Coligny tausend Schritte entfernt ist. Hier wohnten wir zween Monate durch in etlichen Hüttchen, welche ehemals von Franzosen erbaut worden, die auf dem Fischfang gegangen waren.

Während der Zeit kamen auch Chapélle und Boisse, welche wir beym Villegagnon gelassen hatten, aus eben der Ursache zu uns, aus welcher wir von ihm gegangen waren, weil er nämlich das Evangelium verlassen hatte. Wir hatten uns in der Zeit schon für sechshundert französischen Pfunde, (Libellarum,) mit etwas Lebensmitteln, einen Schiffer, in dessen Schiff wir auch fort segelten, erhandelt: wir nahmen daher diese beyde in unsre Gesellschaft auf.

Ehe ich jedoch weiter gehe, muß ich noch, meinem obigen Versprechen gemäß, berichten, wie sich Villegagnon bey unsrer Entlassung betragen.

Er

Er hatte den Titel eines königlichen Gesandten, und vertrat in diesen Gegenden dies Amt; es war daher auch von allen Franzosen, welche zu ihm kamen, keiner so kühn, etwas gegen seine Winke zu unternehmen. In der kurzen Zeit also, während das Schiff, in welchem wir zurück fuhren, im Jenner-Meerbusen vor Anker lag, wo es befrachtet wurde, gab er uns die Erlaubniß, abzureisen schriftlich; erließ zugleich einen Brief an den Schiffer, worinn er ihm bedeutete, er brauche keinen Anstand zu nehmen, uns mitzunehmen, er habe nichts dagegen: denn (sagte er listig,) so angenehm mir ehemals ihre Ankunft war, weil ich dadurch meine Wünsche zu erreichen hoffte, so viel Vergnügen schafft mir ihr Weggehen, da sie mit mir nicht übereinstimmen. Dies Ganze war aber nur Schein, worunter er seine Hinterlist gegen uns verbarg. Denn er übergab demselben Schiffer ein mit Wachstuch überzogenes (ein hergebrachter Gebrauch bey Seeleuten,) Kästchen mit Briefen gefüllt an seine Freunde. Unter diese steckte er heimlich einen Prozeß gegen uns, wo er jedem zuerst vorkommenden königlichen Richter auftrug, Hand an uns zu legen, und uns zum Feuer zu verdammen, weil er uns nämlich als Ketzer befunden. So versiegelte gleichsam Villegagnon unsre Verdienste um ihn mit der unwürdigsten Treulosigkeit. Jedoch Gott wandte (wie ich bald sagen werde,) diese seine Treulosigkeit zu einem ganz andern Erfolge: denn es kehrte sich alles zu unserm größten Troste, und zur Schande Villegagnons.

Endlich gingen wir den sechsten Jenner des Jahrs 1558. an Bord unsres Schiffes, welches Jakobée hieß, und mit Brasilienholz, indianischem Pfeffer, Baumwolle, Meerkatzen, Saguen, (Sagouins,) Papagayen, und mehreren dergleichen Sachen, welche sich

sich die mehrsten von uns schon lange angeschafft hatten, beladen war.

Ehe wir jedoch den Haven verlassen, will ich hier (damit immer klärer werde, daß der einzige Villegagnon Ursache gewesen, daß die Franzosen dies Land verlassen mußten,) nicht mit Stillschweigen verbeygehen, daß ein gewisser Faribé von Rouen, unser Schiffspatron, diese Reise auf Bitten mehrerer Geistlichen von hohem Range unternommen habe, das Land zu untersuchen, und einen tauglichen Ort zur Wohnung auszuwählen. Dieser hat uns würklich versichert, wenn Villegagnon nicht abgefallen wäre, so würden in kurzer Zeit über achthundert Menschen in langen niederländischen Schiffen in Brasilien gefahren seyn. Ich aber glaube gar leicht, daß über zehn tausend Köpfe aus Frankreich hingewandert seyn würden, wenn Villegagnon seinem Vorsatze standhaft treu geblieben wäre. Diese würden dann unsre Insel gegen die Anfälle der Portugiesen vertheidigt haben, (welche diese doch nach unsrer Abreise bald eroberten,) und itzt würklich noch die weitschichtigsten und unfruchtbarsten Ländereyen in Amerika, unter der Autorität des Königes, bauen. Wäre dies geschehen, so hätte auch dies Land den Namen südliches Frankreich, (le France Antarctique,) den es gehabt, mit Recht behalten. — Jedoch zur Sache!

Noch an demselbigen Tage, nämlich den sechsten Jenner, lichteten wir die Anker, und überliessen uns unter der Leitung Gottes von neuem dem weiten westlichen Ozean. Als wir alle die Musterung paßirt waren, sahen wir, daß unser fünf und vierzig waren. Denn das Schiff, in welchem wir fuhren, war ein Lastschiff von mittelmäßiger Grösse, dessen Schiffer, Baudouin mit Namen, von welchem oben Meldung geschehen, hatte fünf und zwanzig Leute; unsrer aber waren funfzehn.

Die

Die Seereise selbst traten wir nicht ohne Furcht der bevorstehenden Gefahr an: denn die mehrsten von uns würden der unendlichen ausgestandenen Mühseligkeiten auf der Hinreise halber nie dahin gebracht worden seyn, die Rückreise nach Frankreich anzutreten, wenn nicht Villegagnon so sehr unbillig mit uns umgegangen wäre. Den eines Theils konnten wir in Brasilien Gott aufrichtig verehren, und andern Theils hatten wir einmal die Fruchtbarkeit des Bodens allda erfahren, welche beyde Theile in Frankreich viel beschwerlicher waren, und noch sind. Daher kömmt es, daß ich, der ich mein Vaterland immer geliebt habe, und noch liebe, hier, wo ich von Amerika Abschied nehmen soll, gestehen muß, daß ich nicht selten nach dem Umgange der Amerikaner verlange, bey welchen ich eine grössere Redlichkeit und Aufrichtigkeit angetroffen habe, als bey den mehrsten von uns, welche den Namen Christen tragen. Denn zu ißiger Zeit ist gar keine Treue mehr bey uns, wir sind lauter Italiener geworden, und sehen alles auf Verstellung und leere Worte.

Weil wir gleich beym Anfange unsrer Seereise Sandbänke zu paßiren hatten, welche sechzig tausend Schritte ins Meer hervorgehen, und von den Schiffern so weit als möglich geflohen werden, wären wir, da wir nicht den besten Wind hatten uns auf der Höhe zu erhalten, bald gezwungen gewesen, zurück zu fahren, um einer so grossen Gefahr zu entgehen. Nachdem wir jedoch ganze sieben Tage von den Wellen auf der Irre hin und her getrieben worden waren, ohne viel vorwärts gekommen zu seyn, konnten um Mitternacht unsre Schiffleute, wiewohl sie nach Gewohnheit abwechselnd lange anhaltend und viel Wasser ausgepumpt hatten, doch selbiges nie alles herausbringen. Unser Schiffer, dem dieses wunderte, stieg in die Senke hinab, um nachzusehen, woher dies komme, und nun sah er,

daß

daß das Schiff Ritzen, und so vieles Wasser habe, daß wir schon spürten, wie es nach und nach sinken wollte. Bey diesen Umständen wird mich niemand fragen, ob wir alle, als wir aufgewacht waren, und die bevorstehende Gefahr, in welcher wir schwebten, erfuhren, auch heftig erschrocken seyn oder nicht. Würklich waren auch die Anzeigen unsrer bald folgenden Versinkung so gewiß, daß die meisten alle Hoffnung ihrer Rettung aufgegeben hatten, und schon ihren Tod erwarteten. Einige jedoch (worunter auch ich war) beschlossen, durch die Vorsehung Gottes geleitet, ihr Leben, so lange sie könnten, zu fristen. Diese versammelten sich, und erhielten mit zwo Pumpen das Schiff bis zum Mittage, also zwölf Stunden, aufrecht; während der Zeit das Wasser in solcher Menge eindrang, als wir mit allen unsern Kräften kaum heraus arbeiten konnten. Dabey war noch der närrische Auftritt, daß, als das Wasser einmal das Brasilienholz, welches unser Schiff geladen hatte, angegriffen, selbiges roth, wie Ochsenblut, zu den Kanälen herausfloß.

Während der Zeit als wir mit solcher Anstrengung, wie es die Sache forderte, alle unsre Kräfte anwendeten, richteten wir bey gutem Winde unsern Lauf wieder zur Küste der Barbarn, welche wir um 11 Uhr dieses Tages (denn wir waren noch nicht weit weg,) zu sehen bekamen. Unterdessen besichtigten die Schiffleute mit dem Zimmermann unter den Verdecken die Risse, durch welche das Wasser eindrang, und thaten ihre Schuldigkeit so gut, daß sie mit Speck, Bley, Lumpen und dergleichen Zeug mehr, was wir ihnen in Menge hergaben, die stärkesten alle zustopften; und so bekamen wir, nachdem uns schon unsre Kräfte entschwunden waren, etwas Erleichterung. Jedoch als der Zimmermann das Schiff von allen Seiten genau besichtigte, behauptete er, es sey so alt und wurmstichig, (vetustam et vermibus
ero-

erosam,) daß es ohnmöglich eine so weite Reise, als wir itzt machen wollten, aushalten könnte, und that den Vorschlag, dahin zurück zu kehren, wo wir hergekommen, und da entweder ein andres aus Frankreich kommmendes Schiff zu erwarten, oder ein neues zu erbauen: über welchen Vorschlag denn ein heftiger Streit unter uns entstand. Nichts desto weniger gewann die Meynung des Schiffers, welcher seine Schiffleute zu verlieren fürchtete, wenn er wieder ans Land führe, und daher, wie er sagte, lieber sein Leben aller Gefahr Preis geben, (welche Tollheit) als seine Waaren, und sogar selbst sein Schiff verlieren wollte, die Oberhand. Er wolle, fuhr er fort, dem Philipp und den andern, welche unter diesem standen, ein Boot geben, wenn sie nach Amerika zurück wollten. Philipp antwortete hierauf geschwind, er habe beschlossen, in Frankreich zurück zu kehren, und riethe allen den Seinigen an, dasselbe zu thun. Hierauf aber wendete der andre Schiffer ein: die Seereise sey äusserst gefährlich: nebstdem sehe er schon voraus, daß sie länger, als man gewöhnlich glaubte, dauren würde, und daher würde der Unterhalt für so viele Menschen nicht hinreichen.

Bey Anhörung dessen kamen aus der ganzen Menge unserer sechs überein, aus Furcht vor den Gefahren der Seereise, und besonders der bevorstehenden Hungersnoth, wieder in Amerika zurück zu kehren, von welchem wir nur zwanzigtausend Schritte entfernt waren.

Um unsre Absicht in Erfüllung zu setzen, warfen wir sogleich ohne Aufschub unsre Gepäcke in das Boot, so wir erhielten, mit etwas wenigem Mehl und Getränk. Als wir aber von einander Abschied nahmen, und uns einander Glück wünschten, reichte mir einer von denen, welche mit Philipp zurück geblieben waren, aus grosser

Liebe

Liebe zu mir, die Hand, und sagte: Bleibe doch bey uns: laß uns auch nicht in Frankreich kommen, so haben wir doch immer viel bessere Hoffnungen, wir mögen nun in Peru,*) oder an einer andern Insel landen, als wenn wir zum Villegagnon zurück kehren, bey dem wir (wie sich leicht vermuthen läßt,) nie Ruhe haben werden. Durch diese kurze Vorstellung (denn zu einer längern war das der Ort nicht,) ließ ich mich bewegen, hinterließ einen guten Theil meines Gepäckes in dem Boote, und begab mich in Eile wieder an Bord des Schiffes: wodurch ich (wie ich noch sagen werde,) der größten Gefahr entging, welche mein Freund sehr weise vorhergesehen hatte. Die fünf andern, deren Namen ich hier nicht ohne Ursache nennen will, waren Peter Bordon, Johann Bordele, Matthäus Vernelle, Andreas Foutan, Jakob Ballai, welche sich mit vieler Mühe, nicht ohne Thränen, von uns trennten, und nach Amerika zurück fuhren. Hier kamen sie mit der größten Mühe an, und gingen wieder zu Villegagnon, der die drey erst genannten wegen Bekennung des Evangeliums hinrichten ließ, wie ich zu Ende dieser Geschichte weitläufiger sagen werde.

Nachdem also alles in Ordnung war, gingen wir wieder unter Segel, und überliessen uns dem Meere wieder in dem faulen und alten Schiffe, worinn wir als in einem Grabe eher den Tod als das Leben erwarteten. Und nebstdem daß wir nur mit der größten Mühe die Sandbänke (Brevia) paßirten, wurden wir den ganzen Jenner durch immerfort von Wellen und Ungestümen umher getrieben, und unser Schiff nahm durch

---

*) Anm. des Ueberf. Ein Zeichen der schlechten Kenntniß von Amerika, indem es doch wunderlich hätte gehen müssen, wenn sie an Peru verschlagen werden sollen. Wo Lery Peru sich hingedacht haben mag? —

durch die Risse eine grosse Menge Wasser ein, so, daß wir, wenn wirs nicht in einem fort ausgepumpt hätten, so zu sagen, hundertmal in einem Tage zu Grunde gegangen wären. Diese Arbeit daurte länger als einen Tag.

Als wie auf diese Art mit der grösten Mühe über viermal hunderttausend Schritte abgemacht hatten, bekamen wir eine rauhe unbewohnte Insel zu Gesichte, welche die Gestalt eines runden Thurms, und, unsrer Vermuthung nach, tausend Schritte im Umfange hatte. Wie wir sie so rechter Hand vorbey fuhren, sahen wir selbige im Jenner nicht nur voll grüner Bäume, sondern auch so voller Vögel, (deren sich nicht wenige auf unsern Mast und unsre Ruder setzten, und sich fangen und berühren liessen,) daß die ganze Insel von weitem einem Taubenhause glich. Unter den Vögeln waren schwarze, goldgelbe, weißlichte, und überhaupt von allerhand Farben. Im Fluge schienen alle sehr groß zu seyn; allein als wir einige gefangen und gerupft hatten, fanden wir, daß sie an Grösse einen Sperling nicht übertrafen.

Vier tausend Schritte weiter sahen wir rechter Hand spitzige Felsen aus dem Meere hervorragen. Dieser Anblick jagte uns keine geringe Furcht ein, es mögten derselben noch mehrere unter dem Wasser verborgen liegen, an welche das Schiff anschlagen, und scheitern könnte: wäre das geschehen, so hätten wir kein Wasser mehr auszupumpen brauchen.

Auf unsrer ganzen Reise, welche fünf Monate dauerte, bekamen wir nicht das geringste Land zu Gesichte, als die itzt bemerkten Inseln, welche unsre Seeleute in ihren Charten nicht bemerkt fanden, und vielleicht vorher noch von niemanden gesehen worden wären.

Gegen

Gegen Ende des Februars kamen wir dem Aequator auf drey Grade nah. Weil aber hier schon funfzig Tage verflossen waren, und wir noch nicht einmal den dritten Theil unsrer Reise abgemacht hatten, beynebens schon ein guter Theil unsres Vorrathes an Lebensmitteln verzehrt war, standen wir im Zweifel, ob wir uns nach dem Vorgebürge des heil. Rochus zuwenden sollten oder nicht, wo wir von den daselbst wohnenden Barbarn neue Lebensmittel zu bekommen hoffen konnten, wie uns einige glauben machen wollten. Endlich gewann die Meynung derer die Oberhand, welche den Vorschlag thaten, grad fortzufahren, und indessen, um die Lebensmittel zu schonen, einen Theil unserer Meerkatzen und Papagayen, welche wir bey uns hatten, zu schlachten.

Im vierten Hauptstück dieser Geschichte habe ich schon von den ungeheuren Mühseligkeiten geredet, welche wir bey der Annäherung zum Aequator im Hinfahren zu überstehen hatten. Weil ich aber selbst erfahren habe, daß es mit der Herreise vom Südpole hiehin nicht leichter gehe, will ich hier einrücken, was mir hierüber wahrscheinlich vorkömmt.

Zuerst muß also vorausgesetzt werden, daß die Gleicherlinie, deren Lage von Osten nach Westen zu ist, für diejenigen, welche von Norden nach Süden, oder umgekehrt, fahren wollen, gleichsam der Rücken oder das Obere (Spina) der Welt sey: (denn ich weiß wohl, daß an einer Kugel sonst nichts oben, nichts unten ist.) Daher sage ich, ist sowohl der Zugang zu dieser Höhe der Welt von beyden Seiten sehr beschwerlich, als die Wogen der See beyderseits wild gegen einander; was man jedoch auf der ungeheuren See nicht leicht sehen kann. Ferner hindern selbst die hier ausbrechenden, und entgegen blasenden Winde die Schiffe, sich dem Aequator zu nähern. Diese meine Meynung erhält noch daher neue Beweise, daß die Schiffer, wenn sie nur einmal einen Grad über die Gleicherlinie heraus gekommen, das größte Freudengeschrey erheben, sich nun eine glückliche Seereise versprechen, und einander zum Essen und Trinken ermuntern: und daß die Schiffe, wenn sie einmal auf dem Abhängigen der Kugel sind, nicht mit so vieler Beschwerniß fortgetrieben werden, als sie anwenden mußten, um auf die Höhe zu kommen. Dazu kömmt, daß alle Meere, wiewohl sie mit einander zusammenhängen, (sie werden jedoch durch eine bewundernswürdige Vorsicht Gottes im Zaume gehalten, damit sie nicht die Erde bedecken, wiewohl sie auf der Erde gegründet ja sogar über die Erde erhaben sind, welche sie in verschiedene Inseln, und gleichsam Stückchen theilen, von welchen letztern ich glaube, daß auch sie auf irgend eine Art durch Fäden und Wurzeln *) in den untersten Schlünden zusammen gekettet seyn,) daß, sage ich, diese ungeheure Wassermasse zugleich mit der Erde aufgehängt ist, welche in zwoen Axen (die ich mir in Vierecken an beyden Polen einander entgegen gesetzt denke, von denen vier zwo Kreutzlinien (Decusses) machen, welche die ganze Sphäre im Kreise und Halbzirkel umgeben,) sich immerfort umdreht, wie die Ebbe und Fluth beweist. Weil nun diese Bewegung von dem Aequator ihren Anfang nimmt, so ist es ganz sicher, daß, da die Halbkugel der südlichen Gewässer auf ihre bestimmten Gränzen zurück geht, diejenigen, so auf der Mitten der Kugel sind, und so gleichsam wie auf dem Gleichgewichte stehen, auf diese Art etwas in ihrem Laufe gehemmt werden müssen. Ich setze hinzu, was ich auch schon anderswo berührt habe, daß die schlechte Witterung und die Meerstillen, (Malaciae,) welche unter dem Aequator sehr gemein sind, nicht wenig Ungemächlichkeit ver-

*) Anm. des Ueberf. Aus Vorbedacht lasse ich diese paradox scheinenden Wörter und den ganzen Zusammenhang so stehen.

verursachen; ja daß sie den schnellen Lauf der Schiffe hemmen.

Das hatte ich mit wenigen Worten und gleichsam nur obenhin hierüber zu sagen; wiewohl ich nicht zweifle, daß man auf beyden Seiten viele Gründe haben könne. Es ist auch sicher niemand, er sey so gelehrt er wolle, der in dieser Sache etwas angeben könne, was ihm nicht auch widerlegt werden könnte. Denn nur Gott ist es, der diesen ungeheuren Erdball aus Wasser und Erde erschuf, und nicht ohne grosses Wunderwerk schwebend erhält, der diese Geheimnisse alle weiß. Die Beweise, welche gewöhnlich in den Schulen hierüber angeführt werden, sind leicht zu widerlegen. Ich will aber hierdurch nicht sagen, daß man sie verachten solle: denn sie schärfen den Verstand: wenn wir nur nicht mit den Gottesläugnern dies alles als die erste, sondern als die zweyte Ursache ansehen. Uebrigens nehme ich in dieser Sache nichts für gewiß an, als was in der heil. Schrift steht: denn diese hat den Geist desjenigen zum Verfasser, der die Urquelle aller Wahrheit ist: ich nehme dieses daher auch ganz allein für ungezweifelt an.

Jedoch laßt uns wieder zu unsrer Reise.

Als wir endlich mit den grösten Beschwernissen allgemach die Gleicherlinie erreichten, nahm unser Pilote die Höhe mit dem Astrolabium, und versicherte uns, wir wären an demselben Tage unter der Gleicherlinie, wo auch die Sonne zu ihr gekommen sey; nämlich den zwölften März. Das ist wohl zu bemerken, weil es vor dieser Zeit noch sehr wenigen geschehen ist, daß sie grad um diese Zeit unter dem Aequator waren. — Ich will nun dies nicht weiter verfolgen: ich will es nur jedem zu überdenken überlassen, was für eine Hitze wir zu einer Zeit ausgestanden haben, wo wir die Sonne grade über unsere Scheitel hatten. Die Sonne kömmt zwar zu andern Jahrszeiten bald diesem bald jenem Pole näher, nirgend aber, es sey auf dem Wasser oder auf dem Lande, empfindet man eine stärkere Hitze, als unter jener Zone. Ich kann mich daher auch nicht genug wundern, was der Verfasser der allgemeinen Geschichte von Indien, ein sonst, so viel ich wenigstens an ihm sehen konnte, sehr glaubwürdiger Schriftsteller, im hundert sechs und zwanzigsten Kapitel seines vierten Buches, erzählt: einige Spanier nämlich hätten auf einer Reise durch einen Strich Landes in Peru nicht nur mit Verwundern unter dem Aequator Schnee gesehen, ja die von Schnee bedeckten Gebürge kaum übersteigen können; sondern auch eine solche Kälte zu überstehen gehabt, daß einige ihrer Gefährten von der Strenge derselben gestorben seyn. Wollte man nun zur Erklärung dieser Erscheinung die gemeine Meynung der Naturkundiger bringen, der Schnee werde in der mittlern Luft erzeugt, so sehe ich nicht recht ein, was das hier zur Sache thun könnte: denn die Sonne wirft hier ihre Strahlen senkrecht auf die Erde, und macht folglich die Luft so warm, daß selbige nicht einmal Schnee ertragen kann, geschweige denn, daß er in ihr gebildet werden sollte. Nicht weniger überzeugt mich, was man gemeiniglich von der Höhe der Berge und der Kälte des Meeres zu sagen pflegt. Jedoch sey dies alles mit Erlaubniß der Gelehrten gesagt. *)

Indessen glaube ich, daß es etwas Ungewöhnliches sey, was in die Regeln der Philosophen nicht paßt: und denke nicht, daß irgend jemand eine bessere Auflösung bringen könne, als diese, welche Gott selbst dem Hiob gab.

*) Anm. des Uebers. Itzt wird wohl hoffentlich niemand Gomara seinen Glauben in dieser Erzählung versagen, da man über die Wärme und Kälte und Entstehung des Schnees besser unterrichtet ist? —

gab. *) Er wollte demselben zeigen, daß die Menschen, so scharfsinnig sie auch immer wären, doch nie im Stande seyn, die Vortrefflichkeit seiner Werke zu begreifen, und sagte: Haſt du die Schätze des Schnees durchdrungen? oder die Schätze des Hagels durchſchaut? Als ob der Schöpfer zum Hiob ſagte: Was glaubſt du, was ich für eine Scheure habe, worinn ich dieſe Sachen aufbewahre? Kannſt du ihre Urſachen einſehen? O nein! du biſt viel zu unerfahren, als daß du das ergründen könnteſt.

Allein zur Sache.

Ein Südweſtwind (Africus) entriß uns endlich dieſer gräulichen Hitze, in welcher wir dem Verbrennen näher waren, als in dem Fegfeuer der Papiſten, und bekamen ſo den Nordpol, deſſen Anblick wir ein ganzes Jahr entbehren mußten, wieder zu Geſichte. Um übrigens die Leſer nicht länger aufzuhalten, will ich nicht wiederholen, was ich von so ſehr vielen bemerkenswürdigen Sachen, von fliegenden Fiſchen und andern Wundern vielerlei Gattung erzählt habe, daß wir ſie auf der Hinreiſe geſehen; ſondern will die Leſer dahin verweiſen.

Ich kehre wieder zur Erzählung der Gefahren zurück, aus welchen uns Gott befreyt hat.

Unter einem Seeoffiziere und dem Schiffer war ein Streit entſtanden, ſo, daß keiner von beyden ſeine Schuldigkeit recht that. Hierdurch geſchah es, daß der Schiffer den 26ſten März auf einen bevorſtehenden Sturm nicht geachtet hatte, und alle Segel auffſpannen ließ: der Sturm aber plötzlich so heftig in ſelbige blies, (ſie hätten sollen eingezogen werden,) daß ſich das Schiff
so

*) Hiob Kap. XXXVIII. 22.

so auf die Seite legte, daß die Spitze des Mastbaumes im Wasser lag, die Ruder, Vogelkörbe und alles nicht sorgfältig gelegte Gepäcke ins Meer fiel, und wir einem gänzlichen Sinken nahe waren. Durch das eilfertige Abschneiden der Ruder brachten wir das Schiff allgemach wieder in die Höhe. Nichts desto weniger aber konnten wir mit Recht behaupten, daß wir damals in der größten Gefahr waren. Durch dies Unglück liessen sich jedoch die, durch deren Schuld wir drein gekommen, nicht zähmen, und zur Einigkeit bringen; vielmehr entstand, so bald wir ihm nur entgangen waren, statt der Danksagung, ein so heftiger Streit unter ihnen, daß es bald Mord und Todschlag gegeben hätte.

Nach einigen Tagen hatten wir eine Meerstille: der Schiffszimmermann stieg daher mit etlichen Matrosen, welche uns gern unsre Arbeit erleichtert hätten, (denn wir mußten Tag und Nacht an dem Wasser auspumpen,) in das Schiff herab, und durchsuchten sorgfältig die Ritzen, welche sie zuzustopfen hätten. Während sie aber an einer flickten, brach ein Brett, so einen Schuh lang und breit war, aus, und das Wasser drang in solcher Menge und mit solchem Ungestüme in das Schiff ein, daß die Matrosen sich sogleich auf die Flucht begaben, den Zimmermann allein liessen, und uns, die aussen waren, ohne uns die Sache weiter zu erklären, in der größten Angst zuriefen: **Wir sind verloren! wir sind verloren!**

Auf dies Geschrey liessen der Kapitain, der Schiffer und Pilote, weil die Gefahr dringend war, die Bretter über dem Verdecke ins Meer herabwerfen, um das Boot desto leichter herab lassen zu können. Dasselbige Schicksal hatte eine grosse Menge Brasilienholz, und mehrere andre Waaren, deren Werth auf zehntausend französische Pfunde Goldes betrug. Diese hatten also

im

im Sinne, das Schiff zu verlassen, und ihr Heil in dem
Boote zu suchen; wovon sie jedoch fürchteten, daß es
wieder zu stark beladen werden mögte. Aus dieser letztern Ursache stand auch der Schiffer mit blossem Degen,
uns den Eintritt in selbiges zu verwehren, und drohte,
demjenigen den Arm abzuhauen, der es wagen wollte,
zuerst hineinzusteigen. Wir dachten uns also schon völlig
dem wilden reissenden Meere überlassen. Zuvor fiel uns
jedoch noch der Schiffbruch ein, dem wir durch besondre
Hülfe Gottes entgangen waren, und gab uns Muth,
mit allen Kräften zu arbeiten, daß das Schiff nicht untersinke: wiewohl wir übrigens Leben und Tod mit gleicher
Seele erwarteten. — Endlich erhielten wir jedoch das
Schiff noch unversehrt.

Alle hatten aber nicht dieselbige Seelenstärke. Die
mehrsten Bootsknechte hatte die Furcht vor der bevorstehenden Todesart so erschreckt, daß sie sich um gar
nichts mehr kümmerten. Würklich kann ich auch mit
Recht behaupten, daß den abscheulichen Gottesläugnern,
welche gewöhnlich diejenigen, so sich aufs Meer begeben,
und sich so vielen Gefahren aussetzen, unter dem Sau-
sen verlachen, wenn sie bey uns gewesen wären, diese
Schäkereyen und dies Gespötte bald in fürchterliche
Schrecken verwandelt worden wäre. Ich zweifle ferner
auch nicht, daß von denjenigen, welche diese und andre
schon von mir erzählte Gefahren lesen, viele mit uns ausrufen werden: Wie sicher ist es, Nesseln auf dem trocknen Lande zu pflanzen! Wie viel leichter ist es Wunder-
dinge von den Barbarn zu hören, als zu sehen! Wie
sehr weise lobte einst Diogenes die, so sich zwar entschlossen zur See zu reisen, es aber jedoch nicht thaten!

Jedoch mit allem diesem waren wir unserm Uebel
noch nicht entgangen: denn itzt, wo wir in der Gefahr
schwebten, waren wir von dem Haven, in welchen wir
woll-

wollten, noch zwo Millionen Schritte entfernt. Wir hatten daher noch viele andre Gefahren zu überstehen: ja, wie ich bald sagen werde, mußten wir solchen Hunger leiden, daß viele aus uns davon starben. Indessen aber muß ich erzählen, wie wir der Gefahr hier entgingen.

Unser Schiffzimmermann, ein zwar kleiner, aber muthiger Mann, hatte den Boden des Schiffes nicht wie die übrigen verlassen, sondern sein Schiffüberkleid vor das grosse Loch gestopft, und mit den Füssen fest vorgetreten, um doch der Gewalt des Wassers Einhalt zu thun. In dieser seiner Stellung ward er oft weg, und in die Höhe gehoben; er ließ sich aber dadurch nicht irre machen, und schrie dabey aus allen Kräften denjenigen, so auf dem Verdecke ganz erschlagen und in der größten Verzweiflung waren, zu, ihm Kleider, Hängematten und andres Geräthe herabzugeben, um dem Ungestüme des eindringenden Wassers einstweilen den größten Wiberstand zu thun, während er ein Brett zurecht machte, die schädliche Oeffnung zu heilen. Wir reichten ihn dessen nun fleißig zu, und entgingen auf diese Art durch seine Hülfe der so augenscheinlichen Gefahr.

Von dieser Zeit an hatten wir so widrige Winde, daß wir bald nach Osten bald nach Westen geworfen wurden, da wir doch gegen Süden *) (Austrum) wollten. Nebstdem kam unser Pilote, der seine Kunst nicht sehr gut verstand, vom Wege ab; und so irrten wir ganz unsicher herum, bis wir an den Wendekreis des Krebses kamen.

Nebstdem fuhren wir funfzehn Tage hindurch in Gewächsen herum, die auf dem Meere schwammen, und so dicht und so häufig waren, daß wir dem Schiff mit Aexten einen Weg durchbahnen mußten, sonst würden wir,

*) Anm. des Uebers. Ich dächte Norden.

wir, meiner Meynung nach, ohne Zweifel drinn stecken geblieben seyn. Weil aber diese Menge Gewächse das Meer so zu sagen ganz trüb machte, glaubten wir, uns in kothigten Sümpfen zu befinden, und hielten daher dafür, es müßten etliche Inseln in der Nähe seyn. Allein mit dem Senkbleye, woran doch eine fünfhundert Ellen lange Schnur gebunden ist, fanden wir weder Boden, noch bekamen wir eine Insel oder festes Land zu Gesichte.

Hier will ich auch noch anführen, was der Verfasser der allgemeinen Geschichte von Indien im ersten Buche, sechzehnten Hauptstücke hierüber erzählt. „Christoph Colon, sagt er, landete in seiner ersten „Reise zur Entdeckung des neuen Indiens im Jahre „1492. zur Einnehmung von frischen Lebensmitteln an „einer der kanarischen Inseln. Als er von hier abge- „segelt, und viele Tage fortgefahren war, kam er end- „lich in ein so gewächsvolles Meer, daß es wie eine „Wiese aussah: was ihn nicht wenig in Furcht setzte, „wiewohl gar keine Gefahr vorhanden war.„

Auch die Beschreibung dieser Gewächse will ich hier beyfügen. Sie sind von gelblichter, bald wie getrocknetes Heu aussehender Farbe; ihre Blätter gleichen denen der Gartenraute, (Ruta hortensis,) und ihre Beeren sehen wie Wachholderbeeren aus: sie sind bald auf die Art wie Gundelreben, (Hedera terrestris,) durch sehr lange Fäden und Fibern mit einander verbunden, und schwimmen so ohne Wurzeln auf dem Meere. Uebrigens ist es nicht sehr sicher mit ihnen umzugehen: wie ich auch zuweilen weiß nicht was für rothen Schlamm auf dem Meere schwimmen gesehen, der bald wie der Kamm eines Hahns aussah, und dessen Berührung so gefährlich war, daß einem sogleich die Hände aufschwollen, und ganz roth wurden, wenn man selbige drein tauchte.

Weil

Weil ich gleich hier oben von dem Senkbley redete, von welchem ich mehrmal vieles den alten Weibermährchen ähnliches gehört habe: die Schiffer nämlich könnten aus der Erde, welche dran kleben bliebe, wenn es ausgeworfen worden, sehen, in welcher Gegend sie wären, was im Westmeere ganz falsch ist, will ich hier noch, was an der Sache wahr ist, anfügen. Das Senkbley also, ist eine dreyeckigte Pyramide, deren spitziger Theil durchbohrt ist, um eine Schnur dran zu binden. Glauben nun die Schiffer einen tauglichen Ankerplatz gefunden zu haben, so beschmieren sie die entgegengesetzte platte Seite mit Unschlitt, und lassen das Instrument ins Wasser herab. Bleibt Sand an demselben kleben, so halten sie es für einen guten Ankergrund: ist dies aber nicht, so sehen sie, daß der Boden Leim oder Felsen ist, wo man nicht ankern könne, und folglich weiter fahren müsse.

So viel zur Widerlegung dieses Irrthums. Denn alle diejenigen, so auf dem hohen Ozean gefahren sind, wissen, daß seine Tiefe unermeßlich und unergründlich sey, man mag so viele Stricke nehmen als man wolle. Man muß daher auch, so lange man günstigen Wind hat, Tag und Nacht ohne Aufenthalt fort, und blos bey einer gänzlichen Meeresstille ruhig liegen bleiben: denn die Schiffe dieses Meeres werden nicht, wie Galeeren, mit Rudern fortgetrieben. Schon hieraus wird klar, daß die gemeinen Erzählungen keinen Grund haben: durch das Senkbley würde der Boden heraufgehoben, damit die Schiffer sehen könnten, in welcher Gegend sie sich befänden: indem diese ungeheuren Wirbel, wie schön gesagt, völlig unergründlich sind. Was das mittelländische Meer, oder das feste Land angeht, wie einige von den afrikanischen Wüsten erzählen, durch welche die Wanderer unter der Leitung der Sterne und des Kompasses reisen, dafür lasse ich die sorgen, die

es

es erzählen. Ich behaupte aber mein Gesagtes vom westlichen Ozean.

Nachdem wir das gewächsvolle Meer paßirt waren, machten wir, aus Furcht, Seeräubern zu begegnen, einige eiserne Kanonen zurechte, und setzten uns auch ferner in Vertheidigungsstand, und das brachte uns wieder in neue Gefahr. Unser Konstabel nämlich hatte das Pulver bey das Feuer gestellt: ließ es aber hier so lange, bis das Geschirr, worauf es geschüttet worden, glühend wurde, und so das Pulver Feuer fing, dessen Flamme unser ganzes Schiff durchdrang: so zwar, daß wir wegen dem Theere, mit welchem das Schiff allenthalben bestrichen war, beynahe in Brand gerathen wären. Etliche Segel und Ruder wurden jedoch angegriffen, und drey Schiffleute so stark verbrannt, daß einer derselben einige Tage drauf sterben mußte. Und hätte ich meinen Hut nicht vors Gesicht gehalten, so würde ich von dem Brande auch garstig zugerichtet worden seyn, wenn mir auch nichts Aergeres wiederfahren wäre; durch diesen meinen Hut aber kam ich, ausser daß ich mir die Ohrläppchen und Haare verbrannte, übrigens mit heiler Haut davon. Dies Unglück begegnete uns den funfzehnten April.

Hier wollen wir nun, weil wir mit der Gnade Gottes bisher Schiffbrüchen, dem Versinken und Brande entgangen sind, ein wenig ausruhen.

Zwey und zwanzigstes Hauptstück.

Aeusserster Hunger, Stürme, und andre viele Gefahren, denen wir auf unsrer Rückreise in Frankreich mit der Hülfe Gottes entrissen worden.

Nachdem wir nun so viele und so grosse Gefahren überstanden hatten, kamen wir erst aus der Scylla in die Charibdis. Denn itzt ward uns auf einmal nur halbe Porzion täglicher Speise gereicht, die ohnedem vorhin schon nicht köstlich war. Die Ursache davon war, weil wir damal noch zehnmal hunderttausend Schritte von Frankreich entfernt waren. An diesem Aufenthalte waren jedoch die Stürme nicht allein Schuld: denn, wie ich schon oben gesagt habe, unser Pilote war so sehr vom Wege abgekommen, daß er uns versicherte, wir näherten uns der Küste Spaniens, da wir doch an den azorischen Inseln (Insulae Essoreae) waren, die noch sechs Millionen Schritte von der spanischen Küste entfernt sind. Dieser Irrthum also hatte uns in solche Armuth gebracht, daß wir gegen das Ende des Aprils gar keinen Proviant mehr hatten. Unser letzter Trost war daher, die geweißte Kammer, worinn die Lebensmittel zu liegen pflegen, auszukehren: hier fanden wir aber mehr Würmer und Mäusekoth als Brosamen; nichts destoweniger ward dieses Gebröckel sorgfältig zusammen gelesen, und unter uns ausgetheilt. Von diesem Allerhand machten wir uns nun einen Brey, der schwärzer und bitterer war, als Ruß. Wie kostbar dies Gericht geschmeckt habe, braucht man gar nicht zu fragen.

Wer um diese Zeit noch Meerkatzen und Papagayen übrig hatte, aß selbige ohne Anstand, nachdem

dassel-

Zwey und zwanzigstes Hauptstück.

dasselbige schon mehrere lange vorhin gethan hatten. Ueberhaupt schon zu Anfange des Mays starben zween unsrer Bootsleute Hungers, und wurden auf Schiffergebrauch ins Meer begraben. Nebst diesem gräulichen dringenden Hunger wurden wir noch ganzer zwanzig Tage von Stürmen und Wellen so herumgenommen, daß wir nicht nur alle Segel einnehmen, und das Steuerruder festbinden, sondern auch unser Schiff, weil wir es nicht mehr regieren konnten, den Winden und Wellen völlig Preis geben mußten. Wir konnten daher auch die ganze Zeit, so sehr uns auch der Hunger plagte, keinen einzigen Fisch fangen. Kurz: plötzlich geriethen wir in die größte Hungersnoth, bekamen auswärts mit Wellen, innerhalb mit Wasser zu kämpfen.

Ich will daher denen zu Liebe, welche das Meer noch nicht gesehen haben, (die gewiß erst den halben Theil der Welt gesehen,) hier ins Gedächtniß zurück rufen, was der Psalmist von den Seefahrern sagt: *)

> Die in Schiffen gehn aufs Meer,
> Im Gewässer treiben ihr Geschäft;
> Diese sehn des Ewgen Thaten,
> Seine Wunder in den Tiefen.
> Spricht er; so erregt er Sturmwind;
> Meereswogen thürmen sich.
> (Sie fahren gen Himmel:
> Sie sinken in Tiefen;
> Die Seele zagt in Angst.
> Sie taumeln im Schwindel, wie trunken.
> Alle ihre Kunst versagt.)

Um

*) Ps. 107. v. 23. ff. Anm. des Uebers. In der mendelsohnischen Uebersetzung.

Um diese Zeit, wo der Mangel auf's höchste gestiegen war, konnte man sehen, was für bewundernswürdige Gelübde die Schiffleute thaten, welche dem papistischen Aberglauben anhingen: denn sie versprachen dem Nikolaus eine wächserne Statue von menschlicher Grösse, wenn sie an einen Haven kommen würden; jedoch das war nichts anders, als einen blinden und tauben Baal anrufen. *) Wir aber, die wir die wahre Religion hatten, richteten alle unsere Gebete an jenen wahren Gott, dessen Güte und Begünstigung wir so oft erfahren hatten; durch dessen Hülfe wir auch mitten in unsrer Hungersnoth nicht ohne ein vorzügliches Wunder erhalten wurden; von welchem wir auch wußten, daß er allein das Meer und dem Ungestüme legen könnte.

Wiewohl wir indessen von Hunger und folglich auch von Dürre so hingerichtet waren, daß wir zu den Schiffsarbeiten kaum noch, oder so zu sagen, gar nicht mehr taugten, brachte uns doch die Armuth alle so weit, daß wir auf alle mögliche Art unsern hungrigen Magen zu sättigen trachteten. Einigen fiel es ein, Stücke von Schilden aus der Haut des Tapirussu, (Tapiroussou,) von welchen ich oben geredet habe, im Wasser zu kochen und zu essen; jedoch diese Erfindung ging nicht gut von Statten. Es legten daher andre diese Stücke auf Kohlen, brieten sie, und kratzten dann das Verbrannte mit Messern weg: das ging recht gut: denn diese Haut schmeckte uns Ausgehungerten wie gebratene Schweinshaut. Nachdem wir dies einmal versucht hatten, zerschnitten alle, welche noch dergleichen Schilde hatten, selbige in kleine Stücke, und trugen sie in Säckchen immerfort bey sich; ja hatten sie in solchem Werthe, als die Geitzhälse und Wucherer bey uns ihre mit Gold gefüllten Beutel. Wo Josephus von den Belagerten in

Jeru-

*) I. Buch der Könige Kap. XVIII. 26.

Zwey und zwanzigstes Hauptstück. 383

Jerusalem redet, erzählt er uns, daß sie ihrer Leibbinden und Schuhe nicht geschont, ja die Felle von den Schilden abgerissen, und gefressen hätten.*) Auch gab es unter uns einige, die ihre lederne Wammes, und selbst ihre Schuhe assen. Ja die Knaben, welche uns bedienten, drückte der Hunger so, daß sie das Horn an den Laternen angriffen, deren es in den Schiffen sehr viele giebt, ja selbst der Unschlittkerzen nicht schonten, wenn sie derselben habhaft werden konnten. Und bey allem dem mußten wir bey unsrer Schwäche immer an den Pumpen arbeiten; sonst wären wir bald versunken, und hätten für unsern Hunger einen mächtigen Trunk thun müssen.

Ferner erblickten wir den fünften May gegen Untergang der Sonne in der Luft eine brennende Flamme, die unsern Segeln so nahe kam, daß wir selbige schon für angebrannt hielten; sie verschwand jedoch bald, ohne uns den geringsten Schaden zuzufügen.

Fragt mich nun einer, woher diese Flamme entstanden sey, so antworte ich ihm, daß es wohl sehr schwer seyn mögte, die Ursache davon zu erforschen; besonders da wir eben an den neuen Ländern, wo die Stockfische (Ichtyorollae) hergebracht zu werden pflegen, und der Insel **) Canada vorbeyfuhren, welches eine sehr kalte Gegend ist, und folglich niemand leicht sagen wird, daß sie von warmen Ausdünstungen entstanden sey.

Um mit allem möglichen Ungemache heimgesucht zu werden, bekamen wir hier auch noch mit einem Nordwinde so zu thun, daß wir ganze funfzehn Tage hindurch kaum die geringste Hitze verspürten.

Am

*) Joseph. de Bello Judaico L. VII. C. 7.

**) Anm. des Uebers. Ich kenne keine Insel, die sich Canada nennt: ob er das itzige Canada unter dieser Benennung versteht? —

Am neun und zwanzigsten April starb auch unser Konstabel, der vorhin so von Hunger geplagt worden war, daß er in meiner Gegenwart kurz zuvor die rohen Gedärme eines Papagayen verschluckt hatte, und ward, wie die andern, nicht in die Erde verscharrt, sondern bekam sein Grab im Meere. Sein Tod brachte uns um so weniger Betrübniß, weil wir seiner sehr leicht entbehren konnten: denn würden wir damal von Seeräubern angegriffen worden seyn, so hätten wir uns nicht allein nicht gewehrt; sondern wir wünschten aus allen Kräften, in die Gewalt irgend eines zu kommen, wenn wir nur was zu essen bekämen; so weit waren wir gekommen! Allein es gefiel Gott, unsre ganze Reise unglücklich zu machen; und so bekamen wir nur ein Schiff zu Gesichte: jedoch auch das konnten wir nicht erreichen, weil wir unsrer Schwachheit halber die Segel nicht bey Zeiten zurechte machen konnten.

Als wir nun endlich alles, was ich oben erzählt habe, unsre Schilde, Häute, ja selbst die Ueberzüge unsrer Koffren, kurz, alles, was den Hunger stillen konnte, verzehrt hatten, glaubten wir, am Ende unsrer Reise zu seyn. Allein nun trieb die Armuth, die Erfinderinn der Künste, einige von uns an, auf Mäuse Jagd zu machen. Diese liefen nämlich, weil wir die Brosamen, und alles, was sie sonst zu benagen pflegten, mit der größten Sorgfalt zusammen gesucht hatten, voll Hunger haufenweise auf den Verdecken umher. Wir aber gaben fleißig und mit den größten Spitzfündigkeiten auf sie Acht, und wandten allerley Schliche an, ihrer habhaft zu werden: zuweilen lauerten wir wohl, wie Katzen, zur Nachtzeit auf sie. Durch diese unsre Bemühungen entgingen uns nur sehr wenige, sie mogten sich so gut verbergen, als sie immer wollten. Würklich schätzten wir damals auch eine Maus höher, als wir auf dem festen Lande einen Ochsen schätzen würden:

den: denn ich habe ihrer gesehen, die für eine Maus drey auch vier Kronen zahlten. Ja ich war ein Augenzeuge, daß einer unserm Wundarzte, der zwo Mäuse auf einmal gefangen hatte, für eine derselben bey der ersten Landung in einem Haven einen Hut, Wamms, Hosen und Strümpfe geben wollte: dieser aber, der sein Leben lieber als Kleider hatte, diesen Handel nicht eingehen wollte. Viele dieser Mäuse wurden nicht ausgenommen, sondern so grade in Seewasser gekocht; bey allem dem aber waren sie unter uns in grösserm Werthe, als auf dem festen Lande ein Hammelsschlegel.

Damit man nebst dem einsehe, daß nichts von uns verschmäht worden sey, was nur einigermassen eßbar war, will ich noch das eine Beyspiel anführen. Unser Hauptmann machte sich eine ziemlich grosse Maus zurecht, und ließ die vier Pfoten, welche er abgeschnitten hatte, auf dem Verdecke liegen: über diese machte sich sogleich ein anderer mit der größten Sorgfalt her, briet sich selbige auf den Kohlen, und behauptete, nie hätten ihm die Flügel eines Rebhuhns so kostbar geschmeckt, als diese Füsse. Ja, was hätten wir bey unserm dringenden Hunger nicht gegessen, oder vielmehr verschlungen, da wir uns selbst die Knochen, welche wir ehemals weggeworfen hatten, und sonst dergleichen Unrath, sehnlichst zurück wünschten? Ich zweifle nicht, daß wir nicht, wenn wir frische Pflanzen oder Gras gehabt hätten, alles, wie das Vieh, roh hinein gefressen hätten.

Jedoch auch das war nicht alles Unglück, womit wir zu kämpfen hatten. Die ganze zwanzig Tage hindurch, welche wir von diesem Hunger geplagt wurden, sahen wir weder Wein noch Wasser in unserm Schiffe: uns war nur noch ein kleines Fäßchen Aepfelwein (Sicerae) übrig geblieben, den unsre Offiziere so sparsam austheilten, daß selbst ein Monarch, wenn er bey uns ge-

gewesen wäre, nicht mehr bekommen haben würde, als alle übrigen: es erhielt aber jeder täglich einen Kyathos.*) Weil wir auf diese Art vom Durste nicht weniger als vom Hunger geplagt wurden, spannten wir bey jedem Regen Leinentücher auf, in deren Mitte wir eine eiserne Kugel legten, damit das Wasser auf diese Art leichter in die untergestellten Gefässe rinnen könnte. Ja sogar das, was von dem Verdecke ablief, sammelten wir sorgfältig, und machten uns nichts aus dem Kothe, der es noch trüber machte, als das, was in den Städten über die Strassen läuft, daß wir es nicht hätten trinken sollen.

Wiewohl übrigens die Hungersnoth, welche wir im Jahre 1573 bey der Belagerung von Sancerre ausstehen mußten, unter die heftigsten gerechnet werden muß, wie man aus der Geschichte ersehen kann, welche ich selbst hierüber herausgegeben, **) so war selbige doch, wiewohl sie länger dauerte, nicht so heftig, als die, von welcher ich itzt rede. Denn zu Sancerre fehlte es uns weder an Wasser noch an Wein, und hatten nebstdem noch etliche Pflanzen, Wurzeln und Rebaugen. In der that ich, der ich in dieser Belagerung mit Thierfellen, Pergament, Brustlätzen von Ochsenleder, und dergleichen Sachen mehr, die nur etwas weniges Saft in sich haben, wiewohl sie sonst gewöhnlich nicht genossen werden, den Hunger zu vertreiben versucht habe, würde in einer Belagerung zur Beschützung der gerechten Sache, die Zeit hindurch, bis es Gott gefiele den erschaffenen Wesen seinen Segen zu ertheilen, aus Furcht vor einer Hungersnoth mich den Feinden nie ergeben,

so

---

*) Anm. des Uebers. Cyathus, Κυαθος: vier Löffel voll; oder genauer zu bestimmen, zehn Drachmen, d. i. zehn Achtel einer Unze bey flüssigen Sachen: man könnte es daher durch einen Schluck übersetzen. — In der That nicht für einen zu berauschen!

**) Anm. des Uebers. Die schon oben angeführte Histoire de l'assiege de la Ville de Sancerre etc.

Zwey und zwanzigstes Hauptstück.

so lange ich noch dergleichen Sachen hätte. Allein auf dieser unsrer Seereise hatte es mit unserm Zustande ein ganz andres Aussehen: denn wir waren so weit gekommen, daß wir nichts mehr übrig hatten, als das Brasilienholz: ein Holz, das vor allen übrigen Arten trocken ist. Nichts destoweniger gab es einige unter uns, welche, von dem Hunger auf das äusserste getrieben, aus Mangel einer andern Speise, dies Holz mit den Zähnen zu zernagen suchten. Unter diesen war Philipp unser Anführer, der, als er ein Stück an den Mund geführt hatte, einen tiefen Seufzer holte, und mich folgendergestalt anredete: Ach, mein lieber Lery, in Frankreich lehnte ich einst an viertausend Livres weg, könnte ich doch dafür itzt die Quitung schreiben, und mir für selbiges Geld ein Brodt und einen Schluck (Cyathus) Wein geben lassen! Peter Richer aber, der vor kurzer Zeit zu Rochelle selig im Herrn entschlafen ist, lag in seiner Kajüte ausgestreckt, und war so matt, daß er beym Beten nicht einmal sein Haupt in die Höhe heben konnte: nichts desto weniger aber betete er so da liegend immerfort zu Gott.

Ehe ich die Materie schliesse, will ich hier noch obenhin bemerken, was ich zum Theil noch bey den andern, vorzüglich aber bey mir in Acht genommen habe, der ich zwo Hungersnöthen, und zwar solche erfahren habe, daß ich nicht glaube, daß einer eine schrecklichere jemal überstanden. Bey von Hunger geschwächten Körpern, wo die Natur geschwächt wird, die Sinne entschwinden, und die Lebensgeister sich zerstreuen, werden die Menschen nicht nur wild, sondern mürrisch und zornig. Und dieser Zorn kann würklich eine Art Raserey heissen: unsre Muttersprache drückt daher den starken Hunger sehr gut und bedeutend durch **wüthenden Hunger, rasenden Hunger aus.**

Weil nebstdem die Erfahrung alles deutlicher lehrt, so sehe ich, daß Gott nicht ohne Ursache wenn er seinem Volke mit Hunger droht, wenn es seine Gesetze nicht halten würde, deutlich ausdrückt, *) daß derjenige, der vorhin geschmeidig und zärtlich war, scheel und mürrisch auf seinen Bruder, auf sein liebstes Weib und seine Kinder sehen werde, so, daß er ihnen nicht einmal von dem Fleische seiner Kinder mit zu essen gebe, was er verzehrt. Denn nebst den Beyspielen, welche ich in der Geschichte von Sancerre von Eltern angeführt habe, die eines ihrer Kinder gegessen haben,**) und von einigen Soldaten, welche, nachdem sie einmal die Leiber der Erschlagenen versucht hatten, sich entschlossen, wenn das Uebel länger dauerte, selbst Hand an die Lebendigen zu legen: nebst diesen Beyspielen kann ich behaupten, daß wir während dieser Hungersnoth auf dem Schiffe kaum oder niemal friedlich mit einander reden konnten, wiewohl uns die Furcht Gottes in den Schranken hielt: vielmehr (was uns Gott vergeben wolle,) sahen wir einander nur mit Grimm an.

Ich komme jedoch auf die Beschreibung unsrer fernern Reise.

Während es täglich mit uns schlimmer wurde, starben den funfzehnten April wieder zween Schiffleute Hungers. Zu dieser Zeit waren einige unter uns, welche das lange Herumirren auf dem Wasser, ohne Land zu erblicken, bey sich überlegten, und daher glaubten, es sey eine zweyte Sündfluth da. — Wie wir die beyden Schiffleute ins Meer versenken sahen, glaubten wir alle das nämliche Schicksal erfahren zu müssen.

Ich

---

*) Deuteron. XXVIII. v. 53. ff.

**) Anm. des Uebers. Hieher gehört auch das Beyspiel der Mutter, die ihr eigenes Kind schlachtete, und aß, welches uns *Josephus de bello Judaico L. VII. C. 8.* aufbewahrt hat.

Zwey und zwanzigstes Hauptstück.

Ich hatte während der ganzen Hungersnoth, wo, wie ich schon gesagt habe, die Meerkatzen und Papagayen, welche wir bey uns führten, geschlachtet und gegessen wurden, bis hiehin einen sehr schön gefiederten Papagay, von der Grösse einer Ente, der viele Wörter deutlich ausspracht, sorgfältigst verwahrt, weil ich ihn dem Kaspar Coligny mitzubringen hoffte, und ihn in dieser Hoffnung fünf Tage mit der grössten Behutsamkeit verborgen gehalten, ohne ihm was zu essen zu geben. Endlich, jedoch mußte ich auch diesen, theils aus Hunger, theils aus Furcht, daß er mir zur Nachtzeit einmal gestohlen werden würde, umbringen: es war aber doch der letzte, und diente mir und etlichen meiner Freunde drey bis vier Tage durch zur Nahrung. Wir assen ihn aber ganz, und warfen nichts von ihm weg, als die Federn; alles Uebrige, das Fleisch nicht allein, sondern auch das Eingeweide und die Füsse, ja selbst die Klauen und der Schnabel wurden verzehrt. Der Tod dieses Vogels schmerzte mir nachher sehr: und noch um so mehr, da wir den fünften Tag drauf, als ich ihn geschlachtet hatte, Land erblickten. Weil nun diese Art Vögel das Trinken leicht entbehren, so hätte ich ihm die ganze Zeit hindurch mit dreyen Nüssen das Leben fristen können.

Aber, wird hier mancher sagen, was geht uns dein Papagay an? sollen wir denn ewig nichts anders, als von eurem Elende hören? Ist denn des Elendes aller Art noch nicht genug? Giebt es denn nicht bald ein Ende, entweder mit dem Leben oder mit dem Tode? — Ja, es wird ein Ende geben: denn Gott ließ uns, nachdem er unsre Leiber, wahrlich nicht mit gemeiner Speise, erhalten hatte, endlich zur allergelegensten Zeit, den fünf und zwanzigsten May, wo wir schon beynahe ganz ermattet auf dem Verdecke lagen, Bretagne sehen. Weil wir aber von unserm Piloten schon mehrmal betrogen
wor-

worden waren, daß er uns statt Land Wolken und Einbildungen gezeigt hatte, die bald verschwunden waren, konnten wir itzt doch kaum selbst dem wiederholten Rufen des Wächters: Land! Land! völligen Glauben beymessen. Mit gutem Winde aber kamen wir ihm bald so nahe, daß wir nun deutlich sahen, daß wir das feste Land in der Nähe hätten.

Um es aber ganz klar vor Augen zu stellen, in welchem Elende und welcher Gefahr wir schwebten, und wie sehr zur rechten Zeit uns Gott zu Hülfe gekommen sey, will ich noch hier berichten, was unser Schiffer mit heller Stimme behauptete, nachdem die Danksagungen wegen unsrer bevorstehenden Befreyung zu Ende waren: er habe sich fest entschlossen gehabt, wenn er noch einen Tag in diesem so erbärmlichen Zustande hätte bleiben müssen, nicht zwar nach dem Loose, (wie schon vorhin einige in dergleichen äusserstem Elende gethan hatten,) sondern heimlicher Weise, einen von uns ums Leben zu bringen, der den übrigen zur Speise dienen sollte. Ich machte mir hieraus gar nichts: denn ich war mir bewußt, (wiewohl alle sehr hager waren,) daß ich vor dieser Gefahr ganz sicher gewesen seyn würde, wenn er nicht statt Fleisch blosse Haut und Knochen hätte haben wollen.

Weil unsre Schiffer beschlossen hatten, zu Rochelle anzulanden, und allda ihr Brasilienholz zu verkaufen, begaben sich die Schiffer und Philipp, mit einigen andern, da wir noch sechstausend Schritte von dem festen Lande von Bretagne entfernt waren, in dem Boote an das nächste Städtchen, um Speisewaaren einzuhandlen. Unter diesen waren auch zween der Unsrigen, denen ich besonders Geld mitgegeben hatte, um mir einige Speisewaaren zu kaufen, welche bey ihrer Ankunft am festen Lande, in der Meynung, unser

ser Schiff sey die Wohnung des Hungers, grab heraus sagten, sie würden nie mehr einen Fuß in selbiges hinein setzen. Sie liessen auch würklich ihr Gepäcke in dem Schiffe zurück, und liessen sich nie mehr sehen. Einer jedoch von diesen, und zwar er allein von allen den vierzehn, deren ich von Anfange Meldung that, schrieb mir in diesem Jahre, (1584.) wo ich diese Reise verbessere, und von neuem vornehme, mit welcher Mühe sie ihre vorige Gesundheit wieder erlangt hätten. Wie es uns in dieser Rücksicht erging, werde ich bald sagen.

Während wir hier vor Anker lagen, und die Zurückkunft der Abgefahrnen erwarteten, kamen einige Fischer zu uns, von welchen wir Speisewaaren begehrten: sie glaubten, wir hätten unsern Spaß mit ihnen, und fürchteten sogar, von uns übel behandelt zu werden, und begaben sich daher auf die Flucht; wir zwangen sie aber, von Hunger getrieben, zu bleiben, und stürzten in ihren Kahn. Jtzt, glaubten sie, sey es um sie geschehen; wir gingen aber ganz friedlich mit ihnen um; fanden jedoch nichts mehr zu essen bey ihnen, als einige Stückchen Brodt: wir erklärten ihnen unsern äussersten Hunger, und nun war einer derselben so unbarmherzig, mir für ein Stückchen solchen Brodtes, was kaum einen Pfennig (Obolum) werth war, zwölf Sols (Sestertios) zu fordern. Die Unsrigen kamen jedoch bald mit Lebensmitteln zu uns zurück. Wie gierig wir diese angenommen, brauche ich wohl nicht zu sagen.

In unserm beybehaltenen Vorsatze, auf Rochelle zu steuren, waren wir schon sechstausend Schritte weit fortgesegelt, als wir von Schiffern, welche uns begegneten, gewarnt wurden, daß einige Seeräuber an dieser Küste kreutzten. Weil wir nun sahen, daß das Gott versuchen heisse, wenn wir uns freywillig in diese Gefahr be=

begäben, liefen wir nach so vielen und so grossen Gefahren noch an demselben Tage, den sechs und zwanzigsten May, in den Haven von Blavet in Bretagne ein, worinn damals sehr viele Schiffe aus allen Gegenden ankamen, die ihre Kanonen lösten, und die übrigen Feyerlichkeiten der Seefahrer begiengen, und über erhaltene Siege jauchzten. Unter diesen letztern befand sich eins, welches ein spanisches Schiff, so aus Peru gekommen war, weggekapert hatte. Es war mit den kostbarsten Waaren beladen, deren Werth auf sechzigtausend Louisd'or geschätzt wurde. Als der Ruf hievon in ganz Frankreich herumlief, kamen nicht wenige Kaufleute aus Paris, Lion und andern Orten herbey, diese Waaren zu kaufen, was denn uns sehr zur gelegenen Zeit kam: denn als wir aus dem Schiffe stiegen, unterstützten uns die mehrsten dieser Kaufleute, als sie von unsern Schicksalen gehört hatten, und sahen, daß wir nicht recht mit den Füssen fort konnten; ermahnten uns auch sehr gelegen, uns vom zu vielen Essen fleißig zu enthalten, und unsre Kräfte nur allgemach mit weniger Speise, mit alter Hühnerbrühe, Geisenmilch und andern zur Eröffnung der Eingeweide tauglichen Sachen wieder zu erhalten zu suchen. Würklich ging es auch mit allen, die diesem heilsamen Rathe folgten, gut; die Schiffleute aber, welche ihren Magen sogleich mit Essen füllten, kamen nicht ungestraft davon: denn von den zwanzigen, welche noch ans Land gekommen, haben sich, glaube ich, noch zehn den Tod zugezogen. Wir funfzehn aber, die wir, wie oben gesagt worden, das Schiff in Amerika zur Rückreise nach Frankreich bestiegen hatten, kamen itzt zu Wasser und zu Lande mit heiler Haut davon. Es ist zwar wahr: wir hatten nichts an uns, als Haut und Knochen, und wenn wir einander ansahen, glaubten wir aus Gräbern gestiegene Leichname zu erblicken.

Als wir ferner die Landluft verspürten, bekamen
wir

Zwey und zwanzigstes Hauptstück.

wir einen solchen Eckel vor dem Essen, daß ich, (denn von mir besonders kann ich es mit Wahrheit berichten,) als ich endlich in eine Herberge gebracht, und mir Wein angeboten wurde, nur bey dem blossen Geruche des letztern in Ohnmacht gefallen, und auf eine Kiste, die in der Nähe stand, gestürzt bin. Die Umstehenden glaubten alle Augenblicke, ich würde meinen Geist aufgeben, besonders wenn sie auf meine Schwachheit Rücksicht nahmen. Ich hatte von diesem Falle jedoch gar keinen Schaden gelitten. Man brachte mich hierauf in ein Bett, worinn ich so gut schlief, daß ich erst den andern Tag sehr spät erwachte, wiewohl ich seit zehn Monaten her in keinem Bette mehr geschlafen. Ich bemerke dies deswegen, weil es gegen die Meynung derjenigen ist, welche glauben, diejenigen, welche der weichen Betten entwöhnt seyn, könnten nachher anfänglich in denselben nicht schlafen.

Nachdem wir uns zu Blavet vier Tage aufgehalten hatten, begaben wir uns auf Hennebont, ein Städtchen, welches vier tausend Schritte von Blavet entfernt liegt. Hier ruhten wir ganze funfzehn Tage, und liessen uns von Aerzten heilen. Wie sehr wir uns übrigens hüteten, konnte doch keiner von uns einem Aufschwellen am ganzen Leibe entgehen, ausser mir und drey andern, die wir mit dieser Krankheit nur vom Nabel bis an die Füsse heimgesucht wurden. Ueberdies wurden wir noch mit einer Dysenterie (διαῤῥοια et stomachi solutione) geplagt, so, daß gar nichts bey uns blieb. Für diese Krankheit ward uns jedoch ein Mittel gerathen, durch welches wir sogleich geheilt wurden. Es ist aber Folgendes:

Man nimmt eine Brühe von Gundelreben (Hedera terrestris) mit wohl gekochten Reiß, (Oryza,) in einem mit alten Tüchern sauber ausgeputzten Topfe: dies stellt
man

man ans Feuer, und schlägt dann einige Eyerdotter drein. Diese Mixtur aßen wir, wie Brey, mit Löffeln. Wenn wir diese Arzeney nicht gehabt hätten, so glaube ich leicht, daß wir an dieser Krankheit alle gestorben wären.

Das hatte ich endlich von unsrer Reise zu berichten, die gewiß nicht unter die geringsten zu rechnen ist, wenn man bemerkt, daß wir drey und siebenzig Grade von Norden gegen Süden gefahren. Ich will jedoch vor Verdienteren den Vorzug nicht haben. Sie mag seyn wie sie will, so ist sie doch nichts gegen die ungeheure des Johann Sebastian del Como, eines Spaniers,*) der die ganze Erde umschiffte, was, wo ich nicht irre, vor ihm noch keiner gethan hatte. Nach ihm thats der Engländer Drack, **) wie man sagt, der nach seiner Zurückkunft in sein Vaterland sich für sein Wapen eine Erdkugel mit der Inschrift malen ließ: Du hast mich zuerst umfahren. (Primus me circumdedisti.) ***)

Wenn ich übrigens lese was Hieronymus Benzo von seiner Reise in Peru und andere Länder jenes Erdtheils, die vierzehn Jahre durch dauerte, schreibt, so bemerke ich, daß er das mit mir gemein hat, daß er (wie er selbst zu Anfange seiner Geschichte †) sagt,) zwey und zwanzig Jahre alt gewesen, als er durch das

Bey=

---

*) Anm. des Uebers. Im Schiffe Viktoria, wovon man Gomara hist. gen. de las Ind. C. 91. ff. auch einige Originalberichte bey Ramusio Navigatione e viaggi T. I. nachsehen kann. —

**) Anm. des Uebers. Franz Drack machte seine Reise um die Welt in den Jahren 1577. 1578. 1579. worauf ihn die Königin Elisabeth in den Ritterstand erhob. Diese seine Reise beschrieb er selbst. Er machte jedoch noch mehrere Seereisen. —

***) Anm. des Uebers. Dasselbige hatte auch Sebastian del Como gethan. Gomara l. c. C. 97.

†) Anm. des Uebers. Historia novi orbis. Ist schon oben angeführt worden.

Zwey und zwanzigstes Hauptstück.

Beyspiel so vieler, auch von der Begierde, die Erde zu durchwandern, und besonders den neuentdeckten Welttheil zu besehen, der den Namen Westindien erhalten hat, hingerissen, sich endlich entschloß, seiner Neigung ein Genüge zu leisten: wie dann auch ich aus demselbigen Antriebe, in eben demselbigen Alter, die Seereise nach Brasilien unternommen, wie ich zu Anfange dieser Reisebeschreibung bemerkt habe. Jedoch noch merkwürdiger ist, daß Benzo (wiewohl weder er von mir noch ich von ihm jemal etwas gehört habe,) behauptet, er sey den dreyzehnten September. 1556. nach Beendigung seiner Reise in Spanien angekommen; und ich (wie ich schon oben erzählt habe,) den 10ten desselbigen Monats in demselbigen Jahre meine Reise in Brasilien von Geneve aus angetreten. Wollte itzt einer eine chronologische Ordnung derjenigen machen, welche in Amerika gereist sind, so müßte er uns gleich nach Benzo setzen.

Weil ferner Benzos Geschichte durch meinen sehr guten Freund Urban Calveton aus dem Italienischen ins Lateinische, nachher auch ins Französische übersetzt worden, unter dem Titel: Neue Geschichte der neuen Welt; überdies der Verfasser unter denen, welche viel bemerkt, und ihre Bemerkungen mit vieler Zierlichkeit aufgezeichnet haben, nicht der schlechteste ist: so halte ich es für ganz nothwendig, daß diejenigen, welche die Sitten der Amerikaner ganz kennen lernen, und wissen wollen, wie unmenschlich diese armen Völker von den Spaniern, ihren Unterjochern, behandelt werden, diese Geschichte fleißig lesen. Benzo aber ist um desto lobenswürdiger, weil er seine Geschichte mit einer vortrefflichen Danksagung an Gott beschließt; wodurch er an Tag giebt, daß er nicht undankbar gegen diejenigen sey, von dem er die Wohlthat empfangen, die vierzehn Jahre hindurch so neue Sachen und so weit ent-

fernte

fernte Länder zu sehen, und durch dessen Hülfe er so vielen Gefahren entgangen war.

Den so berühmten Namen dieses Mannes sucht jedoch Thevet zu verdunkeln, (Thevet, der ärgste Feind der Wahrheit, wenn es je zu unsrer Zeit einen gegeben hat,) in seinem neulich herausgegebenem Buche von berühmten Männern. Wo er vom Franz Pizarro, einem Spanier, welcher den Attabalippa, König von Peru, besiegte, redete, macht er die ganze Geschichte Benzos (dessen Beredtsamkeit er noch lange nicht beykömmt,) so verdächtig, daß man sie für ein blosses Mährchen halten sollte. Thevet that das vielleicht mit Fleiß, weil er spanisch denkt, und daher Frankreich, sein Vaterland, nicht, wie er sollte, liebt, dessen Ehre doch Benzo mit der größten Artigkeit und Sorgfalt gegen diejenigen rettet, die, weil sie jene Indianer mit leichter Mühe unterjochten, mit andern Nationen eben so leicht fertig werden zu können glauben.

Aber wieder auf uns zurück zu kommen, so könnte vielleicht einer glauben, daß wir nun am Ende unsrer Mühseligkeiten, und in unsrer Ruhe gewesen wären: jedoch wenn uns der, durch dessen Hülfe wir so vielen Schiffbrüchen, Ungestümen, der äussersten Hungersnoth, und andern Ungemächlichkeiten, auf unsrer ganzen Reise entgangen waren, nicht auch nach unsrer Ankunft auf dem Lande bewahrt hätte, so wären wir auch hier wieder ins äusserste Unglück gekommen.

Ich habe schon oben gesagt, daß Villegagnon unserm Schiffhauptmann einen Prozeß gegen uns mitgegeben habe, sammt einem Auftrage an die ersten besten uns aufstossenden Magistratspersonen, uns als solche, die er als Ketzer befunden, zu greifen, und zu verbrennen. Unser Anführer Philipp aber gab einem Magistrat,

strat, welcher der Religion, zu der wir uns bekannten, nicht abgeneigt war, und mit dem er in Freundschaftsverbindungen stand, dieses Kästchen mit allen Papieren dieses Prozesses. Wir wurden daher auch von demselbigen, ganz wider den Willen Villegagnons, aufs beste aufgenommen; ja diese Magistratspersonen schonten ihrer eigenen Güter nicht, und gaben den Unsrigen, was sie nöthig hatten: auch Philipp bekam von ihnen Geld gelehnt: und so befreyte uns Gott, der die Listigen in ihrer List erhascht, von dieser Gefahr, und machte, daß die Treulosigkeit des lasterhaften Villegagnon entdeckt würde, und das Ganze zu seiner Schande und unserm Troste gereichte.

Nach einer solchen grossen erhaltenen Wohlthat von der Hand dessen, der uns so oft zu Wasser und zu Lande rettete, entfernten sich unsre Schiffer zu Hannebont, um in die Normandie, ihr Vaterland, zurück zu gehen; und so begaben auch wir uns, um von den Bretagnern weg zu kommen, dessen Sprache uns eben so wild als die der Amerikaner vorkam, in Eile nach Nantes, nicht aber, als hätten wir diese Reise in der Geschwindigkeit abgemacht: denn wir waren so schwach, daß wir die Pferde, auf welche wir sassen, nicht einmal leiten konnten, und uns daher jeder einen Leiter dingen mußten.

Weil aber unsre Körper so zu sagen wieder hergestellt werden mußten, hatten wir eben so abentheuerliche Appetite, als man von schwangern Weibern erzählt, deren ich viele zu bewundernde Beyspiele anführen könnte, wenn ich nicht zum Ende eilte: ja sogar hatten die mehrsten von uns einen solchen Abscheu vor dem Weine, daß sie in einem ganzen Monat keinen Tropfen trinken konnten.

Als

Als wir endlich zu Nantes ankamen, wurden unsre Augen und Ohren, gleichsam als ob alle unsre Sinne umgekehrt wären, plötzlich so stumpf, daß wir taub und blind zu werden befürchteten. Hiehin kann gehören, was *) Jonathan, der Sohn Sauls, sagte: seine Augen seyn ihm erhellt worden, nachdem er etwas Honig gegessen hatte: wodurch er nicht undeutlich zu verstehen gab, daß seine Augen vorhin von Hunger stumpf gewesen seyn. Wir wurden jedoch von etlichen der berühmtesten Aerzte und andern berühmten Männern, die uns sehr oft besuchten, mit solcher Sorgfalt geheilt, daß wir gar keine Spur von diesen Uebeln behalten haben: ja von mir kann ich behaupten, daß ich von dieser Zeit an nach einem Monate die besten Augen und Ohren gehabt habe. Es ist zwar wahr, von der Zeit an habe ich immer einen schwachen Magen gehabt, das durch jenen Hunger zu Sancerre, wovon ich oben Meldung gethan, auch so vergrössert wurde, daß ich nicht eher davon befreyt zu werden fest überzeugt bin, als bis mich Gott durch eine glückliche Auferstehung gänzlich erneuert.

Nachdem wir nun zu Nantes, wo wir, wie gesagt, sehr wohl aufgenommen wurden, Gesundheit und Kräfte wieder erhalten hatten, ging ein jeder von uns wohin er wollte.

Ehe ich diese Reisebeschreibung schliesse, muß ich doch noch etwas von den fünfen sagen, welche bey unserm ersten nahen Schiffbruche wieder zurück in Amerika gingen. Den Verlauf habe ich aber folgendermassen erfahren. Einige glaubwürdige Männer, welche wir in Amerika zurück gelassen, und welche uns nach vier Monaten folgten, stiessen zu Paris auf unsern Anführer Philipp, und erzählten ihm, zu ihrem größten Schmerze hätten sie drey derselben vom Villegagnon

wegen

*) I. Samuelis XIV. v. 27.

wegen dem Bekenntnisse des Evangeliums aufhängen sehen; es waren aber folgende: Johann Bordell, Matthäus Vernelle und Peter Bordon. Dieselbige brachten und gaben ihm auch die vollständige Geschichte ihres Bekenntnisses und Todes geschrieben, welche ich nicht lange drauf von ihm erhielt.

Als ich sie las, und daraus sah, daß diese treue Diener Christi von Villegagnon während der Zeit ums Leben gebracht worden, als wir mit Ungestüm und andern Gefahren kämpften, erinnerte ich mich wieder, daß ich allein (wie ich an seinem Orte gesagt habe,) wieder aus dem Boote gestiegen, in welches ich schon gegangen war, um die Rückreise in Amerika anzutreten, daß ich folglich die grösste Ursache habe, Gott Dank zu sagen, daß er mich, der ich an nichts weniger dachte, von einer so grossen Gefahr befreyet habe, und daß mir vorzüglich die Pflicht obliege, das Glaubensbekenntniß dieser drey Märtyrer bekannt zu machen, und dafür zu sorgen, daß sie in das Verzeichniß derjenigen gesetzt würden, die zu unsern Tagen wegen dem Bekenntnisse des Evangeliums standhaft den Tod erlitten haben. Ich gab die Geschichte auch noch in demselbigen Jahre dem Buchdrucker Johann Crispin, der sie nebst der Beschreibung ihrer Mühseligkeiten, welche sie von der Zeit ihres Abschiedes von uns an, bis sie wieder in Amerika angekommen, in den Märtyrkatalog einrückte. *) Dahin verweise ich also die Leser. Ich würde auch hier gar keine Meldung von ihnen gethan haben, wenn mich nicht gesagte Ursache dazu angetrieben hätte. Das eine will ich nur noch hinzufügen, daß Villegagnon, weil er der erste war, der in dieser neuerlich entdeckten Welt unschuldiges Blut vergoß, mit Recht von einem den Namen amerikanischer Kain erhalten habe.

Nun

*) Siehe Histor. Martyrum nostri temporis, Lib. V.

Nun muß ich auch noch denen ein Genüge thun, welche zu fragen pflegen, was es denn mit ihm für einen Ausgang genommen? Wir verliessen ihn, wie schon weitläufiger im Verlaufe der Geschichte gesagt worden, im Forte des Coligny. Er ließ dieses auch bald darauf im Stiche: durch seine Schuld ward es auch von den Portugiesen sammt den Kanonen mit den französischen Lilien, mit einem grausamen Niedermetzeln der zurückgelassenen Franzosen, erobert. Von der Zeit an habe ich weiter nichts mehr von ihm gehört, (und würklich habe ich mir auch nicht viele Mühe um Nachrichten gegeben,) als daß er nach seiner Zurückkunft in Frankreich in seiner eingewurzelten Bosheit immer mehr bestärkt, endlich im Jahre 1577. im Dezember auf einem Landgute zu Maltha, das dem Orden zugehört, und Bellovako heißt, gestorben sey: wie mir ein ehmaliger Bedienter von ihm erzählt hat. Ja selbst von seinem eignen Neffen, den ich bey ihm in Amerika gesehen, habe ich mir sagen lassen, vor seinem Ende habe er so schlecht auf seine Sachen Acht gegeben, daß keiner seiner Anverwandten nach seinem Tode etwas Beträchtliches von ihm bekommen hätte: wie er denn auch bey seinen Lebzeiten sich nicht um sie bekümmert habe. *)

Wenn ich endlich (wie denn aus dieser Geschichte klar genug erhellet,) aus so vielen Gefahren und so vielen Abgründen des Todes errettet worden bin, kann ich dann nicht billig mit der heiligen Mutter Samuels ausrufen, **) daß der Herr tödtet, und ins Leben zurück ruft, ins Grab senkt, und heraus zieht? Gewiß kann ich dies, und das mit dem größten Recht, meiner

Mey-

---

*) Anm. des Uebers. Darum mag auch wohl sein Neffe so gegen ihn gewesen seyn: denn man weiß schon, wie es die nicht bedachten Anverwandten eines Mannes machen.

**) 1. Samuelis II. v. 6.

Meynung nach, wenn es einer zu unsrer Zeit kann. Und doch könnte ich, wenn hier der Ort dazu wäre, noch unendliche andre Gefahren anführen, aus welchen mich Gott durch seine unermeßliche Gütigkeit errettet hat. Wenn mich daher das Meer, jenes so wüthende Element, nicht verschlang, wenn mich die menschenfressende Barbarn, mit denen ich beynahe ein Jahr gelebt habe, nicht verzehrten, wenn mich der wiederholte wüthende Hunger, den ich überstehen müssen, nicht getödtet hat: würde dann Frankreich, mein Vaterland, nicht grausamer als ein Tieger seyn, wenn es mich auf eine gewaltsame Weise vor der Zeit zum Tode befördern wollte? Dem sey aber, wie ihm wolle, ich überlasse mich ganz seinem Willen, weil ich weiß, daß der Tod der Kinder Gottes, unter denen ich, wie ich sicher weiß, bin, in seinen Augen von grossem Werthe sey.

Das wäre es denn nun endlich, was ich sowohl während meiner Hin- und Herreise auf dem Meere, als selbst auf dem festen Lande von Amerika unter den Barbarn bemerkt habe. Ich weiß zwar wohl, daß ich eine solche weitschichtige Materie und so verschiedene Sachen, als ich angeführt, nicht mit dem geziemenden Style und Gewicht beschrieben habe; ich erkenne auch sehr gern, daß ich in dieser dritten*) Ausgabe zuweilen Sachen, die nur kurz hätten gesagt werden müssen, zu weitläufig erzählt, und im Gegentheile anderstwo auf das andre Aeusserste verfallen bin, und Sachen, die einer ausgedehnteren Erklärung bedurft hätten, zu kurz zusammen gedrängt habe: allein ich bitte die Leser, auf meine gute Meynung zu sehen, zugleich die Fehler mei-

---

*) Anm. des Uebers. Von dem Verfasser veranstalteten vermuthlich: denn vor dieser sind mir schon drey bekannt; von 1577. 1580. 1585. nämlich.

Cc

meiner nicht zierlichen Schreibart zu bessern, und zu denken, wie hart mir die Erfahrung der in dieser Reisebeschreibung erzählten Sachen gewesen sey.

Dem ewigen Könige aber, dem unsterblichen, unsichtbaren, einzig weisen Gott sey Ehre und Ruhm in Ewigkeit. Amen.

Ende.

Anhang
zwoer Apologien Villegagnons gegen die Beschuldigungen der Religionsdiener Calvins.

Erste Apologie.

Aus der Zuschrift an den Kayser und die deutschen Kurfürsten, vor seinem Werke: **Urtheil über Philipp Melanchtons Abendmal, und über das ehrwürdigste Opfer der Kirche.** *)

Auf Befehl meines Königes Heinrich übernahm ich in den verflossenen Jahren die Einrichtung einer Kirche und Kolonie am Wendekreise des Steinbocks. Bey meiner Ankunft hielt ich es für meine vorzüglichste Pflicht, dahin zu sehen, daß wir in der Religion übereinkämen, damit eine Uneinigkeit in dieser Sache dem guten Erfolge unserer Absicht kein Hinderniß in den Weg legen möge. Bey meinen Versuchen hierüber fand ich, daß es hierinn mit den Unsrigen auf einem Fuße stünde, welcher es nothwendig machte, eher Disputationen als eine feste Religionseinrichtung einzuführen. Bey so bewandten Umständen erhielten wir von Calvin Diener seines Evangeliums, und mit ihnen einige Lehrer der augsburgischen Confeßion. Beyde Sekten hatten ihre Anhänger. Weil aber jeder fest auf seine Religion hielt, so entstanden Haß und Mißhelligkeiten, welche nicht beygelegt werden konnten. Das setzte mich nun in die größte Verlegenheit, weil das Glück unsrer Unternehmung darunter leiden mußte. Um dem Uebel zu steuren, forderte ich von den Dienern ein Glaubensbekenntniß, worauf sie mir dies hier

---

*) De Coena Philippi Melanchtonis Judicium; item de venerandissimo Ecclesiae Sacrificio. Coloniae 1563. — Der Uebers.

hier *) übergaben: ich hingegen übernahm die Vertheidigung der römischen Kirche. Nach vielen hin und her gewechselten Disputationen, als ich mir aus den Schriften der Alten eine Vertheidigung verfertigt hatte, und sie dieselbigen nicht widerlegen konnten, verwiesen sie mich an ihren Meister Calvin. Indessen hatten die meisten ein solches Zutrauen auf sich selbst, daß sie es für erlaubt hielten, die heil. Schrift nach ihrem eigenen Dünkel zu erklären, und sich eine Religion nach ihrem Kopfe zu machen. Auf diese Art kam es endlich so weit, daß wir keine gewisse Religion hatten, und daß wenige bey ihrer einmal angenommenen blieben; sondern so oft sie andrer Meynung wurden, auch ihre Religion veränderten. Dies war denn auch die Ursache, daß sieben Sekten über die Sakramente unter uns waren, deren Anführer alle zur Behauptung ihrer Religion den Tod zu leiden sich bereitwillig zeigten. Diese Uneinigkeit zog aber zuletzt den Untergang der Religion und den Verfall und die Zugrundrichtung unsrer ganzen Unternehmung nach sich.

*) Was nämlich im Werke selbst folgt. Der Uebers.

Zwote

Zwote Apologie.

Vorrede zu seinen drey Werkchen gegen die Neuerung Calvins, Melanchtons und anderer, gegen das Sakrament des Altars. *)

An die christliche Kirche.

Damit sich niemand darüber wundre, daß ich, geübter im Kriegswesen, als im schriftstellerischem Fache, mich der Kirchensache annehme, und Calvins Lehre widerlege, will ich, ehe ich zur Sache selbst schreite, hierüber zuerst meine Gründe angeben.

Als ich mich noch in dem antarktischen Frankreich aufhielt, liessen mich meine Freunde und Anverwandte wissen, jene, so von Genf zu mir ausgewandert, pflegten nach ihrer Zurückkunft in Genf meinen Namen mit dem Vorgeben zu verläumden, als hätte ich sie, weil wir in der Religion nicht überein gekommen, fortgejagt, und vertrieben: sie setzten mir hinzu, Calvin habe durch seine Schmähworte unsrer Ehre einen solchen Schandfleck angehängt, daß ich, wenn ich nicht bey Zeiten Vorsorge thäte, bey allen Menschen so verhaßt würde, daß die Abneigung nicht mehr

---

*) Nicol. Villegagnonis adversus novitium Calvini, Melanchtonis, atque id genus sectariorum dogma de Sacramento Eucharistiae opuscula tria recens conscripta et in lucem edita, Coloniae 1563. Der Uebers.

mehr auszurotten seyn mögte. Aus dieser Ursache, christlicher Leser, wollte ich, ehe dieser Haß gegen meinen Namen tiefere Wurzeln faßte, mich nicht allein schriftlich verantworten, sondern sogar es gegen einen gewissen Philipp Corguillier, der, weil ich nicht selbst da war, grossen Lärm machte, und mich zum Streite reitzte, wenn es nothwendig wäre, aufnehmen, und ihn gänzlich widerlegen. — —

— — Die frommen Leute fingen vom Atheismus an, um es, wenn sie die rechtschaffenen Leute belogen hätten, ich hätte keine Religion, desto leichter zu haben, mir bey denselben alle mögliche Art von schlechten und niederträchtigen Handlungen beyzumessen. Sie erzählten: ich habe unter dem Vorgeben, die Religion unter den Barbarn auszubreiten, Diener von Genf kommen lassen: allein nicht lange, so sey ich, aus einer gewissen Leichtfertigkeit und Unbeständigkeit, des Evangeliums überdrüßig, in den eitlen papistischen Aberglauben zurück gefallen, nachher aber sogar ein Atheist geworden: aus dieser Ursache habe ich nicht blos die heiligen Diener verstossen, sondern auch, um die Bosheit und Niederträchtigkeit aufs höchste zu treiben, bey der Erhaltung eines schlechten proviantleeren Schiffes, sie gezwungen, selbiges zu besteigen, um sie so, wenn sie auch nicht Schiffbruch litten, doch durch Hunger aufzureiben. — Daß dies alles leeres Geschwätz sey, werde ich bald zeigen, und so den Schandflecken von Grausamkeit auslöschen, wenn ich erst etwas weniges über die Lehre selbst gesagt haben werde.

Ich will es nicht läugnen, daß sie mir bey ihrer Ankunft viele Freude verursacht haben: denn zu Anfange hatten sie einen solchen Anschein von Heiligkeit, daß ich glaubte, es sey ein besonderer Schatz der Gottheit von dem Himmel herab zu uns gekommen. Allein

diese

diese fremden Personen spielten sie nicht lange. Ihnen ekelte bald vor der Armuth unsrer Einödewohnung, und so sehnten sie sich bald nach dem ägyptischen Fleische zurück; so, daß der größte Theil schon gleich am Anfange mit dem größten Verdrusse um die Erlaubniß bat, wieder zurückkehren zu dürfen. Da dies aber die Beschwerlichkeit der Proviantirung unmöglich machte, konnten sie nur mit Mühe zurück gehalten werden; allein aus Verdruß über die Verzögerung betrugen sie sich so, daß ich zu meinem größten Verdrusse das Vergnügen, welches ich bey ihrer Ankunft geschöpft, gar bald entbehren mußte.

In ihrer Religion waren mir vorzüglich drey Sachen anstößig. Dem Abendmale benahmen sie gänzlich alle Göttlichkeit und Gegenwart des göttlichen Leibes, um dem irdischen Elemente keine Verehrung zu bezeigen. Sie lehrten, ihre Seelen speisten das Fleisch des Herrn durch den Glauben, allein abgesondert vom Sakramente, zu eben der Zeit, wo ihr Leib das Brodt des Abendmals genieße. Von dieser Meynung zogen mich die Worte des Herrn ab: Dies ist mein Leib.

Nachdem wir endlich über diese Sache viel disputirt hatten, nahm der Religionsdiener *) keinen Anstand, uns schriftlich zu behaupten, unsre Körper äßen das göttliche Fleisch nicht, weil die Hoffnung des ewigen Lebens nicht sie, sondern unsre Seelen betreffe. Das konnte ich nicht billigen.

Sie gingen noch weiter, und läugneten dem Fleische Christi die Göttlichkeit ab: in Christo, sagten sie, seyn

*) Anm. des Uebers. Richer wohl?

seyn zwo verschiedene, abgesonderte Naturen, worauf man einzeln wohl Acht haben müßte, um nicht den ganzen Christus anzubeten, und so einem Geschöpfe göttliche Ehre zu bezeigen. Richer behauptete endlich sogar, man müsse Christum in Gott dem Vater, nicht im menschlichen Fleische, anbeten; und setzte hinzu, nicht er werde die Lebendigen und Todten richten, sondern Gott der Vater werde in der Person seines Sohnes zu Gerichte erscheinen. Diese Tollheiten vertheidigte er mit vieler falscher betrügerischer Beredtsamkeit.

Ueber Vorbestimmung zur Seligkeit (Praedestinatio) konnte ich ihre Meynung eben so wenig billigen. Sie lehrten: Judas habe Christum verrathen müssen, denn er sey dazu vorbestimmt gewesen: und eben so habe Paulus das Evangelium verkündigen müssen, denn Gott habe ihm zu diesem Dienste vorbestimmt gehabt. Aus diesen Ursachen enthielt und entzog ich mich ihrer Schule.

Dazu kam noch ihre Aufführung. Einer aus ihrer Religion nothzüchtigte den Sohn seiner Schwester: er ward vor den Religionsdiener gebracht, überwiesen, und kam mit dem Preise für eine gewisse Quantität Pfeffer los; erhielt sogar noch obendrein, um der Strafe für diese Schandthat zu entgehen, daß die Sache nicht vor mich gebracht, sondern daß er auf dem Schiffe, welches ich ausschickte, mit dem Genothzüchtigten weggeschickt würde: und dies hieß der Kapitain gut.

Weil wir nun in der Religion so sehr von einander unterschieden waren, kamen wir überein, ehe die Sache zur äussersten Trennung gediehe, fromme Männer über unsre Streitpunkte zu Rathe zu ziehen: indessen aber sollte ihr Richer in seinen Predigten gänzlich

lich davon schweigen, um die Gemüther der Seinigen, welche ohnedem zum Streite geneigt waren, nicht noch mehr zu reitzen und aufzubringen; er habe ja genug damit zu thun, das Volk in den Gesetzen Gottes zu bestärken. — So ward denn der Ausgang des Streites auf die nächste Rückkunft der Schiffe verschoben.

Einige Zeit hierauf landete von ohngefähr ein Schiff in unserm Haven. Mit diesem kamen sie bald über den Reiselohn überein, und hielten hierauf durch ihren Anführer Pontan bey mir um die Erlaubniß ihrer Abreise auf eine solche Art an, daß er seine Bitte mit Gewalt unterstützen zu wollen Mine machte, wenn ich nicht einwilligen würde. Als ich sie weder mit Bitten noch Zureden von ihrem Vorsatze abbringen konnte, gab ich endlich mein Jawort, so unangenehm es mir auch seyn mußte, in solcher Gefahr unter dem wilden Volke allein gelassen, und unser noch schwaches Kastell von Besatzung entblößt werden zu sehen. Nach erhaltener Erlaubniß begaben sie sich in unser Dorf, um sich besser proviantiren zu können, womit sie drey Monate zubrachten. Als sie damit jedoch endlich, so viel es die Armuth der Einöde zugab, fertig geworden waren, gingen sie unter Segel.

Bey der Abreise redete Pontan noch heimlich mit den Unsrigen, und sagte ihnen, er könne mich nicht leiden, und es thue ihm sehr weh, daß ich wegen ihm das Evangelium verlassen, und sogar den Unsrigen die Freyheit benommen hätte, demselben zu folgen: ich könne jedoch, seine Verkündigung nur in die Länge ziehen, nicht gänzlich verhindern, er habe dazu schon Mittel in Händen: er reise itzt ab, nicht um sich dem Geschäfte zu entziehen; sondern um mit solchen Hülfsmitteln zurück zu kommen, daß er mich zwingen könnte, nach der Vorschrift der Kirche, seinen Befehlen nachzukommen. Die Hitze seines schmerzhaften Gefühles riß ihn dahin, seine heimlichen Anschläge zu offenbaren, besonders, da er den, bey welchem er dies redete, für einen seiner Anhänger hielt. Er zeigte demselben daher: unter den Zurückgebliebenen seyn wenige, die er mir nicht abwendig gemacht hätte, und alle diese würden bey seiner Zurückkunft mich gänzlich verlassen, und zu ihm übergehen. Nebstdem waren viele Apostaten geworden, und zu den Ungläubigen übergegangen, nachdem sie durch den langen Umgang mit der Nation die Landessprache derselben gelernt hatten: diese alle, sagte er, habe er zu seiner Religion gebracht, um sich derselben, wenn es die Umstände erforderten, bey Gewinnung der Barbarn zu meinem Untergange bedienen zu können. Bey diesen mit der größten Mühe getroffenen Anstalten sey nichts mehr übrig, als daß ihm Gott eine glückliche Reise gebe: habe er diese, so seyn ihm zehn Monate zur Beendigung seines Geschäftes genug.

Alles dieses erfuhr ich nach der Abseglung des Schiffes.

Nach zwanzig Tagen kamen fünf der Abgereisten in einem Boote zurück: und unter diesen waren drey Mönche. Bey ihrem Anblicke kam mir alles das wieder ins Gedächtniß, was Pontan ausgelassen hatte; und ich ward nun überzeugt, daß ihm alles, was er gesagt hatte, Ernst gewesen sey. Ich ließ sie daher zu mir kommen, um zu hören, aus was für Ursachen sie wieder zurück gekehrt seyn: sie sagten, man habe einen Fehler an dem Schiffe gefunden, der so beschaffen sey, daß es in der größten Gefahr schwebe, zu Grunde zu gehen: dies habe sie abgeschreckt, und deswegen kämen
sie

sie zurück. Wie? sagte ich zu ihnen, ihr habt euch
mehr gefürchtet, als alle Uebrige? wie ist es, daß euch
das Schiff gefährlicher schien, als allen andern? —
Sie konnten sich hierauf, um sich nicht zu verrathen,
blos hinter einige leere Worte verstecken: was mich
aber von Betrug argwöhnen ließ. Damal schon ahn-
dete mir, was in der Folge klar aufgedeckt wurde, daß
Pontan, aus Furcht, ich mögte diejenigen, so er mir
abwendig gemacht, wegen seiner Abwesenheit umdrehen,
diese fünf geschickt habe, jene in ihrer Pflicht zu erhalten.

Ich fragte sie hierauf, warum sie sich zu uns begeben hätten, wo sie doch wüßten, daß wir in Reli-
gionsbegriffen so sehr von einander verschieden wären?
— Als sie mir auf diese Frage nur eine schiefe Antwort
gaben, befahl ich ihnen, ja nichts zu begehen, daß ich
Ursache fände, mich über sie zu beklagen: wenn sie bey
uns bleiben wollten, so müßten sie sich heimlicher Unterredungen und Verbreitungen ihrer Lehre gänzlich enthalten.

Nach dreyen Tagen fingen sie jedoch an, mit einigen der Unsrigen über Abfallen Rath zu halten: denn
meinem Befehle gemäß dürften sie der Religion nicht
obliegen. Sie bewiesen daher, man müsse sich an einen
Ort begeben, wo man ohne alle Hindernisse diese seine
Pflicht abtragen könnte: man müsse Gott mehr, als
den Menschen gehorchen: und bürdeten mir überdem
vieles in Ansehung der Religion auf. Dies habe ich
von den Hausgenossen gehört.

Es war eine sehr gefährliche Sache, diese Freyheit und Entfernung der Gemüther von uns einwurzeln,
und um sich greifen zu lassen, oder gar noch neue

Trup-

Truppen der Feinde zu erwarten, besonders da es schon so weit gekommen war, daß die mehrsten der Unsrigen, aus Hoffnung zur Freyheit, Pontan anhingen. Auf diese Art bestraften wir, weil wir kein Schiff hatten, sie nach Frankreich zurück zu schicken, um die Gefahr der Nahrung und weitern Umsichgreifung der Pest zu vertreiben, nach eingezogener näherer Erkundigung, die Mönche, die nicht mehr geheilt werden zu können schienen, schonten aber die Uebrigen.

Nebst denen, welche Pontan wieder mit nach Frankreich genommen, waren die mehrsten, so zurück geblieben, der Religion Calvins zugethan. Wir beschützten dieselbigen vor allem Schaden, weil sie mit dem Aufruhre nichts zu thun hatten; wiewohl ihrer unter denselben waren, die sich den öffentlichen Gebeten entzogen, und selbige verdammten, weil sie diese Art von Versammlungen durch Menschen gegen den Befehl Gottes in die Religion eingeführt zu seyn behaupteten, welcher sagte: daß diejenigen, so beten wollten, in ihr Zimmer allein gehen, und bey verschlossenen Thüren beten sollten. Diese wurden von uns, um unser öffentlich gegebenes Wort nicht zu brechen, unversehrt alle nach Hause geliefert.

Das ist nun die Grausamkeit, wegen welcher ich so sehr verschrieen bin. Von der Verläumdung, welche sie aussprengten, als habe ich sie gezwungen, ein leckes, nicht proviantirtes Schiff zu besteigen, kann mich bey dir, christlicher Leser, reinigen, daß sie die Ankunft unserer Schiffe nicht erwarten wollten, daß sie die Proviantirung selbst nach ihrem eigenen Gutdünken übernahmen, daß das Schiff gar nicht unter meinen Befehlen stand, sie mit dem Schiffer in Ansehung

sehung des Weggeldes eins geworden, und die Schiffleute gar nicht in meinem Solde standen. Man kann daher leicht einsehen, daß sich die Schiffer gewiß einer so handgreiflichen Gefahr nicht würden ausgesetzt haben, wenn das Schiff so leck gewesen wäre. Allein da sie zur Entschuldigung ihrer Leichtsinnigkeit keine Wahrheit aufzeigen konnten, nahmen sie zu Lügen ihre Zuflucht, weil sie glaubten, in meiner Abwesenheit könnten sie damit schon auskommen.

www.ingramcontent.com/pod-product-compliance
Lightning Source LLC
Chambersburg PA
CBHW030547300426
44111CB00009B/887